Die Proklamierung des Deutschen Kaiserreichs im Spiegelsaal zu Versailles am 18.1. 1871, Gemälde von Anton von Werner, 1885. Das 1,70 x 2,00 m große Bild (3. Fassung) war ein Geschenk Kaiser Wilhelms I. an Bismarck zu dessen 70. Geburtstag. Es hängt heute im Bismarck-Museum in Friedrichsruh.

Klassenzimmer, Karikatur von Gerhard Mester, 1998

Großbritannien

1756–63	Siebenjähriger Krieg sichert Aufstieg zur führenden Weltmacht
1769	Erfindung der Dampfmaschine durch James Watt
seit 1770	Industrielle Revolution
1824	Bildung von Gewerkschaften
1825	Eröffnung der 1. Eisenbahnlinie
1833	Erste gesetzliche Einschränkung der Kinderarbeit
1884	Parlamentsreform mit Erweiterung des Wahlrechts
1914–18	Erster Weltkrieg

Frankreich

1661–1715	Absolutismus unter Ludwig XIV.
seit 1750	Staatskritik der Aufklärung am Absolutismus
1774–1792	Regierungszeit Ludwigs XVI.
1789	Beginn der Französischen Revolution
1791	Erste Verfassung (Konstitutionelle Monarchie)
1792	Beginn der Revolutionskriege gegen Österreich und Preußen
1793/94	Diktatur der Jakobiner unter Robespierre
1799	Regierungssantritt Napoleons
1804	Erstes bürgerliches Gesetzbuch (Code Napoleon)
1813	Niederlage Napoleons („Völkerschlacht bei Leipzig“)
1914–18	Erster Weltkrieg

Nordamerika

1607	Erste englische Siedlung an der Ostküste
1773	„Boston Tea Party“
1775–83	Amerikanischer Unabhängigkeitskrieg
1776	Unabhängigkeitserklärung der 13 Kolonien
1787	Verfassung der USA
1861–65	Amerikanischer Bürgerkrieg
1865	Sklavereiverbot
1917–18	Erster Weltkrieg

Russland

1812	Russlandfeldzug Napoleon
1904–05	Russisch-Japanischer Krieg
1914–18	Erster Weltkrieg
1917	Februar- und Oktoberrevolution in Russland
1921	Lenin führt die NEP (Neue Ökonomische Politik) ein
1922	Gründung der Sowjetunion
1929	Industrialisierung und Kollektivierung in der UdSSR
1929–53	Stalinistische Diktatur

Deutschland

1803	Neuordnung Deutschlands unter napol. Einfluss
1806	Auflösung des „Heiligen Römischen Reiches“, Gründung des Rheinbundes
Seit 1807	Preußische Reformen zur Bauernbefreiung
1813/14	Befreiungskriege gegen Napoleon
1815	Wiener Kongress, Gründung der Heiligen Allianz und des Deutschen Bundes
1817	Wartburgfest
1819	Karlsbader Beschlüsse
1832	Hambacher Fest
1834	Gründung des Deutschen Zollvereins
1835	Eröffnung der 1. Eisenbahnlinie
seit 1840	Beginn der Industriellen Revolution
1848	Märzrevolution
1849	Paulskirchenverfassung
1862	Bismarck wird preußischer Ministerpräsident
1863	Gründung des Allgemeinen Deutschen Arbeitervereins (Lassalle)
1866	Preußisch-Österreichischer Krieg
1867	Gründung des Norddeutschen Bundes
1869	Gründung der sozialdemokratischen Arbeiterpartei (Bebel, Liebknecht)
1870/71	Deutsch-Französischer Krieg
1871	Gründung des Deutschen Reiches
1878–90	Sozialistengesetz
seit 1883	Sozialgesetzgebung
1890	Entlassung Bismarcks durch Wilhelm II.
1914–18	Erster Weltkrieg

Afrika

1869	Eröffnung des Sueskanals
1884/85	Beginn der Errichtung deutscher Kolonien in Afrika
1885	Berliner Kongo-Konferenz legt Prinzipien der kolonialen Aufteilung fest
1885	Ruanda wird dem deutschen Kaiserreich zugesprochen
1898	Faschoda-Krise zwischen Großbritannien und Frankreich
1904–07	Aufstand und Vernichtung der Herero in Deutsch-Südwest Afrika
1905/06	Erste Marokko-Krise
1911	Zweite Marokko-Krise
1916	Einmarsch belgischer Truppen in Ruanda
1962	Ruanda wird unabhängig

Forum Geschichte

Band 3:
Von der Französischen Revolution bis zur Russischen Revolution

Herausgegeben
von Claudia Tatsch
und Hans-Otto Regenhardt

Cornelsen

Forum Geschichte

Band 3: Von der Französischen Revolution bis zur Russischen Revolution

Band 3 wurde erarbeitet von
Thomas Britt, Jochen Grube, Carsten Hinrichs,
Hans-Otto Regenhardt, Arnulf Siebeneicker, Georg Schwind,
Claudia Tatsch

Verlagsredaktion: Friederike Terpitz, Jürgen Grabowski
Karten: Carlos Borrell, Illustrationen: Peter Herlitze
Gestaltung und technische Umsetzung: László Szirmai

1. Auflage, 1. Druck 2006

Alle Drucke dieser Auflage sind inhaltlich unverändert
und können im Unterricht nebeneinander verwendet werden.

Druck: CS-Druck CornelsenStürtz, Berlin

ISBN-13: 978-3-464-64409-6
ISBN-10: 3-464-64409-X

Inhalt gedruckt auf säurefreiem Papier, umweltschonend hergestellt
aus chlorfrei gebleichten Faserstoffen.

Inhaltsverzeichnis

3. Einigkeit, Recht und Freiheit? – Deutschland im 19. Jahrhundert 100–157

Liebe Schülerin, lieber Schüler!

Vor dir liegt der dritte Band von **Forum Geschichte**, mit dem du in diesem Schuljahr arbeiten wirst. Die Verfasserinnen und Verfasser des Buches haben für dich viele Quellen und Informationen zusammengestellt. Sie geben Auskunft darüber, was Menschen vor langer Zeit bewegt hat und womit sie sich heute noch beschäftigen.

Auftaktseiten

Jedes Kapitel beginnt mit einer Auftaktdoppelseite. Bilder und ein kurzer Text geben dir eine erste Vorstellung von den Themen und Fragen, um die es in den folgenden Geschichtsstunden gehen wird.

Themenseiten

Nach den Auftaktseiten folgen in jedem Kapitel die Themenseiten. Sie bilden den Kern des Kapitels. Zwei bis sechs Seiten sind jeweils zu einer Themeneinheit zusammengefasst. In den Themeneinheiten kannst du immer ein wichtiges Problem aus der Geschichte erarbeiten. Dazu findest du **Materialien** wie schriftliche Quellen, Bilder, Karten, Schaubilder und Tabellen, die du mithilfe von Arbeitsaufträgen befragst und auswertest. Der **Darstellungstext** am Beginn der Themeneinheit vermittelt dir einen Überblick über das Thema. Er gibt dir einen roten Faden in die Hand, der dich durch die Arbeit mit den Materialien leitet.

M1 M1 M1 M1

Alle **Textquellen** sind in blauer Schrift abgedruckt und gelb unterlegt, ihre Materialpunkte haben unterschiedliche Farben: Gelb für Quellen aus vergangener Zeit, rot für heutige Darstellungen, z. B. von Wissenschaftlern oder Journalisten, und grün für Texte, die auf der Grundlage von historischen Quellen erfunden wurden. Alle übrigen Materialien haben einen blauen Punkt.

1
2

Die **Arbeitsaufträge** erkennst du an einer blauen Zahl. Wie die Materialien sind sie innerhalb einer Themeneinheit durchnummeriert.

Die **Kästen**, die mit einem aufgeschlagenen Buch gekennzeichnet sind, informieren dich über wichtige Personen, Begriffe oder Ereignisse.

In **Aktivitätskästen** schlagen dir die Verfasserinnen und Verfasser vor, wie du dich einmal auf ganz andere, abwechslungsreiche Weise mit einem geschichtlichen Thema beschäftigen kannst. Einen Aktivitätskasten erkennst du an dem roten Punkt mit der kleinen Figur.

Zu vielen Themen findest du einen **Internet-Tipp** oder einen Hinweis auf ein Buch. Achte auf den blauen Punkt mit dem Bücherstapel.

Workshopseiten

In jedem Kapitel findest du Werkstattseiten und Methodenseiten. Auf den **Methodenseiten** kannst du lernen, mit welchem „Handwerkszeug" du aus den Materialien Erkenntnisse und Urteile gewinnst. Du findest hier Arbeitsschritte, mit deren Hilfe du zum Beispiel ein Bild, eine Karte oder eine schriftliche Quelle auswertest.
Auf den **Werkstattseiten** kannst du immer etwas selbst machen.

Zusammenfassungen

Jedes Kapitel hat am Schluss eine Zusammenfassung. Ein kurzer **Text** fasst noch einmal das Wichtigste aus dem Kapitel zusammen. Auf den Karteikarten stehen die Begriffe und Methoden, die du dir unbedingt merken solltest. Vielleicht hast du dir bereits eine **Geschichtskartei** angelegt. Diese kannst du nun fortführen. Oft findest du ein Spiel, mit dem du testen kannst, wie viel dir aus dem Kapitel in Erinnerung geblieben ist. Außerdem kannst du dich mithilfe von Zeitbögen über den zeitlichen Ablauf der wichtigsten Entwicklungen und Ereignisse orientieren.

„Im Blickpunkt"-Seiten

Die Blickpunktseiten sollen dir ermöglichen, Zusammenhänge zwischen Entwicklungen in der Vergangenheit und heutigen Fragen zu untersuchen.

So kannst du dein Wissen überprüfen

Auf den ersten Seiten des Anhangs kannst du dein Wissen überprüfen: Zu jedem Kapitel findest du eine Seite, auf der du deine Kenntnisse wiederholen kannst. Außerdem gibt es eine Doppelseite mit den Begriffen und Daten, die zu den baden-württembergischen Bildungsstandards gehören (S. 240/41).

Anhang

Lexikon Auf den Themenseiten sind manche Wörter mit einem* gekennzeichnet. Diese Begriffe werden im Lexikon erklärt.

Methodenübersicht In der Methodenübersicht kannst du die Arbeitsschritte noch einmal nachschlagen, die du auf den Methodenseiten in Band 1 bis 3 von Forum Geschichte kennen gelernt hast.

Register Das alphabetische Register am Ende des Buches hilft dir, Informationen über Personen, Ereignisse und wichtige Begriffe im Buch schnell zu finden.

Menschenrechte und Demokratie – eine Diskussion, die in den USA begann

„All men are created equal!"

Aus der Feder von Thomas Jefferson (1743–1826) stammt der Satz: „Wir halten diese Wahrheiten für in sich einleuchtend: dass alle Menschen gleich geschaffen sind; dass sie von ihrem Schöpfer mit gewissen, unveräußerlichen Rechten ausgestattet sind, darunter Leben, Freiheit und Streben nach Glück."

Thomas Jefferson war Anwalt und Delegierter der Kolonie Virginia auf dem Kontinentalkongress, den die 13 britischen Kolonien in Nordamerika 1774 zum ersten Mal einberufen hatten. Sie berieten darüber, wie sie auf die verschärften Zoll- und Steuergesetze der britischen Regierung reagieren sollten. Da die Kolonisten in Nordamerika kein Stimmrecht im englischen Parlament hatten, wollten sie sich auch nicht dessen Steuergesetzgebung unterwerfen.

Im Mai 1776 zeichnete sich ab, dass die Mehrheit der Kolonien entschlossen war, sich vom britischen Mutterland loszusagen. Sie stimmten in ihren Kolonien über die Unabhängigkeit ab, damit ihre Delegierten die Haltung der Kolonien auf dem Kontinentalkongress vertreten konnten. Thomas Jefferson verfasste den Text, der dem Kongress vorzulegen war. Tage und Nächte saß er über dem Entwurf, der die Rechte des Einzelnen und das Zusammenleben in der Gemeinschaft darstellen sollte. Jefferson wollte darin Ideale und Vorstellungen einbinden, die er aus Schriften von Aufklärern wie John Locke (1632–1704) und Charles de Montesquieu (1689–1755) kannte.

Am 4. Juli 1776 wurde nach langen Diskussionen und nach einigen Umformulierungen Jeffersons Entwurf von zwölf Delegationen verabschiedet: als Unabhängigkeitserklärung der „United States of America". Erstmals in der Geschichte wurden in einem staatsrechtlichen Dokument die Rechte festgehalten, die wir heute als Grund- und Menschenrechte bezeichnen. Aus ihrer schriftlichen Formulierung ergab sich aber nicht ohne Weiteres ihre Anerkennung bzw. Verwirklichung in den neuen Vereinigten Staaten von Amerika, die nach einem blutigen Unabhängigkeitskrieg 1783 von England und anderen Großmächten als eigener Staat anerkannt worden waren.

Menschenrechte in Europa im 19. Jahrhundert

Bis in die Gegenwart hinein werden Menschenrechte missachtet; aber Jeffersons Formulierung war die Fackel, die das Bewusstsein vieler aufgeklärter Menschen im 18. und 19. Jahrhundert erleuchtete und den Kampf gegen die bestehenden politischen und gesellschaftlichen Verhältnisse im „alten" Europa entfachte: Als die französische Nationalversammlung 1789 die „Erklärung der Menschen- und Bürgerrechte" beschloss, war das der erste Schritt in eine „neue Zeit" hinein und zur Französischen Revolution. In den Revolutionen des 19. und 20. Jahrhunderts ertönte der Ruf „Freiheit, Gleichheit, Brüderlichkeit", die Kurzformel der Französischen Revolution. Viele Deutsche, die nach der niedergeschlagenen Revolution 1849 fliehen mussten, wanderten in die USA aus und setzten sich dort z. B. für die Rechte von Sklaven* ein.

Bis in die Gegenwart hinein demonstrieren und protestieren Menschen mit den Schlagworten „Freiheit" und „Gleichheit" gegen Gewaltherrschaft, Unrechtsregime und für die Einhaltung der Grundrechte überall auf der Welt.

Das Kugellager-Verfahren

Aktionen und Aussagen wie in M1 und M2 bezeichnete die englische Regierung als Rebellion gegen die Krone.

Teilt die Klasse in möglichst zwei gleich große Gruppen: Die eine untersucht M1, die andere M2 auf Hinweise dafür, dass die Kolonisten die Herrschaft des englischen Königs ablehnten.

Bildet dann einen Innen- und Außenkreis. Je zwei Personen sitzen sich gegenüber: im Innenkreis die Betrachter von M1, im Außenkreis die Leser von M2. Beginnt im Innenkreis: Jeder trägt seine Ergebnisse vor – in seinen eigenen Worten und mit eigenen Erklärungen. Dann trägt der im Außenkreis Sitzende vor. Anschließend rückt der Innenkreis nach links zwei Stühle weiter und das Ganze wiederholt sich mit neuen Partnern.

Besprecht anschließend im Plenum, warum die Nachrichten über die Ereignisse und Verlautbarungen in Amerika Verärgerung, Aufregung und Bewunderung in Europa auslösten.

M1 **Das Denkmal des englischen Königs wird gestürzt,** Gemälde von Johann Oertel, 1853. Das Denkmal Königs Georg III. in New York wurde gestürzt, nachdem die Unabhängigkeitserklärung verkündet worden war. Die Statue wurde zu Kanonenkugeln umgegossen.

M2 Die Unabhängigkeitserklärung (1776)

Auszug aus der Unabhängigkeitserklärung des Kontinentalkongresses vom 4. Juli 1776:

Wir halten diese Wahrheiten für in sich einleuchtend: dass alle Menschen gleich geschaffen sind; dass sie von ihrem Schöpfer mit gewissen unveräußerlichen Rechten ausgestattet sind, darunter Leben, Freiheit und Streben nach Glück; dass zur Sicherung dieser Rechte Regierungen unter den Menschen eingesetzt sind, die ihre gerechten Vollmachten von der Einwilligung der Regierten herleiten; dass, wenn immer eine Regierungsform diesen Zielen zum Schaden gereicht, es das Recht des Volkes ist, sie zu ändern oder abzuschaffen und eine neue Regierung einzusetzen, die sich auf solche Grundsätze aufbaut … wenn eine lange Kette von Missbräuchen und Anmaßungen, stets das gleiche Ziel verfolgend, die Absicht enthüllt, ein Volk unter den unbeschränkten Despotismus zu beugen, so ist es sein Recht, ist es seine Pflicht, eine solche Herrschaft abzuschütteln und sich neue Bürgschaften für seine zukünftige Sicherheit zu verschaffen … Im Namen und in Vollmacht des guten Volkes dieser Kolonien geben wir feierlich bekannt und erklären, dass diese vereinigte Kolonien sind und von Rechts wegen sein sollen freie und unabhängige Staaten.

Zit. nach Geschichte in Quellen, Bd. 4, hg. von Wolfgang Lautemann u. a., München (bsv) 1981, S. 90 ff.

M3 „Denkt an die Frauen!“

Briefwechsel zwischen Abigail Smith Adams und ihrem Mann John Adams, dem zweiten Präsidenten der USA. Abigail – Mutter von fünf Kindern – war politisch sehr interessiert und engagierte sich ihr Leben lang für die Rechte der Frauen:

3A *Abigail schrieb am 31. März 1776:* Ich sehne mich nach der Nachricht, dass ihr die Unabhängigkeit erklärt habt. Und, nebenbei, in dem neuen Gesetzbuch, das ihr – meiner Meinung nach – notwendig machen müsst, solltet ihr – wie ich wünsche – an die Frauen denken und sie großzügiger und günstiger behandeln, als eure Vorfahren es taten. Gebt keine solche unbegrenzte Macht mehr in die Hände der Ehemänner. Erinnert euch, dass alle Männer Tyrannen wären, wenn sie könnten. Wenn den Frauen keine besondere Sorge und Berücksichtigung zuteil wird, sind wir entschlossen, einen Aufruhr zu schüren. Wir werden uns nicht durch irgendwelche Gesetze gebunden fühlen, bei denen wir kein Stimm- oder Vertretungsrecht haben ... Betrachtet uns also als von der Vorsehung unter euren Schutz gestellt. Und in Nachahmung des höchsten Wesens macht von dieser Gewalt nur zu unserm Glück Gebrauch.

3B *John Adams antwortete am 14. April 1776:* Was dein außerordentliches Gesetzbuch betrifft, da kann ich nur lachen. Man hat uns erzählt, dass unser Kampf (gegen England) die Bande der Obrigkeit überall gelockert habe, dass Kinder und Lehrlinge ungehorsam würden, dass Schulen und Universitäten aufgewühlt würden, dass Indianer ihre Wächter missachteten und Neger unverschämt gegen ihre Herren würden. Aber dein Brief war der erste Hinweis, dass noch ein anderer Klüngel – zahlreicher und mächtiger als alle anderen – zur Unzufriedenheit herangezüchtet wird ... Verlass dich drauf, wir wissen etwas Besseres, als unsere männlichen Einrichtungen außer Kraft zu setzen ... Wir haben nur den Namen von Herren, und ehe wir diesen aufgeben (was uns völlig dem Despotismus der Unterröcke untertänig machte!) würden hoffentlich General Washington und alle unsere tapferen Helden kämpfen.

Zit. nach Bodo von Borries, Im „Paradies der Frauen“? In: Anette Kuhn u.a. (Hg.), Fachwissenschaftliche Beiträge zur Sozialgeschichte der Frauen, Bd. II, Düsseldorf (Schwann) 1986, S. 129f.

„Ich weiß gar nicht, worüber ihr Hühner euch beklagt. Wir versuchen doch nur, euer weibliches Ansehen zu schützen.“

M4 Gleiches Recht für alle?, amerikanische Karikatur, 1992. Inschrift auf den Eiern: Ungleiche Bezahlung – Benachteiligung am Arbeitsplatz – veraltetes Arbeitsrecht.

Gruppenarbeit

a Teilt euch in drei Gruppen, die die Materialien auf S. 10–12 auf folgende Frage hin untersuchen: Welche Informationen liefern die Materialien über die Situation der betreffenden Bevölkerungsgruppe in den USA und über ihre Wertung bzw. Wertschätzung durch die Gesellschaft insgesamt?
Gruppe 1: M3 und M4,
Gruppe 2: M5 bis M8,
Gruppe 3: M9 bis M11.

b Bespricht mögliche Gründe für die unterschiedlichen Wertschätzungen und „Freiheiten“ innerhalb der US-amerikanischen Gesellschaft.

M5 **Schule für Farbige in Kentucky,** Foto 1916. 19 Schüler fehlen auf dem Foto, weil sie auf Tabakplantagen arbeiten müssen und erst nach der Arbeit zur Schule gehen können.

M6 Unterschiedliche Positionen zur Sklaverei

1619 eingeführt, weitete sich in der zweiten Hälfte des 17. Jahrhunderts der Sklavenhandel in Virginia aus. Seit 1670 galt, der Status „Sklave" wurde durch die Mutter vererbt.

6A *Deutsche Einwanderer (1688):* Aus folgenden Gründen wenden wir uns gegen den Handel mit Menschen: Gibt es jemanden unter uns, der möchte, dass ihm eine derartige Behandlung widerführe, d. h. der verkauft und Zeit seines Lebens zum Sklaven gemacht werden wollte? ... Wir sind dagegen, dass Menschen hierher gebracht oder geraubt und ... verkauft werden. In Europa gibt es viele Menschen, die wegen ihrer Anschauung unterdrückt werden, und hier werden diejenigen unterdrückt, deren Hautfarbe schwarz ist ... Es hinterlässt einen ... schlechten Eindruck in all den Ländern in Europa, wo die Menschen davon hören, dass hier die Quäker mit Menschen umgehen, wie sie selbst ihr Vieh behandeln.

Zit. nach Geschichte in Quellen, Bd. 4, hg. von Wolfgang Lautemann u. a., München (bsv) 1981, S. 47.

6B *Ein Sklavenhalter aus Massachusetts (1672):* Gott [hat] verschiedene Grade und Klassen von Menschen festgesetzt ..., manche sollten erhaben und angesehen, manche niedrig und verachtungswürdig sein ... manche sollten als Sklaven geboren werden und für den Rest ihres Lebens Sklaven bleiben, wie es sich erwiesen hat. Anderenfalls würde einfach Gleichheit unter den Menschen herrschen.

Zit. nach Wolfgang Wimmer, Die Sklaven. Eine Sozialgeschichte mit Gegenwart, Reinbek (Rowohlt) 1979, S. 162.

M7 Eine bemerkenswerte „Streichung"

Vom Kontinentalkongress wurde aus der Auflistung der Pflichtverletzungen des englischen Königs folgender Abschnitt aus Jeffersons Entwurf gestrichen:

Er hat einen grausamen Krieg gegen die menschliche Natur selbst geführt, indem er die heiligsten Rechte des Lebens und der Freiheit in den Angehörigen eines fernen Volkes verletzt hat, das ihn nie beleidigt hat, indem er sie gefangen nahm und als Sklaven ... verschleppte ... Diese seeräuberische Kriegführung, die Schmach heidnischer Völker, ist die Kriegführung des Christlichen Königs von Großbritannien, der entschlossen ist, einen Markt einzurichten, wo Menschen gekauft und verkauft werden sollen.

Zit. nach Wolfgang Lautemann (Hg.), Amerikanische und Französische Revolution, S. 92. Engl. Fassung in: Carl Becker, Declaration of Independence, New York (Random) 1970, S. 212f.

M8 Sklaverei ist Unrecht

Abraham Lincoln (1809–1865), der 1860 Präsident wurde, erklärte 1858 auf einer Wahlkampfreise:

Weil wir [die Republikanische Partei] sie [die Sklaverei] für Unrecht halten, befürworten wir eine Politik, die sie als Unrecht behandelt. Wir verhalten uns zu ihr wie zu jedem anderen Unrecht, soweit wir können, verhindern wir, dass es sich ausbreitet, und wir behandeln es so, dass sich mit der Zeit die Hoffnung auf sein völliges Erlöschen ergeben kann.

Zit. nach Lisa und Andreas Weißmann, Kein Onkel Tom im Westen. In: Praxis Geschichte, H. 6/1997, S. 40.

M9 Native Americans unterstützen die Briten im Unabhängigkeitskrieg

Häuptling Pachgantschilas erklärte seinen Stammesangehörigen, warum sie gegen die Kolonisten kämpfen sollten (die Rede wurde von John Hekewelder aufgezeichnet und 1820 veröffentlicht):

Freunde und Verwandte! ... Der Vater hat seine indianischen Kinder gerufen, ihm bei der Bestrafung seiner Kinder, der Amerikaner, die ungehorsam geworden sind, zu helfen ... Zunächst sah ich es als einen Familienstreit an, an dem ich nicht interessiert war. Auf die Dauer jedoch schien es mir, dass der Vater im Recht sei und seine Kinder verdienten, ein bisschen bestraft zu werden! ... Oft ist der Vater verpflichtet gewesen, das Unrecht und den Schaden, der uns von seinen ungehorsamen Kindern angetan wurde, auszugleichen und Wiedergutmachung zu leisten; aber diese werden nicht besser! ... Blickt zurück auf die Morde, die von den Long Knives[1] an vielen unserer Verwandten verübt wurden, die als ihre friedlichen Nachbarn am Ohio lebten! Wurden sie nicht getötet, ohne sie im Mindesten herausgefordert zu haben? Denkt ihr, sie sind jetzt besser, als sie damals waren? Nein, in der Tat nicht!

John Hekewelder, Narrative of the Mission of the United Brethren Among Delaware and Mohegan Indians, Philadelphia 1820. Zit. nach Die Wunden der Freiheit, hg. vom Council of Interracial Books for Children, dt. von Claus Biegert, Göttingen (Lamuv) 1994, S. 48.

1 Long Knives bezeichnet die Kolonisten, die zu dieser Zeit oft mit Säbeln und Dolchen kämpften.

M10 Warum die Indianer unterdrückt wurden

Der Amerikanist Gert Raeithel sieht die Wurzeln der Spannungen in der Haltung der ersten Kolonisten (1987):

Der ersten Charter von Virginia zufolge war eines der Ziele der Kolonisierung, den Indianern die Frohe Botschaft zu bringen ... Der offizielle Beginn der Missionsarbeit [in Massachusetts] fiel auf das Jahr 1644, als der Magistrat von Boston anordnete, den Indianern im puritanischen Einzugsbereich Religionsunterricht zu erteilen. Vier Jahre später wurde den Eingeborenen die Ausübung ihrer eigenen Religion verboten ... In den Schriften der britischen Kolonisten stößt man auf Argumente, warum es rechtens sei, den Indianern ihr Land wegzunehmen. Sie hätten keine festen Wohnsitze ... und kein Vieh, mit dem der Boden verbessert werde ... Sofern man ihnen genügend Land zum Überleben ließe, gehöre der Rest mit Fug und Recht den Weißen ... Das Land ist weit und leer, sagte sich der Siedler, Indianer gibt es nur wenige, zudem haben sie weder Kunst, Wissenschaft noch die Fähigkeit, das Land zu bestellen.

Gert Raeithel, Geschichte der nordamerikanischen Kultur, Bd. 1, Weinheim/Berlin (Quadriga) 1987, S. 65 ff. Bearb. d. Verf.

M11 Im Navajo-Reservat im amerikanischen Bundesstaat Arizona, Foto, 1998

„We the People“

Über eine gemeinsame Verfassung konnte sich die junge Staatengemeinschaft nur schwer verständigen, obwohl in den Einzelstaaten sehr früh Verfassungen ausgearbeitet worden waren. Zentral waren folgende Fragen: Sollten sich die Einzelstaaten zu einer „Union“, zu einem Bundesstaat, zusammenschließen – und damit zu Gunsten einer übergeordneten Bundesregierung auf ihre gerade gewonnene Entscheidungsmacht verzichten? Oder sollten sie weiterhin in einem Staatenbund mit einer relativ „schwachen“ Bundesregierung, aber weit gehend eigenständigen Einzelstaaten organisiert bleiben?

1787 wurde schließlich von einem Ausschuss ein Entwurf für die politische Ordnung erarbeitet, der im Kern die bis heute gültige Verfassung der USA darstellt. Er wird mit den Worten eingeleitet: „Wir, das Volk der Vereinigten Staaten, ... setzen und begründen diese Verfassung für die Vereinigten Staaten von Amerika“.

Der Staatenbund* wurde in einen Bundesstaat* umgewandelt, ein System aus „checks and balances“ sollte die Regierenden kontrollieren und Machtmissbrauch verhindern.

Die Debatte um das Wahlrecht

Sehr umstritten war die Frage des Wahlrechts: Sollten alle Bürger gleiches Wahlrecht erhalten oder sollten sie abhängig von ihrem Besitzstand wählen – wie in der Kolonialzeit? 1787 entschied die Mehrheit der Delegierten im Kongress: Das Wahlrecht sollte an Eigentum gebunden sein. Erst 1830 wurde diese Einschränkung aufgehoben und von nun an durften auch Besitzlose wählen. Im Zusatzartikel 15 zur Verfassung wurde 1870 bestimmt, dass das Wahlrecht nicht „auf Grund der Rassezugehörigkeit, der Hautfarbe oder des vormaligen Dienstbarkeitsverhältnisses“ verweigert werden dürfte, was z. B. Amerikanern, die bis zum Sklavereiverbot 1865 als Sklaven gehalten worden waren, erlaubte, zur Wahl zu gehen. Frauen bekamen erst 1920 das Wahlrecht.

Aus heutiger Sicht mag es widersprüchlich erscheinen, dass ein Staat, der die Menschen- und Bürgerrechte in seiner Unabhängigkeitserklärung festschreibt, nicht in seiner Verfassung „selbstverständlich“ jedem Einwohner – von einem festgelegten Alter an – das Recht zu wählen und damit das Recht auf politische Mitbestimmung gab. Im 18. Jahrhundert dagegen galt die amerikanische Verfassung als zukunftsweisend und modern. Sie wurde Vorbild vieler demokratischer Verfassungen bzw. Verfassungsentwürfe in den folgenden Jahrzehnten und Jahrhunderten.

M12 Das Vertrauen in die Verfassung, kolorierter Stich, Ende 18. Jh.

1 Beschreibe möglichst genau M12 und erläutere, wie du die Darstellung deutest.

M13 Amerika und die Demokratie

Johann Christian Schmohl (1756–1784) verlor wegen politischer Schriften seine Stelle an der Universität Halle und musste fliehen. Über Amerika, wohin er auswandern wollte, schrieb er in einem Aufsatz:

Noch keine Regierung ist … dem Ideal der reinen Demokratie näher gewesen als die dreizehn Vereinigten Staaten von Amerika, wo jeder Bürger Kriegsmann ist und seine Stimme im Parlament hat; wo aus jeder Land- und Stadtschaft gleich viele Vertreter mit gleichen Rechten zum Provinzialkongress und von jedem Provinzialkongress gleich viele Vertreter mit gleichen Rechten zum Kontinentalkongress geschickt werden; wo jedes Familienoberhaupt, hat es Kräfte und Verdienste dazu, zum Ersten, zum Präsidenten des Kontinentalkongresses aufsteigen kann. Mögen immer noch einige der Einrichtungen, die ich im Zusammenhang mit dem Ideal der guten Demokratie genannt habe, fehlen, … sie werden gemacht werden …
Sie haben bemerkt, was für eine Erschütterung das großartige Beispiel Nordamerikas in den europäischen Gemütern ausgelöst hat. Aus sich selbst heraus hat Europa nicht mehr Stärke genug, sich zu reformieren. Aber Beispiele … vermögen noch etwas. Amerika ist's, aus dem es seine Rettung empfangen wird.

Johann Christian Schmohl, Über Nordamerika und Demokratie, hg. von R. Wild, St. Ingbert (Röhrig) 1992, S. 87f. Bearb. d. Verf.

M15 Warum Gewaltenteilung notwendig ist …

James Madison (1751–1836) schrieb 1787/88 zusammen mit Alexander Hamilton und John Jay die „Federalist-Artikel". Mit ihnen warben die Verfasser für den bestehenden Vorschlag für eine Bundesverfassung. Im 51. Artikel befasste sich Madison mit der Gewaltenteilung:

Wenn die Menschen Engel wären, so bräuchten sie keine Regierung. Wenn Engel die Menschen regierten, dann bedürfte es weder innerer noch äußerer Kontrollen der Regierenden. Entwirft man jedoch ein Regierungssystem von Menschen über Menschen, dann besteht die große Schwierigkeit darin: Man muss zuerst die Regierung befähigen, die Regierten zu beherrschen, und sie dann zwingen, die Schranken der eigenen Macht zu beachten.

Alexander Hamilton/James Madison/ John Jay, Die Federalist-Artikel, übers. von Angela Adams u. a., Paderborn (Schöningh) 1994, S. 310ff.

2 Zeige, wie der Verfasser von M13 über Amerika urteilt und wie er dies begründet.

3 Untersuche M14 anhand folgender Fragen: Welche Personen und Einrichtungen gehören a.) der Exekutive, b.) der Legislative, c.) der Jurisdiktion an? Wer oder was bildet die „Spitze des Staats"? Wie setzt sich der Kongress zusammen und welche Aufgaben hat er? Wie wird erreicht, dass die drei Gewalten nicht unabhängig von einander arbeiten können?

M14 Die Verfassung der Vereinigten Staaten von Amerika

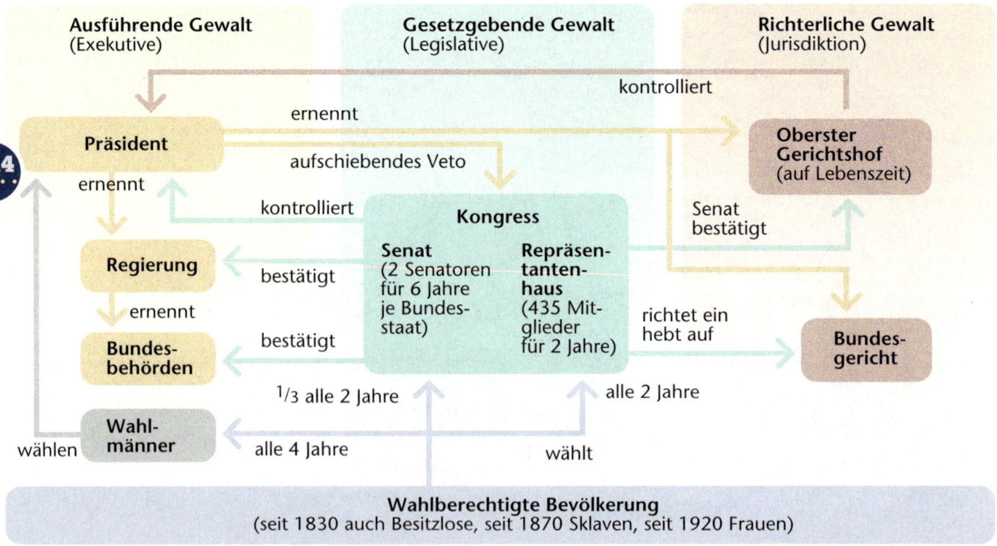

M16 Die „Bill of Rights" 1791

Die Zusatzartikel 1 bis 10 der amerikanischen Verfassung wurden während der ersten Sitzungsperiode des Kongresses von J. Madison eingereicht und nach einigen Änderungen durch das Repräsentantenhaus und den Senat am 15. Dezember 1791 verabschiedet:

1: Der Kongress darf kein Gesetz erlassen, das die Einführung einer Staatsreligion zum Gegenstand hat, die freie Religionsausübung verbietet, die Rede- oder Pressefreiheit oder das Recht des Volkes einschränkt, sich friedlich zu versammeln und die Regierung durch Petition um Abstellung von Missständen zu ersuchen.

2: Da eine gut ausgebildete Miliz für die Sicherheit eines freien Staates erforderlich ist, darf das Recht des Volkes, Waffen zu besitzen und zu tragen, nicht beeinträchtigt werden …

4: Das Recht des Volkes auf Sicherheit der Person und der Wohnung, der Urkunden und des Eigentums, vor willkürlicher Durchsuchung, Verhaftung und Beschlagnahme darf nicht verletzt werden …

5: Niemand darf wegen eines Kapitalverbrechens oder eines sonstigen schimpflichen Verbrechens zur Verantwortung gezogen werden, es sei denn aufgrund eines Antrags oder einer Anklage durch ein Großes Geschworenengericht … Niemand darf in einem Strafverfahren zur Aussage gegen sich selbst gezwungen, noch des Lebens, der Freiheit oder des Eigentums ohne vorheriges ordentliches Gerichtsverfahren nach Recht und Gesetz beraubt werden …

8: Übermäßige Bürgschaften dürfen nicht gefordert, übermäßige Geldstrafen nicht auferlegt und grausame oder ungewöhnliche Strafen nicht verhängt werden.

Angela Adams / Willi Paul Adams (Hg.), Die Amerikanische Revolution und die Verfassung 1754–1791, München (dtv) 1987, S. 442 ff.

M17 **The Founders of the New World,** Foto, 1999. Die riesigen Porträts, die Gutzon Borglum zwischen 1927 und 1941 in den Fels des Mount Rushmore in South Dakota meißelte, zeigen die amerikanischen Präsidenten George Washington, Thomas Jefferson, Theodore Roosevelt, Abraham Lincoln (v. l. n. r.).

4 „Alle Macht ruht im Volke und leitet sich daher von ihm ab" (Artikel 2 der Grundrechte-Erklärung Virginias, 1776). Erfüllt die US-Verfassung diese Forderung? Setze dich anhand von M14 kritisch mit dieser Frage auseinander.

5 Erläutere, was der Verfasser von M15 mit dem Satz Z. 6–9 gemeint haben könnte.

6 Gib die Inhalte der in M16 aufgeführten Zusatzartikel in eigenen Worten wieder. Tauscht euch anschließend darüber aus, welche Zielsetzung eurer Ansicht nach die Bestimmungen haben.

7 Als Geburtstunde der Menschenrechte und Demokratie wurde die amerikanische Revolution von vielen politisch Interessierten (vor allem in Europa) gefeiert – zu Recht? Diskutiert die Frage in der Klasse.

1. Die Französische Revolution: Bürger übernehmen die Macht

„Bilder von Denkwürdigkeiten, die sich in der Revolution zugetragen haben, welche Frankreich in den Jahren 1789, 90 und 91 erlebt hat." Kolorierter Holzschnitt (548 x 742 mm), 1790/91. Nachrichten wurden seit dem 16. Jahrhundert in Bilderbogen, eine Art „Bilderzeitung", verbreitet.

„Der Mensch wird frei geboren und überall ist er in Ketten." Dieser Satz stammt aus dem „Gesellschaftsvertrag", dem Werk des aus Genf stammenden Aufklärers Jean-Jacques Rousseau. Rousseau dachte bei seiner Kritik vor allem an den französischen Staat, der seit Ludwig XIV. zum Zentrum absolutistischer Herrschaft geworden war.

Dennoch wäre es für Rousseau sicher kaum vorstellbar gewesen, was sich im Sommer 1789 ereignete: Die Franzosen stürmten das Staatsgefängnis von Paris, die Bastille, und beseitigten in einer für viele Zeitgenossen atemberaubenden Geschwindigkeit die Ordnung, in der die französische Gesellschaft jahrhundertelang gelebt hatte.

Das politische Vorgehen der Revolutionäre, die Ziele und Ideen, über die in der Zeit der Französischen Revolution diskutiert wurde, gaben Anstöße für Veränderungen in ganz Europa. Ohne sie, so behaupten viele, gäbe es heute keine Menschenrechte, keine Verfassung und keine Demokratie.

– Welche Ursachen lagen der Französischen Revolution zu Grunde?
– Welchen grundsätzlichen Wandel bedeutete sie für die Menschen und wie wirkte sie sich in Europa aus?

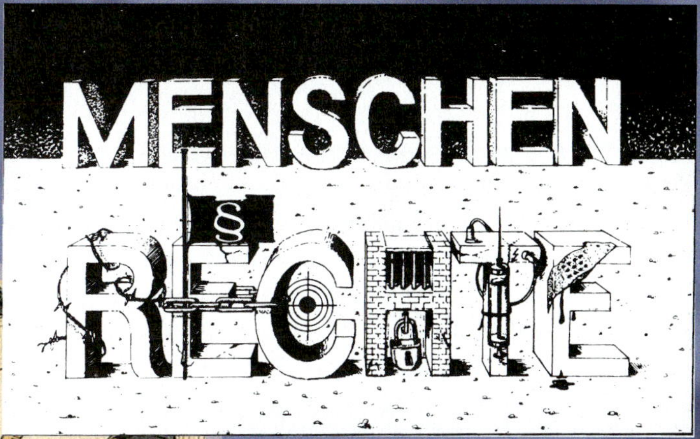

Oben rechts: **Karikatur** von Brigitte Schneider, 1986

1 Erschließe aus dem Bilderbogen, welche Vorgänge und Personen zwischen 1789 und 1791 dargestellt sind. Nimm den Darstellungstext zu Hilfe.

2 Stelle einen Bezug zwischen dem Bilderbogen und der Karikatur her.

Die Krise der Ständegesellschaft

Ungleichheit bestimmt das Leben der Franzosen

1776 schickten die obersten Richter Frankreichs einen Brief an Ludwig XVI. In diesem Schreiben protestierten sie gegen den Plan des Königs, dass die Adligen künftig für ihren Grundbesitz Steuern zahlen sollten und die Bauern nicht mehr wie bisher für ihre Grundherren Dienste zu leisten hatten, sondern deren Wert in barer Münze begleichen sollten. Von beiden Neuerungen versprach sich Ludwig XVI. mehr Einnahmen. Und diese waren wichtig, befand sich Frankreich doch in einer schweren wirtschaftlichen Krise. Die Staatskasse war leer, Missernten und große Mängel in der Lebensmittelversorgung hatten die Lage bedrohlich zugespitzt. Die Unterschiede, die zwischen den einzelnen Gruppen der Gesellschaft bestanden, waren sehr deutlich und wurden von vielen Menschen, die sich ausgebeutet oder zumindest benachteiligt fühlten, kritisiert.

Privilegien
Sonderrechte, die ein Herrscher Einzelnen oder Gruppen verlieh. Dazu gehörten z. B. die vollständige oder teilweise Befreiung von Steuern und Zöllen oder die Besetzung hoher Posten in Heer, Verwaltung oder Wirtschaft. Privilegien galten als Auszeichnung und wurden mit der Zeit erblich.

Der Erste und der Zweite Stand

Die französische Geistlichkeit teilte sich im 18. Jahrhundert in den hohen und den niederen Klerus. Der hohe Klerus setzte sich aus Bischöfen, Äbten und den städtischen Domherren zusammen und der niedere Klerus aus den Gemeindepfarrern der Städte und Dörfer. In ihrer Lebensweise unterschieden sich die hohen und niederen Geistlichen beträchtlich voneinander: Während der hohe Klerus durch die Erträge seiner Güter und die Abgaben des Dritten Standes in Pracht und Wohlstand lebte, teilten die kleinen Stadt- und Landpfarrer hingegen die Armut und Not der Menschen. Beide Gruppen vertraten unterschiedliche Ziele: Der hohe Klerus sah keinen Grund, die Zustände zu ändern. Dagegen wünschte der niedere Klerus eine Veränderung seiner Lage.
Wie im Klerus hatten sich auch im Zweiten Stand zwei Gruppen herausgebildet: der Hochadel (Herzöge, Grafen) und der niedere Landadel (Barone). Während der Hochadel auf Kosten des Königs am Hofe lebte und die leitenden Positionen in Heer und Verwaltung* besetzte, residierte der Landadel auf seinen Schlössern außerhalb der Städte. Die Mitglieder des Ersten und Zweiten Standes zahlten nur selten und dann auch nur geringe Steuern. Sie lebten von den Erträgen, die ihnen ihre Privilegien einbrachten. Deshalb wehrten sich die Adligen ebenso wie der hohe Klerus gegen eine Reform der Gesellschaft, die ihnen nur Nachteile bringen konnte.

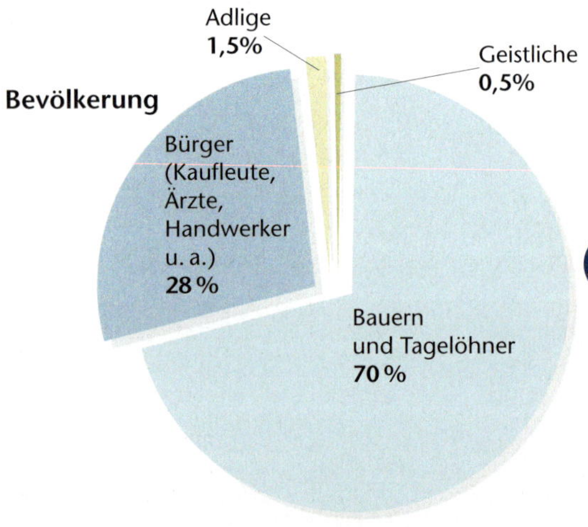

M1 **Die französische Ständegesellschaft (links) und die Verteilung des Grundbesitzes um 1780 (rechts)**

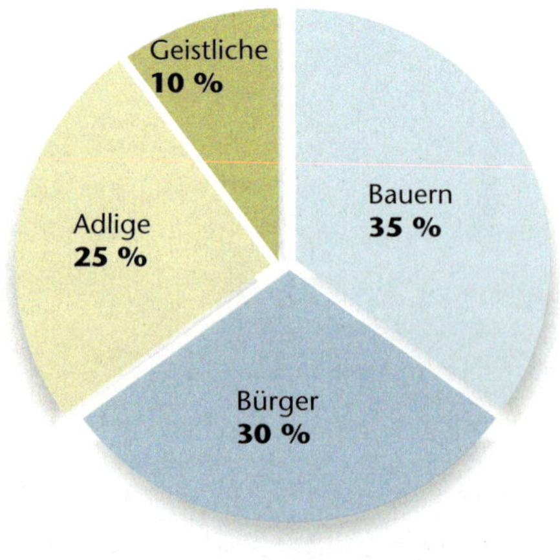

Erster Stand 130 000 Personen
Zweiter Stand 350 000 Personen
Dritter Stand 24 000 000 Personen

Der Dritte Stand

Alle Bürger* und Bauern waren Angehörige des Dritten Standes. Die obere Schicht des Bürgertums, Unternehmer, Bankiers, Ärzte und Juristen, zahlte die höchsten Steuern und verlangte deshalb politische Mitsprache und mit dem Adel gleichgestellt zu sein. Die Schriften der Aufklärer diskutierten die Großbürger leidenschaftlich und begeisterten sich für die amerikanische Unabhängigkeitsbewegung (siehe S. 8ff.). Die Kleinbürger, meist Handwerker und Bauern, drückten die Steuern besonders hart. Die Bauern mussten neben den Steuern noch zusätzlich Frondienste und Abgaben für ihre Grundherren leisten. Die Ehefrauen der Handwerker und abhängigen Bauern trugen oft durch eigene Arbeit, z. B. als Marktfrauen, zum Lebensunterhalt der Familie bei. Eine Schul- und Berufsbildung war für Mädchen und Frauen nicht vorgesehen.

M2 Protesterklärung des Parlaments

Den folgenden Brief schickten 1776 die obersten Richter Frankreichs an König Ludwig XVI.:

Die französische Monarchie setzt sich … aus mehreren … Ständen zusammen. Diese Unterscheidung von Lebensbedingungen und Menschen … ist die kostbare Kette, die den Herrscher an seine Untertanen bindet … Gerade in den Beiträgen (der Untertanen) erkennt man immer wieder die Ordnung. Der besondere Dienst der Geistlichkeit besteht darin, alle Aufgaben zu erfüllen, die sich auf … den religiösen Kultus beziehen, und zur Tröstung der Unglücklichen durch ihre Almosen beizutragen. Der Adlige weiht sein Blut der Verteidigung des Staates und hilft dem Herrscher mit seinen Ratschlägen. Die letzte Klasse des Volkes, die dem Staat nicht so hervorragende Dienste erweisen kann, leistet ihren Beitrag durch die Abgaben, durch Arbeitsamkeit und durch körperlichen Dienst.

Zit. nach Irmgard und Paul Hartig, Die Französische Revolution, Stuttgart (Klett) 1966, S. 9f.

Formen der Kritik

Vor allem in der Landwirtschaft hatte sich die Lage um 1780 zugespitzt: Während nämlich die Großbauern und manchmal auch der Landadel durch ihre Verkaufspolitik enorme Profite einstrichen, sanken die Gewinne der Kleinbauern zwischen 1770 und 1789 um 83 Prozent. Missernten führten zu Hungersnöten, weil z.B. die Getreidepreise so stark anstiegen, dass Mehl und Brot für Kleinpächter, -bauern und Tagelöhner wie auch für die sozial Schwachen, die in den Städten lebten, unbezahlbar wurden. Der Dritte Stand machte seinem Unmut in vielfältigen Formen Luft, z. B. in Karikaturen, in Diskussionen über die Schriften der Aufklärer und in Flugblättern mit kritischem Inhalt. Allein im Frühjahr 1789 zirkulierten etwa 3000 Flugschriften, Holzschnitte oder Kupferstiche in Frankreich. Als weitere Form, seinen Beschwerden Nachdruck zu verleihen, gab es die „cahiers de doléances". Das waren schon früher übliche Beschwerdehefte, in denen ganze Dörfer ihre Klagen aufschrieben, um sie an die Abgeordneten der Generalstände* – und damit an den König – weiterzugeben.

M3 **Austernfrühstück**, Gemälde von Jean François de Troy (1679–1752)

1 Lies die Darstellungstexte und halte deine Ergebnisse in der folgenden Tabelle fest:

Stand	soziale Lage	Interessen

2 Gib an, welche Informationen die Schaubilder M1 enthalten.

3 Welche Aufgaben schreibt M2 den einzelnen Ständen zu? Erläutere die darin enthaltene Kritik.

4 M3 zeigt adlige Herren. Besprecht: Welche Gedanken und Gefühle mag das Bild in einem Bauern ausgelöst haben, der das Bild sah oder Zeuge einer solchen Situation war?

M4 **„Die Lage der Bauern"**, kolorierter Kupferstich, 1789. Die Inschrift auf dem Stein lautet: die Kopfsteuer, das Steuerwesen und die Fronarbeit(en).

Das französische Steuersystem

Die wichtigsten und ertragreichsten Steuern im 18. Jahrhundert waren die

– Einkommenssteuer (Taille) aus den Geschäften nichtprivilegierter Personen,
– die Kopfsteuer (Capitation) für Angehörige eines nichtprivilegierten Standes,
– die Salzsteuer (Gabelle), Salz war damals das am meisten verwendete Gewürz,
– die indirekten Steuern auf Wein, Tabak und Alkohol.

Die Steuern wurden von Steuerpächtern erhoben, die für ihren Bezirk eine festgelegte Steuersumme an die Finanzverwaltung zahlen mussten. Sie trieben aber höhere Summen ein als vorgeschrieben war. Die Differenz steckten sie in die eigene Tasche und gelangten dadurch zu großem Reichtum.

M5 ... um von unserem Unglück zu erfahren

Das Beschwerdeheft der Gemeinde Letteguives vom 29.3.1789, ein Beispiel für die „cahiers de doléances" der Bauern:

2. Diese Großbauern werden auch Herren der Lebensmittelpreise und des Schicksals der Allgemeinheit und verkaufen ihr Getreide erst, wenn sie es mehrere Jahre aufbewahrt haben, und sie halten es sogar zurück, wenn sie können ... Der hohe Preis ist die Ursache der Zerstörung des ganzen Handels, weil man keine andere Ware mehr kaufen kann, nachdem man Brot gekauft hat ... Andere ... sterben an Hunger ...

8. Möge der König vor dem Bankrott bewahren, der den Handel noch ruiniert ...

14. Dass die Salzsteuer abgeschafft werde und der Verkauf von Salz frei sei ...

16. Die drei Stände mögen dem König im Verhältnis zu ihren Einkünften zahlen ...

18. Der König wird demütig gebeten, die Generalstände alle fünf Jahre einzuberufen, um von unserem Unglück zu erfahren.

Zit. nach Wolf Dietrich Behschnitt, Die Französische Revolution, Stuttgart (Klett) 1983, S. 30.

M6 Klagen über die Kirche

Ein Bauer äußerte sich 1788 in folgendem Brief:

Ob wir gleich in unserer Gegend wenig Adel haben, darf man nicht glauben, die liegenden Gründe seien darum weniger mit Gülten[1] belastet; im Gegenteil, fast alle Lehen gehören der Kathedrale, dem Erzbistum, der Stiftskirche von Saint-Martin, den Benediktinern von Noirmoutiers und anderen Geistlichen, bei denen die Abgaben nie verjähren und deren Fabrik Gott allein kennt! ... Der Intendant[2] unsres neuen Erzbischofs hat bei seiner Ankunft allen Pächtern seines Vorgängers die Kündigung zugestellt, indem er alle Pächter vor die Tür setzte, die ihre Pachtabgaben nicht verdoppeln und nicht noch einmal Pachtprovisionen zahlen wollten, die sie schon dem Intendanten des Herrn von Fleury gegeben hatten. Man hat ihnen derart die sieben oder acht Jahre geraubt, die sie nach den abgeschlossenen Pachtverträgen noch hätten auf ihren Gütern sitzen können, und hat sie gezwungen, ohne Verzug am Heiligabend, in der schlimmsten Zeit des Jahres fortzuziehen, ohne dass sie wussten, wo sie bleiben sollten.

Zit nach Gustav Landauer (Hg.), Briefe aus der Französischen Revolution, Bd. 1, Berlin (Rütten & Loening) 1985, S. 129f.

1 Abgaben   2 Gutsverwalter

M7 ... aus der Unwissenheit heraustreten

Im Frühjahr 1789 trugen Frauen in einem „cahier de doléances" dem König eine Reihe von Bitten vor:

Die Frauen des Dritten Standes werden fast alle ohne Reichtümer geboren; ihre Erziehung wird sehr vernachlässigt.

Wir bitten für die Chancengleichheit der Frau im Alltagsleben. Wir bitten um Ausbildung und Beruf, nicht, um uns die Befugnisse der Männer anzueignen, sondern um von ihnen höher geachtet zu werden, und damit wir im Stande sind, vor dem Elend geschützt zu leben.

Wir bitten Euch inständig, Sire, kostenlose Schulen einzurichten, wo wir unsere Sprache von Grund auf erlernen können.

Wir bitten darum, aus der Unwissenheit herauszutreten, um unseren Kindern eine vernünftige und angemessene Erziehung zukommen zu lassen.

Cahiers de doléances des femmes en 1789 et autres textes. Zit. nach „Geschichte auch für Mädchen", hg. von der Landesregierung NRW 1992, S. 20f.

M8 Die Spinne und die Fliege, französischer Kupferstich, 1789. Die Texte lauten (von oben rechts nach unten links): Je mehr man hat, je mehr will man. Der Arme bringt alles, Getreide, Obst, Geld, Salat. Der dicke Adlige sitzt nur da und nimmt es entgegen. Er will ihm keinen freundlichen Blick gönnen. Die fliegende Mücke braucht gar nicht ins Netz zu gehen. Der eine nimmt, der andere gibt. Allen Herren zu Ehren. Mager wie ein angeketteter Windhund. Je mehr der Teufel hat, desto mehr will er. Der Adlige ist die Spinne und der Bauer die Fliege.

M9 Die Bäuerin in der Fron, anonymer Kupferstich, koloriert, Paris 1789

5 Trage die Klagen aus M5 und M6 zusammen. Unterscheide farblich nach Beschwerden und Forderungen. Worin bestanden deiner Meinung nach die größten Belastungen der Bauern?

6 Stelle die Situation der französischen Frauen des Dritten Standes im 18. Jahrhundert dar (M7). Ziehe auch den Darstellungstext S. 19 heran.

7 Bildet drei Gruppen, die M4, M8 oder M9 untersuchen anhand folgender Aufgaben: Notiert zunächst, was euch an der Karikatur auffällt. Dann besprecht ihr, welche Einzelheiten ihr erkennt, und diskutiert, welche Bedeutung diese haben könnten bzw. was die Karikatur aussagen soll. Stellt eure Ergebnisse vor.

M10 Ein Geistlicher spricht für den Dritten Stand

Aus der Flugschrift des Geistlichen Emmanuel Sieyès (Januar 1789):

1. Was ist der Dritte Stand? ALLES.
2. Was ist er bis jetzt in der politischen Ordnung gewesen? NICHTS.
3. Was verlangt er? ETWAS ZU SEIN.

Zit. nach Geschichte in Quellen, Bd. 4, hg. von Wolfgang Lautemann u. a., München (bsv) 1981, S. 163.

8 Besprecht: Welche „Botschaften" vermittelt M10? An wen richteten sie sich?

9 Schreibe anhand der Informationen auf den Seiten 18–21 ein Streitgespräch zwischen einem französischen Grundherrn und einem Bauern.

10 Erarbeite die Aussagen von M11 und setze diese in Beziehung zu den Forderungen von M10.

M11 Nur eine neue Regierung?

Der Historiker Elmar Wagener erläuterte 1989, welche „Bewegungen" es im Dritten Stand gab:

Reichtum war ... eine unabdingbare Voraussetzung für den sozialen Aufstieg des Bürgertums. Allerdings macht die für das 18. Jahrhundert typische bürgerliche Karriere auch deutlich, dass eine akademische Ausbildung , deren erhebliche Kosten nur von wohlhabenden bürgerlichen oder auch adeligen Familien aufgebracht werden konnten, zunehmend Zugangsvoraussetzung zu politischer Macht und zum Schlüssel sozialen Aufstiegs wurde ... In der bürgerlichen „Drei-Generationen-Karriere" vom „Negerhändler" an der Atlantikküste zum amtsadeligen Verwaltungsfachmann nahm das Streben großbürgerlicher Familien nach adeligem Rang und adeliger Lebensart Gestalt an.

Elmar Wagener, Von der Krise des alten Staates zur bürgerlichen Neuordnung. In: Praxis Geschichte 1/1989, S. 8.

Kritik und Beschwerde – Möglichkeiten zur Bürgerbeteiligung

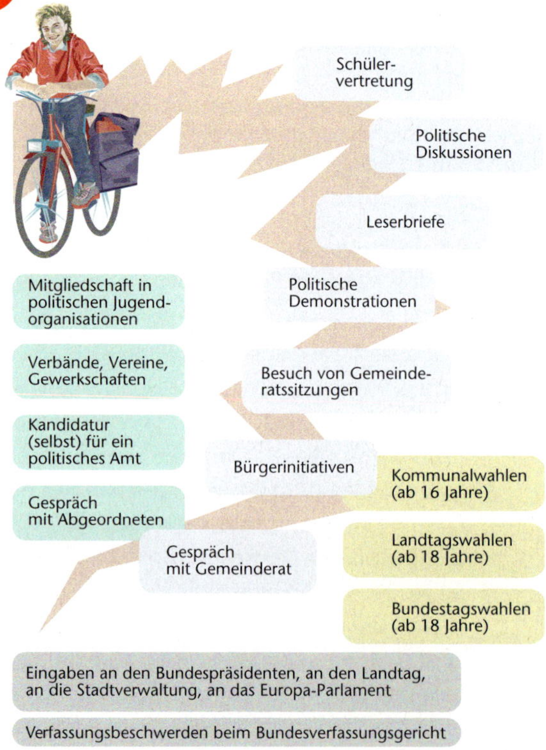

Mit ihren Beschwerdeheften brachten die Franzosen der Regierung ihren Unmut und ihre Forderungen zu Gehör. Damit verbanden sie vielleicht die Hoffnung, die „große" Politik zu beeinflussen und langfristig ihre Lebensverhältnisse zu ändern. Welche Wege politischer Beteiligung können wir heute nutzen? Viele Bürgerinnen und Bürger fordern, mehr Einfluss auf die Politik nehmen zu können und bei politischen Fragen mitzuentscheiden. Oft fühlen sie sich von Politikern und Parteien* nicht ausreichend vertreten.
Die Grafik zeigt das Vorgehen einer Schülerin, die sich für den Bau eines neuen Radweges zu ihrer Schule einsetzt. Ihre „Strategie" entnimmst du den blau unterlegten Feldern.

a Diskutiert in der Klasse über die abgebildeten Beteiligungsformen. Berichtet dabei über eure eigenen Erfahrungen mit politischen Aktivitäten.

b Recherchiert unter dem Stichwort „Bürgerbeteiligung" im Internet.

„Wer trägt die Last?“ – Meinungen zur Krise

Gefahr für den Absolutismus?

Der Merkantilismus* hatte Frankreich zwar in eine erfolgreiche Exportnation verwandelt. Diese Entwicklung verlief aber auf Kosten der französischen Handwerker und Händler, denn die gewerbliche Produktion stieg zwischen 1730 und 1789 nur um 30 %, während der Export von Produkten aus den staatlichen Manufakturen* im gleichen Zeitraum um 300 % anstieg. Viele Handwerker mussten ihre Produkte zu sehr niedrigen Preisen verkaufen, um konkurrieren zu können. Die steigenden Lebenshaltungskosten ruinierten viele.

Die allgemeine Teuerung wurde vor allem durch die wachsende Schuldenlast der staatlichen Haushalte verursacht. Hinter den Zinsen, die der Staat jährlich zu bezahlen hatte, verbargen sich riesige Schulden, die noch aus den Kriegen Ludwigs XIV. und Ludwigs XV., aber auch aus der verschwenderischen Hofhaltung in Versailles und den Pensionen der absolutistischen Könige an den Hofadel stammten. Ludwig XVI. wollte die Steuerfreiheit für den Ersten und Zweiten Stand mehrfach aufheben, scheiterte aber jedes Mal am Widerstand der Stände. Er konnte sich gegen die einstigen Pfeiler der absolutistischen Monarchie nicht mehr durchsetzen.

Wie spiegelte sich die Staatskrise Frankreichs in der Öffentlichkeit wider?

M1 Die Finanzen wiederherstellen – aber wie?

Der französische Finanzminister Charles de Calonne in einem aufrüttelnden Appell zur Rettung des Staates am 22.2.1787 vor der Versammlung der königlichen Berater („Notabeln“) in Versailles:

Was bleibt, um das ersehnte Gleichgewicht im Staatshaushalt herzustellen? … Was [brauchen] wir zur Wiederherstellung der Finanzen? …
In den Missbräuchen findet sich ein Schatz von Reichtümern, die der Staat zurückfordern muss, um die Ordnung wiederherzustellen. Die Missbräuche werden verteidigt durch persönliche Interessen, Einfluss, Vermögen und alte Vorurteile. Die Missbräuche sind die, die auf der arbeitenden und erwerbenden Klasse lasten: Die Missbräuche der Geldprivilegien und all die ungerechten Bevorzugungen, die Ungleichheit in der Erhebung der Abgaben, das ungeheure Missverhältnis in den Leistungen und den Lasten der Untertanen. Wenn so viele Missbräuche widerstanden haben, so rührt das daher, dass man durch einen teilweisen Eingriff erreichen wollte, was nur durch eine allgemeine Operation gelingen konnte, [die] allein den Körper des Königreiches neu beleben kann.

Zit. nach Irmgard und Paul Hartig, Die Französische Revolution, Stuttgart (Klett) 1966, S. 27 f.

1 Entschlüssele M2 (siehe Arbeitsschritte S. 33) und stelle einen Bezug zu M1 her.

2 Erarbeite anhand des Darstellungstextes die „Gefahren“ für den Absolutismus.

M2 Finanzminister Calonne als „Koch“, Karikatur, 1787. Die Bildunterschrift lautet: „Geliebte Untertanen! Ich habe euch gerufen, um zu erfahren, in welcher Sauce ihr verspeist werden möchtet.“ – „Aber wir wollen gar nicht verspeist werden!“ – „Ihr schweift vom Thema ab …“

M3 Ein Rat für die Pariser

Flugschrift aus dem Jahre 1788:

Leichtfertige Pariser! Ihr lauft ins Theater, in die Cafés, während eure Feinde arbeiten. Steht auf gegen den Klerus und den Adel, die miteinander verschworen sind. Duldet nicht, dass ungefähr 600 000 Menschen vierundzwanzig Millionen das Gesetz auferlegen! … Denkt an die Lasten, die ihr tragt! Schaut euch um nach den Palästen, den Schlössern, die gebaut sind mit eurem Schweiß und euren Tränen. Vergleicht eure Lage mit der dieser Prälaten[1] und Großen. Was empfangt ihr von ihnen für alle Hochachtung, die ihr ihnen bezeigt? Verachtung! Sie nennen euch Gesindel! Lasst sie erkennen, dass Gesindel diejenigen sind, die auf eure Kosten leben!

Zit. nach Irmgard und Paul Hartig, Die Französische Revolution, Stuttgart (Klett) 1966, S. 10f.

1 geistliche Würdenträger

M5 Ein amerikanischer Beobachter

Der Amerikaner Morris schrieb am 29. April 1789 aus Paris an George Washington:

Das Material für eine Revolution in diesem Land ist sehr gemischt. Jeder gibt zu, dass es um die Moral hier äußerst schwach bestellt ist; aber dieser allgemeine Satz kann einem amerikanischen Kopfe nie einen Begriff von dem Grad der Verderbtheit geben … Es gibt hier ein verhängnisvolles Prinzip, das alle Stände durchdringt. Das ist die vollkommene Gleichgültigkeit gegen die Verletzung übernommener Verpflichtungen. Unbeständigkeit ist diesem Volk in Fleisch und Blut übergegangen … Verlässlichkeit ist ein Wunder. Die große Masse des gemeinen Volkes hat keine Religion als ihre Priester, kein Gesetz als ihre Vorgesetzten, keine Moral als ihr Interesse.

Gustav Landauer (Hg.), Briefe aus der Französischen Revolution, 1. Bd., Berlin (Rütten & Loening) 1985, S. 183.

M6 Ein Reisebericht

Ein Engländer, der in der ersten Jahreshälfte 1789 Frankreich besuchte, schilderte die Stimmung im Volk:

So viel Aufruhr und Zorn wird sich nicht leicht legen: Es wird … äußerst schwierig sein, diese Menschen in ihr früheres Joch der Unterwerfung zurückzuführen. In der Tat, das ganze Königreich scheint reif für eine Revolution. Die große Masse ist unzufrieden, sie verachtet ihren König. Aufwiegler bevölkern Straßen und Plätze.

Zit. nach Jackdan Publication, „The Fall of the Bastille", London 1968, Nr. 57.

M4 „Ich wusste doch, dass wir an die Reihe kommen", kolorierte Radierung, 1789

3 Liste die Kritikpunkte auf, die M3 benennt.

4 Besprecht, ob diese gerechtfertigt waren. Zieht dazu die Informationen aus der gesamten Themeneinheit heran.

5 Erläutere anhand von M5 und M6 den Eindruck, den ausländische Beobachter im Sommer 1789 von Frankreich gewannen.

6 Vergleiche die Darstellung und Aussage von M4 mit der von M9 auf S. 21.

Der Platz der Hallen, Kupferstich und Radierung von Jacques Aliamet, um 1770 (M1)

Die Hallen von Paris – eine Szene schreiben

Kaufen, verkaufen und mehr

Der größte und bekannteste Markt für Lebensmittel in Frankreich wurde jahrhundertelang täglich in den Hallen von Paris abgehalten. Hier gab es alles zu kaufen, was die großen und kleinen Küchen, vor allem aber die kleineren Teilmärkte und Lebensmittelhändler in den einzelnen Pariser Stadtteilen brauchten.

Die Hallen und vor allem ihr Vorplatz waren aber nicht nur Orte des Kaufs und Verkaufs, sondern hier wurden auch ständig Meinungen, Gerüchte und Informationen ausgetauscht. Der französische Schriftsteller Émile Zola bezeichnete die Hallen einmal als „Bauch von Paris", der nicht nur Leben gebäre, sondern in dem es auch ständig rumore. Kein Wunder also, wenn die französischen Regierungen stets genau wissen wollten, was in den Hallen passierte.

M2 Das Leben in den Hallen

Louis Sébastien Mercier beschrieb in seinem Buch „Mein Bild von Paris" (1783) das Treiben in den Hallen:

Um ein Uhr früh kommen 6000 Bauern und bringen Gemüse, Früchte und Blumen. Sie begeben sich zu den Hallen. Ihre Tragtiere sind erschöpft, denn sie haben sieben oder acht Meilen hinter sich. Die Hallen sind der Ort, wo Morpheus[1] niemals seine Schlafkörner streut. Dort herrscht niemals Stille, kennt man keine Ruhe, keine Pause. Den Gemüsebauern folgen die Fischhändler, den Fischhändlern die Eier- und Geflügellieferanten und diesen die Detaillisten[2], denn sämtliche Märkte von Paris beziehen ihre Lebensmittel aus den Hallen, diese sind der Umschlagort für alles. Dabei fließen in den Tavernen Ströme von Branntwein … wer Maß halten will, trinkt Wein. Rundum der Lärm pausenloser Betriebsamkeit, denn man schreit, dass einem der Kopf darüber zerspringen könnte.

Zit. nach Viktoria Schmidt-Linsenhoff, Sklavin oder Bürgerin? Französische Revolution und Neue Weiblichkeit 1760–1830, Frankfurt (Jonas) 1989, S. 689.

1 griechischer Gott des Schlafes
2 Einzelhändler

1 Schreibt in Partnerarbeit eine Gesprächsszene, die im Februar/März 1789 in den Hallen von Paris spielt. Nehmt in die Szene die Alltagserfahrungen der Menschen und die politische Stimmung auf. Berücksichtigt die Seiten 18–24.

Die Abschaffung der Stände – eine Revolution?

Der Dritte Stand erhebt sich

Die Berater König Ludwigs XVI. hatten zur Lösung der Finanzkrise empfohlen, die Generalstände nach Versailles einzuberufen. Im Februar und März 1789 wählten deshalb alle drei Stände ihre Abgeordneten, die sich am 5. Mai 1789 zur feierlichen Eröffnungssitzung in Versailles einfanden. Obwohl Ludwig von den schwer wiegenden Vorwürfen der französischen Bevölkerung wusste, ging er in seiner Eröffnungsrede mit keinem Wort darauf ein. Nachdem die Generalstände einige Wochen erfolglos verhandelt hatten, stellten sich einige Priester und niedere Adlige auf die Seite des Dritten Standes. Schließlich verloren die Abgeordneten des Dritten Standes die Geduld und sie erklärten sich gemeinsam mit Gleichgesinnten aus dem Ersten und Zweiten Stand zur Nationalversammlung*. Als der König deswegen wenige Tage später ihren Versammlungsraum schließen ließ, wichen die Abgeordneten in das Ballhaus des Hofes aus und schworen sich, solange nicht auseinander zu gehen, bis Frankreich eine Verfassung besäße. Dem Zeremonienmeister des Königs, der diese „Verfassunggebende Versammlung" auflösen sollte, wurde von den Abgeordneten mitgeteilt: „Die versammelte Nation empfängt keine Befehle und weicht nur vor der Gewalt der Bajonette." Kurze Zeit später empfahl Ludwig XVI. den Delegierten von Adel und Geistlichkeit, sich auch der Nationalversammlung anzuschließen. Gleichzeitig aber ließ er etwa 20 000 Soldaten der Nationalgarde um Versailles und Paris zusammenziehen.

Frauen holen den König nach Paris

Im August und September 1789 herrschte in Paris Hunger, die Brotpreise stiegen immer schneller und das Angebot an Lebensmitteln nahm weiter ab. Am 5. Oktober war die Geduld vieler Einwohnerinnen von Paris erschöpft. Mehrere Tausend von ihnen marschierten spontan nach Versailles, um vom König die Senkung der Lebensmittelpreise zu erzwingen. „Was wird uns nötig sein? Wir brauchen Fleisch, Brot und unsere Pinte Wein!", sangen sie.

Die Bauern und ihre Herren

Die Nachrichten über die Ereignisse in Paris lösten bei der ländlichen Bevölkerung zwiespältige Gefühle aus. Auf der einen Seite sahen die Bauern die Stunde gekommen, nun selbst zu handeln. Seit Monaten schon warteten sie auf die Beantwortung ihrer Beschwerdehefte, aber nichts war geschehen. An vielen Orten stürmten die Bauern mit Dreschflegeln, Sensen und Jagdgewehren die Schlösser oder Klöster ihrer Grundherren, um sich dort die Urkunden aller Frondienste und Abgabenpflichten zu holen, die ihnen das Leben so schwer machten. Auf der anderen Seite fürchteten die Bauern die Rache des Landadels. Außerdem kursierten Gerüchte von plündernden Räuberbanden und einer Intervention ausländischer Truppen.

M1 **Die Eröffnung der Ständeversammlung am 5. Mai 1789,** Ölgemälde von Auguste Couder (1790–1873), Paris um 1840

M2 Der Sturm auf die Bastille

Die Truppenbewegungen des Königs im Sommer 1789 versetzten die Bevölkerung von Paris in höchste Aufregung. Ein Augenzeuge berichtete vom Sturm auf das Gefängnis Bastille am 14. Juli, das als Bollwerk des Absolutismus galt:

Die Wut flammt auf. Nun gibt es in Paris nur noch einen Schrei: Zu den Waffen! ... Die Menge und die Verwegensten begeben sich zum Invalidenhaus; man verlangt Waffen vom Gouverneur ... Kaum hat man Waffen, so geht's zur Bastille. Der Kommandant, Graf de Launay, der gewiss überrascht war, hunderttausend Flinten mit Bajonetten zu sehen, muss sehr in Verwirrung gewesen sein. Man knallt ein oder zwei Stunden drauf los, man schießt von den Türmen herunter, was sich dort sehen lässt; Graf Launay ergibt sich; er lässt die Zugbrücke herunter, aber er zieht sie sofort wieder hoch und schießt mit Kartätschen drein ... binnen einer halben Stunde ist der Platz im Sturm genommen. Es grenzt ans Wunderbare, um halb drei Uhr war die Bastille schon genommen. Die Bastille hätte sich sechs Monate halten können, aber sie wurde von Bürgersleuten und führerlosen Soldaten genommen, ohne einen einzigen Offizier! ... Herrn de Launay macht man zum Gefangenen, führt ihn zum Stadthaus und schlägt ihn unterwegs halb tot.

Zit. nach Wolf Dietrich Behschnitt, Die Französische Revolution, Stuttgart (Klett) 1979, S. 44.

1 Beschreibe M1 und M3 und vergleiche. Achte auf die Personengruppen, auf ihre Verteilung im Raum, ihre Haltung, Kleidung und auf die Gestaltung des Hintergrundes.

2 Besprecht, wie M1 und M3 auf den Betrachter wirken. Warum haben die Maler wohl diese Szenen dargestellt?

3 Gib in eigenen Worten die Ereignisse beim Sturm der Bastille wieder (M2). Wie beurteilt der Verfasser die Vorgänge?

M3 **Schwur im Ballhaus am 20. Juni 1789,** Ausschnitt aus einem Gemälde von Jacques-Louis David, um 1790

M4 Allgemeines Wohlwollen in Paris

Théroigne de Méricourt (1762–1817), Tochter eines wohlhabenden niederländischen Bauern, die Anfang 1789 nach Paris kam und am Sturm auf die Bastille teilnahm, notierte 1792 während eines Gefängnisaufenthalts im Rückblick auf 1789:

Den stärksten Eindruck auf mich machte die Stimmung eines allgemeinen Wohlwollens ... Jeder sprach ohne Unterschied mit jedem. In diesem Augenblick der Bewegung mischten sich die Reichen unter die Armen und verschmähten es nicht, mit ihnen wie mit ihresgleichen zu reden ... Ich sah viele, die trotz ihrer Lumpen ein heroisches Ansehen hatten. Wenn man nur ein bisschen Sensibilität hatte, war es nicht möglich, ein derartiges Schauspiel mit Gleichgültigkeit zu betrachten. Ich war daher so begeistert, dass ich beschloss, nach Versailles zu gehen, um dort Zeuge der Debatten der Nationalversammlung zu werden.

Théroigne de Méricourt, Aufzeichnungen aus der Gefangenschaft, Salzburg und Wien 1989, S. 16.

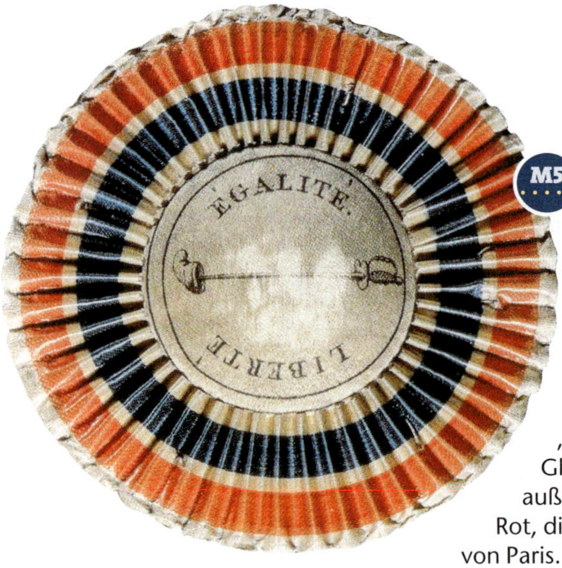

M5 Kokarde, seit 1789 das Abzeichen der französischen Revolutionäre. Im Innenkreis die Aufschrift „Freiheit und Gleichheit", außen Blau und Rot, die Stadtfarben von Paris.

M6 Beschlüsse der Nationalversammlung

Die Nationalversammlung musste rasch handeln, um die Bevölkerung zu beruhigen. Deshalb beschloss sie in einer stürmischen Nachtsitzung am 4./5. August 1789 u. a.

1. Die Leibeigenschaft wird abgeschafft.
4. Der Zehnte und andere Rechte des Herrn können in Geld entrichtet werden.
5. Mit Beginn des Jahres 1789 sind alle Bürger gleich steuerpflichtig.
6. Alle Bürger werden zu Ämtern in Staat und Heer zugelassen. Der Ämterkauf wird abgeschafft.

Zit. nach Geschichte in Quellen, Bd. 4, hg. von Wolfgang Lautemann u. a., München (bsv) 1981, S. 197f.

Die Ereignisse im Sommer und Herbst 1789

5. Mai Eröffnung der Generalstände in Versailles.
17. Juni Die Abgeordneten des Dritten Standes erklären sich zur Nationalversammlung.
20. Juni Die Mitglieder der Nationalversammlung schwören, nicht eher auseinander zu gehen, bis Frankreich eine Verfassung besitzt (Ballhausschwur).
14. Juli Eine wütende Menschenmenge stürmt die Bastille und trägt den Kopf des ermordeten Kommandanten jubelnd durch die Stadt.
16./17. Juli Der König zieht die Truppen um Paris wieder ab und heftet sich die Kokarde an den Hut.
4./5. August Nachtsitzung der Nationalversammlung: Alle Privilegien fallen.
26. August Die Nationalversammlung verabschiedet die Erklärung der Menschen- und Bürgerrechte und bestimmt sie als Grundlage der neuen Verfassung.
5./6. Oktober Zug der Frauen nach Versailles. Die Königsfamilie zieht nach Paris um; die Nationalversammlung folgt einige Tage später.

4 Untersuche, wie M4 die Lage in Paris bewertet. Gibt es Übereinstimmungen mit M2?
5 Beschreibe anhand des Darstellungstextes S. 26 die Gefühlslage der Bauern.
6 Erkläre die symbolische Bedeutung der Kokarde (M5).
7 Beurteile, welche Bedeutung die Beschlüsse M6 für die Bauern hatten.
8 Untersuche anhand von M7 und M8 die Motive und die Forderungen der Frauen sowie ihre Aktionen.
9 Ordne die Aktionen der Frauen in den Zeitablauf der revolutionären Ereignisse ein (Kasten oben).
10 Erläutere den Begriff „Revolution" (Kasten S. 29).

M7 Der Marsch der Frauen nach Versailles

Über die Ereignisse am 5./6. Oktober 1789 berichtete die Historikerin Susanne Petersen 1987:

Insgesamt wurde der Zug auf 8000 bis 10 000 Frauen geschätzt, die sich mit Piken, Stielen, Waffen und sogar mit einigen Kanonen auf den langen Marsch begaben ... Gegen 17 Uhr kam der Frauenzug völlig durchnässt in Versailles an. Derweil war es in Paris zu neuen Initiativen der Nationalgarde gekommen, die Frauen zu unterstützen. Während die Nationalgardisten im Anmarsch waren, wurde in der Nationalversammlung schon eine Abordnung von 12 Frauen vorgelassen.
Die Angehörigen der Nationalversammlung signalisierten Wohlwollen und schickten dieselbe Abordnung mit ihrem Sitzungspräsidenten Mounier direkt zum König. Als die Frauenabordnung wieder zum Vorschein kam, gab sie bekannt, dass der König ausreichende Mehllieferungen und Festpreise zugesagt habe. Ein Teil der Frauen kehrte höchst zufrieden nach Paris zurück, diesmal im Wagen des Königs ...
Als letzte Forderung hatten die Vertreter der 60 Pariser Bezirke auf ihrem Zettel: Der König solle mit nach Paris kommen ...
So kam es am frühen Morgen des 6. Oktober 1789 zu gewaltsamen Ausschreitungen im Schloss. Immer wieder erschallte der Ruf: „Nach Paris". In dieser Zwangslage willigten Ludwig XVI. [und die Nationalversammlung] ein. Gegen 13 Uhr marschierte ein bunt gemischter, mit vielen Zweigen und Broten geschmückter Zug im Triumph nach Paris zurück, zusammen mit „dem Bäcker, der Bäckerin und dem Bäckerburschen" [Ludwig XVI., Marie Antoinette und der Thronfolger] als Garanten der Pariser Brotversorgung.

Zit. nach Susanne Petersen, Marktweiber und Amazonen, Köln (Pahl-Rugenstein) 1987, S. 65 ff.

M8 Die Pariser Marktfrauen kehren zurück, kolorierte Radierung, 1789

Revolution

(lat. revolutio = Umwälzung) Der absichtliche, meist gewaltsame Umsturz einer bestehenden politischen und gesellschaftlichen Ordnung. Er bedeutet für alle Beteiligten eine tief greifende Veränderung ihrer Lebensverhältnisse. In der Geschichtsforschung wird die Französische Revolution nicht als einheitliche Bewegung gesehen, vielmehr werden verschiedene Ebenen und Trägergruppen unterschieden:
1. Verfassungsrevolution: Die Nationalversammlung beendete den Ständestaat, indem sie nach dem Grundsatz der Gleichberechtigung aller Franzosen eine Verfassung erzwang, die die Stände beseitigte.
2. Städtische Revolution: Wie in Paris vertrieben die Bürger auch in anderen französischen Städten die Amtsträger des Königs und setzten eine neue, aus gewählten Vertretern bestehende Verwaltung ein.
3. Bauernrevolution: Die Bauern erreichten, dass die Nationalversammlung die Leibeigenschaft aufhob sowie die finanzielle Ablösung der bäuerlichen Abgaben und Fronlasten und die Steuerpflicht für alle Franzosen festlegte.

Lesetipp

Ingrid Ott, Freiheit!, Stuttgart (Freies Geistesleben) 1996. Roman über sechs Freunde, die sich während der Französischen Revolution verlieren und wieder finden.

Menschen sollen frei und gleich sein

Ein Beschluss nicht nur für Frankreich

Zusammen mit der Beseitigung aller Privilegien durch die französische Nationalversammlung (siehe S. 28, M6) galt die „Erklärung der Menschen- und Bürgerrechte“ vom 26. August 1789 als „Totenschein“ des Absolutismus. Bereits lange vor der Französischen Revolution hatte die Debatte über die Menschen- und Bürgerrechte begonnen. Sie hatten für die Amerikaner eine wichtige Rolle gespielt, als sie ihre Unabhängigkeit erklärten und Grundrechte eines jeden Bürgers in ihrer Verfassung verankerten (siehe S. 14 f.). Die Menschen- und Bürgerrechte sollten nach dem Willen der französischen Abgeordneten nicht auf ein bestimmtes Land begrenzt bleiben, sondern sie sollten weltweit gelten. Welche Grundsätze enthielt die „Erklärung der Menschen- und Bürgerrechte“? Welche Schwierigkeiten bestehen bei der Umsetzung der Menschen- und Bürgerrechte?

Menschenrechte in der Gegenwart

Im 19. Jahrhundert galten die Menschenrechte als Hebel zur Durchsetzung von Reformen in europäischen Monarchien, sonst fanden sie relativ wenig Beachtung. Erst nach dem Zweiten Weltkrieg setzten sich die Vereinten Nationen (UNO) für eine weltweite Stärkung der Menschenrechte ein. Sie beschlossen am 10. 12. 1948 die „Allgemeine Erklärung der Menschen- und Bürgerrechte“. Darin verpflichteten sich die Mitgliedsstaaten der UNO, die Menschenrechte weltweit zu verteidigen und zu verwirklichen.

Allerdings finden in der Welt täglich schwere Verstöße gegen die Menschenrechte statt, vor allem gegenüber Frauen und Kindern. Begangen werden sie nicht nur von Soldaten, beispielsweise in einem Bürgerkrieg, sondern auch von Regierungen, Behörden und Polizisten in Staaten, die nach außen hin im Frieden leben. Die Verstöße richten sich meistens gegen Menschen, die gegen die Zustände in ihrem Staat protestieren, weil die herrschende Schicht um ihre Macht fürchtet. Für den Schutz der Menschenrechte setzen sich international arbeitende Organisationen ein, wie z. B. die Menschenrechtsorganisation „amnesty international“.

M1 **Die Erklärung der Menschen- und Bürgerrechte,**
Ölgemälde von Jean Jacques Le Barbier d. Ä, 1789/90

Menschen- und Bürgerrechte
Rechte, die jeder Mensch unabhängig von seiner Stellung in Staat, Gesellschaft, Familie, Beruf, Religion und Kultur allein schon durch seine Geburt besitzt. Die Menschenrechte werden weder durch Merkmale wie Hautfarbe, Geschlecht, Sprache, politische oder weltanschauliche Vorstellungen, noch durch nationale oder soziale Herkunft beschränkt. Bürgerrechte sind an die Staatsbürgerschaft gebunden, zu ihnen gehört z. B. das Wahlrecht.

M2 Die Menschen- und Bürgerrechte

Die Menschen- und Bürgerrechte (17 Artikel) wurden am 26. August 1789 von der Nationalversammlung beschlossen und später der Verfassung von 1791 vorangestellt:

Präambel: In der Überzeugung, dass die Unkenntnis, das Vergessen oder Verachten der Menschenrechte die alleinigen Ursachen der öffentlichen Missstände und der Verderbtheit der Regierungen sind, haben die in der Nationalversammlung vereinigten Vertreter des französischen Volkes beschlossen, in einer feierlichen Erklärung die natürlichen, unveräußerlichen und geheiligten Menschenrechte darzulegen …

Art. 2. Das Ziel einer jeden politischen Vereinigung besteht in der Erhaltung der natürlichen und unantastbaren Menschenrechte. Diese Rechte sind Freiheit, Eigentum, Sicherheit und Widerstand gegen Unterdrückung.

Art. 3. Die Nation bildet den hauptsächlichen Ursprung jeder Souveränität. Keine Körperschaft und kein Individuum können eine Gewalt ausüben, die nicht ausdrücklich von der Nation ausgeht.

Art. 4. Die Freiheit besteht darin, alles tun zu können, was dem anderen nicht schadet … Diese Grenzen können nur gesetzlich festgelegt werden …

Art. 8. … Niemand kann wegen eines Gesetzes bestraft werden, das nicht vor dem Tatmoment erlassen, verkündet und angewendet worden ist.

Art. 10. Niemand darf wegen seiner Meinung, selbst religiöser Art, belangt werden, so lange die Äußerungen nicht die gesetzlich festgelegte Ordnung stören.

Art. 11. Die freie Mitteilung der Gedanken und Ansichten ist eines der kostbarsten Menschenrechte; jeder Bürger kann daher frei schreiben, reden und drucken, unter Vorbehalt des Missbrauchs dieser Freiheit in den gesetzlich festgelegten Fällen.

Art. 16. Eine Gesellschaft, in der die Garantie der Rechte nicht erfolgt und die Gewaltenteilung nicht festgeschrieben ist, hat keine Verfassung.

Art. 17. Da das Eigentum ein unverletzliches und heiliges Recht ist, kann es niemandem genommen werden, außer im Falle öffentlicher Notwendigkeit unter der Bedingung einer gerechten … Entschädigung.

Zit. nach Geschichte in Quellen, Bd. 4, hg. von Wolfgang Lautemann u. a., München (bsv) 1981, S. 199 ff. Berab. d. Verf.

Der massenhafte Thronsturz, **M3** französische Karikatur, um 1800. Inschrift links oben: „Republikanische Elektrizität gibt den Despoten einen Stromstoß, der ihre Throne umstürzt“. Inschrift auf der Scheibe: „Erklärung der Menschenrechte“, Inschrift auf dem Kabel: „Freiheit, Gleichheit, Brüderlichkeit, unteilbare Einheit der Republik“. Beschriftungen rechts: „Der Schelm Joseph, der holländische Statthalter, der feiste George, der kleine Papst, der spanische Despot, der Tyrann von Preußen, der Herumtreiber von Sardinien, die fette Katharina“.

1. Überprüfe, in welchen Punkten die Menschen- und Bürgerrechte (M2) im Gegensatz zur absolutistischen Herrschaft standen.
2. Beschreibe M1 und formuliere die mögliche Aussage des Künstlers.
3. Vergleiche die Erklärung der Menschen- und Bürgerrechte mit den Grundrechten des Grundgesetzes der Bundesrepublik Deutschland (siehe Anhang).

Kontakt mit einer Menschenrechtsorganisation aufnehmen

Informiert euch über die Arbeit von amnesty international und recherchiert, welche anderen Organisationen für die Einhaltung der Menschenrechte eintreten (siehe „Internetrecherche“ im Methodenanhang). Bereitet eine kleine Ausstellung über die Menschenrechte in der Geschichte und in der Gegenwart vor.

M4 **Evolution of man and woman,**
Karikatur von Spellbound, 1993

Vorschlag für eine Gruppenarbeit

Bildet drei Gruppen und bearbeitet jeweils eine Karikatur (M3 bis M5, S. 31/32) nach den Arbeitsschritten „Karikaturen entschlüsseln“ (siehe S. 33). Stellt die Ergebnisse in der Klasse vor.

M5 **Und gib, dass auch dein verlorenes Schaf Ali ...“,**
Karikatur von Gerhard Mester, 1994

Karikaturen entschlüsseln

Klassenzimmer, M1
Karikatur von
Gerhard Mester, 1998

Karikaturen – nur zum Lachen?

Karikaturen kennst du aus Tageszeitungen oder Zeitschriften. Meist reizt ihre Darstellung spontan zum Lachen, obwohl beim Nachdenken über den Inhalt vielleicht gar kein Grund zum Lachen besteht. Karikaturen arbeiten mit den Mitteln der Verzerrung, Übertreibung oder Verfremdung.

Oft wollen die Karikaturisten das Verhalten von Menschen zwischen Anspruch und Realität aufzeigen.
Im Bereich der politischen Auseinandersetzung sind Karikaturen ein beliebtes Instrument zur Bloßstellung politischer Gegner oder der Kritik an gesellschaftlich fragwürdigen Zuständen.

1 Entschlüssele die Karikatur M1 mithilfe der Arbeitsschritte.
2 Halte fest, welche Fragen offen bleiben bzw. nur mit weiteren Informationen beantwortet werden können.
3 Übe die Arbeit mit Karikaturen an M3 bis M5 S. 31 ff.

Arbeitsschritte Karikaturen entschlüsseln

1. Schritt: Inhalte, Details sammeln
– Beschreibe möglichst genau, was die Zeichnung zeigt bzw. was du erkennst.
– Ist ein Text vorhanden, gib diesen in eigenen Worten wieder.

2. Schritt: Die Bedeutung klären
– Überlege, welche Bedeutung die abgebildeten Personen, Gegenstände, Symbole usw. haben können oder worauf sie anspielen. Ein Symbol ist z. B. die Jakobinermütze für die Revolutionäre; als Personen werden oft verwendet: Michel mit der Zipfelmütze (für Deutschland), Marianne (für Frankreich)
– Ergibt sich aus der Darstellung eine Wertung (Personen, Handlungen)?
– Sprich mit Mitschülern über deine Vermutungen zur Bedeutung einzelner Bildelemente.
– Prüfe, ob der Text der Karikatur deine Vermutungen stützt.

3. Schritt: Die Aussage formulieren
– Informiere dich, auf welches Ereignis oder welchen Zusammenhang sich die Karikatur bezieht, an wen sie sich richtet (Adressaten).
– Fasse zusammen: Was ist Thema der Karikatur? Ergänzen Zeichnung und Text einander? Welche Einstellung zum Thema hatte der Zeichner? Welche Botschaft enthält die Karikatur?

Bürgerinnen und Bürger kämpfen für ihre Interessen

Frankreich wird konstitutionelle Monarchie

Am 3. September 1791 trat die Verfassung in Kraft, an der die französische Nationalversammlung seit 1789 gearbeitet hatte. Sie begrenzte die absolute Macht des Königs. Nach dem lateinischen Wort für Verfassung „constitutio" hieß die neue Staatsform konstitutionelle Monarchie. Allen Bürgern garantierte die Verfassung Freiheit und Gleichheit vor dem Gesetz. Alle Richter mussten sich künftig an die neue Verfassung halten und durften nur im Rahmen der Gesetze urteilen, die das Parlament*, die Nationalversammlung, verabschiedet hatte.

Allerdings war nur etwa ein Fünftel der 25 Millionen Franzosen wahlberechtigt, da das Wahlrecht an Steuerleistungen gebunden war. Zensuswahlrecht* wird ein solches Wahlverfahren genannt. Alle Frauen waren von der Wahl ausgeschlossen.

Verfassung

Eine Verfassung enthält die politischen Grundsätze des staatlichen Lebens und die Grundrechte der Bürger. Sie bestimmt die Form (z. B. Monarchie, Republik), den Aufbau (zentralistisch, föderalistisch) und die Organe (Parlament, König, Präsident, Kanzler, Ministerien) des Staates. Sie regelt auch, wer wählen (aktives Wahlrecht) und wer für ein Amt gewählt werden darf (passives Wahlrecht).

… und Republik

Ludwig XVI. war König geblieben, aber niemand in Frankreich konnte genau sagen, welche Macht er in Zukunft haben würde. Ludwig hatte die Verfassung zwar anerkannt, dennoch zweifelten die französischen Bürgerinnen und Bürger daran, dass er wirklich hinter der neuen Staatsform stand. Gerüchten zufolge hielt er weiterhin Kontakt zu königstreuen Emigranten im Ausland. Im Juni 1791 hatte er sogar versucht, mit seiner Familie nach Belgien zu fliehen, war dabei aber erkannt und nach Paris zurückgebracht worden.

Zur selben Zeit drohten die Herrscher Preußens und Österreichs offen damit, das absolute Königtum in Frankreich mit militärischer Gewalt wiederherzustellen. In dieser Situation erklärte die französische Nationalversammlung am 20. April 1792 Österreich und Preußen den Krieg. Die Pariser Bevölkerung vermutete hinter dieser Entwicklung ein Komplott Ludwigs. Als am 10. August 1792 eine aufgebrachte Menschenmenge das königliche Schloss stürmte, erklärten die Abgeordneten der Nationalversammlung den König für abgesetzt und klagten ihn wegen Hochverrats an.

Gleichzeitig beschloss die Nationalversammlung ihre eigene Auflösung. Ein „Nationalkonvent" sollte gewählt werden, der eine neue, republikanische Verfassung ausarbeiten und über das Schicksal Ludwigs XVI. beschließen sollte. Zu den Wahlen waren nun alle männlichen Franzosen zugelassen. Am 21. September 1792 rief der Nationalkonvent die Republik aus.

M1 Ludwig XVI. – schuldig oder unschuldig?

Im Dezember 1792 verhandelte der Nationalkonvent das weitere Schicksal des abgesetzten Königs Ludwig XVI. Auf die Rede des Rechtsanwalts Maximilien de Robespierre (siehe S. 39) antwortete der Rechtsanwalt Romain de Sèzes, der Verteidiger des Königs, kurz vor der Urteilsverkündung.

1A *Robespierre (3. Dezember 1792):* Ludwig wurde aufgrund seiner Untaten entthront … Ich persönlich verabscheue die Todesstrafe … Aber ein entthronter König mitten in einer Revolution, die es durch gerechte Gesetze erst zu vollenden gilt …, kann lebend … nicht ohne Einfluss auf das Glück des Volkes bleiben … Nur ungern bringe ich diese bittere Wahrheit zu Gehör, … eher soll Ludwig des Todes sein als 100 000 tugendsame Bürger. Ludwig muss sterben, weil das Vaterland leben soll.

Zit. nach Geschichte in Quellen, Bd. 4, hg. von Wolfgang Lautemann u. a., München (bsv) 1981, S. 328 f.

1B *de Sèzes (26. Dezember 1792):* Wollt ihr Ludwig als König richten, dann frage ich euch … wo ist jene Teilung der Gewalten, ohne die weder Verfassung noch Freiheit möglich ist? … Wo sind alle jenen strengen Vorkehrungen, die das Gesetz bestimmt hat, damit der Bürger, selbst wenn er schuldig ist, nur durch das Gesetz getroffen wird? … Ihr wollt richten über Ludwig und seid doch selbst seine Ankläger! Ihr wollt richten über Ludwig und habt euer Urteil schon gesprochen!

Zit. nach Wolf Dieter Behschnitt, Die Französische Revolution, Stuttgart (Klett) 1979, S. 75 f.

Girondisten, Jakobiner und Sansculotten

Die Abstimmung über die Behandlung Ludwigs XVI. fiel knapp aus: 387 Abgeordnete des Nationalkonvents sprachen sich für die Todesstrafe aus, 334 dagegen. Am 21. Januar 1793 wurde Ludwig auf dem Schafott hingerichtet. Von Beginn an wurden die Debatten im Nationalkonvent von zwei politischen Gruppierungen beherrscht: Zunächst waren da die „Jakobiner", die nach ihrem Versammlungsort, dem Jakobskloster, benannt waren. Diese Vereinigung, die seit 1789 für die Ablösung der Monarchie durch eine soziale Republik und direkte Volksherrschaft eingetreten war, hatte zunehmend an Einfluss gewonnen. Auf der anderen Seite standen die „Girondisten", so genannt, weil ihre bekanntesten Redner aus der Landschaft Gironde in Südwestfrankreich kamen. Auch sie waren für die Republik, aber gegen direkte Volksherrschaft und radikale soziale Reformen. Sie traten für die Einhaltung der Verfassung und den Schutz der Grundrechte ein. Die Jakobiner hatten mit dem Versprechen, ein Volk zu schaffen, in dem alle einen ungefähr gleichen Besitzstand hatten, viele Anhänger unter den Pariser Kleinbürgern gewonnen. Diejenigen unter ihnen, die aktiv für diese Ziele kämpften, nannten sich „Sansculotten", d. h. „Ohnehosen", weil sie nicht die Kniehose, das typische Kleidungsstück des Adels trugen.

M2 **Zwei Sansculotten**, Zeichnung, um 1791

Das Ehepaar Roux trifft Monsieur Simon – ein Rollenspiel

Der folgende Text ist fiktiv, könnte aber, den Quellen nach zu urteilen, ähnlich verlaufen sein. Ihr könnt auf unterschiedliche Weise mit dem Text arbeiten: a) Vergleicht die Einstellungen der Gesprächspartner. b) Beschäftigt euch in Dreier-Gruppen mit dem Text. Überlegt, wie das Gespräch weitergegangen sein könnte und formuliert eine Fortsetzung. c) Eignet euch die Rollen dem Sinn nach an und spielt das Gespräch ohne die Textvorlage (siehe „Rollenspiel" im Methodenanhang).

Monsieur Simon: Ich bin, wie die meisten meiner Kollegen aus dem Jakobinerklub, Rechtsanwalt. Seit 1789 bin ich Abgeordneter, erst in der Nationalversammlung und heute – 1793 – im Nationalkonvent. Wir Jakobiner haben Ludwig XVI. und seine verbrecherische Adelsclique beseitigt. Unser Motto lautet: „Einheit und Untrennbarkeit der Republik. Freiheit, Gleichheit und Brüderlichkeit oder der Tod!"
Monsieur Roux: Ihr habt diese Blutsauger nur mit unserer Hilfe verjagt. Habt ihr aber die Todesstrafe gegen Lebensmittelhamsterer verhängt? Nein. Wir Sansculotten kämpfen mit dem Säbel für erschwingliche Brot- und Fleischpreise, damit Kleinbürger nicht hungern müssen. Wir duzen alle, denn alle Franzosen sind vor dem Gesetz und im Alltag gleich.
Madame Roux: Was habt ihr Jakobiner denn bisher für die Gleichberechtigung der Frauen getan? Das Wahlrecht haben wir immer noch nicht, obwohl wir seit 1789 an vorderster Front kämpfen. Und jetzt sollen wir wieder zurück an den Herd? Zuerst wollen wir die gleichen Rechte wie die Männer und als Abgeordnete im Parlament unsere Interessen vertreten!
Monsieur Simon: Uns drücken zur Zeit andere Sorgen. Wir sind im Krieg mit Österreich und 40 000 Emigranten wollen zu den alten Zuständen zurück.
Monsieur Roux: Leistet erst einmal, was wir schon lange können. Wir wissen, wie man pflügt, schmiedet, bäckt, schlachtet, ein Haus baut – alles die Dinge, die ihr Jakobiner zum Leben braucht.

Die politischen Ziele der Frauen

Von 1789 bis 1793 entstanden in Frankreich viele Frauenklubs: Die Anhängerinnen der Girondisten trafen sich in „Patriotischen Frauenklubs", die Jakobinerinnen verkehrten z. B. in der „Gesellschaft der republikanischen und revolutionären Bürgerinnen" in Paris. Allen Klubs war gemeinsam, dass sie für die volle politische Gleichberechtigung der Frauen eintraten.

Da Frauen nicht wählen durften, strebten sie mit anderen Mitteln nach politischem Einfluss, z. B. über Petitionen an den Nationalkonvent, als Zuschauerinnen bei seinen Sitzungen, wo sie die Abgeordneten durch Zwischenrufe zu beeinflussen versuchten, oder durch Straßendemonstrationen. Für besonderes Aufsehen sorgte die Schriftstellerin und Journalistin Olympe de Gouges (siehe S. 41). Sie verfasste 1791 die „Erklärung der Rechte der Frau und der Bürgerin", in der unter anderem stand: „Die Frau hat das Recht, das Schafott zu besteigen. Sie muss gleichermaßen das Recht haben, die Rednertribüne zu besteigen."

Durch die Französische Revolution konnten die Frauen in Frankreich ihre Stellung zunächst verbessern: 1791 stellte ein Gesetz weibliche und männliche Erben gleich, 1792 wurde die Zivilehe eingeführt, die es den Frauen – im Gegensatz zur kirchlichen Eheschließung – ermöglichte, sich scheiden zu lassen. Das Wahlrecht erhielten die französischen Frauen allerdings erst 1946.

M4 **Patriotischer Frauenklub**, Zeichnung der Brüder Lesueur, um 1792

M3 **Republikanischer Frauenklub**, Holzstich, 1830

1 Vergleiche die Rede Robespierres mit dem Plädoyer des Verteidigers des Königs (M1A und M1B). Beurteile die jeweiligen Argumente.

2 Kennzeichne mithilfe der Informationen von S. 34, wie außen- und innenpolitische Ereignisse aufeinander einwirkten.

3 Beschreibe M2 und kläre mithilfe des Darstellungstextes den Begriff „Sansculotte".

4 Erarbeite M3 und M4 mithilfe der Methode „Bilder entschlüsseln"(siehe Methodenanhang).

5 Liste anhand des Darstellungstextes und der Abbildungen die politischen Aktivitäten der Frauen auf.

6 Die Forderungen der Frauen lösten bei vielen Männern Widerspruch und Widerstand aus. Tragt mögliche Argumente gegen die Forderungen und Aktivitäten zusammen und besprecht sie in der Klasse.

Ein Verfassungsschema interpretieren

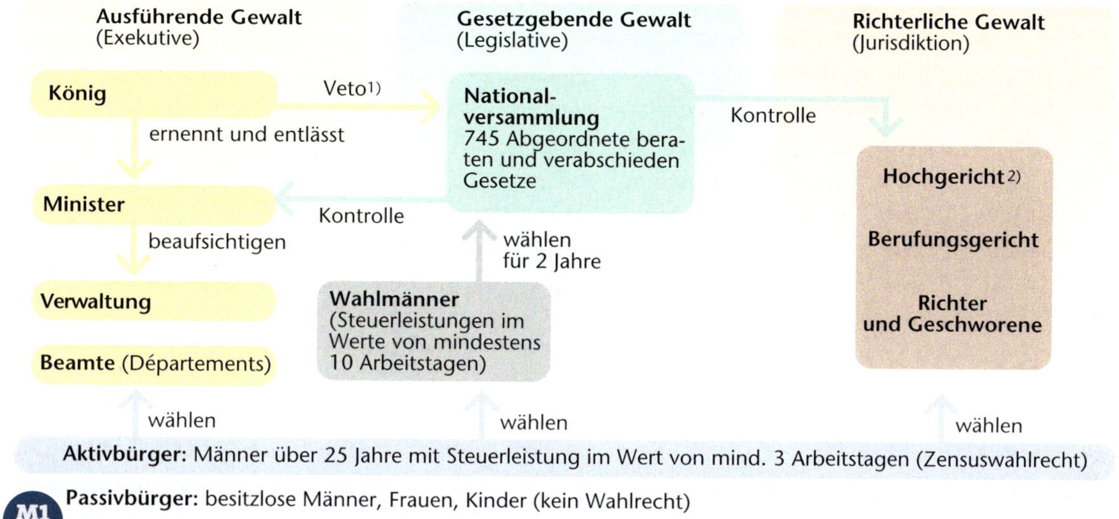

M1 Die französische Verfassung von 1791

1) Das aufschiebende Veto des Königs konnte durch eine zweimalige Bestätigung des Gesetzes in der Nationalversammlung in zwei aufeinander folgenden Legislaturperioden aufgehoben werden.

2) Für Anklage gegen Minister, hohe Beamte und Staatsverbrecher

Die Verfassung als Schaubild

Gesetzestexte wie z. B. Verfassungen sind schwer zu verstehen aufgrund ihrer abstrakten Ausdrucksweise und Inhalte. Oft werden Schaubilder benutzt, um komplizierte Zusammenhänge zu verdeutlichen. Allerdings ist auch hier Voraussetzung, dass du ihre „Sprache" verstehst.

1 Beschreibe den Aufbau der Verfassung von 1791 (M1). Kläre die Begriffe „Aktivbürger", „Passivbürger" und „Wahlmänner".

2 Erläutere die Rolle des Königs und beurteile seine Macht nach der Verfassung (M1).

Arbeitsschritte Ein Verfassungsschema interpretieren

1. Schritt: Rechte und Pflichten benennen

– Erfasse anhand von z. B. Farben und Pfeilen, welche Personen(-gruppen) und Einrichtungen was tun müssen bzw. dürfen.

– Versuche herauszufinden, wer ihnen dazu den Auftrag gibt bzw. was sie dazu berechtigt.

2. Schritt: Aufbau der staatlichen Teilgewalten und ihre Stellung erkennen

Orientiere dich anhand der Farben und Pfeile:

– Welche Einrichtungen gehören zur jeweiligen „Gewalt"?

– Gibt es ein „Oben" und „Unten" oder sind sie gleichgestellt?

– Prüfe mithilfe der Pfeile, wie die einzelnen Gewalten bzw. ihre Einrichtungen in Beziehung zueinander stehen:

– Wie wirken sie aufeinander ein?

– Können sie unabhängig voneinander arbeiten oder sind sie aufeinander angewiesen?

3. Schritt: Die Aussagekraft des Schemas bewerten

– Erläutere die Gesamtaussage des Schemas.

– Benenne Fragen, Unklarheiten, die sich (für dich) aus dem Schema ergeben.

– Bewerte: Welche Informationen helfen dir, die „praktische Wirkung" der Verfassung zu erkennen und zu verstehen? Welche Zusatzinformationen benötigst du oder fändest du hilfreich?

Mit Gewalt zu Freiheit und Gleichheit?

Von der Republik zur Schreckensherrschaft

Im vierten Jahr der Revolution befand sich Frankreichs Wirtschaft am Abgrund. Bei den Bauern und in den Fabriken war die Produktion ins Stocken geraten, viele Menschen verarmten, weil sie arbeitslos wurden. Das Geld verlor immer mehr an Wert und die Verwaltung war in vielen Teilen des Landes zusammengebrochen.

Auch die politische Situation war trostlos. Frankreich befand sich im Krieg mit fast allen seinen europäischen Nachbarn und im Inneren tobten Aufstände von Königstreuen und Großbürgern.

Die Pariser Massen und die Jakobiner machten für diese gefährliche Entwicklung die Girondisten verantwortlich. Sie warfen ihnen falsche Kriegsführung vor. Außerdem wollten die Jakobiner im Unterschied zu den Girondisten in das Wirtschaftsleben eingreifen: mit Festpreisen für Lebensmittel, der Zwangsverteilung gehorteter Vorräte und besonders hohen Steuern für Vermögende. Die Girondisten, die dem wohlhabenderen Bürgertum nahe standen, wurden schließlich beschuldigt, mit dem Feind zusammenzuarbeiten. Als die von den Sansculotten beherrschten Versammlungen der Pariser Stadtteile forderten, mit aller Härte gegen die so genannten „Feinde der Revolution" vorzugehen, schlossen sich ihnen die Jakobiner des Nationalkonvents an: Im Frühjahr 1794 wurden die meisten der girondistischen Abgeordneten hingerichtet.

Der „Wohlfahrtsausschuss": Symbol des Terrors

Im Juni 1793 verabschiedete der französische Nationalkonvent die republikanische Verfassung. Angesichts der kritischen Situation, in der sich Frankreich befand, trat sie allerdings nie in Kraft. Stattdessen bildeten die Jakobiner eine „Revolutionsregierung": Der Konvent legte alle Macht in die Hände von Ausschüssen, deren wichtigster der „Wohlfahrtsausschuss" war.

Einflussreichste Persönlichkeit im Wohlfahrtsausschuss war Maximilien de Robespierre. Er ließ z. B. prunkvolle Umzüge zu Ehren der Göttin „Vernunft" veranstalten, die das Gemeinschaftsgefühl der Franzosen stärken sollten. Ein neuer Kalender ohne christliche Feiertage wurde eingeführt und mit dem Tag der Ausrufung der Republik (21. September 1792) begann das Jahr 1 der neuen Zeitrechnung. Diese Neuerungen überschattete der Schrecken, den das Revolutionsgericht verbreitete. Es sollte alle „gegenrevolutionären" Bestrebungen verfolgen. Seine Todesurteile standen oft schon vor der Verhandlung fest. Die Karren mit Verurteilten, die zur Guillotine rollten, gehörten in dieser Zeit zum gewohnten Stadtbild. Wie konnten die Revolutionäre ihre Ziele Freiheit, Gleichheit, Brüderlichkeit mit der Terrorherrschaft des Wohlfahrtsausschusses verbinden?

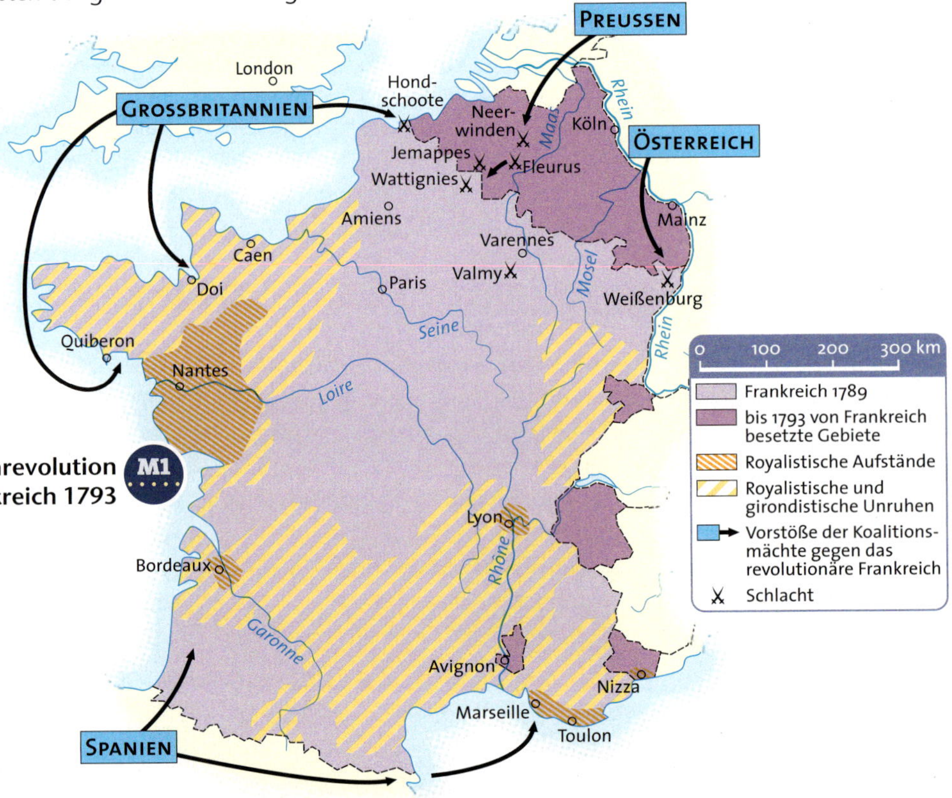

M1 Krieg und Gegenrevolution in Frankreich 1793

Das Ende des Schreckens

Angesichts des Schreckens protestierten gemäßigte Republikaner und sogar Sansculotten immer stärker gegen die Politik Robespierres. Denn sie diente in ihren Augen nicht der Demokratie. Robespierres Politik hatte viele Interessen verletzt, vor allem im Bürgertum, das ein Ende der staatlichen Eingriffe, den Schutz von Leben und Eigentum und die Einhaltung der Verfassung forderte. Auch der Nationalkonvent akzeptierte die Gewaltherrschaft nicht mehr und beschloss die Hinrichtung Robespierres. Mit seinem Tod am 28. Juli 1794 war die Terrorherrschaft in Frankreich beendet. Die Jahre nach dem Ende der Schreckensherrschaft Robespierres bewerteten die Zeitgenossen unterschiedlich: „Verrat an der Revolution", so urteilten die Jakobiner, „Rückkehr zu Recht und Gesetz", hieß es dagegen aus den Kreisen des Groß- und Mittelbürgertums. Die Girondisten kehrten in den Konvent zurück. Jakobinerklubs wurden geschlossen, Jakobiner und Sansculotten von Banden junger Bürgersöhne zusammengeschlagen.

Eine neue Verfassung brachte wieder die Gewaltenteilung* und überließ die Exekutive einem fünfköpfigen „Direktorium". Das Wahlrecht wurde wie 1791 an die Steuerleistung, den Zensus, gebunden. Wie am Anfang der Revolution standen sich Anhänger der Monarchie, die jetzt wieder eine Chance sahen, und kleinbürgerliche Massen der Hauptstadt, die nicht kampflos ihre Ziele aufgeben wollten, drohend gegenüber.

M2 Ein deutscher Beobachter über die Lage in Paris

Johann Georg Forster (1754–1794) beteiligte sich an der Errichtung der Mainzer Republik, nachdem die Stadt im Oktober 1792 vom französischen Heer eingenommen worden war, und ging im März 1793 als Gesandter des rheinisch-deutschen Nationalkonvents (der eine auf Freiheit und Gleichheit begründete Verfassung ausarbeiten sollte) nach Paris. Mainz wurde am 23. Juli 1793 von den deutschen Truppen zurückerobert. Forster, der in Paris blieb, hatte seine Familie nach Straßburg, dann in die Schweiz bringen lassen. Ihr schrieb er am 27. November 1794:

Ich fürchte, die auswärtigen Mächte bedienen sich einer sehr ränkevollen Politik; ich fürchte, dass etwas ... auf dem Punkte ist sich zu bestätigen, dass nämlich ... alle Umänderungen bei uns, die wie aus den Wolken zu fallen scheinen, von dieser Politik kombiniert waren und fortan immer eine Partei das Opfer der Anklage der andern werden soll, bis endlich die Übriggebliebenen von den auswärtigen Mächten verschlungen werden können ...

Je mehr ich mich hier wieder mit sachkundigen, ruhigen, vorurteilsfreien Beobachtern bespreche, je vollkommener bestärke ich mich in der Überzeugung, dass unsere Lage bei Weitem vorteilhafter als die der Feinde ist, und dass die Revolution gegen alle möglichen Erschütterungen bestehen wird. Tausend und abertausend Familien können zugrunde gehen, aber das große Werk geht nicht mehr zurück.

Zit. nach Die Französische Revolution in Deutschland, hg. von Friedrich Eberle / Theo Stammen, Stuttgart (Reclam) 1989, S. 90f.

Maximilien de Robespierre

Maximilien de Robespierre (1758–1794) war Rechtsanwalt aus der nordfranzösischen Stadt Arras. In der Nationalversammlung war er Abgeordneter des Dritten Standes und vertrat in seinen Reden die Ideen des Aufklärers Jean-Jacques Rousseau. Als führender Kopf der Jakobiner trug er maßgeblich zum Sturz der Girondisten bei. Robespierres Name steht für die Zeit der Terrorherrschaft, die der regierende „Wohlfahrtsausschuss" unter seinem Vorsitz seit Juni 1793 ausübte. Am 27. Juli 1794 wurde Robespierre von seinen engsten Freunden gestürzt und hingerichtet.

1. Erläutere anhand des Darstellungstextes und M1 die Krisensituation Frankreichs.
2. Erarbeite M2 mithilfe des Modells zur Quellenanalyse (siehe S. 43).
3. Erarbeite die politischen Ziele und Methoden Robespierres (Personenkasten, M4 und M5) und beurteile seine Auffassung.
4. Stelle einen Bezug zwischen Robespierres Politik und der demokratischen Entwicklung Frankreichs her.

M3 **Verhör vor einem Revolutionsgericht,** kolorierte Radierung, 1794

M4 Ein einziger Wille

Aus einer Notiz Maximilien de Robespierres (Mai 1793):

Es darf nur ein einziger Wille bestehen … Damit er republikanisch ist, braucht man republikanische Minister, republikanische Zeitungen, republikanische Abgeordnete, eine republikanische Regierung … Das Volk muss sich mit dem Konvent verbünden, und der Konvent muss sich des Volkes bedienen … Man muss den Sansculotten Waffen verschaffen … und mit allen Mitteln ihre republikanische Begeisterung steigern.

Zit. nach Albert Mathiez, La Révolution française, Bd. 3, Paris 1927, S. 4. Übers. d. Verf.

M5 Die Aufgabe der Volksregierung

Maximilien de Robespierre über die Grundsätze seiner Politik in einer Rede vor dem Konvent (7. Februar 1794):

Welches Ziel also streben wir an? Den friedlichen Genuss der Freiheit und Gleichheit … Wir wollen eine Ordnung der Dinge, in der alle niederen und grausamen Leidenschaften unbekannt sind … Wenn die Aufgabe der Volksregierung im Frieden die Tugend ist, so ist die Triebkraft der Volksregierung in der Revolution die Tugend und der Terror … Der Terror ist nichts anderes als ein schnelles, strenges und unerbittliches Gericht … Er ist … eine Folge des allgemeinen Prinzips der Demokratie, angewendet auf die dringendsten Bedürfnisse des Vaterlandes.

Zit. nach Geschichte in Quellen, Bd. 4, hg. von Wolfgang Lautemann u. a., München (bsv) 1981, S. 392 f.

M6 Das Gesetz über die Verdächtigen

Am 17. September 1793 erließ der Wohlfahrtsausschuss folgendes Gesetz:

Art. 1: Sofort nach Verkündung des vorliegenden Dekrets werden alle verdächtigen Personen, die sich auf dem Territorium der Republik aufhalten und noch in Freiheit befinden, in Haft genommen.

Art. 2: Als verdächtige Personen gelten:

1. Alle, die sich durch ihr Verhalten, … oder durch ihre mündlich oder schriftlich geäußerten Ansichten als Parteigänger der Tyrannen, des Föderalismus[1] und Feinde der Freiheit zu erkennen gegeben haben;
2. Alle, die sich nicht auf die … vorgeschriebene Weise über ihre Existenzmittel und die Erfüllung ihrer Bürgerpflichten ausweisen können;
3. Alle, denen das Bürgerzeugnis verweigert worden ist; …
5. Alle diejenigen vormaligen Adligen, ob Männer, Frauen, Väter, Mütter, Söhne oder Töchter sowie Bevollmächtigten der Emigranten, die nicht dauernd ihre Verbundenheit mit der Revolution unter Beweis gestellt haben.

Zit. nach Geschichte in Quellen, Bd. 4, hg. von Wolfgang Lautemann u. a., München (bsv) 1981, S. 377 f.

1 Gliederung eines Staates in mehrere gleichberechtigte Einheiten (z. B. Bundesländer) im Gegensatz zum zentralistischen Staat. Die Bundesländer in Deutschland haben u. a. das Recht, über das Bildungswesen unabhängig zu entscheiden.

M7 Anklagen und Urteile

Beschuldigungen, aufgrund derer die Revolutionsgerichte Angeklagte zum Tode verurteilten (1793):

23. September: Antoine Massan, Pfarrer von Saint-Servin (Saône-et-Loire), wurde insbesondere deswegen zum Tode verurteilt, weil er für eine Prozession das Geleit von vier total betrunkenen Nationalgardisten ablehnte, was sogar Zeugen bestätigten.
24. September: Vor dem Revolutionsgericht erschien Louise Catherine Ricard (verwitwete Lefèvre). Sie wurde schlicht wegen einer Denunziation angeklagt, derzufolge sie geäußert haben soll, dass „das aufwändige Gebaren des Nationalkonvents mehr Geld verschlungen habe als das Ancien régime[1]". Für diese Äußerung wurde sie zum Tode verurteilt.
8. Oktober: Henri Dupin, Chef des Pferdegestüts in Saumur, wird zum Tode verurteilt, weil ihm die Diktatur der Jakobiner nicht gefiel und er dies auch wissen ließ …
23. Oktober: Zwei Pfarrer, Pierre Pastourel und Jean-Baptiste Brulé wurden zum Tode verurteilt. Der eine, weil er seinen Eid auf die Verfassung widerrufen und der andere, weil er den Tod von Marie Antoinette bedauert hatte.

Zusammengestellt nach Jean-François Fayard, La justice révolutionnaire, Paris (Laffont) 1987, S. 81–86; 95. Übers. d. Verf.

1 Frankreich vor der Revolution

M9 Guillotine (Modell), 20. Jh.
Die Guillotine wurde 1792 auf Vorschlag des Arztes Josephe Guillotin als einfaches und schnelles Hinrichtungsinstrument in Frankreich eingeführt. Während der Terrorherrschaft fanden durch sie etwa 17 000 Franzosen den Tod.

M8 Der Tod von Olympe de Gouges

Am 2. November 1793 hatte Olympe de Gouges vor dem Revolutionsgericht zu erscheinen. In ihren Prozessakten stand:

Eine mutige Frau, die sich nicht scheute, Männer und Institutionen direkt anzugreifen, die in ihren Augen die Freiheit einschränkten. Deswegen wurde sie im August 1793 verhaftet und im Gefängnis … eingesperrt … Sie verwies dort vergeblich darauf, dass sie sich bei der Verbreitung der Prinzipien der Revolution aufgerieben und republikanische Frauenklubs gegründet hätte. Wer allerdings zur gleichen Zeit Sätze wie „Robespierre ist mir stets als geist- und seelenloser Ehrgeizling erschienen: Für mich schien er immer bereit, die gesamte Nation zu opfern, um an die Diktatur zu gelangen. Ich konnte diesen verrückten und blutrünstigen Ehrgeiz nicht ertragen, und so verfolgte ich ihn wie ich alle Tyrannen verfolgt habe …" schrieb, konnte kaum auf Milde hoffen … Als sie dem Henker übergeben wurde, wendete sie sich an die „Strickerinnen"[1], die sie einst selbst mitorganisiert hatte, mit den Worten: „Kinder des Vaterlands, ihr werdet meinen Tod rächen!" Gleichgültig kam die Antwort zurück: „Es lebe die Republik".

Zit. nach Jean-François Fayard, La justice révolutionnaire, Paris (Laffont) 1987, S. 104. Übers. d. Verf.

1 Frauen, die neben der Guillotine saßen und die Verurteilten vor der Hinrichtung zu verhöhnen hatten. Als Zeichen der Gleichgültigkeit strickten sie, während das Fallbeil heruntersauste.

5 Erarbeite M3 mithilfe der Methode „Bilder entschlüsseln" (siehe Methodenanhang).
6 Untersuche anhand von M6, wer als „Verdächtiger" galt, und überlege, welche Auswirkungen ein solches Gesetz auf das Zusammenleben der Menschen vermutlich hatte.
7 Liste die Urteilsgründe in M7 auf und bewerte sie.
8 Stelle aus M8 zusammen, welche Ziele Olympe de Gouges mit der Revolution verband.
9 Zieht noch einmal die Informationen über Robespierre heran (siehe S. 39) und diskutiert in der Klasse seine Auffassung von der Revolution und die von Olympe de Gouges.

Eine Textquelle analysieren

Anstelle der Arbeitsschritte findest du auf dieser Seite ein Modell zur Analyse schriftlicher Quellen (M3) und Zusatzinformationen zum vorgelegten Quellentext. Bedenke: Selbst wenn wir Quellen erschließen können, verstehen wir ihre Aussage nur, wenn wir ihren historischen Hintergrund kennen.

Informationen über den Autor: 43 Jahre alt (1789), Pädagoge, Sprachforscher; Reise nach Paris mit der Absicht, über die Französische Revolution zu berichten (?)

Lagebeschreibung:
trotz Anarchie und Brotknappheit noch ruhig

Schlüsselbegriffe:
Volk
Anarchie (Gesetzlosigkeit)
Brotmangel
Zerrüttung der bürgerlichen Verhältnisse

Konstitution; am 14. September 1791 beschlossen, konstitutionelle Monarchie, Eid des Königs auf die neue Verfassung

Schlüsselaussage
Position des Autors: Konstitution (Verfassung) größtes Denkmal unseres Jahrhunderts; positive Bewertung (Z. 21–23)
Schlüsselbegriffe:
Vernunft und Menschenrecht als Grundlage der Verfassung

M1 Ein Brief aus Paris

Johann Heinrich Campe (1746–1818), deutscher Pädagoge und Sprachforscher, verfasste „Briefe aus Paris", die zuerst im „Braunschweiger Journal" veröffentlicht wurden. In einem Brief vom 14. August 1789 schrieb er:

In Paris ist unterdes nichts Neues vorgefallen. Das Volk hält sich, trotz der fortdauernden Anarchie und trotz des knappen Brotvorrats, kleine unbedeutende Auftritte abgerechnet, noch immer ruhig – zum Erstaunen aller, welche wissen, was die Worte Volk, Anarchie und Brotmangel in Verbindung miteinander zu bedeuten haben. … Ob indes dieser unerhörte Zustand von Mäßigung und Ruhe, bei fortwährender Gesetzlosigkeit und Zerrüttung der bürgerlichen Verhältnisse, noch lange andauern wird? … Es kann daher und wird wahrscheinlich noch zu blutigen Auftritten kommen, weil es unmöglich scheint, dass die neue Konstitution so geschwind vollendet und an allen ihren Teilen an die Stelle der alten gesetzt werden könnte, als nötig wäre, wenn man jener Verwilderung zuvorkommen wollte. Unterdes werden die geheimen Bemühungen der Aristokraten, die neue Freiheit, wo möglich, in ihren Keimen zu zerknicken, fortdauern; unterdes werden der Adel und die Geistlichkeit, sowohl in der Nationalversammlung als auch im Lande, ihre letzten Kräfte aufbieten, um der Vollendung des größten Denkmals unseres Jahrhunderts, einer auf Vernunft und Menschenrecht gegründeten Konstitution, tausend Hindernisse und Schwierigkeiten in den Weg zu legen; unterdes wird das Volk immer argwöhnischer, immer eifersüchtiger auf seine neue Freiheit, an die es noch nicht gewöhnt ist, immer rascher in seinem Verfahren, immer unbändiger und zügelloser werden; und – der Menschenfreund wendet mitleidig seine Augen von den Gräueln weg, welche die Folge davon sein können! …

Johann Heinrich Campe, Briefe aus Paris zur Zeit der Revolution (1790). Zit. nach Irmgard und Paul Hartig, Die Französische Revolution im Urteil der Zeitgenossen und der Nachwelt, Stuttgart (Klett) 1980, S. 6f.

Quellenart: Zur Veröffentlichung bestimmter Brief
Adressat: Leser in Deutschland; Einflussnahme auf die Einstellung der Öffentlichkeit zur Französischen Revolution?
Geschichtlicher Hintergrund:
Was geschah vor und nach dem 14. August 1789?
Mai: Generalstände,
Juni: Nationalversammlung,
14. Juli: Sturm auf die Bastille,
4. August: Abschaffung der Privilegien,
26. August: Erklärung der Menschen- und Bürgerrechte
Frage: Wie geht die Revolution weiter?
Prognose: wahrscheinlich „blutige Auftritte" (Z. 10 ff.)

Gegner (Feinde) der Revolution: Aristokraten (Adel und Geistlichkeit)

Stimmung im Volk (Z. 25–28)

Sicht des Autors
Vorahnung?

M2 Aus dem Tagebuch eines Kleinbauern

Der Kleinbauer und Garnhausierer Ulrich Bräker (1735–1798) entfloh 1756 einem preußischen Werbeoffizier und lebte später in seiner Schweizer Heimat. In Kenntnis der Briefe Campes schrieb er 1791 in sein Tagebuch über die französischen Zustände:

Und noch jetzt nicht könnt ich glauben, dass es mit Frankreichs Freiheit so ganz im Reinen wäre: In einem so weitläufigen Reich – wo so viele Millionen Menschen wohnen – mag es wohl auch heißen, viel Köpf viel Sinnen – zudem so starke Parteien von den Angesehensten im Reich – die immer offensichtlich und im Verborgenen gegen die Freiheit arbeiten. Der Adel und die Geistlichkeit sind allzu stark heruntergesetzt – als dass sie nicht sollten alles anwenden, ihre Vorrechte geltend zu machen … Wie sehr fällt diese Nation von einem Extrem aufs andere. Vorher war der gemeine Haufen allzu sehr Sklav, der Adel und die Großen dieser Nation beherrschten den sonst souveränen König und übertrieben ihre despotische Macht bis zur Tyrannei. Man denke nur, wie eine solche Herabsetzung in die gemeine Bürgerklasse schmerzen müsse. Auch die Geistlichen werden es nimmermehr zugeben, da ihr Einkommen geschmälert und von den Ständen bestimmt werden soll. Diese Klasse ist der Nation die allergefährlichste , doch wenn nur die auswärtigen Mächte so menschlich gesinnt wären, keine Partei zu nehmen, sondern zu einem gütigen Vergleich die Hand bieten würden, dann möchts angehen. Aber wenn der Tanz angehen sollte … dann würdest du sehen – Franzmann, welche Schlangen du in deinem Busen genährt – mir schaudert von den Ahnungen, wie es alsdann in deinen Eingeweiden hergehen möchte … Es wird also erlaubt sein, … noch an der Dauerhaftigkeit der französischen Freiheit zu zweifeln.

Zit. nach Praxis Geschichte, H. 1/1989, S. 42.

Geschichtlicher Hintergrund
- In welche geschichtliche Situation lässt sich die Quelle einordnen?
- Ist ein Vergleich mit anderen Quellen und Darstellungen möglich?
- Welche weiteren Informationen sind zum besseren Verständnis notwendig?

Autor
- Wer hat den Text verfasst?
- In welchem Verhältnis steht er zum Ereignis?
- Was konnte er wissen (nicht wissen)?
- Lässt sich ein bestimmter Standpunkt des Autors feststellen?

Textquelle
- Welche Quellenart liegt vor?
- Wie lautet die Datierung?
- Gibt es eine Überschrift (ein Thema)?
- Wie lässt sie sich gliedern?
- Was ist aus der Quelle zu erfahren?
- Wie lautet die Kernaussage?
- Lassen sich Schlüsselbegriffe finden?
- Werden die Aussagen begründet?
- Sind die Aussagen schlüssig/widersprüchlich?
- Ist die Quelle glaubwürdig?
- Für wen, in welcher Absicht wurde der Text verfasst?

Adressat
- An wen ist der Text gerichtet (Privatperson, Machthaber, Amt, Öffentlichkeit, Nachwelt)?
- In welchem Verhältnis steht der Adressat zum Autor?
- Könnte die Art des Adressaten Einfluss auf den Inhalt des Textes haben?

Gegenwärtige Situation
- Auf welche Frage(n) suchen wir eine Antwort?
- Welches Wissen bringen wir in die Analyse und Beurteilung ein?
- Beeinflussen Faktoren unserer Zeit unser Urteil?

M3 Modell zur Analyse von Textquellen

1 Erarbeite M1 mithilfe der Lösungsvorschläge und ergänze offene Punkte,wie zum Beispiel zur „gegenwärtigen Situation“ und zur „Textquelle“.

2 Wende das Modell (M3) auf M2 an. Lege vorher fest, wie du vorgehen willst (z. B. Autor – Textquelle – Adressat usw.).

Revolutionskämpfe jenseits des Rheins

Die Kriegsfackel im deutschen Südwesten

Mit dem Frieden von Basel am 5. April 1795 schied Preußen aus der Kriegsallianz gegen das revolutionäre Frankreich aus, kurze Zeit danach auch die Niederlande und Spanien: Die französische Armee, die seit 1793 aus Wehrpflichtigen bestand, hatte sich erfolgreich gegen die europäischen Revolutionsgegner zur Wehr gesetzt.

Damit waren die Kriegshandlungen aber nicht zu Ende, zumal die Regierung in Paris befürchtete, dass durch einen Frieden monarchistische Kräfte wieder ermutigt werden könnten. Frankreich nahm nun Österreich (sowie die von ihm abhängigen Gebiete Süddeutschlands und Italiens) und England „ins Visier": Der im Frühjahr 1796 begonnene Italienfeldzug unter dem Oberbefehl Napoleon Bonapartes (siehe S. 46f.) endete mit einem französischen Erfolg, obwohl es den österreichischen Truppen im deutschen Südwesten gelungen war, die Franzosen über den Rhein zurückzudrängen.

Mit dem Frieden von Campo Formio am 17. Oktober 1797 wurden Norditalien und linksrheinische Gebiete in Süddeutschland Frankreich zugeschlagen. In Italien wurden in kurzer Zeit zahlreiche Republiken gebildet, an deren Spitzen Vertrauensleute Napoleons standen.

Über die Frage, wie in Süddeutschland die betroffenen Fürsten für die Gebietsabtretungen entschädigt werden sollten, gab es langwierige Verhandlungen, die 1799 ergebnislos endeten.

Gleichzeitig wurde Frankreich unter dem Oberbefehl Napoleons wieder militärisch aktiv: im Frühjahr 1798 erfolgreich gegen die Schweiz und im Sommer gegen Ägypten. Vor allem der Ägyptenfeldzug veranlasste Russland, das Osmanische Reich und England, sich gegen Frankreich zu verbünden, von dem sie sich zunehmend bedroht fühlten. Ihnen schlossen sich Österreich und das Königtum Neapel an und so kam es im Frühjahr 1799 wieder zu Gefechten im deutschen Südwesten, die – wie in Ägypten – zunächst mit Niederlagen der Franzosen endeten.

Das Kriegsglück wechselte in den folgenden Jahren zwischen den Kriegsparteien häufig, für die Bevölkerung blieb die Situation dagegen belastend, bedrohlich, oft sogar lebensgefährlich – so auch für die Bewohner des Hegaus, der zum Teil zu Baden, zum Teil zu Vorderösterreich gehörte und seit 1796 Aufmarsch-, Durchzugs- und Versorgungsgebiet war.

M1 **Einmarsch der Österreicher, Rückzug der Franzosen (1796),** Ausschnitte aus einem Gemälde von Henry Bleuler, Schaffhausen 1796

1 Beschreibe anhand von M1 vergleichend die Darstellung der österreichischen und französischen Soldaten.

2 Berechne anhand von M2, wie viele Militärs im Mai 1800 im Gebiet von Engen – Stockach – Messkirch standen. Welche Folgen hatte dieses Aufgebot wohl für die Bevölkerung?

M2 Truppenstärken in der Schlacht von Stockach-Engen (Anfang Mai 1800)

a.) bei Stockach standen
auf französischer Seite 16 715 Mann
(nicht an der Schlacht beteiligt 4771 Mann)
auf österreichischer Seite 11 284 Mann

b.) zwischen Mühlhausen und Hohenhewen standen
auf französischer Seite 22 655 Mann
(nicht an der Schlacht beteiligt 2605 Mann)

c.) westlich des Hewens standen
auf französischer Seite 25 309 Mann

d.) bei Engen standen
auf österreichischer Seite 38 577 Mann

Zahlen errechnet nach Werner Schütz/Roland Kessinger, Die Revolution ist uns nah, Michael Greuter, Singen (Michael Greuter) 2. Aufl. 2000, S. 315 ff.

Vorschlag für eine Gruppenarbeit

Bildet Dreier-Gruppen: Jedes Gruppenmitglied befasst sich mit einem Text aus M3. Es notiert sich die Aussagen und Wertungen, die ihm wichtig erscheinen. Tragt euch in der Dreier-Gruppe gegenseitig eure Notizen vor und besprecht sie. Sucht euch anschließend eine weitere Dreier-Gruppe und stellt euch gegenseitig eure Ergebnisse vor.

M3 Die Schlachten von Engen und Messkirch in der Presse

Das Kriegsgeschehen im Hegau war von internationaler Bedeutung und wurde in den betreffenden Ländern aufmerksam verfolgt. Entsprechend war es ein Presse-Thema:

Aus der Wiener Zeitung (14. Mai 1800):

3A Der feindliche Obergeneral Moreau, der sich noch durch ein paar Divisionen aus der Schweiz verstärkt hatte, bot ... alles auf, was überschwemmende Truppenmenge ... nur immer möglich machte, und bloß die Tapferkeit und Anstrengung der K. K. Truppen ... trotzte der feindlichen Übermacht mit unbeschreiblicher Standhaftigkeit, mehr dann den halben Tag ...
Wie die Kolonnen-Kommandanten melden, haben wir mehrere hundert Gefangene gemacht, worunter 2 Generaladjutanten sich befinden; durch diese ward der feindliche Verlust als sehr beträchtlich bestätigt ... Wir hatten dem Feinde 4 Kanonen abgenommen, konnten sie aber durch das Gehölz nicht fortbringen.

Aus einem Brief des französischen Generals Moreau an den Ersten Konsul in der Gazette nationale ou le Moniteur universel (11. Mai 1800):

3B Bürger Konsul, ... ich kann die Tapferkeit der Generale und der Truppen nicht genug rühmen. Die Schlachten von Engen und Moeskirch ... bringen uns ungefähr 10000 Gefangene. Nichts gleicht dem Mut und der Hartnäckigkeit der beiden Armeen ... Wir haben seit unserem Abmarsch aus Frankreich noch keinen Rasttag gehabt ..., die Anstrengungen ... und die andauernden Gefechte werden die ausführlichen Berichte etwas verzögern. Sie werden aber so schnell wie möglich überbracht. Es ist wichtig, dass die ganze Republik vom Mut der französischen Soldaten erfährt, der sie für immer unsterblich machen wird.

Aus der Hurterischen Schaffhauser Zeitung (10. Mai 1800):

3C Nach allen Berichten war die ... Schlacht, welche bei Möskirch vorfiel, so mörderisch als je eine geliefert wurde, indem sie unglaublich viele Menschen kostete; die Franzosen siegten, sodass ihnen die Österreicher das Schlachtfeld gänzlich überlassen mussten; ihre toten und Verwundeten mussten sie auf selbigem, so wie das Spital in Möskirch, zurücklassen; das Traurigste ist, dass aus Mangel an Fuhren und sonstiger Hilfe die östereichischen Verwundeten nicht besorgt werden; ...
Die Einwohner der Ortschaften, welche alles im Stich gelassen, kehren langsam aus den Wäldern, in die sie sich nebst Weiber und Kindern geflüchtet, wieder in die traurigen Wohnungen zurück.

3A bis 3C zit. nach Werner Schütz/Roland Kessinger, Die Revolution ist uns nah, Michael Greuter, 2. Aufl., Singen (Michael Greuter) 2000, S. 244 ff.

Napoleon: Vom General zum Kaiser

Macht durch politisches Geschick?

Die Machtübernahme Napoleons in Frankreich 1799 trug die typischen Merkmale eines Militärputsches: Ein erfolgreicher General versicherte sich der Unterstützung der Armee, stürzte die Regierung, verjagte das Parlament und ernannte sich selbst zum Staatsoberhaupt. Wie ist es zu erklären, dass die französische Bevölkerung, die nur zehn Jahre zuvor die Bastille gestürmt hatte, sich nicht dagegen wehrte?

Verschiedene Erklärungen sind möglich. Zunächst hatte Napoleon die seit den Revolutionskriegen drohende Gefahr beseitigt, von den europäischen Mächten besiegt zu werden. Hinzu kam, dass Napoleon auch in der Innenpolitik der geschickte Ausgleich von Gegensätzen gelang. Forderte er einerseits die adligen Emigranten zur Rückkehr auf, so ließ er andererseits den Großbürgern den Gewinn, den sie als Käufer von Grundbesitz aus der Revolution gezogen hatten. Außerdem erreichte er die Versöhnung mit der katholischen Kirche.

Zu den Erfolgen der Herrschaft Napoleons zählte sicherlich auch das neue Gesetzbuch aus dem Jahr 1804, der „Code civil“ (auch: Code Napoléon). Viele bis heute geltende Gesetzbücher wurden von ihm beeinflusst, unter anderem auch das in der Bundesrepublik Deutschland geltende Bürgerliche Gesetzbuch.

Im wirtschaftlichen Bereich gelang es Napoleon, die Geldentwertung zu beenden. Das wertlose Papiergeld wurde abgeschafft und durch eine neue Franc-Währung ersetzt. Zu kurz kamen bei der Politik Napoleons die kleinen Lohnempfänger, denen z.B. das Streikrecht genommen wurde. Damit in der Öffentlichkeit nur Zustimmung und Bewunderung zu hören waren, setzte er Pressezensur und Bespitzelung durch.

M1 **Napoleon als Erster Konsul,** Gemälde von Antoine-Jean Gros, 1799. Napoleon trägt republikanische Kleidung und die Schärpe als Zeichen der konsularischen Würde.

M2 **Napoleon, Kaiser der Franzosen,** Gemälde von Anne Louis Girodet-Trioson, 1805

Napoleon Bonaparte

Napoleon Bonaparte (1769–1821) wurde auf Korsika geboren. Im revolutionären Paris durchlief er die Ausbildung zum Offizier und stieg während der Revolutionskriege in der Armee auf. Einer bestimmten politischen Richtung schloss er sich aber nicht an. In Italien errang er wichtige Erfolge gegen die österreichische Armee. 1799 verließ er nach einer Niederlage gegen die Engländer Ägypten und kehrte nach Paris zurück, wo er mithilfe der Armee die Direktoriumsregierung stürzte. Noch 1799 trat eine neue Verfassung in Kraft. Sie sah vor, dass Napoleon als „Erster Konsul" über die meiste Macht verfügte. Neu in dieser Verfassung war das Plebiszit, die direkte Entscheidung des Volkes über Fragen, die ihm von Napoleon vorgelegt wurden. Napoleon benutzte es als Instrument, um seine Alleinherrschaft zu festigen: Er ließ sein Konsulat auf Lebenszeit verlängern. 1804 krönte sich Napoleon im Beisein des Papstes selbst zum „Kaiser der Franzosen". Bis 1812 baute er durch militärische Erfolge seine Herrschaft über ganz Europa aus. Obwohl er 1806 eine Kontinentalsperre gegen britische Industrieprodukte verhängte, konnte er Großbritannien nicht besiegen. Auch seinem anderen großen Gegner Russland unterlag Napoleon. Die Soldaten seiner „Großen Armee" wurden 1812 bei einem Winterfeldzug vernichtend geschlagen. In der „Völkerschlacht bei Leipzig" beendete der Sieg eines russisch-preußisch-britisch-schwedisch-österreichischen Heers die Herrschaft Napoleons über Europa. 1814 musste Napoleon auf Druck der Siegermächte abdanken und wurde auf die Mittelmeerinsel Elba gebracht. Von dort kehrte er für kurze Zeit nach Frankreich zurück. Er herrschte 100 Tage lang, bevor er in der Schlacht bei Waterloo (1815) wieder besiegt wurde und bis zu seinem Tod auf die Südatlantik-Insel St. Helena verbannt blieb.

M3 Napoleon – der Neugestalter Frankreichs?

Der Historiker Jaques-Olivier Boudon schrieb 2004:

Bonaparte nimmt ein Gutteil von Projekten wieder auf, die bereits zu Revolutionszeiten ausgearbeitet worden sind, und stützt sich auf Mitarbeiter, die damit befasst sind. ... Unter diesem Aspekt sind die Jahre 1800 bis 1805, die durch eine Periode relativen Friedens gekennzeichnet sind und deshalb durch die häufige Anwesenheit Bonapartes in Paris, Jahre intensiver gesetzgeberischer Tätigkeit ...

Sehr bald, schon am 17. Februar 1800, reformiert ein Gesetz die Verwaltung: Der Rahmen des Departements, ein Erbe der Revolution, wird beibehalten, aber an seine Spitze wird ein einzelner Repräsentant, der Präfekt, gestellt – die unverzichtbare Schaltstelle zwischen Regierung und Bürgern ...

Der Staat braucht unbedingt gesunde Finanzen. Bonaparte schafft keine neue Steuern, aber er rationalisiert das System der Steueraufteilung und -erhebung, damit die Steuern tatsächlich in die Staatskassen fließen, was seit 1803 der Fall ist ... Um diese Maßnahmen zu ergänzen, wird mithilfe des Staates die Bank von Frankreich gegründet, eine äußerst finanzstarke Einrichtung, die der Staatskasse Kredite geben kann ...

Mithilfe dieser Reformen installiert Bonaparte eine neue Gesellschaft, die endgültig mit der Ständegesellschaft des Ancien Régime bricht. Er fördert eine individualistische Gesellschaft, die sich auf Familie und Eigentumsrecht gründet. Das Modell des Bürgertums herrscht vor, das der patriarchalischen Familie, in der die Rolle der Frau unbedeutend ist, aber in dem die Kinder gleiches Erbrecht erhalten.

Jaques-Olivier Boudon, Napoleon und seine Zeit. In: Praxis Geschichte H. 6 (2004), S. 6f.

1 Untersuche M1 und M2 mithilfe der Methode „Bilder vergleichen" (siehe Methodenanhang).

2 Gib die Erklärungen für Napoleons Erfolg wieder (M3, Darstellungstext). Mache deutlich, welche du für zutreffend hältst, und begründe deine Meinung.

Napoleon und der deutsche Südwesten

Das Ende des Heiligen Römischen Reiches

Die Eroberungspolitik Napoleons hatte die Situation in den deutschen Staaten tief greifend verändert. Bereits 1801 waren alle Länder links des Rheins von Frankreich besetzt worden und blieben bis 1813 Teil des französischen Kaiserreichs. Unter dem Druck Napoleons wurde das „Heilige Römische Reich deutscher Nation"* aufgelöst: 1806 legte der letzte Kaiser, Franz II., die Krone nieder. Nicht alle Fürsten der rechtsrheinischen Territorien sahen in dieser Entwicklung einen Nachteil: Um einen Schutzwall gegen das mächtige Österreich zu errichten, bildete Napoleon nämlich aus kleinen und kleinsten Territorien eine Reihe neuer Staaten mittlerer Größe. Herrschaftsgebiete, die dem Kaiser direkt unterstellt gewesen waren, z.B. die Reichsstädte, wurden in größere Staaten eingegliedert. Auch wurden geistliche Gebiete aufgelöst und den größeren Staaten zugeschlagen (Säkularisierung*).

Gerade in Süddeutschland ergaben sich unter Napoleons Einfluss politische Veränderungen, von denen nicht nur die Fürstenhöfe, sondern auch die Untertanen betroffen waren: So stiegen Bayern und Württemberg zu Königtümern auf und konnten wie auch Baden ihre Machtbereiche vergrößern. Allerdings blieben sie unter der Vorherrschaft Napoleons: Unter seiner Führung schlossen sie sich 1806 mit 13 weiteren deutschen Fürsten zum Rheinbund zusammen und mussten ihm Kriegsdienste leisten.

Am Beispiel der Kurpfalz, die Bayern zugehört hatte und 1803 gewissermaßen von der Landkarte verschwand, lassen sich die Auswirkungen dieser „territorialen Revolution" erkennen, durch die zu Beginn des 19. Jahrhunderts Millionen Menschen zwangsweise ihre Herrschaft wechselten. Bayern hatte an der Seite Österreichs gegen Frankreich gekämpft, näherte sich seit 1800 jedoch immer stärker Frankreich an, was Napoleon schätzte. Kurfürst Max Josef entschied sich 1802, auf die Rheinpfalz zu verzichten, um dafür Gebiete zu erhalten, die ihm wertvoller erschienen. Badens Markgraf Karl Friedrich (1728–1811) profitierte davon. Da Napoleon ihm wegen seines „frankreichfreundlichen" Verhaltens wohlgesonnen war, erhielt Baden die pfälzischen Ämter Ladenburg, Bretten und Heidelberg mit den Städten Heidelberg und Mannheim.

Infolge seiner engen Beziehung zu Frankreich bekam das neue Kurfürstentum Baden in den nächsten Jahren weitere Gebiete, sodass es 1806 vom Hochrhein bis an den nördlichen Oberrhein reichte. 1806 wurde es Großherzogtum.

M1 **Freedom on the Continent,** Aquarell und kolorierte Radierung von George Murgatroyd Woodward, 1803

M2 Europa unter napoleonischer Herrschaft 1804 bis 1812

M3 Die Kurpfalz wird badisch

In einem „Patent" verkündete der badische Markgraf Karl Friedrich am 19. November 1802:

Uns sind für den Verlust, welchen Wir ... in dem nun zu Ende gegangenen Kriege erlitten haben, ... die genannten Gebiete ... zugesprochen worden ...
[Wir] verlangen daher von allen ... Bewohnern dieser Gebiete ..., dass sie sich unserer Regierung ... unterwerfen, Uns für ihren rechtmäßigen Landesherrn ansehen und achten, vollkommenen Gehorsam ... und Treue uns und unseren Vertretern beweisen und ... demnächst, sobald wir es fordern werden, die gewöhnliche Lehns-Erb-Dienst-Schirms- oder Vogtei-Huldigung leisten sollen ...
Wir versichern dafür, dass Wir ihnen mit landesfürstlicher Huld, Gnade und Gewogenheit jederzeit zugetan sind, ihnen allen Schutz gedeihen lassen, und dass Wir uns ihrem Wohl mit landesväterlicher Fürsorge unermüdlich widmen werden.

Zit. nach Die Kurpfalz im Übergang an Baden 1803, hg. von Armin Kohnle u. a., Heidelberg (Regionalkultur), 2003, S. 22.

1 Untersuche die Aussage von M1 mithilfe der Methode „Karikaturen entschlüsseln" (siehe S. 33)

2 Beschreibe anhand von M2 die Machterweiterung des französischen Kaiserreichs.

3 Versetzt euch in die Situation zweier „Neu-Badener", die M3 lesen bzw. vorgelesen bekommen. Wie reagieren sie? Gestaltet zu zweit Dialoge und tragt sie der Klasse vor. Berücksichtigt die weiteren Informationen auf dieser Seite.

M4 Reformen im Großherzogtum Baden

Der Historiker Jörn Leonhard schrieb 2003 über die vom badischen Staatsminister Sigismund Karl Johann von Reitzenstein (1766–1847) angeregten Reformen von 1809:

Die neue Verwaltungsorganisation ... [schuf] fünf klar abgegrenzte Fachministerien (Äußeres, Inneres, Finanzen, Krieg und Justiz) ... Der Ministerialkonferenz als neue oberste Behörde stand ein Kabinettsminister vor. Dem französischen Verwaltungsmodell entsprechend unterstand der Ministerialebene eine Mittelinstanz von Kreisdirektionen mit Kreisdirektoren an ihrer Spitze. Wie ein französischer Präfekt in einem Département waren diese von den ministeriellen Weisungen abhängig, aber in der Umsetzung von Maßgaben an keine sonstige Rücksprache gebunden. Zu ihren Zuständigkeiten gehörten das Kirchen-, Schul-, Gemeinde-, Polizei- und Finanzwesen. Die unterhalb der Kreisebene angesiedelten Bezirksämter hatten ... kaum weiter gehende Kompetenzen. Vor allem verloren die Gemeinden ihre frühere Selbstständigkeit ... Die Maßnahmen Reitzensteins sollten auch der Straffung ... des Beamtenapparates dienen. Dies provozierte ... Widerstände, die ... im November 1810 ... zu Reitzensteins Entlassung führten.

Jörn Leonhard, Staatsbildung und Reformpolitik. Reitzenstein und Montgelas – Eine Doppelbiographie. In: Die Kurpfalz im Übergang an Baden 1803, hg. von Armin Kohnle u. a., Heidelberg (Verlag Regionalkultur) 2003, S. 77 f.

4 Prüfe anhand von M4, inwiefern die Verwaltungsreform in Baden dem Beispiel Frankreichs folgte (siehe auch S. 47).

Aus einem französischen Schulbuch: La Grande Nation et l'Europe

Arbeit mit Geschichtsbüchern

In allen Staaten Europas ist die Französische Revolution ein wichtiges Thema im Geschichtsunterricht. In dieser Werkstatt findest du eine Doppelseite aus einem heutigen französischen Schulbuch für die 8. Klasse an einer höheren Schule, vergleichbar mit unserem Gymnasium. Die Texte, die du für das Verständnis brauchst, sind übersetzt.

Übersetzung:
Die „Große Nation" und Europa
Wie wirkte sich die Französische Revolution in Europa aus?

1. Die Revolution zwischen Frieden und Krieg
– Die Revolution weckte die Hoffnung vieler Europäer (vgl. Dok. 4). Einige Patrioten im Ausland folgten ihrem Beispiel und organisierten Aufstände. Aber die französischen Revolutionäre weigerten sich, für deren Unterstützung in den Krieg zu ziehen. 1790 verkündete die Nationalversammlung sogar den Frieden für die Welt.
– Die ausländischen Herrscher hingegen wollten die Ausbreitung der revolutionären Ideen bei ihren Untertanen verhindern. Nach dem Fluchtversuch Ludwigs XVI. 1791 übten Österreich und Preußen zunehmend Druck auf die Nationalversammlung aus, die fürchten musste, dass die beiden Mächte gegen die Revolution losschlagen würden. Nach langen Debatten erklärte sie im April 1792 zuerst Österreich und danach Preußen den Krieg.

2. Ein Revolutionskrieg?
– Die starke österreichisch-preußische Armee eroberte weite Teile Frankreichs, wurde aber am 20. September 1792 von einem französischen Heer aus vorwiegend kriegsunerfahrenen Freiwilligen bei Valmy gestoppt (vgl. Dok. 1). Dieser erste Sieg bedeutete den Triumph der Französischen Revolution über das Europa des Ancien Régime. Von nun an führte Frankreich nach eigener Einschätzung einen Revolutionskrieg, um „die von ihren Despoten unterdrückten Völker zu befreien." (vgl. Dok. 3).
– Daraufhin bildeten Österreich und Preußen mit England und den Nachbarländern Frankreichs eine große Koalition. 1793 wurde Frankreich von allen Seiten angegriffen. Es widerstand aber und ging danach wieder in die Offensive. Die französischen Siege zwischen 1794 und 1797 lösten nicht nur die Koalition auf, sondern schufen auch „Schwesterrepubliken" (vgl. Dok. 2) nach dem Vorbild Frankreichs, das inzwischen zur „Großen Nation" geworden war.

1 La Grande Nation et l'Europe

Quelles sont les conséquences de la Révolution française en Europe ?

1. La Révolution entre paix et guerre

■ La révolution de 1789 soulève l'espoir de nombreux Européens *(doc. 4)*. À son exemple, certains patriotes étrangers organisent des soulèvements. Toutefois, les révolutionnaires français se refusent à recourir à la guerre pour les soutenir. **En 1790, l'Assemblée nationale vote même une « Déclaration de paix au monde ».**

■ De leur côté, les souverains étrangers s'inquiètent de la diffusion des idées révolutionnaires parmi leurs sujets. Après la tentative de fuite de Louis XVI en 1791, l'Autriche et la Prusse se montrent de plus en plus menaçantes. La Convention craint leur intervention contre la Révolution ; après de longs débats, **elle déclare la guerre à l'Autriche (avril 1792) puis à la Prusse.**

2. Une guerre révolutionnaire ?

■ **La puissante armée austro-prussienne** envahit la France mais **elle est arrêtée à Valmy** par une armée formée de volontaires peu expérimentés le 20 septembre 1792 *(doc. 1)*. Cette première victoire symbolise le triomphe de la Révolution contre l'Europe d'Ancien Régime. La France prétend désormais livrer une guerre révolutionnaire pour « libérer les peuples opprimés par les despotes » *(doc. 3)*.

■ **L'Autriche et la Prusse forment alors avec l'Angleterre et les voisins de la France une grande coalition.** La France est attaquée de toutes parts en 1793 mais parvient à résister puis à reprendre l'offensive. Les victoires françaises de 1794-1797 permettent la dislocation de la coalition et la création de « républiques sœurs » *(doc. 2)* sur le modèle de la France devenue la « Grande Nation ».

3. Vers la guerre de conquête

■ La France a profité des victoires pour **annexer de vastes territoires**, contre le vœu des populations. Les républiques sœurs sont traitées comme des pays conquis et non comme des alliés. Les armées françaises sont brutales et se livrent au pillage *(doc. 5)*. L'espoir fait place à la déception.

■ Cette politique de conquête fait craindre aux États européens une domination française : une seconde coalition se forme en 1798. Bonaparte sauve la France de la défaite et obtient enfin en 1801-1802 la conclusion d'une paix avantageuse.

1 *La Bataille de Valmy*
Peinture d'Horace Vernet (détail). National Gallery, Londres.

2 Les républiques sœurs

Die Schwesterrepubliken

Vocabulaire

un despote : nom, emprunté au grec, désignant un souverain régnant sans limites sur ses sujets.

une coalition : alliance de plusieurs États.

une république sœur : nom donné aux nouvelles républiques créées par la France, censées être très proches d'elle, comme le seraient des sœurs.

la Grande Nation : nom donné à la France révolutionnaire, la première des nations lib…

Große Nation: Bezeichnung für das revolutionäre Frankreic… der ersten der freien Nationer…

94

M1 **Aus dem französischen Schulbuch Histoire Géographie,** Paris, 1998

Vorschlag für eine Gruppenarbeit

Die folgenden Arbeitsaufträge lassen sich gut in Dreier-Gruppen bearbeiten.

a Findet mithilfe der Übersetzung heraus, welches Thema auf den Schulbuchseiten M1 behandelt wird. Schlagt nach, ob ihr in eurem Geschichtsbuch entsprechende Themen findet.

b Vergleicht, wie das Thema im französischen und im deutschen

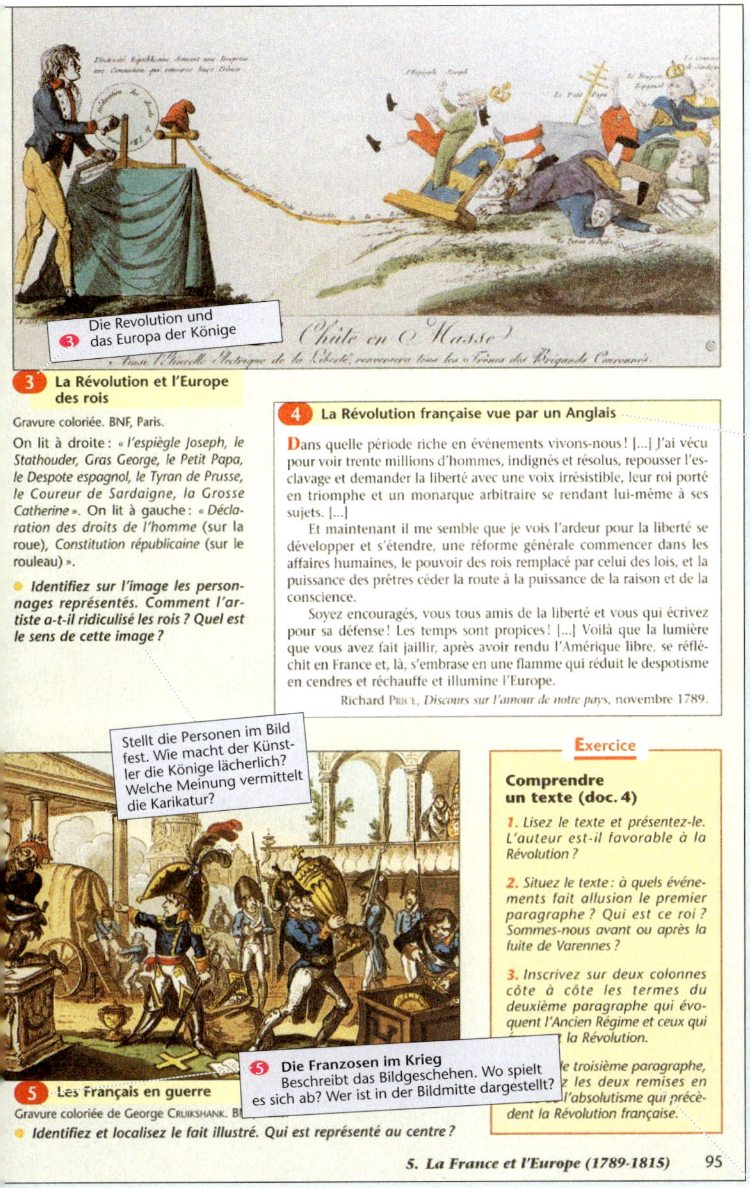

Die Revolution und das Europa der Könige

(Chûte en Masse)

3 La Révolution et l'Europe des rois

Gravure coloriée. BNF, Paris.

On lit à droite : *« l'espiègle Joseph, le Stathouder, Gras George, le Petit Papa, le Despote espagnol, le Tyran de Prusse, le Coureur de Sardaigne, la Grosse Catherine »*. On lit à gauche : *« Déclaration des droits de l'homme* (sur la roue), *Constitution républicaine* (sur le rouleau) ».

Identifiez sur l'image les personnages représentés. Comment l'artiste a-t-il ridiculisé les rois ? Quel est le sens de cette image ?

Stellt die Personen im Bild fest. Wie macht der Künstler die Könige lächerlich? Welche Meinung vermittelt die Karikatur?

4 La Révolution française vue par un Anglais

Dans quelle période riche en événements vivons-nous ! [...] J'ai vécu pour voir trente millions d'hommes, indignés et résolus, repousser l'esclavage et demander la liberté avec une voix irrésistible, leur roi porté en triomphe et un monarque arbitraire se rendant lui-même à ses sujets. [...]

Et maintenant il me semble que je vois l'ardeur pour la liberté se développer et s'étendre, une réforme générale commencer dans les affaires humaines, le pouvoir des rois remplacé par celui des lois, et la puissance des prêtres céder la route à la puissance de la raison et de la conscience.

Soyez encouragés, vous tous amis de la liberté et vous qui écrivez pour sa défense ! Les temps sont propices ! [...] Voilà que la lumière que vous avez fait jaillir, après avoir rendu l'Amérique libre, se réfléchit en France et, là, s'embrase en une flamme qui réduit le despotisme en cendres et réchauffe et illumine l'Europe.

Richard Price, *Discours sur l'amour de notre pays*, novembre 1789.

Exercice

Comprendre un texte (doc. 4)

1. Lisez le texte et présentez-le. L'auteur est-il favorable à la Révolution ?

2. Situez le texte : à quels événements fait allusion le premier paragraphe ? Qui est ce roi ? Sommes-nous avant ou après la fuite de Varennes ?

3. Inscrivez sur deux colonnes côte à côte les termes du deuxième paragraphe qui évoquent l'Ancien Régime et ceux qui ... la Révolution.

... le troisième paragraphe, ... les deux remises en ... l'absolutisme qui précèdent la Révolution française.

5 Les Français en guerre

Gravure coloriée de George Cruikshank. B...

Identifiez et localisez le fait illustré. Qui est représenté au centre ?

5 Die Franzosen im Krieg
Beschreibt das Bildgeschehen. Wo spielt es sich ab? Wer ist in der Bildmitte dargestellt?

5. La France et l'Europe (1789-1815) 95

Buch behandelt wird. Achtet auf Formulierungen, z. B. auf Arbeitsaufträge und darauf, worauf der Schwerpunkt gelegt wird.

c Beschreibt die Gestaltung von M1. Was gefällt euch gut, was weniger gut? Untersucht die Seitengestaltung in eurem eigenen Geschichtsbuch.

d Wie gefällt euch die Auswahl der Texte und Materialien in M1? Vergleicht mit eurem Schulbuch.

3. Vom Revolutionskrieg zum Eroberungskrieg

– Frankreich nutzte seine Siege, um große Gebiete gegen den Willen der jeweiligen Bevölkerung an sich zu bringen. Es behandelte die Schwesterrepubliken aber wie eroberte Länder und nicht wie Verbündete, denn die französischen Armeen plünderten sie erbarmungslos aus (vgl. Dok. 5). Der Hoffnung folgte die Enttäuschung.

– Diese Eroberungspolitik schürte in den europäischen Staaten die Angst vor der französischen Herrschaft, sodass eine zweite Koalition entstand. Napoleon Bonaparte aber bewahrte sein Land vor der Niederlage und schloss 1801/02 einen vorteilhaften Frieden.

4. Die Französische Revolution in den Augen eines Engländers

In welch ereignisreicher Zeit leben wir! […] Ich habe 30 Millionen zornige und entschlossene Menschen die Sklaverei in den Staub treten und ihre Freiheit unüberhörbar verlangen sehen. Ich habe erlebt, wie sie ihren König im Triumph trugen und ich sah, wie ein Willkür-Monarch sich persönlich an seine Untertanen wendete (gemeint ist das große Verbrüderungsfest am 14. Juli 1789, Anm. d. Übers.) […]

Und nun habe ich den Eindruck, dass die Leidenschaft für die Freiheit wächst und um sich greift, dass eine grundsätzliche Reform alle Lebensbereiche durchdringt, dass die Macht der Gesetze die Herrschaft der Könige ersetzt und die Herrschaft der Priester vor der Kraft von Vernunft und Gewissen weicht. Fasst Mut, Ihr Freunde der Freiheit allesamt, die Ihr an ihrer Verteidigung schreibt! Die Zeiten sind günstig! […] Die Fackel, die Ihr entzündet habt, um Amerika die Freiheit zu bringen, leuchte auch in Frankreich und möge sich dort mit einer Flamme vereinen, die den Despotismus zu Asche verbrennt und Europa wärmt und erhellt.

(R. Price, Über die Liebe zu unserem Land, Nov. 1789)

Übung: Einen Text verstehen (Dok. 4)

1. Lest den Text Dok. 4 und gebt ihn in eigenen Worten wieder. Unterstützt der Verfasser die Französische Revolution?
2. Ordnet den Text ein: Auf welche Ereignisse spielt er im 1. Abschnitt an? Wer ist dieser König? Befinden wir uns in der Zeit vor der Flucht nach Varennes oder danach?
3. Notiert in zwei Spalten nebeneinander die Begriffe im 2. Abschnitt, die an das Ancien Régime oder an die Revolution erinnern.
4. Stellt im 3. Abschnitt die beiden Hinweise fest, wo der Autor die Kritik am Absolutismus vor der Französischen Revolution erwähnt.

(Übersetzung: J. Grube)

Die Französische Revolution – ein Überblick

Vom Ständestaat zum Verfasssungsstaat

Mit der Einberufung aller französischen Stände im Mai 1789 leitete Ludwig XVI., ohne es zu planen, das Ende seiner absolutistischen Herrschaft ein. Mit der Unterstützung der Pariser Bevölkerung bildeten die Vertreter des Dritten Standes im Juli 1789 die verfassungsgebende Nationalversammlung. Einer ihrer ersten Beschlüsse war die Abschaffung aller Privilegien für den Klerus und den Adel. Ende August 1789 proklamierte die Nationalversammlung die Menschen- und Bürgerrechte und legte 1791 eine Verfassung mit strenger Gewaltenteilung und garantierten Grundrechten für alle Bürger vor. Diese Grundsätze tauchen seither in jeder demokratischen Verfassung auf. Die politische Diskussion der Zeit spiegelte sich in einer Flut von Flugschriften, Karikaturen und Kommentaren ausländischer Beobachter wider.

Freiheit, Gleicheit, Brüderlichkeit?

Bald nach der Hinrichtung des Königs und der Einrichtung der Republik setzte die Schreckensherrschaft des „Wohlfahrtsausschusses" unter dem Jakobiner Maximilien Robespierre ein (Juni 1793 bis Juli 1794). Die radikalen Republikaner strebten zunächst die Gleichheit aller Franzosen an. Die politische Gleichberechtigung von Männern und Frauen, die für viele Revolutionärinnen ein zentrales politisches Ziel gewesen war, wurde aber nicht durchgesetzt: Alle Verfassungen der Revolutionszeit versagten Frauen das Wahlrecht. Robespierre ließ die führende Vertreterin der Frauen, Olympe de Gouges, hinrichten. Die Frage, welche Wirkung die Erklärung der Menschenrechte in der Praxis hat, bleibt offen. Der erklärte Wille, die Menschenrechte einzuhalten, scheiterte bereits während der Revolution. Auch heute noch müssen überall auf der Welt Menschen für die Menschenrechte kämpfen.

Die Bürger und die Revolution

Der Dritte Stand, der zunächst das wirtschaftlich reiche Großbürgertum, die unbemittelten Kleinbürger und die Bauern umfasste, war der eigentliche Träger der Revolution. Bald aber trennten sich die Wege. In der Nationalversammlung bildete die Partei der Girondisten, die politische Vertretung des Großbürgertums, bis 1793 die stärkste Fraktion. Die radikalere Richtung des Bürgertums, die Jakobiner, wurde von der Mehrheit der Pariser Kleinbürger (Sansculotten) unterstützt und bestimmte die Politik seit 1792. Mit der Machtübernahme des Generals Napoleon Bonaparte 1799 und seiner Kaiserkrönung 1804 galt die Revolution offiziell als beendet. Das Bürgertum bildete erst im 19. Jahrhundert wieder die politisch einflussreichste Schicht in Frankreich.

1789

5. 5. Eröffnung der Generalstände

20. 6. Ballhausschwur

9. 7. Die Nationalversammlung erklärt sich zur Verfassungsgebenden Versammlung

14. 7. Sturm auf die Bastille

4./5. 8. Abschaffung aller Privilegien

26. 8. Erklärung der Menschen- und Bürgerrechte

1791

20./21. 6. Gescheiterte Flucht Ludwigs XVI.

3. 9. Erste Verfassung für Frankreich (Konstitutionelle Monarchie)

1792

20. 4. Krieg gegen Österreich und Preußen

10./11. 8. Absetzung Ludwigs XVI.

1793

21. 1. Hinrichtung Ludwigs XVI.

1799

Regierungsantritt Napoleons

1791 1792 1793 1794 1795 1799

Schreckensherrschaft der Jakobiner
Juni 1793–Juli 1794

Wir wiederholen Begriffe und Methoden

Wirkungen der Revolution im deutschen Südwesten

Die Ausdehnung der napoleonischen Herrschaft über weite Teile Europas hatte für Deutschland und insbesondere den deutschen Südwesten tief greifende Folgen. Durch die Auflösung des „Heiligen Römischen Reiches deutscher Nation" und die Gründung des Rheinbundes (1806) veränderte sich die politische Karte erheblich: Kleine Territorien wurden aufgelöst bzw. größeren angegliedert, Reichsstädte verloren ihre Reichsunmittelbarkeit; neue Staaten entstanden und „frankreichfreundliche" Landesherren erhielten einen deutlichen Machtzuwachs: Württemberg und Bayern wurden beispielsweise Königtümer, Baden Großherzogtum. Unter dem Einfluss Frankreichs kam es in vielen Staaten zu Reformen: Verfassungen wurden verabschiedet, der Code civil als Grundlage der Rechtsprechung eingeführt. Aber es gab auch Widerstand gegen die Neuerungen, vor allem vonseiten der Bevölkerungsgruppen, die sich infolge der internationalen Entwicklungen plötzlich mit neuen Regenten und deren Herrschaftsansprüchen konfrontiert sahen.

Begriffe und Daten	
Privilegien	S. 18
Generalstände	S. 26
14. Juli 1789 Sturm auf die Bastille	S. 27f.
Revolution	S. 29
Die Erklärung der Menschen- und Bürgerrechte	S. 30
Französische Verfassung 1791	S. 31
Schreckensherrschaft der Jakobiner	S. 38f.
1806 Ende des „Heiligen Römischen Reiches deutscher Nation"	S. 48
Entstehung des modernen Baden-Württemberg	S. 48f.

Methoden	
Karikaturen entschlüsseln	S. 33
Ein Verfassungsschema interpretieren	S. 37
Eine Textquelle analysieren	S. 42

Die Französische Revolution – multiperspektivisch gesehen

Bei der Arbeit mit diesem Kapitel habt ihr Aussagen und Standpunkte von Menschen aus verschiedenen Gruppen der französischen Gesellschaft kennen gelernt. Sie beurteilten ihre Situation und die Ziele der Revolution aus unterschiedlichen Perspektiven. Den „Perspektivwechsel" (siehe Darstellungstext, S. 30) könnt ihr anhand der vorgegebenen Figuren üben und dabei zugleich Inhalte aus dem Kapitel wiederholen.

Vorschläge für Übungen:

a. Die Figuren diskutieren über Ziele und Ergebnisse der Französischen Revolution.

b. Sie werden in Interviews zu ihren Positionen befragt.

c. Für ein historisches Magazin werden Porträts der Figuren als Vertreter ihrer gesellschaftlichen Gruppe angefertigt.

04
iser-
önung
poleons

1806
Ende des
„Heiligen Römischen
Reiches"

1806
Rheinbund

16.–19. 10. 1813
Völkerschlacht
bei Leipzig

04

1806

Reformen in den deutschen Staaten
1807–1816

2. Die Industrialisierung verändert die Gesellschaft

Das große Bild zeigt die Berliner **Lokomotiv Fabrik Borsig** auf einem Gemälde von Carl Eduard Biermann, 1847. Oben rechts: Ein Foto aus dem Jahr 1910 zeigt Frauen in einer **Zigaretten-Fabrik.** Das Foto aus dem Jahr 2000 vermittelt einen **Blick in eine Chip-Fabrik.** Die **Karikatur** von Horst Haitzinger wurde im Jahre 1993 veröffentlicht.

„Die Teilung der Arbeit, die Benutzung der Wasser- und besonders der Dampfkraft und der Mechanismus der Maschinerie – das sind die drei großen Hebel, mit denen die Industrie seit der Mitte des vorigen Jahrhunderts daran arbeitet, die Welt aus ihren Fugen zu heben."

Dies war eine der Erkenntnisse, die der Fabrikantensohn Friedrich Engels 1845 niederschrieb, als er die Verhältnisse in England bei einem Besuch in Manchester kennen lernte. Wie Engels erkannten auch andere Beobachter in seiner Zeit, dass die Industrialisierung eine grundlegende Umwälzung der Arbeits- und Lebensbedingungen auslöste. Heute wissen wir, dass die Industrialisierung einen ähnlichen Einschnitt in der Geschichte der Menschheit darstellte wie die Neolithische Revolution, als Jäger und Sammlerinnen vor etwa 10000 Jahren von der jagenden und sammelnden zur sesshaften Lebensweise der Viehzüchter, Bauern und Bäuerinnen übergingen. Zu erkennen ist auch, dass die Industrialisierung offensichtlich bis heute keine abgeschlossene Epoche ist, sondern weiterhin anhält. Sie wird unser Leben in der Gegenwart und in der Zukunft weiter beeinflussen.

In diesem Kapitel kannst du erarbeiten,
- welche Faktoren die Industrialisierung in England auslösten,
- wie sie im übrigen Europa verlief und
- welche Folgen sie für die Menschen und für die Umwelt hatte.

1 Beschreibe die Abbildungen und bringe sie in einen Zusammenhang zum Zitat von Friedrich Engels.
2 Formuliere zusammenfassend, wie sich Industrialisierung für dich anhand der Materialien darstellt.

Warum begann die Industrialisierung in England?

Faktoren der Industrialisierung in England

England wird in der Geschichtsforschung übereinstimmend als das Land betrachtet, in dem die Industrialisierung begann. Umstritten ist aber, welche Faktoren den Vorgang der Industrialisierung auslösten und welche Bedeutung sie jeweils haben.

Vier Thesen zu diesen Faktoren kannst du auf den Seiten 56–63 überprüfen.

1. Faktor: Raum und Bevölkerung. England wies besonders günstige geografische, geologische und klimatische Bedingungen auf. Hinzu kam ein schneller Anstieg der Bevölkerung.

2. Faktor: Wirtschaft. Die englische Landwirtschaft hatte einen Vorsprung in Europa. Genügend Kapital und marktwirtschaftliches Denken waren Grundlagen für die neue Wirtschaftsweise.

3. Faktor: Technik. Die Industrialisierung wurde entscheidend durch technische Erfindungen, vor allem durch die Spinn- und die Webmaschine sowie die Dampfmaschine, ausgelöst.

4. Faktor: Bildung. Die Industrialisierung wurde durch eine hohe Alphabetisierung der Bevölkerung möglich. Dadurch erst gab es genügend Arbeitskräfte, die Maschinen konstruieren, bauen und bedienen konnten. Grundkenntnisse wurden bereits im 18. Jahrhundert in englischen Schulen vermittelt.

Vorschlag für eine Gruppenarbeit

Die Seiten 56–63 könnt ihr auch in Gruppen erarbeiten. Jede Gruppe übernimmt die Bearbeitung eines Faktors der Industrialisierung in England und trägt ihre Ergebnisse der Klasse vor. Nutzt möglichst Medien zur Veranschaulichung eurer Ergebnisse wie Folien, Plakate usw.

1. Faktor

Raum und Bevölkerung – Triebkräfte der Industrialisierung?

Ermöglichten die vorteilhafte Insellage, gute Transportwege, günstige klimatische Bedingungen, zum Beispiel für die Baumwollverarbeitung, eine frühe Industrialisierung in England? Welche Bedeutung hatte das schnelle Wachstum der Bevölkerung im 18. Jahrhundert für den Beginn der Industrialisierung? Welche Rolle spielten solche „äußeren" Faktoren?

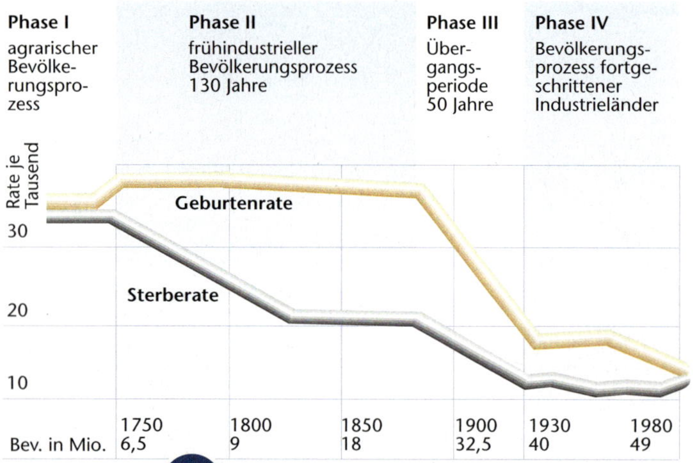

M1 Geburten- und Sterberate in England und Wales 1750–1980

Industrielle Revolution

(von lat. industria = Fleiß) Verarbeitung von Rohstoffen zu Produktions- und Verbrauchsgütern. Als Industrialisierung werden tief greifende technische, wirtschaftliche und soziale Veränderungen bezeichnet, die in der zweiten Hälfte des 18. Jahrhunderts in England und im übrigen Europa im 19. Jahrhundert begannen. Sie ist vor allem eine neue Produktionsweise mit starkem Wachstum des industriellen Sektors. Wichtige Merkmale sind der Einsatz industrieller Technik, Spezialisierung der Arbeit und Massenproduktion in Fabriken. Wegen ihres für zeitgenössische Beobachter überraschenden Verlaufs und der drastischen Veränderungen im 18. und 19. Jahrhundert wird diese Phase auch „Industrielle Revolution" genannt.

M2 Bedingungen der Industrialisierung

Der britische Historiker Eric J. Hobsbawm schrieb 1968:

Wenn … der Anstoß von den ungewöhnlich langen Perioden guter Ernten im beginnenden 18. Jahrhundert kam, dann wäre zu begründen, weshalb solche Perioden vor dieser Zeit … nicht ähnliche Folgen zeitigten. Beruft man sich auf Großbritanniens reiche Kohlenvorkommen, um seinen Vorsprung zu erklären, so bliebe immerhin zu bedenken, aus welchen Gründen sein vergleichsweise spärlicher Bestand an anderen industriellen Rohstoffen (z. B. Eisenerz) diese Entwicklung nicht behindert hat … Wenn das feuchte Klima von Lancashire die Konzentration der Baumwollindustrie dort erklären soll, dann sollten wir auch fragen, warum die Konzentration nicht auch in anderen feuchten Gegenden der britischen Inseln stattgefunden hat …
Klimatische Faktoren, Geografie, die Verteilung natürlicher Ressourcen wirken sich immer nur innerhalb eines gegebenen wirtschaftlichen, sozialen und institutionellen Kontexts[1] aus; dies gilt sogar für den gewichtigsten Faktor dieser Art: die Verbindungswege zum Meer oder zu nutzbaren Flüssen, die billigsten, gebräuchlichsten und für Massengüter einzig wirtschaftlichen Transportwege des vorindustriellen Zeitalters.

Eric J. Hobsbawm, Industrie und Empire, Bd. 1, 5. Aufl., Frankfurt/M. (Suhrkamp) 1975, S. 35 f.

1 Zusammenhang

M3 Warum stieg die Bevölkerungszahl?

Die britische Wirtschaftshistorikerin Phyllis Deane schrieb 1977:

Der entscheidende Bruch gegenüber der Vergangenheit war die Tatsache, dass … [die] Wachstumsrate sich in … [der Mitte des 18. Jahrhunderts] auf 7 Prozent erhöhte und in den 60er und 70er Jahren diesen Durchschnitt hielt. Ein solcher Bevölkerungszuwachs hätte in einer vorindustriellen Wirtschaft normalerweise zu einem Absinken des Pro-Kopf-Einkommens geführt … In Wirklichkeit war es aber so, soweit wir das anhand des verfügbaren statistischen Materials beurteilen können, dass jetzt das Sozialprodukt[1] mit dem Bevölkerungszuwachs Schritt zu halten vermochte. Das verdankte man jedoch nicht in erster Linie der Industrieproduktion, sondern der landwirtschaftlichen Produktion … Das Vorhandensein eines Nahrungsüberschusses, verbunden mit der Fähigkeit der Landwirtschaft, ihre Produktion der vermehrten Nachfrage anzupassen, bedeutete, dass die Bevölkerung wachsen konnte.

Phyllis Deane, Die Industrielle Revolution in Großbritannien 1700–1880. In: Carlo M. Cipolla/Knut Borchardt (Hg.), Europäische Wirtschaftsgeschichte, Bd. 4, hg. von Knut Borchardt, Stuttgart/New York (G. Fischer) 1977, S. 4 f. Übers. von Anjuta Aigner-Dünnwald.

1 Summe (Wert) aller Güter und Dienstleistungen in einer Volkswirtschaft.

Fabrik

(von lat. fabrica = Werkstätte) Zentralisierte Produktion von Waren in Gebäuden mit Kraftmaschinen (z. B. Dampfmaschinen) als Antrieb und Arbeitsmaschinen (z. B. Drehmaschinen) zur Bearbeitung der Rohstoffe. Weitere Merkmale sind: Arbeitszerlegung in spezialisierte Tätigkeiten, eine größere Anzahl von Arbeitskräften als im Handwerksbetrieb und die Produktion in größeren Stückzahlen.

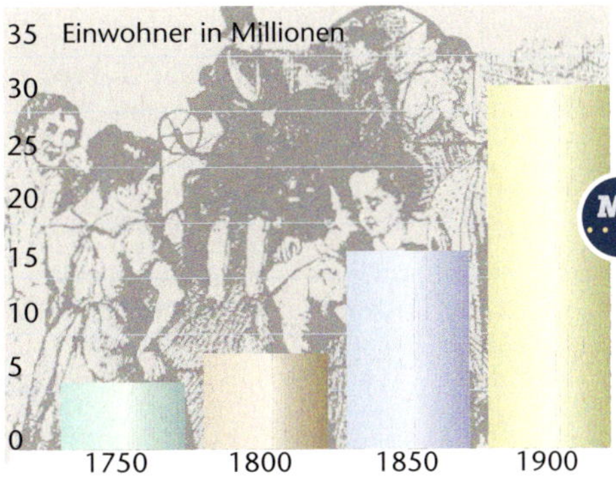

M4 Bevölkerungswachstum in England und Wales 1750–1900

1. Beschreibe anhand von M1 die Bevölkerungsentwicklung in England und Wales.
2. Notiere die Faktoren, die in M2 als günstig für eine Industrialisierung bezeichnet werden.
3. Gib in eigenen Worten wieder, wie M3 das Bevölkerungswachstum in England erklärt.
4. Fasse zusammen: Waren nach Aussagen der Materialien „Raum und Bevölkerung" wichtige Faktoren der Industrialisierung?

2. Faktor

Eine neue Wirtschaftsweise

Neben den „äußeren" Faktoren (siehe S. 56f.) gilt der Faktor „Wirtschaft" als ein Grund für den Beginn der Industrialisierung in England. Entstand eine neue Art zu wirtschaften? Welche Ideen und Motive lagen diesem Wandel zu Grunde? Wie wirkten sie sich aus?

M5 Gewinner und Verlierer des Fortschritts

Der Historiker Barrington Moore kennzeichnete 1969 die Entwicklung der britischen Landwirtschaft im 18. Jahrhundert folgendermaßen:

Noch niemand hat die grundsätzliche Bedeutung der Einhegungen[1] bestritten ... Es war ein Zeitalter, in dem die landwirtschaftliche Technik verbessert wurde, z. B. durch stärkeren Einsatz von Düngemitteln, durch Einführung neuer Getreidearten und durch Fruchtwechsel. Die neuen Anbaumethoden konnten auf den Feldern, die der gemeinsamen Bewirtschaftung unterlagen, nicht zur Anwendung gelangen; sie waren für den Landwirt, der über ein geringes ... Kapital verfügte, nur schwer zu verwirklichen ...
Der Bodensatz der kleinen Leute auf dem Lande wurde auf diese Weise hinweggefegt; sie vergrößerten entweder das neue Heer von Tagelöhnern, das noch eine Zeit lang benötigt wurde, um Hecken, Gräben und Wege anzulegen oder neue Bewirtschaftungsmaßnahmen durchzuführen, die noch nicht maschinell bewältigt werden konnten, oder sie stießen zu den armseligen Arbeitern in den ... entstehenden Industriestädten.

Barrington Moore, Soziale Ursprünge von Diktatur und Demokratie. Die Rolle der Grundbesitzer und Bauern bei der Entstehung der modernen Welt, Frankfurt/M. (Suhrkamp) 1969, S. 43ff; S. 47f.

1 Gemeindeland, oftmals nicht bebaut, kam in Privatbesitz (v. a. an Großgrundbesitzer); dabei wurden große Flächen durch Hecken, Bäume, Wege aufgeteilt.

M7 England und Kontinentaleuropa

Der Historiker Hagen Schulze nannte 1998 als Ursachen der englischen Industrialisierung:

Im Unterschied zum europäischen Festland, wo Handel und Wandel noch ganz in das Zwangskorsett einer merkantilistischen Staatswirtschaft eingeschnürt sind, herrscht im England des 18. Jahrhunderts eine liberale Wirtschaftspolitik ... Das Banken- und Kreditsystem ist hoch entwickelt und innerstaatliche Zollbarrieren, die im übrigen Europa den Handel behindern, entfallen ...
Worin sich aber England (vor allem) vom übrigen Europa unterscheidet, ist die herrschende Einstellung zu Geld und Besitz. Für einen vermögenden Engländer liegt es nahe, sein Kapital in expandierenden[1] Industriezweigen anzulegen; einem vergleichsweise hohen Risiko der Unternehmer und Kapitalseigner stehen hohe Profiterwartungen gegenüber.

Hagen Schulze, Phoenix Europa. Die Moderne. Von 1740 bis heute, Berlin (Siedler) 1998.

1 expandieren: hier: aufstreben, sich positiv entwickeln

M6 Vierrädrige Egge mit Dünge- und Saatguttrichter, zeitgenössische Radierung. Dieses Gerät wurde 1745 in England entwickelt.

M8 Wie wurde das Kapital eingesetzt?

Der schottische Philosoph und Volkswirtschaftler Adam Smith (1723–1790) schrieb 1776:

Der Einzelne ist stets darauf bedacht herauszufinden, wo er sein Kapital … so vorteilhaft wie nur irgend möglich einsetzen kann. Und tatsächlich hat er dabei den eigenen Vorteil im Auge und nicht etwa den der Volkswirtschaft. Aber gerade das Streben nach seinem eigenen Vorteil ist es, das ihn … dazu führt, sein Kapital dort einzusetzen, wo es auch dem ganzen Land den größten Nutzen bringt … Der Einzelne vermag ganz offensichtlich aus seiner Kenntnis der örtlichen Verhältnisse weit besser zu beurteilen, als es irgendein Staatsmann oder Gesetzgeber für ihn tun kann, welcher Erwerbszweig im Lande für den Einsatz seines Kapitals geeignet ist und welcher einen Ertrag abwirft … Ein Staatsmann, der es versuchen sollte, Privatleuten vorzuschreiben, auf welche Weise sie ihr Kapital investieren sollten, würde sich damit nicht nur, höchst unnötig, eine Last aufbürden, sondern sich auch gleichzeitig eine Autorität anmaßen.

Adam Smith, Der Wohlstand der Nationen, hg. und übersetzt von Horst Claus Recktenwald, 5. Aufl., München (dtv) 1990, S. 369 ff.

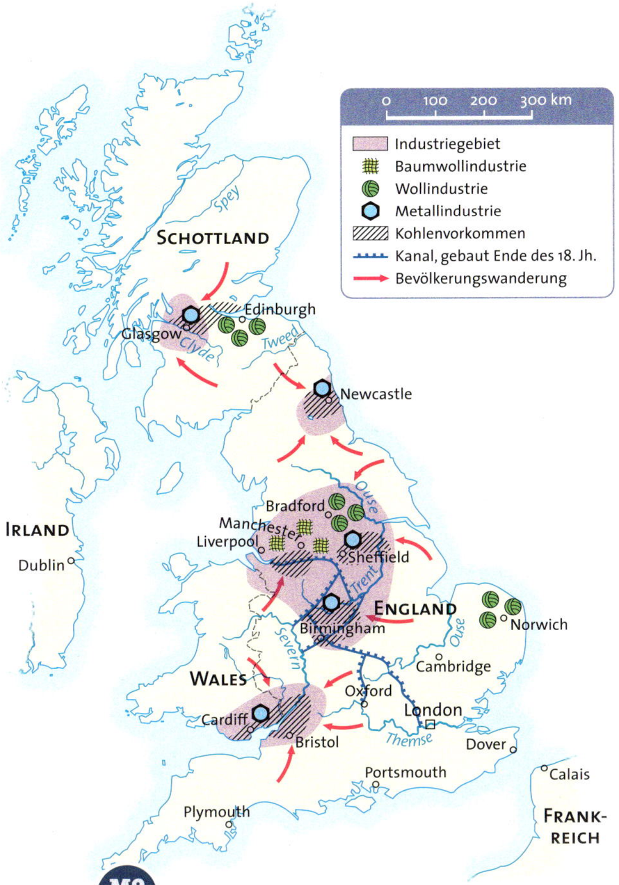

M9 Wirtschaft in England im 18. Jahrhundert

Kapital, Kapitalismus

Kapital = Vermögen, das vom Unternehmer in den Betrieb investiert wird, um die Produktionsmittel (Rohstoffe, Gebäude, Maschinen) für die Warenherstellung zu finanzieren. Ein Ziel ist, daraus Gewinne zu erwirtschaften. Kapitalismus: Nach Marx und Engels eine Produktionsweise, bei der die Produktionsmittel im Privatbesitz der Unternehmer sind.

Liberalismus

(von lat. liber = die Freiheit betreffend) Nach Auffassung des Liberalismus steht die Freiheit des einzelnen Menschen im Mittelpunkt des politischen, gesellschaftlichen und wirtschaftlichen Zusammenlebens. In der Wirtschaft soll sich der Staat zurückhalten („Laisser-faire-Prinzip"), Gewerbefreiheit und Privateigentum garantieren und schützen sowie die „Marktkräfte" frei spielen lassen.

5 Prüfe anhand von M5 und M6, ob sie die These stützen, dass der technologische Fortschritt in der Landwirtschaft die Industrialisierung gefördert habe.

6 Zeige, auf welche Ursachen M7 die (frühe) englische Industrialisierung zurückführt.

7 Untersuche anhand von M8 die Auffassung von Smith über das Verhältnis zwischen dem Einzelnen, dem Staat und dem Kapital. Nimm den Begriffskasten zu Hilfe.

8 Erarbeite M9 nach der Methode „Eine Geschichtskarte lesen" (siehe Methodenanhang). Nutze dazu auch deine Kenntnisse über so genannte Standortfaktoren.

9 Fasse zusammen: War nach Aussagen der Materialien der Faktor „Wirtschaft" wichtig für die Industrialisierung?

3. Faktor

Technik – Motor der Industrialisierung?

In der Geschichtswissenschaft wird den technischen Neuerungen, die wirtschaftlich angewandt werden, eine große Bedeutung für den Industrialisierungsvorgang zugeschrieben. Gab es so genannte „Schlüsseltechnologien", die die Industrialisierung auslösten? In welchen Wirtschaftsbereichen begann sie? Welche wirtschaftlichen Folgen waren festzustellen?

M10 **Spinning Jenny, Spinnmaschine für 16 Fäden mit Handbetrieb,** Kupferstich, um 1775

M11 **Fabriksaal mit Wagen-Spinnmaschinen,** Stahlstich, England, um 1835

M12 Die englische Baumwollspinnerei

Der Schweizer Christian Bernoulli schrieb 1827:

Eine der ersten, unmittelbarsten Folgen, welche die Erfindung der Spinnmaschinen hatte, war ohne Zweifel der fabrikmäßige Betrieb des Baumwollspinnens. Die Einführung großer Maschinen veränderte notwendig die Verhältnisse ganz. Sie erforderten große und dazu besonders eingerichtete Gebäude, große Kapitalien, Tiere oder Elementarkräfte zum Betrieb, Arbeiter, die ausschließlich diesem Gewerbe … sich ergaben, eine gehörige Verteilung und Anordnung aller Operationen usw. Mit dem Aufkommen des Maschinenspinnens ergab sich daher auch der fabrikförmige Betrieb dieser Industrie … Die Arbeit der Spinner wurde ungleich produktiver. Keine Wirkung ist wohl auffallender als diese und bei keiner Erfindung war dieses Ergebnis so erstaunenswürdig; sehen wir, was jetzt 100 oder 200 Menschen in einer mechanischen Spinnerei zu produzieren vermögen und wie viel dieselbe Anzahl ehemals liefern konnte. Viele geben diese Steigerung der Produktivität wenigstens auf das 100- oder 120-fache, manche sogar auf das 150-fache an.

Zit. nach W. Treue/K.H. Manegold, Quellen zur Geschichte der industriellen Revolution, Göttingen (Musterschmidt) 1979, S. 103f.

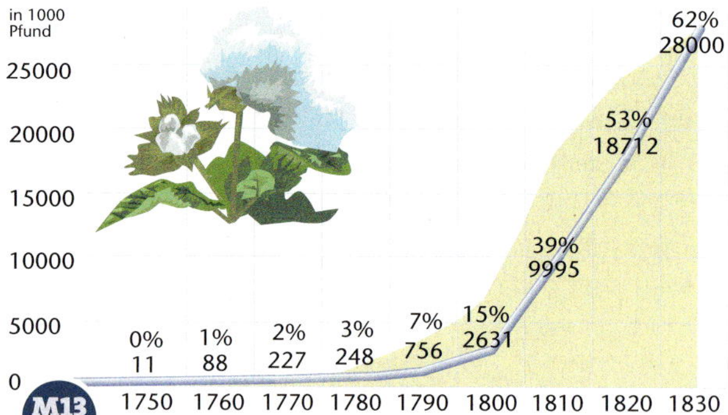

M13 **Wachstum der englischen Baumwollindustrie.** Ausfuhren von Baumwolltextilien und Prozentsatz am Gesamtexport.

10 Beschreibe an M10 bis M12, wie sich die Arbeit des Spinnens veränderte.

11 Erarbeite mithilfe von M12 und M13 die wirtschaftlichen Folgen der neuen Spinntechnik.

12 Untersuche die Bedeutung der Dampfmaschine für die Entwicklung der Technik und der Wirtschaft (M14 und M16).

13 Fasse zusammen: Waren nach Aussagen der Materialien die technischen Entwicklungen wichtig für die Industrialisierung?

M14 **Dampfmaschine von James Watt,** Modellzeichnung, 2001

Technische Entwicklungen in England

1709–1712 Thomas Newcomen baut eine Dampfmaschine für den Pumpenantrieb im Bergbau.

1733 John Kay verbessert den Webstuhl durch das „fliegende" Weberschiffchen.

1735 Abraham Darby II setzt den ersten Kokshochofen ein.

Um 1764 James Hargreaves baut eine Spinnmaschine („Spinning Jenny"), auf der viele Fäden gleichzeitig gesponnen werden können.

1769 James Watt meldet eine Dampfmaschine zum Patent an, eine Weiterentwicklung der Newcomen-Maschine.

1769 Richard Arkwright entwickelt eine Spinnmaschine, die mit Wasser- und Dampfkraft angetrieben werden kann.

1779 Samuel Crompton erfindet eine Universal-Spinnmaschine, mit der Schuss- und Kettgarne hergestellt werden können.

1783/84 Henry Cort lässt das Puddelverfahren (Herstellung von hochwertigem Schweißstahl aus Roheisen) patentieren.

M15 Schneller Fortschritt

Der britische Historiker R. M. Hartwell schreibt 1972 über die wichtigsten technischen Neuerungen im 18. Jahrhundert:

a) Der technische Fortschritt wurde in vielen Wirtschaftssektoren wirksam – in Textilgewerbe, Bergbau und Hüttenwesen, auf dem Gebiet des Transportwesens, der Landwirtschaft und der Energieerzeugung. Man darf daher annehmen, dass die Revolutionierung der Technik weder auf eine einmalige Idee zurückzuführen ist noch durch einzelne wirtschaftliche Erfordernisse hervorgerufen wurde …

b) Es gibt zwei wichtige Gruppen von Erfindungen, eine im frühen, eine im späteren 18. Jahrhundert … Die meisten … brauchten Zeit, um sich zu verbreiten, aber in dieser Periode war die Zeitspanne zwischen einer Erfindung und ihrer Anwendung kurz.

Ronald Maxwell Hartwell, Die Ursachen der Industriellen Revolution. In: Rudolf Braun u. a. (Hg.), Industrielle Revolution, Köln (Kiepenheuer & Witsch) 1972, S. 46. Übers. von Reinhard Hildebrandt.

M16 **Erster Einsatz einer Dampfmaschine im englischen Kohlenbergbau,** Gemälde von A. Pithead, 1792

M17 Joseph Lancasters System der „Monitor"-Schule. Lancaster entwickelte 1798 ein Lernsystem, bei dem rund 200 Schüler in einem Raum – aufgeteilt in kleine Gruppen – von älteren Schülern oder „Monitoren" (Aufsehern) unterrichtet wurden. Es gab nur eine bezahlte Lehrkraft für alle Schüler.

4. Faktor

Förderte die Industrialisierung Schulbildung?

Die Arbeit in der Landwirtschaft und im Handwerk konnte ohne längere Ausbildung geleistet werden. Techniken und Fertigkeiten wurden durch „Vormachen" und „Mittun" der Älteren im Arbeitsgang gelernt. Langjährige Erfahrung war dabei entscheidend. In der entstehenden Industrie wurde die Arbeit an und mit den Maschinen in zeitgenössischen Berichten als monoton und geistig wenig fordernd beschrieben. Sie setzte jedoch auch technische Kenntnisse, Sorgfalt, hohe Aufmerksamkeit und Geschick voraus. Vieles in der Technik und der Organisation der Arbeit war neu. War Industrialisierung ohne Bildung, zumindest in den Grundfertigkeiten, wie Lesen, Schreiben und Rechnen, überhaupt denkbar?

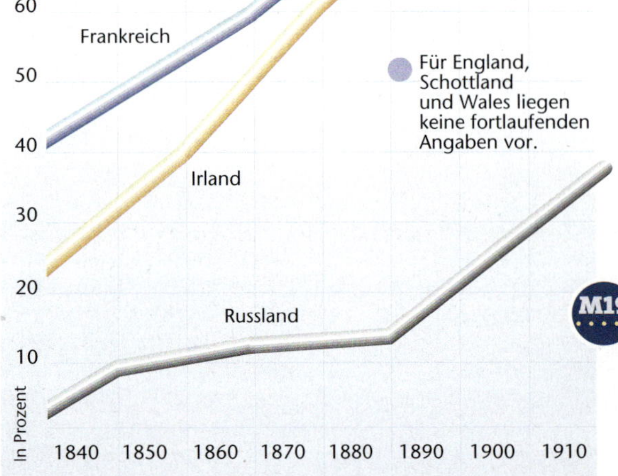

M19 Anteil der Lese- und Schreibkundigen an der erwachsenen Bevölkerung 1840–1910 in Prozent

M18 Sunday Schools

Robert Raikes, der Mitbegründer der Sonntagsschulen, antwortete auf eine Anfrage über seine Schulen in einem Brief, der 1783 im Gentleman´s Magazine veröffentlicht wurde:

Als mich eines Morgens Geschäfte in die Vorstadt führten, wo das ärmste Volk hauptsächlich lebt, war ich tief getroffen vom Anblick einer Gruppe von Kindern, die erbärmlich zerlumpt auf der Straße spielten … „Ach, mein Herr", sagte die Frau, mit der ich sprach, „wenn Sie diesen Stadtteil an einem Sonntag sähen, wären Sie wirklich erschüttert; denn dann sind die Straßen voll von Scharen dieser armen Teufel, die, an diesem Tag von der Arbeit befreit, ihre Zeit mit Lärmen und Aufruhr verbringen, Murmeln spielen, fluchen und schimpfen." … Ich fragte die Frau dann, ob es in der Nachbarschaft anständige, freundliche Frauen gäbe, die Unterricht im Lesen erteilten. Ich wurde daraufhin zu vier Frauen geführt. Ich wandte mich an sie und traf mit ihnen die Vereinbarung, dass sie alle Kinder, die ich ihnen sonntags schicken würde, im Lesen und im Katechismus unterweisen würden. Hierfür verpflichtete ich mich, ihnen je einen Schilling pro Unterrichtstag zu zahlen.

John Robottom, A Social and Economic History of Industrial Britan, Harlow, Essex (Longman) 1986, S. 214 f. Übers. d. Verf.

M20 Bildung für alle?

Der britische Historiker Sidney Pollard 1973 über das Bildungssystem in England im 18. Jahrhundert:

Da war zunächst die Elementarbildung, ausreichend für die Handwerker bzw. Gelernten und das Proletariat [siehe S. 91] der neuen Fabrikindustrie und auch für die einfallsreichen Mechaniker und andere, die zu Erfindungen und Neuerungen fähig waren, ohne im Besitz formaler Bildung [z. B. Bildungsgänge in Schulen usw.] zu sein. Zweitens gab es die „höhere" Bildung, die für die Kaufleute, die Industriekapitäne und die Grundlagenforscher jener Zeit erforderlich war ... In Schottland gab es ... ein auf den Pfarrgemeinden basierendes umfassendes System der Elementarbildung ... Jedenfalls war der Prozentsatz der Bevölkerung, die lesen und schreiben konnte, in Schottland bemerkenswert hoch. Und die Mehrheit der Knaben konnte noch etwas mehr als nur das ABC lernen ... Ende des 18. Jahrhunderts gab es ... [in der für die Industrialisierung wichtigen Grafschaft Lancashire] 76 Gymnasien oder Grammar Schools, ... und nicht weniger als 54 davon vermittelten den Kindern der Armen kostenlos Kenntnisse im Lesen, Schreiben oder Rechnen, einige auch in allen drei Elementarfächern ... Daneben entstand im Laufe des Jahrhunderts ... noch ein zweiter Schultyp: die Charity School. Von 1699 ... bis zum Aufkommen der Sonntagsschulen im letzten Viertel des 18. Jahrhunderts waren die auf Stiftungen und Spenden basierenden Charity Schools das wichtigste und vielerorts auch einzige Bildungsmittel für die Kinder der Armen.

Sidney Pollard, Die Bildung und Ausbildung der industriellen Klassen Britanniens im 18. Jahrhundert. In: Rudolf Braun u. a. (Hg.), Gesellschaft in der industriellen Revolution, Köln (Kiepenheuer & Witsch) 1973, S. 147 ff. Übers. von Roswitha Czollek.

M21 Bildung und Industrialisierung

Der Historiker Hubert Kiesewetter schrieb 1996 über den Zusammenhang von Industrialisierung und Bildung:

Wie wenig es gerechtfertigt ist, Bildung als einen Faktor der europäischen Industrialisierung zu vernachlässigen, wird deutlich, wenn wir einen Zusammenhang herstellen zwischen dem Bildungsniveau unterentwickelter Staaten und ihrer Produktivität. Selbst im Mutterland der Industrialisierung, in England, war Bildung und Wissenschaft eine Voraussetzung der ökonomischen Modernisierung ... In der europäischen Industrialisierung seit dem späten 18. Jahrhundert lässt sich ... nachweisen, dass es zumindest langfristig einen engen Zusammenhang zwischen der Erweiterung der Bildungsmöglichkeiten, vor allem im technischen und wissenschaftlichen Bereich, und dem Wirtschaftswachstum der Volkswirtschaften gegeben hat. Bereits im Jahr 1800 stellte eine Wetzlarer Schulkommission fest, dass das Schulwesen „die sicherste Stütze von Staatenglück und Privatwohl" sei.

Hubert Kiesewetter, Das einzigartige Europa, Göttingen (Vandenhoeck & Ruprecht) 1996, S. 166 ff.

M22 **Southfields Infants School in London,** Foto, 1907

14 Schau dir M17 und M22 an. Formuliere deinen ersten Eindruck über das, was dargestellt ist. Versuche dann möglichst viele Einzelheiten zu erschließen und daraus eine Gesamtaussage abzuleiten.

15 Prüfe mithilfe von M20, ob die Darstellungen M17 und M22 der Schulwirklichkeit in England entsprachen.

16 Erläutere den Zusammenhang von Bildung und Industrialisierung, wie er durch M19 und M21 vermittelt wird.

17 Fasse zusammen: Förderte nach Aussagen der Materialien die Industrialisierung die Schulbildung der jungen Briten?

Statistiken auswerten und grafisch umsetzen

Können Zahlen „sprechen“?

Obwohl wir viele unserer geschichtlichen Erkenntnisse aus schriftlichen Quellen, Abbildungen und Gegenständen gewinnen, lassen sich Zustände und Bedingungen, unter denen Menschen leben, oder auch längerfristige Entwicklungen häufig nicht ohne Zahlen erkennen. Die Häufigkeit von Beschäftigten und Arbeitslosen, Angaben über Einkommenshöhen und wirtschaftliche Entwicklungen z. B. lassen sich nur mithilfe von Zahlenangaben verdeutlichen.

Statistiken sind unter bestimmten Gesichtspunkten zusammengestellte Mengen von Zahlenwerten. Sie stellen in der Geschichtswissenschaft eine eigenständige Form der historischen Quelle dar. Sie sind allerdings selten „fertig“ vorzufinden, sondern von Historikerinnen und Historikern erst „herzustellen“, indem sie Zahlen nach ihrer Fragestellung sammeln, ordnen, auswerten und als Tabellen oder als Diagramme (siehe M2) darstellen. Indem Daten zusammengestellt und verknüpft werden, können sie Erkenntnisse liefern, die durch einzelne Textquellen oder Bilder nicht zu erhalten sind.

Den Umgang mit statistischen Daten, ihre Auswertung und Darstellung, aber auch ihre Probleme kannst du hier erarbeiten. Dabei geht es um wirtschaftliches Wachstum und den Wandel der Beschäftigtenstruktur in der Zeit der Industrialisierung.

Arbeitsschritte Statistiken auswerten und grafisch umsetzen

1. Schritt: Formale Analyse

Zuerst muss nach der Echtheit des Zahlenmaterials und seiner korrekten „Überlieferung“ gefragt werden.
Im Unterricht wird – abgesehen von eigenen Archivarbeiten – meistens bereits „bearbeitetes“ (ausgewähltes und gedrucktes) Material vorgelegt. Deshalb kann sich die Untersuchung darauf beschränken, Vollständigkeit und erstes Verständnis der Daten in der Darstellung zu überprüfen.

2. Schritt: Inhaltliche Analyse

– Was ist Thema der Statistik?
– Wie ist sie aufgebaut?
– Was ist im Einzelnen dargestellt?
– Welche Aussagen lassen sich formulieren?
– Sind sie untereinander stimmig? (Durch Rundungen können sich Differenzen ergeben).
– Lässt sich eine „Hauptaussage“ finden?
– Bleiben Fragen offen?

3. Schritt: Historischer Zusammenhang

Ausgehend vom Thema der Statistik erfolgt eine Einordnung in den geschichtlichen Zusammenhang.
– Gibt es einen Bezug zu anderen Informationen (Materialien)?
– Ergänzen oder widersprechen sie sich?
– Welche weiteren Informationen werden benötigt?

4. Schritt: Bewertung der Aussagekraft

– Ist der Ausschnitt der statistischen Daten zu gering?
– Wird der Sachverhalt zu stark vereinfacht, verzerrt oder vielleicht verfälscht?
– Ist die grafische Darstellung angemessen?

1 Erarbeite M1 mithilfe der Arbeitsschritte auf dieser Seite.
2 Beschreibe die Darstellungsformen M2.1 bis M2.3 und vergleiche sie unter der Frage, wie der Sachverhalt optisch am überzeugendsten dargestellt ist.
3 Wende die Arbeitsschritte auf M3 an.
4 Stelle aus M3 ausgewählte Daten anhand der Modelle in M2 grafisch dar.
5 Formuliere zu M1 und M3 jeweils zusammenfassende Aussagen zur Wirtschafts- bzw. Beschäftigtenstruktur.

M1 Industrieproduktion in West- und Mitteleuropa 1820 bis 1840

(in Million Pfund Sterling)

Land / Jahr	1800	1820	1840
Großbritannien	230	290	387
Frankreich	190	220	264
Deutschland	60	85	150
Russland	15	20	40

Zahlen nach: Praxis Geschichte 1/1988, S. 9

2.1. Säulendiagramm

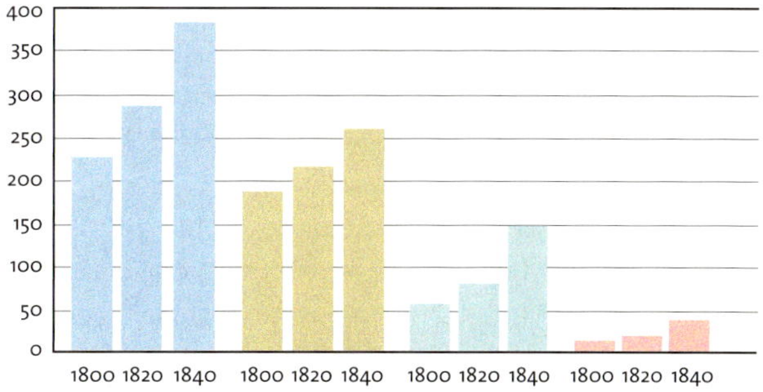

2.2. Kreisdiagramme

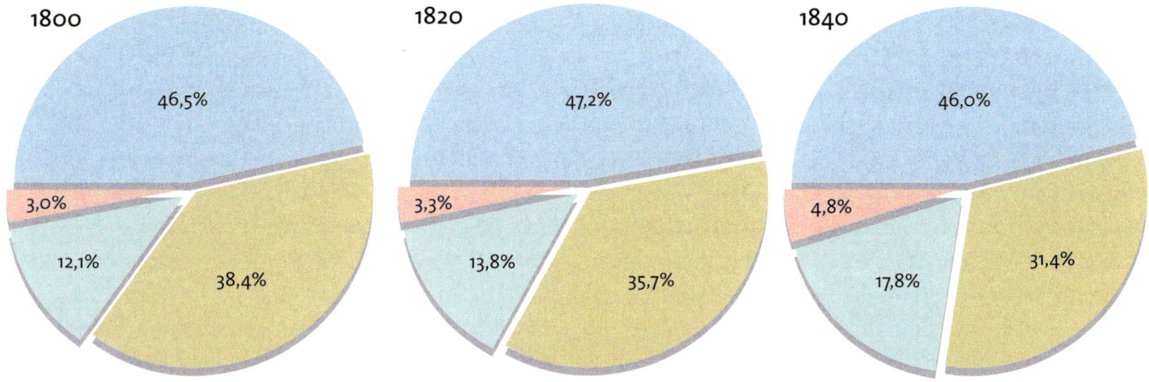

2.3. Kurven- oder Liniendiagramm

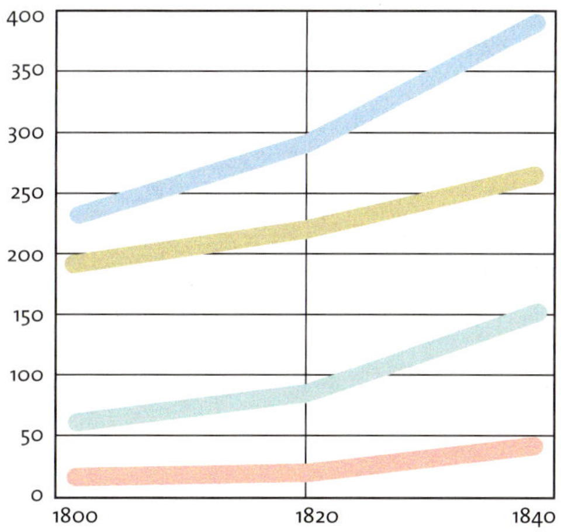

M2 Möglichkeiten grafischer Darstellung von Statistiken am Beispiel von M1

M3 Beschäftigtenanteile in Großbritannien 1801–1911

(in Prozent aller Beschäftigten):

Jahr	Landwirtschaft, Forstwirtschaft, Fischerei	Bergbau und Gewerbe	Handel und Transport	Häusliche Dienstleistungen	Öffentliche Dienstleistungen
1801	35,9	29,7	11,2	11,5	11,8
1861	18,7	43,6	16,6	14,3	6,9
1911	8,3	46,4	21,5	13,9	9,9

Zusammengestellt nach Toni Pierenkemper, Umstrittene Revolutionen, Frankfurt/M. (Fischer) 1989, S. 13.

Eine „abgeleitete" Industrialisierung? – das Beispiel Deutschland

Faktoren der Industrialisierung in Deutschland

Deutschland war um 1800 kein einheitlicher Staat wie England oder Frankreich, sondern ein Gebilde aus einer Vielzahl unterschiedlich großer Territorien mit vorwiegend landwirtschaftlicher Struktur. Nach Reformen in Preußen und dann auch in anderen deutschen Staaten wandelte sich seit 1807 die Landwirtschaft in Richtung Marktwirtschaft und Kapitalorientierung. Eine „vorindustrielle" Struktur war bereits in Gewerberegionen, wie dem Wuppertal, dem Siegerland und um Mönchengladbach und Krefeld, zu finden. Textil- und Eisenwaren wurden in viele Gegenden Europas geliefert.

Aus dem Wiener Kongress von 1815 (siehe S. 102) war Preußen neben England, Frankreich, Österreich und Russland als eine der europäischen Großmächte hervorgegangen, allerdings nur politisch stark, wirtschaftlich jedoch noch schwach. 39 souveräne deutsche Teilstaaten bildeten unter der Führung Österreichs den politisch unbedeutenden „Deutschen Bund" (siehe S. 102). Es gab kein erkennbares politisches Zentrum wie London und Paris. Der „Wirtschaftsraum Deutschland" war zersplittert und aufgespalten in viele Teile, die jeweils durch Zollgrenzen abgeschirmt waren.

Die kostengünstigeren und massenhaften Produkte der englischen Textil- und Eisenindustrie bildeten auf den deutschen Märkten eine überlegene Konkurrenz. Ansätze eines einheitlichen Binnenmarktes entstanden erst mit dem preußischen Zollgebiet 1818 und der Gründung des Deutschen Zollvereins 1834.

Das Bevölkerungswachstum verstärkte den Mangel an Arbeitsplätzen in Deutschland. Niedrige Löhne bremsten die Massenkaufkraft und verhinderten die Stärkung der inländischen Absatzmärkte. Kapital wurde längere Zeit stärker im Handel als in der Produktion angelegt.

Während in Großbritannien Regierung und Parlament sich wenig um Erfolg und Misserfolg von Unternehmern kümmerten, wurde die industrielle Entwicklung in Preußen und anderen deutschen Ländern durch die Regenten vorangetrieben: Nicht nur finanzielle Hilfen (z. B. Kredite), sondern auch förderliche Handelsgesetze, die Zulassung von Aktiengesellschaften, der Ausbau von Transportwegen zu Wasser und zu Lande, Investitionen des Staates z. B. im Bergbau, in der Hüttenindustrie und im Maschinenbau schufen günstige Voraussetzungen für die Industrialisierung. In welchem Jahr die Industrialisierung begann, lässt sich nicht sagen. Für Preußen datiert man sie auf die späten 1840er Jahre.

Als wichtige Antriebskräfte gelten der Steinkohlenbergbau, die Eisen- und Stahlindustrie – und insbesondere deren neues Produkt: die Eisenbahn.

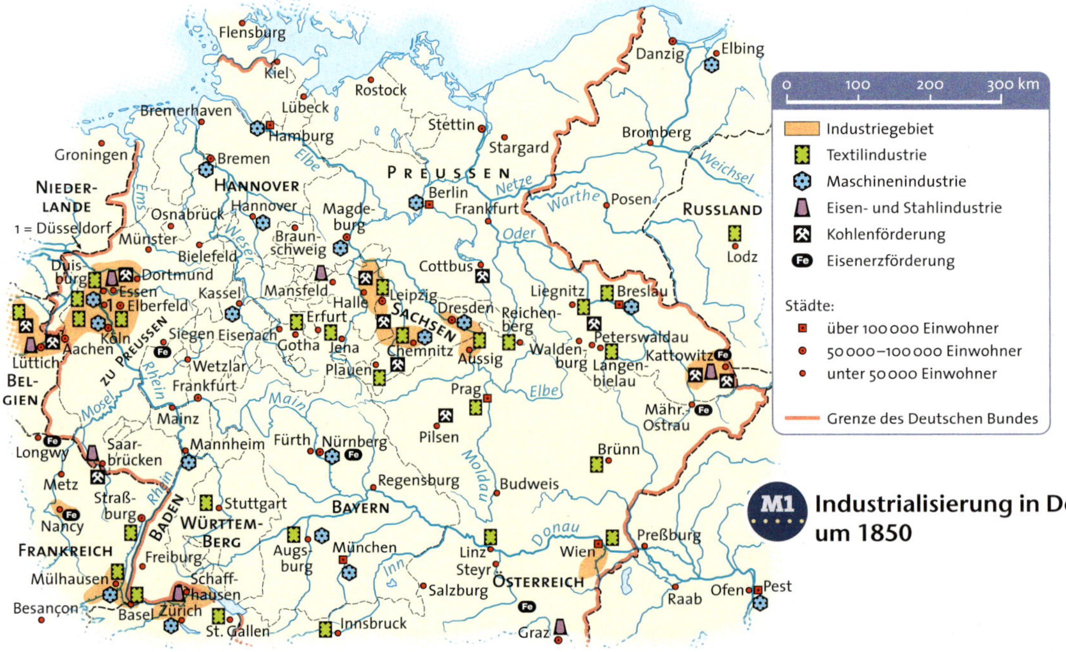

M1 Industrialisierung in Deutschland um 1850

M2 Ableitungen und neue Wege

Der Wirtschaftshistoriker Toni Pierenkemper schrieb 1998 zur Frage des „Techniktransfers“:

Hinsichtlich der Nutzung neuer Technologien in der Textilindustrie beschränkte man sich in Deutschland weitgehend auf die Übernahme und Nachahmung des englischen Vorbilds … In der Eisenindustrie war das ganz anders … In Deutschland wählte man … den Weg einer Teilmodernisierung der Eisenindustrie, indem man neue Techniken mit alten kombinierte, etwa moderne Wiedererhitzer an Holzkohlenhochöfen anbaute … Der Steinkohlenbergbau … baute zum einen auf traditionellen bergmännischen Techniken auf und folgte zum anderen englischen Vorbildern. Zum Teil entwickelte er außerdem eigene Problemlösungen … [Die Dampfmaschine] wurde alsbald in Deutschland nachgebaut und weiterentwickelt. Ähnlich war es bei den Lokomotiven für den Eisenbahnverkehr: Auch diese stammten bereits zehn Jahre nach ihrer Einführung aus heimischer Produktion.

Toni Pierenkemper, Umstrittene Revolutionen, Frankfurt/M. (Fischer) 1998, S. 118 ff.

M3 Die Eisenbahn – der Schlüssel zur Industrialisierung?

Der Wirtschaftshistoriker Knut Borchardt schrieb 1977 über die Bedeutung der Eisenbahn für die Industrialisierung:

Mehr noch als die Sachgüterproduktion, deren Wachstum gewiss eindrucksvoll war, ist die Verkehrsleistung für Güter, Personen, Nachrichten, Zahlungsmittel, Kapital [im 19. Jahrhundert] gestiegen. Die Märkte dehnten sich regional aus, und es traten Personen miteinander in Leistungsbeziehungen, die nie zuvor füreinander erreichbar gewesen sind. Dies ist nicht eine Nebenwirkung der großen Produktivitätssteigerung des 19. Jahrhunderts; man kann es umgekehrt als eine ihrer Voraussetzungen bezeichnen. In Wahrheit hängen sie wechselseitig voneinander ab. Ohne die Fortschritte der Sachgüterproduktion keine Eisenbahn, Dampfschiffe, Telefone etc. – aber ohne diese auch keine Massenproduktion mit Massenabsatz.

Knut Borchardt, Die Industrielle Revolution in Deutschland 1750–1914. In: Carlo M. Cipolla/Knut Borchardt (Hg.), Europäische Wirtschaftsgeschichte, Bd. 4: Die Entwicklung der industriellen Gesellschaften, Stuttgart/New York (Fischer) 1977, S. 187.

M4 Steinkohlenförderung 1860–1910

Die Steinkohlenförderung war in Deutschland und Großbritannien unterschiedlich gewichtet (in Millionen Tonnen):

Jahr	Ruhrgebiet	Deutschland	Großbritannien
1860	4,4	12,3	81,3
1870	11,8	23,3	112,2
1880	22,5	42,2	149,3
1890	35,5	64,4	184,5
1900	60,1	109,3	228,8
1910	89,1	151,1	268,7

Zusammengestellt nach Wolfgang Köllmann, Die Industrielle Revolution, 5. Aufl., Stuttgart (Klett) 1970, S. 17.

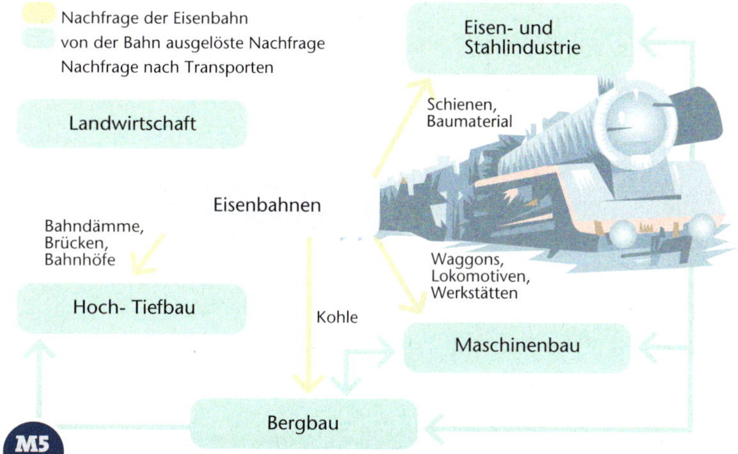

M5 Wirtschaftliche Wirkungen des Eisenbahnbaus 1860–1900

1 Beschreibe anhand von M1 den Stand der Industrialisierung in Deutschland um 1850.

2 Untersuche, welche Informationen der Darstellungstext zu den vier Faktoren (siehe S. 56) bietet. Trage deine Ergebnisse in eine Tabelle ein.

3 Erarbeite, wie der Autor von M2 die Frage der „Übernahme und Nachahmung“ der Technik beantwortet.

4 Formuliere eine Antwort zur Überschrift von M3. Ziehe auch M4 und M5 dazu heran.

5 Überprüfe mithilfe der Materialien, ob die Aussage, die deutsche Industrialisierung sei von der englischen „abgeleitet“, zutrifft. Trage dein begründetes Urteil der Klasse vor.

Modernisierung alter Gewerberegionen – das Beispiel Italien

Eine „städtische Hofgesellschaft“

Bis zu seiner nationalen Einigung 1861 bestand Italien aus zahlreichen kleinen Staaten. Deshalb gab es kein einheitliches Wirtschaftsgebiet. Die meisten Menschen lebten von der Landwirtschaft. Aber seit der Antike besaß Italien große Städte, die von großer wirtschaftlicher Bedeutung waren: für die Bauern, die zu den dort lebenden Grundherren ihre Ernteabgaben brachten und darüber hinaus die Märkte belieferten, und für die Handwerker und Kaufleute, die ihre Waren auf den Märkten zum Verkauf anboten. Ihre Kunden kamen aus ganz unterschiedlichen Gesellschaftsschichten: Da waren zum einen die adligen Grundbesitzer, reiche Fernhandelskaufleute, Rechtsanwälte, zum anderen Dienstboten, Handwerker oder auch Lohnarbeiter. In gewisser Weise bildeten sie eine „städtische Hofgesellschaft“, deren reiche Mitglieder einen großen Bedarf an Luxusgütern hatten. Auch die katholische Kirche zählte zu den wichtigen Kunden der Händler und Unternehmer: Sie benötigte für die Ausstattung der Gotteshäuser und Klöster vielerlei Produkte. Die große Nachfrage in den Städten machte aus vielen Kaufleuten reiche Bürger, insbesondere wenn sie mit Textilien handelten.

„Industrie“ vor der Industrialisierung?

Luxuswaren aus Seide waren vor der Industrialisierung sowohl für den Binnenmarkt als auch für den Export in nordeuropäische Länder ein wichtiger Wirtschaftsfaktor in Italien. Die Gewinnung der Seide aus der Seidenraupenzucht war auf Norditalien konzentriert. Diese kleinen Fabriken mit dem Einsatz einer zentralen Antriebskraft, dem Wasser, erfüllten mit ihrer Produktion schon gewisse Voraussetzungen industrieller Entwicklung. Das Weben blieb dagegen noch lange bäuerliche Heimarbeit. Die Endprodukte konnten wegen ihrer groben Qualität auf Dauer nicht mit englischen und französischen Waren konkurrieren. Erst in den 1860er Jahren, als Fabriken „englischen Stils“ eingerichtet wurden, begann eine Modernisierung der gesamten Textilindustrie. Die Industrialisierung Italiens blieb auch zu Beginn des 20. Jahrhunderts fast ausschließlich auf den Norden beschränkt. „Standortvorteile“ im Norden und die „nördlich“ ausgerichtete Wirtschaftspolitik der Regierungen werden hierfür vor allem als Gründe genannt. Insofern profitierten die „alten“ Gewerberegionen wohl am meisten von einer Industrialisierung des Landes.

M1 **Pasta-Fabrik in Neapel,** Foto, zweite Hälfte des 19. Jh.

M2 Industriearbeiter auf dem Land

Bericht der Mailänder Handelskammer von 1864:

Die Herstellung auch nur der einfachen und gängigen Stoffe kann in den Städten aufgrund der höheren Preise für alles, was zum täglichen Leben gehört, nicht ökonomisch erfolgen. In ihnen, wie in Mailand, kann die Seidenweberei untergehen, aber viel üppiger kann sie auf dem dicht bevölkerten Land und vor allem, für die Lombardei, in der Umgebung von Como und oberhalb Mailands … wieder aufblühen, wo es eine dichte und intelligente, bereits an die Behandlung und Bearbeitung der Seide gewöhnte Bevölkerung gibt. Die in diesen Jahren von einigen Comasker Fabrikanten in den umliegenden Dörfern gemachten Versuche bestätigen dies voll; jene Einwohner, die sich mit einem mäßigen Verdienst … zufrieden zeigten, lieferten in kurzer Zeit eine so vollendete und auch bessere Arbeit als die erprobten Arbeiter der Stadt, da sie geduldiger und fügsamer sind.

Zit. nach Volker Hunecke, Arbeiterschaft und Industrielle Revolution in Mailand 1859–1892, Göttingen (Vandenhoeck & Ruprecht) 1978, S. 123 f.

M3 Industriegebiete in Europa 1800–1900

M4 Industrialisierung in Italien

Die Wirtschaftshistoriker Carlo Ponti und Giorgio Mori schrieben 1998:

Die Mechanisierung begann zuerst in den Getreidemühlen, gefolgt von der Produktion von Lokomotiven in Neapel, von stationären Dampfmaschinen in Genua (obwohl zwischen 1839 und 1860 immerhin 386 von 426 in Dienst stehende Lokomotiven importiert wurden) und später Textilmaschinen, Druckerpressen und landwirtschaftliche Maschinen in Turin, Mailand und Neapel … Auf der anderen Seite wurde in dieser frühen Phase beinahe die gesamte Förderung der zugegeben nicht sehr bedeutenden Erzvorkommen exportiert. Das Hüttenwesen war fast völlig veraltet und die chemische Industrie auf Werkstätten beschränkt, die Leuchtgas produzierten …
Im Ganzen gesehen waren Italiens industrielle Ressourcen hoch konzentriert in einigen wenigen Regionen (Piemont, Lombardei, Ligurien und Kampanien) und lagen vom Entwicklungsstand her irgendwo zwischen denen industrialisierter Länder wie Frankreich, Belgien, Preußen und Großbritannien und denen des übrigen Europa.

Carlo Ponti/Giorgio Mori, Italien in der longue durée: Ein alter Primus kehrt zurück. In: Die Industrielle Revolution in England, Deutschland, Italien, hg. von Roy Porter/Mikulás Teich, Berlin (Wagenbach) 1998, S. 116.

1 Kläre mithilfe des Darstellungstextes den Zusammenhang zwischen „städtischer Hofgesellschaft" und Textilindustrie.

2 Untersuche anhand des Darstellungstextes, inwieweit von einer „Industrie" vor der Industrialisierung gesprochen werden kann. Belege deine Ergebnisse mit Beispielen aus dem Text.

3 Fasse zusammen, wie M2 die Zukunft der Seidenweberei wertet und dies begründet.

4 Stelle fest, wie die Autoren von M4 den Stand der frühen Industrialisierung in Italien bewerten.

5 Ordne anhand von M3 England, Deutschland und Italien in den Verlauf der Industrialisierung in Europa im 19. Jahrhundert ein.

6 Fasst in Partnerarbeit die Merkmale der Industrialisierung in England, Deutschland oder in Italien zusammen. Legt dafür vorher in der Klasse fest, welche Merkmale ihr aufzeigen wollt. Präsentiert eure Ergebnisse (siehe „Informationen präsentieren" im Methodenanhang) und vergleicht sie.

Schrittmacher in Baden und Württemberg

„Wir können alles. Außer Hochdeutsch"

Mit diesem Slogan führte die Landesregierung Baden-Württembergs 1999 eine Werbekampagne durch, um das Ansehen des Landes als Wirtschaftsregion zu fördern. Die Aktion zeigte Wirkung, denn, wie Umfragen ergaben, konnten sich noch Jahre später viele Bundesbürger an den Slogan erinnern. An der Schwelle zum 19. Jahrhundert wäre eine solche Kampagne undenkbar gewesen: Der Südwesten Deutschlands galt bis zur Mitte des Jahrhunderts als arm; viele Menschen wanderten nach Amerika aus, weil sie Hunger litten: Denn nach der im Südwesten bestehenden Erbregelung erhielt jedes Kind gleich viel Land und das hatte im Laufe der Zeit dazu geführt, dass viele Höfe zu klein geworden waren, um die Familien zu ernähren.

M1 **Heidelberger Bahnhof**, Postkarte, o. J.

1 Lies den Darstellungstext, M4 und M5 (S. 72). Stelle Vermutungen darüber an, was der Slogan über Baden-Württemberg aussagen soll. Tauscht euch darüber in der Klasse aus.

2 Vergleiche die Bildaussagen von M1 und M3.

3 Informiere dich anhand von M2 über Faktoren, die bei der Gründung eines Unternehmens einer „jungen" Wirtschaftsbranche eine Rolle spielten. Notiere Fragen, die offen bleiben. Besprecht sie anschließend in der Klasse.

Die ersten Schritte in Baden

Die wirtschaftliche Lage verbesserte sich aufgrund der politischen Entwicklungen unter Napoleon (siehe S. 48 f.): zuerst im Großherzogtum Baden, dann auch im Königreich Württemberg. Baden besaß mit dem Rhein eine günstige Verkehrsverbindung und in den Nachbarländern Frankreich und der Schweiz gab es reiche Privatleute, die interessiert waren, ihr Geld zu investieren. Sie wählten dafür bevorzugt grenznah gelegene deutsche Textilunternehmen, deren Mitarbeiter sich zukunftsweisende Technologien ausdachten und diese einsetzten. Zusätzliche Schubkraft erhielt die wirtschaftliche Entwicklung der Region durch den Beitritt Badens zum Zollverein 1834/35: Die Zollschranken hoben sich, Gesetze ermöglichten die Gründung von Aktiengesellschaften, Eisenbahnlinien wurden gebaut und in ihrem Gefolge entstanden z. B. zahlreiche Maschinenfabriken, deren Produkte bald in ganz Europa nachgefragt waren.
Die Erschließung des Landes durch Verkehrsmittel wie Eisenbahn und Dampfschiffe förderte nicht nur die Industrialisierung am Rhein, sondern auch in entlegenen Tälern des Schwarzwalds (Textilindustrie).

... und Württemberg

Auch wenn die Ausgangssituation im Königreich Württemberg weniger günstig war als im badischen Nachbarland – es fehlten z. B. die notwendigen Rohstoffe, Verkehrsverbindungen und Ansiedlungsflächen und finanziellen Kräfte –, so gab es auch hier in der ersten Hälfte des 19. Jahrhunderts einige Initiativen: Zum Beispiel förderte König Wilhelm I. (1781–1864) die Entwicklung der Agrartechnologie durch die Einrichtung von Messen, Privatleute installierten moderne Maschinen in ihren Handwerksbetrieben und bauten diese zu Fabriken aus.
Wesentlich für die Industrialisierung in Württemberg waren jedoch die Erschließung des Landes durch die Eisenbahn (seit 1845) und die Einrichtung der Königlich Württembergischen Centralstelle für Gewerbe und Handel 1848 in Stuttgart: Seit den 1850er Jahren sorgte sie beispielsweise durch Ausstellungen für das Bekanntwerden technischer Neuheiten.

M2 Die Gründung der Badischen Anilin- und Sodafabrik (BASF)

Friedrich Engelhorn (1821–1902), der 1848 eine Firma zur Herstellung von Flaschengas gegründet hatte und 1849 als Teilhaber und Direktor in die Badische Gesellschaft für Gasbeleuchtung einstieg, suchte 1860 Investitionsmöglichkeiten: Er beschloss, bei der Mannheimer Gasgesellschaft eine Anilin- und Teerfabrik zu bauen. Der Historiker Wolfgang von Hippel schrieb 2002 über die „Keimzelle" der späteren BASF:

Die Aufsehen erregende Entdeckung der ersten Anilinfarben und die ungewöhnlich hohen Gewinne, die deren Produktion dank lebhafter Marktnachfrage von Anbeginn versprachen, blieben Engelhorn natürlich nicht verborgen ... Der Gedanke lag nahe, den Teer, das bisher nur lästige und schwer zu entsorgende Nebenprodukt der Gasherstellung, selbst vorteilhaft zu verwerten. Das Kapital für eine Farbenfabrik brachte Engelhorn gemeinsam mit zwei bisherigen Geschäftspartnern auf ... Wichtig für den Erfolg des Unternehmens war zweifellos die Wahl eines sachkundigen technischen Direktors ... Carl Clemm-Lennig, Mitinhaber und Betreiber der Mannheimer Düngerfabrik, stellte wohl die Verbindung zu seinem Neffen Carl Clemm (1836–1899) her, der nach polytechnischer Ausbildung in Karlsruhe, Chemiestudium in Gießen und erster praktischer Tätigkeit in der Fabrik seines Onkels im angesehenen Gießener Universitätslaboratorium neuen Erkenntnissen über die goldwerten Anilinstoffe nachspürte ...

Die erforderliche Konzession für einen chemischen Betrieb zu erlangen bereitete keine größeren Schwierigkeiten ... Sie war dem „Herrn Fabrikanten Engelhorn" vom Großherzoglichen Stadtamt Mannheim bereits am 13.11.1860 erteilt worden „unter der Voraussetzung, dass bei dem Fabrikbetrieb nicht durch Ausdünstung üblen Geruchs oder durch Ausfluss giftiger Stoffe Belästigungen oder Benachteiligungen der Nachbarschaft entstehen ...".

Wolfgang von Hippel, Auf dem Weg zum Weltunternehmen. In: Werner Abelshauser (Hg.), Die BASF, 2. Aufl. München (Beck) 2003, S. 21; S. 24 f.

Schlüsselerfindungen

1817 baut der Karlsruher Forstmeister Carl Freiherr von Drais das erste Fahrrad

1861 beginnt in Mannheim der Juwelier und Gaswerksdirektor Friedrich Engelhorn mit der Herstellung von Anilinfarben

1886 startet Carl Benz zur Probefahrt seines dreirädrigen Wagens mit dem von ihm entwickelten Viertakt-Benzinmotor; Gottlieb Daimler und Wilhelm Maybach testen ihre Motorkutsche mit dem Daimler Fahrzeugmotor

1900 hebt in Manzell das erste lenkbare Luftschiff „LZ 1" ab, das Ferdinand Graf von Zeppelin entwickelt hat

1902 erfindet Gottlob Honold aus Langenau in Robert Boschs „Werkstätte für Feinmechanik und Elektrotechnik" den Hochspannungsmagnetzünder, die Zündkerze

Bei Eröffnung der Menschen und Vieh zu Grunde richtenden Eisenbahn, hat ein kluges Pferd, aus der neuen Pensions-Anstalt für verdiente Hengste, das sich für diesen Fall längst auf der benachbarten Bleiche umgesehen, glücklich — aber zum Schrecken der Eigenthümerin — das Hungertuch gefunden, an dem es nun gierig nagt.

M3 Karikatur zum neuen Verkehrsmittel Eisenbahn, Narrenspiegel, 1843

M4 „Innovationspotenzial" in Baden-Württemberg?

Wolfgang Walla fasste 2004 die aktuellen Analysen des Statistischen Landesamtes Baden-Württemberg zusammen:

Einen deutlichen Hinweis für den „Erfindungswillen" geben ... die jährlichen Berichte des deutschen Patent- und Markenamtes. So kamen beispielsweise von den 51 513 inländischen Patentanmeldungen des Jahres 2002 genau 12822 aus Baden-Württemberg ...

Die „BioRegio Rhein-Neckar" und das „BioValley Oberrhein" belegen einen neuen technologischen Entwicklungstrend, dem baden-württembergische Unternehmer mit Elan folgen. Biotechnologie und Life Sciences werden unter anderen Innovationsmotoren für das neue Jahrhundert werden. Die Biotechnologie wird ... die Entwicklung vieler Bereiche maßgeblich beeinflussen. Dazu gehören unter anderem die Human- und Veterinärmedizin, die Land- und Ernährungswirtschaft, Umweltschutz und Pharmaproduktion ...

Innerhalb von fast drei Jahrzehnten haben die Regionen des Landes im Verarbeitenden Gewerbe und im Baugewerbe fast eine halbe Million sozialversicherungspflichtige Arbeitsplätze verloren ... Allerdings wurde ... der Verlust zu erheblichen Teilen durch Arbeitsplätze im Dienstleistungsbereich ausgeglichen.

Wolfgang Walla, Wir können alles außer Hochdeutsch. In: Statistisches Monatsheft Baden-Württemberg H.8 (2004), S. 36f.

M5 Industrie- und Handelskammern: Berater des Königs

Zum 150-jährigen Bestehen der Industrie- und Handelskammern Stuttgart, Heilbronn, Ulm und Reutlingen schrieb der Journalist Ulrich Schreyer in der Stuttgarter Zeitung (2005):

Um das Jahr 1850 lernt die Industrie das Laufen. Einer, der ihre Entwicklung besonders fördert, ist König Wilhelm I. ... Dem König zur Seite stand Ferdinand Steinbeis ... mit seiner 1848 eingerichteten Centralstelle für Handel und Gewerbe. Doch Steinbeis hatte nur ein Dutzend Helfer – zu wenige, um die Regierung wirklich über die Zustände im Land informieren zu können. Was er brauchte, waren Organisationen, die die Daten aus den einzelnen Regionen zusammentrugen. Nach mehreren Versuchen wurden ... die Gewerbekammern gegründet – die Vorläufer der heutigen Industrie- und Handelskammern ... Heute lehnen sie staatliche Eingriffe ab, damals waren sie Helfer des Königs und seines Staates. Schon bald wurden die Kammern halbwegs flügge: Die ersten Mitglieder wurden noch vom König ernannt, doch bald wählte die Wirtschaft ihre Vertreter selbst ... Schon früh förderten die Kammern die Einrichtung von Gewerbeschulen an einzelnen Orten. Die Arbeit an Maschinen verlangte eine höhere Qualifikation als im traditionellen Handwerk.

Ulrich Schreyer, Die Kammern von Wilhelms Gnaden sind flügge geworden. In: Stuttgarter Zeitung vom 7.5.2005, S. 15.

M6 Werbeanzeige des Landes Baden-Württemberg in einer amerikanischen Zeitung, 1999. Der dazugehörige Text lautete: „Manche Produkte aus Baden-Württemberg würden wir am liebsten behalten, wie zum Beispiel die schönen Autos oder diese Schokoladentafel. Aber weil wir nicht nur an uns denken, sind wir Exportweltmeister. Und damit das so bleibt, produzieren wir fleißig weiter Autos, Schokolade und viele neue Ideen ... Wir können alles. Außer Hochdeutsch."

4 Erschließe aus M7, wie die Großindustrie sich nach „Branchen" über das Land verteilt: Gibt es eine Häufung gleicher Betriebe in einzelnen Regionen? Welche Faktoren spielen für die einzelnen Branchen eine Rolle bei der Standortwahl? Lassen sich anhand der Karte Industriezentren feststellen?

5 Informiere dich im Internet über die heutigen Aufgaben der Industrie- und Handelskammern (IHK). Vergleiche deine Ergebnisse mit den Aussagen von M6. Was hat sich geändert?

M7 Übersichtskarte über die Großindustrie im Königreich Württemberg, 1875

Daniel Straub: Vom Müller zum Metallwarenfabrikanten

Mit Energie, Wissen und Geld zum Erfolg

1854 stellte die junge Geislinger Firma Straub & Schweizer auf der Münchener Industrieausstellung erstmals ein Sortiment versilberter Tischwaren vor. Das Unternehmen führten der gelernte Müller Daniel Straub (1815–1889) und die Brüder Friedrich und Louis Schweizer. Sie bewiesen bei dieser Ausstellung, dass ihre Produkte sich gegen die nationale und internationale Konkurrenz behaupten konnten. Die Design- und Produktpalette erweiterte sich in den folgenden Jahren entsprechend dem Erfolg des Unternehmens, dessen Leitung sich seit 1866 Daniel Straub und sein Sohn Heinrich teilten und das nun den Namen „Straub & Sohn, Metallwarenfabrik Geislingen" trug.

Die Nachfrage nach den Geislinger Metallwaren war groß: Vor allem wohlhabende Bürger in Berlin und anderen großen Städten – in Deutschland wie auch in Süd- und Südosteuropa – fanden Gefallen an den reich verzierten Tischwaren, die aussahen wie das schwere Tafelsilber des Adels, aber als Tischgeräte, als Kannen, Leuchter usw. bequem einzusetzen waren.

Nach dem Tod Heinrich Straubs schwand das Interesse des Vaters an der Firma. 1880 wurde sie mit der Metallfabrik A. Ritter & Cie. aus Esslingen zusammengeschlossen, die eine moderne Ausstattung besaß und zukunftsweisende Designs entwickelte. Das neue Unternehmen, die „Württembergische Metallwarenfabrik Geislingen/Steige Aktiengesellschaft" (WMF), entwickelte sich positiv und war 1914 mit 6000 Beschäftigten der größte Arbeitgeber Württembergs.

M1 **Die Württembergische Metallwarenfabrik,** Aquarell, 1856

M2 Mühlen als Kapital- und Energiequellen

Zum 150-jährigen Jubiläum der WMF AG erschien ein Rückblick auf die Firmengeschichte, in dem über Daniel Straubs „Grundkapital" zu lesen ist (2003):

Am 26. Juli 1836 heiratete Daniel Straub Catharina Oechsle, die Tochter des Geislinger Kapellmüllers. Die Verbindung dieser beiden Müllerfamilien war vor allem wirtschaftlich zweckmäßig, denn damit kamen die beiden örtlichen Getreidemühlen zusammen ...

Bereits 1838 baute Daniel Straub die Kapellmühle zur „Kunstmühle" um: Das bedeutet, die steinernen Mühlräder wurden durch effektivere Eisenwalzen ersetzt ... 1841 ... gelang es Straub, durch die Kanalisierung der Rohrach auf den so genannten Laufwiesen unterhalb von Geislingen ein Gefälle von immerhin 8 Metern auf 60 Metern Flusslauf zu erzeugen.

Geschichtsbüro Reder, Roeseling und Prüfer – WMF. Zit. nach http://www.geschichtsbuero.de/wmf.php, S. 8f. (Stand: 19.1.2006).

M3 Verdienstspanne leitender Angestellter bei WMF (1890)

Funktion	Jahresgehalt in Mark
Leiter Modellabteilung	9700
Oberwerkführer	9500
Leiter Versilberung	7650
Leiter Vertrieb	7000
Büroleiter	6000
Leiter Versand	5000
Inspektor (Fabrikverwalter)	5000
Leiter Buchhaltung	4420
Reisende	2000–4200
Ingenieur (Energiezentrale)	3800
Leiter Korrespondenz	3200
(zum Vergleich:)	
andere Meister	1065–2170
andere kaufmännische Angestellte	600–1680

Zit. nach Volker Hecht, Die Württembergische Metallwarenfabrik Geislingen/Steige 1853 – 1945, St. Katharinen (Scripta Mercaturae) 1995, S. 225.

M4 Herkunft der WMF-Mitarbeiter

Angegeben ist jeweils die Anzahl der Personen:

Ort	1894	1899	1905
Geislingen	55	75	170
restliches Oberamt Geislingen	52	120	123
restliches Württemberg	61	167	178
Deutschland	4	65	85
Ausland	9	24	35

Zit. nach Volker Hecht, Die Württembergische Metallwarenfabrik Geislingen/Steige 1853–1945, St. Katharinen (Scripta Mercaturae) 1995, S. 240.

M5 Versilbertes Kaffee- und Teeservice im Stil der 1870er Jahre

1 Lies den Darstellungstext und M2. Notiere dir die „Schlüssel“, die der Geislinger Metallwarenfabrik zum Erfolg verhalfen.

2 Zeige anhand von M1 und M2 Standortvor- und -nachteile Geislingens auf. Nutze dazu auch deinen Atlas.

3 Besprecht anhand von M3, welche Aufgaben die aufgeführten leitenden Angestellten hatten. Inwiefern lässt sich aus der Spanne der Gehälter die Unternehmensstruktur erschließen? Welche Bereiche galten offensichtlich als besonders wichtig?

4 Informiere dich über die Organisation moderner Unternehmen: Kannst du Parallelen zur Geislinger Metallwarenfabrik erkennen?

5 Erarbeitet aus M4 die Haupteinzugsgebiete der WMF-Belegschaft. Diskutiert anschließend Folgen, die sich daraus für die wirtschaftliche Situation und Bevölkerungsentwicklung im Oberamt Geislingen ergaben.

Daimler und Benz: eine „baden-württembergische" Fusion?

Zwei Ingenieure „machen mobil"

Zum 100-jährigen Jubiläum des DaimlerChrysler-Werks Stuttgart-Untertürkheim 2004 merkte die Stuttgarter Zeitung an: „Auch wenn aus dem schwäbischen Unternehmen inzwischen ein Global Player geworden ist – in Untertürkheim schlägt das Herz des Konzerns". Als „schwäbisches Unternehmen" ließ sich die Automobilfirma aber bereits seit 1926, als die „Daimler Benz AG" entstand, nicht mehr kennzeichnen: Damals wurde die „Daimler-Motoren-Gesellschaft Cannstatt", die der im württembergischen Schorndorf geborene Gottlieb Daimler 1890 gegründet hatte, zusammengeschlossen mit der 1883 in Mannheim entstandenen „Benz & Co. Rheinische Gasmotorenfabrik" des Karlsruher Ingenieurs Carl Benz. Auf diese Weise ergab sich ein „baden-württembergisches" Unternehmen, dessen Hauptsitz allerdings in Berlin war. Die Frage, wo in Deutschland ihr Unternehmen angesiedelt war, wäre für die „Stammväter" Daimler und Benz sicherlich nebensächlich gewesen, wenn sie 1926 noch gelebt hätten: Beide waren in erster Linie Techniker (wie auch Daimlers Wegbegleiter und Chefkonstrukteur Wilhelm Maybach). Sie interessierten sich vor allem für technische Entwicklungen und für ihre Erfindungen. Ihre Firmen hatten sie gegründet, um ihre Entwicklungen finanzieren und produzieren zu können, die Standorte vor allem nach finanziellen Gesichtspunkten ausgewählt.

Der Zusammenschluss ihrer Firmen ergab sich aus ähnlichen Gründen bzw. Motiven: Der technische Fortschritt weltweit hatte in den 1920er Jahren den Konkurrenzdruck so massiv verstärkt, dass es notwendig erschien, Wissen und Kapital der beiden Unternehmen zusammenzuführen, um die Entwicklung des Kraftfahrzeugbaus in der Welt weiterhin entscheidend mitbestimmen zu können.

Meilensteine des Daimlerschen und Benz'schen Motorenbaus

1886 Der Benz-Motorenwagen erhält das Patent DRP 37435; Gottlieb Daimler baut in eine Kutsche den ersten Daimler Fahrzeugmotor ein

1888 Berta Benz und ihre Söhne unternehmen die erste Fernfahrt der Automobilgeschichte (Mannheim–Pforzheim)

1889 Gottlieb Daimler stellt seinen 2-Zylinder-Viertaktmotor auf der Pariser Weltausstellung vor

1890 Wilhelm Maybach konstruiert den 4-Zylinder-Viertaktmotor

1893 Auf der Weltausstellung in Chicago präsentieren Gottfried Daimler seinen „Stahlradwagen" und Carl Benz sein „Velo"

1894 „Velo" kommt als erstes preiswertes in Serie hergestelltes Auto auf den Markt

1895 Der erste motorbetriebene Omnibus (Benz) nimmt seinen Betrieb auf

1896 Die Daimler-Motoren-Gesellschaft liefert den ersten LKW aus

1899 Ein Daimler-Motor wird für ein Zeppelin-Luftschiff gebaut

1900 In Nizza starten zwei Daimler-Rennwagen, die ein Mitglied des Aufsichtsrats nach seiner Tochter Mercédès benennt

1903 Großbrand in Bad Cannstatt; die Daimler-Produktion wird nach Stuttgart-Untertürkheim verlegt

1909 Die Daimler-Motoren-Gesellschaft nimmt die Flugzeugproduktion auf

1913 Benz & Cie. produzieren Flugzeugmotoren

M1 **Carl Benz' Motorwagen,** patentiert am 29. Januar 1886

M2 Carl Benz als Firmengründer

Nachdem Carl Benz sich mit den Teilhabern seiner ersten Firma überworfen hatte, brauchte er für seine Konstruktionsarbeit wieder eine finanzielle Absicherung: Am 1. Oktober 1883 gründete er mit Max K. Rose und Friedrich W. Esslinger eine Firma. Er berichtet davon in seiner 1925 erschienenen Autobiografie:

Herr Rose war entzückt von meinen reellen Größen – den Zweitaktmotoren. In Bezug auf meine imaginären Größen[1] aber sollte ich mich vorerst noch in der Geduld üben. Wohl wurde von vornherein der Bau von Motorwagen in das Programm der neuen Firma aufgenommen, aber nicht auf der ersten Seite ... Wie der Name „Gasmotorenfabrik" es schon ausdrückt, stand auf der ersten Seite des Programms: Bau von Benzmotoren als ortsfeste Kraftquelle. Erst nachdem auf dem Boden fester Wirklichkeitsarbeit so viele Werte geschaffen waren, dass die Weiterführung des Geschäftes auf sicherer Grundlage ruhte, wollte man den Sprung in die Zukunft wagen ... Es blieb mir nichts anderes übrig, als auf diese Bedingungen einzugehen.

Zit. nach Peter Kirchberg/Eberhard Wächtler, Carl Benz, Gottlieb Daimler, Wilhelm Maybach, Leipzig (B.G. Teubner) 1983, S. 28.

1 Vorstellungen, Pläne, Ideen

M3 Zeigen, wozu der Motor verwendbar" war

1887 richtete Gottlieb Daimler eine neue Werkstatt ein und begann mit 23 Arbeitern Motoren herzustellen in der Hoffnung, damit Gewinn zu machen. Wilhelm Maybach schrieb darüber im Rückblick:

Wir bauten kein zweites Zweirad, sondern verlegten uns auf den Bau größerer Wagen. Zu diesem Zweck kaufte Herr Daimler zunächst eine Pferdekutsche, wir änderten die Bespannungsvorrichtung um und hängten einen etwas größeren Motor unter den hochgebogenen Sitz ... Mit dieser primitiven Kutsche machten wir, Herr Daimler und ich, lange Fahrten mit mäßigem Tempo. Im weiteren Verlauf drängte ich auf eine bessere mechanische Ausführung in Form eines Vierrades mit Stahlgestell und Lenkung beider Vorderräder nach Art der Fahrräder und Übertragung der Kraft vom Motor weg mittels Zahnräder und mit Zahnrädern zum Wechseln der Geschwindigkeiten. Dieses Vierrad lief sehr gut ... Nach derselben Antriebsvorrichtung entstanden nacheinander: ein kleiner Schienenwagen mit Schmalspur (Königstraße Cannstatt), eine Eisenbahndraisine, ein Straßenbahn- und ein Eisenbahnwagen, die alle um das Jahr 1888 kürzere oder längere Zeit Probe liefen ... Herr Daimler wollte damit hauptsächlich zeigen, wozu der Motor verwendbar sei.

Zit. nach Peter Kirchberg/Eberhard Wächtler, Carl Benz, Gottlieb Daimler, Wilhelm Maybach, Leipzig (B.G. Teubner) 1983, S. 81.

1 Lies den Faktenkasten und die Materialien M2 bis M4. Fasse in eigene Worte, wie Gottfried Daimler und Carl Benz die Entwicklung des Automobilbaus mitgestaltet haben.

2 Erläutere anhand von M1 und dem Darstellungstext, warum Daimler und Benz zur Umsetzung ihrer Ideen Unternehmen gründeten.

3 Schau dir M4 genau an. Vergleiche die abgebildete Produktionsweise mit der heutigen. Informiere dich z. B.in Sachbüchern und bei Automobilherstellern.

Fahrzeugbau im Daimler-Werk Stuttgart-Untertürkheim, M4
Foto, 1906

Arbeit und Alltag in einer „jungen" Industriestadt

Mannheim wird Industriemetropole

„In Karlsruh' ist die Residenz, / in Mannheim die Fabrik, / in Rastatt ist die Festung, / und das ist Badens Glück" – aus diesen Versen des wohl 1865 entstandenen, weithin bekannten Badener-Lieds wird die Rolle deutlich, die Mannheim seit Mitte des 19. Jahrhunderts in Baden spielte und die die Stadt durch ihre stürmische Industrialisierung nach der Gründung des Deutschen Reichs 1871 beibehielt.

Zahlreiche Industriebetriebe siedelten sich hier an, vor allem nach dem Ausbau des Hafens: Mannheim war Endpunkt der großen Dampfschifffahrt: Hier wurden alle Güter in Richtung Süden auf die Bahn umgeladen. In Mannheim und dem benachbarten Ludwigshafen entstanden große Fabrikanlagen: z. B. Maschinen- und Apparatebau, Metallverarbeitung, chemische Industrie, Nahrungsmittelindustrie und Elektroindustrie. Die Nähe der beiden durch eine Landesgrenze getrennten Städte bewirkte Konkurrenz und förderte den wirtschaftlichen Aufschwung: Zwischen 1870 und 1914 stieg die Einwohnerzahl Mannheims um mehr als das Fünffache. Die Mehrzahl der Zuwanderer kam vom Land und suchte Arbeit im Hafen, in den Fabriken, als Köchin, Dienstmädchen oder Kutscher. Die Entwicklung zum industriellen Zentrum Badens veränderte nicht nur die Bevölkerungsstruktur Mannheims, sie bestimmte auch den Alltag und die Wohnsituation seiner Einwohner. Veränderungen zeigten sich auch im Stadtbild: Wie eine städtische Statistik ausweist, existierten von rund 1500 Häusern aus dem Jahr 1795 im Jahr 1850 noch 87 Prozent unverändert, 1914 dagegen waren es nur noch ungefähr 10 Prozent. Viele Altbauten mussten dem Wunsch nach Modernität und Selbstdarstellung der Stadt bzw. ihrer Bürger weichen. Weitaus weniger Interesse zeigte der Stadtrat – der überwiegend mit Vertretern des Besitzbürgertums besetzt war – daran, wie der durch die zahlreichen Zuwanderer entstandene Bedarf an Wohnraum gedeckt werden könnte. Städtische Initiativen zum Wohnungsbau gab es erst um die Jahrhundertwende, während einige Unternehmen bereits in den 1860/70er Jahren Arbeitersiedlungen errichten ließen und in den 1890er Jahren Privatleute gemeinnützige Baugesellschaften gründeten.

Die Gesamtlage des Wohnungsmarkts verbesserte sich zu Beginn des 20. Jahrhunderts, aber die jeweilige Wohnsituation spiegelte drastischer als heute die unterschiedlichen Lebens- und Besitzverhältnisse der Stadtbewohner wider.

Gruß aus Mannheim, M1
Postkarte, 1899

M2 Wohnen in Mannheim – zwei Zeitzeugen berichten

2A Friedrich Erfurth, 1904 als eines von sieben Kindern eines Schiffszimmermanns geboren, wohnte mit Eltern und Geschwistern in einer Zweizimmerwohnung im Industriehafenviertel. Seine Eltern waren Sozialdemokraten und Gewerkschaftler, die Mutter auch in der Frauenbewegung aktiv. Der Vater machte einen Ölhandel auf, nachdem er durch einen Arbeitsunfall arbeitsunfähig geworden war. Friedrich Erfurth erinnerte sich 1984:

In gewissen Abständen ist die Gesundheitsaufsicht gekommen zu den kinderreichen Familien ... Die sind auch einmal zu uns gekommen. Dann hat der Beamte zu meiner Mutter gesagt: „Ach wissen Sie, Frau Erfurth, bei Ihnen ist aber alles schön sauber, ... aber die Wohnung ist zu klein, Sie müssen eine größere Wohnung haben.“ ... Mein Vater ... hat zum Hauswirt gesagt: „Du, hör mal, ... ich muss ausziehen.“ Und da hat der Hauswirt gesagt: „Um Gottes willen, Franz, das wirst du mir doch nit antun, auf dich bin ich doch so angewiesen, ich will dir was sagen: bei den Glattfelders ist was Kleines unterwegs, ... bleib' doch wenigstens so lang da, bis die kündigen, und dann brech' ich die Wand durch und ihr kriegt ein Zimmer mehr.“

2B Der Vater von Karl R. arbeitete sich bei Bopp & Reuther in den 1890er Jahren vom Monteur zum Meister hoch und konnte sich mit seiner Familie eine Wohnung in der Dammstraße leisten. Er stand der SPD nahe, war aber nie Parteimitglied. Karl R. berichtete 1984:

Wir wohnten im Vorderhaus, ein kleineres Zimmer und ein großes Zimmer, 36 qm, dann ein hinteres Schlafzimmer, die Küche sowie eine Abstellkammer, zusammen ungefähr 100 qm ... Neben uns wohnte ein Direktor der Rheinischen Gummi-&-Celluloid-Fabrik, dann ein Prokurist der Rheinischen Kreditbank ... In unserem Haus, Parterre, wohnte ein praktischer Arzt, Junggeselle. Hatte eine Köchin und ein Dienstmädchen, die im Hinterhaus ein Zimmer hatten. Im ersten Stock wohnte die Hauseigentümerin, ... im 2. Stock eine vornehme, alte Dame ... Im 3. Stock war eine Lehrerin am Elisabethengymnasium, die Zimmer an Studenten der Ingenieurschule und Vikare der Lutherkirche vermietet hat. Im 4. Stock, im Dachgeschoss ..., wohnten wir.

M2A und 2B zit. nach Lothar Steinbach, Mannheim – Erinnerungen aus einem halben Jahrhundert, Stuttgart (Theiss) 1984, S. 277 f. u. 91 f.

M3 Grundrisse der Arbeitersiedlung („Kolonie“) der vereinigten chemischen Fabriken, Mannheim-Wohlgelegen, erbaut um 1873.

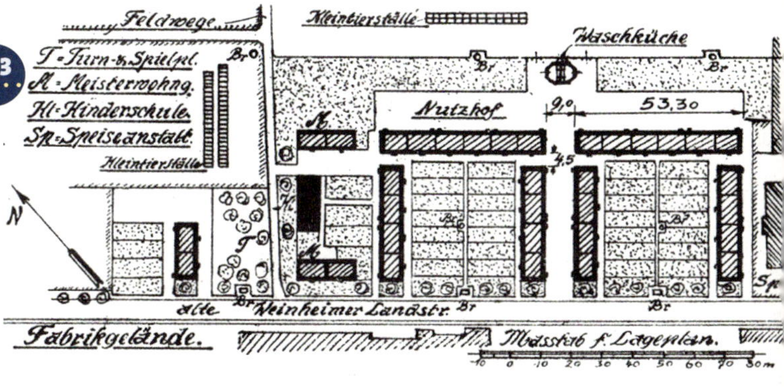

Industrialisierungsarchitektur – eine Fotoausstellung

Weithin sichtbar aufragende, rauchende Schornsteine, riesige Fabrikanlagen, lange Reihen von Arbeiterwohnhäusern – dieses Bild haben viele Menschen von der Zeit der Industrialisierung. Ist dieses Bild zutreffend auch für den Ort, in dem ihr wohnt? Teilt euch in Gruppen auf, nehmt Fotokameras und begebt euch auf die Suche nach Wohnhäusern, gewerblich genutzten Gebäuden und anderen Bauwerken, die aus der Zeit um 1900 stammen. Fotografiert sie und gestaltet daraus eine Ausstellung.

1. Zeige anhand von M1, durch welche Bauwerke Mannheim 1899 dargestellt wurde. Warum wurden sie wohl ausgewählt?
2. Bildet Dreier-Gruppen und teilt M2A, M2B und M3 unter euch auf: Tragt euch gegenseitig die Informationen zur Wohnsituation vor, die die einzelnen Quellen liefern.
3. Setzt euch anhand der Ergebnisse kritisch mit dem letzten Satz des Darstellungstextes auseinander.

Fotos analysieren

Fotografie als historische Quelle

Ein Foto kann zeigen, was zum Zeitpunkt der Aufnahme vorhanden war. Aber wie etwas aufgenommen wurde, wann und unter welchen Umständen es entstand, was nicht auf dem Bild zu sehen ist und vor allem, ob es möglicherweise verändert (retuschiert, manipuliert) wurde, das kann besonders wichtig sein, wenn eine Fotografie als historische Quelle verwendet werden soll. Denn dabei geht es um eine möglichst wirklichkeitsgetreue Wiedergabe historischer Ereignisse, Zustände und Verhältnisse.

Wie Fabriken, Häuser, Wohnungen, Einrichtungsgegenstände, Kleidung in einer bestimmten Zeit aussahen, lässt sich an einzelnen Bildern meistens ganz gut erkennen. Allerdings reicht ein Foto nicht aus, um allgemeinere Aussagen zum Beispiel zu Wohnverhältnissen in der Zeit der Industrialisierung zu machen. Dafür wären ganze Serien von Fotos notwendig, dazu auch schriftliche Quellen, um gesicherte Aussagen formulieren zu können. Fotos können also nie ganz „objektiv" die Wirklichkeit wiedergeben. Den methodischen Umgang mit Fotos kannst du an Fotografien aus der Zeit der Industrialisierung am Beispiel „Wohnen" erarbeiten. Die Abbildungen sind dem Bereich der „Sozialfotografie" zuzuordnen.

Die folgenden Schritte und Fragen geben Anregungen für die Bildanalyse. Nicht alle lassen sich für jedes Foto und ohne weitere Informationen beantworten.

M1 **Arbeiterfamilie,** Foto, 1907. Der Mann und das älteste Mädchen (14 Jahre) fehlen auf dieser Aufnahme. Mutter und Großmutter sind anwesend. Die Aufnahme entstand im Rahmen einer Wohnungsuntersuchung, die die Berliner Ortskrankenkasse von 1901 bis 1920 bei ihren Patienten durchgeführt hat. Ziel war es, durch wissenschaftlichen Nachweis und Veröffentlichung des längst erkannten Zusammenhangs zwischen Wohnen und Krankheit zu einer Veränderung der Verhältnisse beizutragen.

Arbeitsschritte Fotos analysieren

1. Schritt: Fragen zum Fotografen klären
- Wer hat das Foto angefertigt?
- Lässt sich ein bestimmer Anlass, ein Motiv für die Aufnahme feststellen?
- In wessen Auftrag wurde fotografiert?

2. Schritt: Fragen zum Foto
- Wann ist es entstanden?
- Was ist auf dem Bild dargestellt? Welche Details (Lupe!) könnten wichtig sein?
- Lässt sich ein bestimmtes „Thema" erkennen? Gibt die Bildunterschrift Hilfen?
- Welche Bildtechnik ist zu erkennen (Figuren, Gegenstände, Perspektive, Brennweite, Komposition, Entfernung, Ausschnitt)?
- Wurde das Bild bearbeitet (Montage, Beschnitt, Retusche)?
- Welche weiteren Informationen sind zur weiteren Analyse notwendig?

3. Schritt: Aussage und Deutung
- Wie ist der erste Eindruck?
- Welche Gesamtaussage (Deutung) lässt sich formulieren?
- Welche Fragen bleiben offen?

M2 **Hof des Hauses T2,** Foto, um 1900

M3 **Eingangshalle der Villa des Mannheimer Industriellen Friedrich Engelhorn junior (1855–1911),** Foto, um 1905

M4 Der Mannheimer Wohnungsmarkt zu Beginn des 20. Jahrhunderts

Ein vom Statistischen Amt der Stadt Mannheim verfasster Bericht kennzeichnete die Entwicklung 1907 folgendermaßen:

Die weitaus wichtigste Bautätigkeit ist die Wohnungsproduktion ... Von 1000 Menschen wohnten nach der Erhebung vom Dezember 1905 über die Hälfte, 553 nämlich, in Wohnungen von 1–2 Zimmern, in Wohnungen mit 1–3 Zimmern lebten 4/5 aller Mannheimer ...
Günstiger lägen die Dinge schon, wenn in alle vorhandenen Wohnräume die Menschen sich annähernd gleich verteilen könnten. Aber bekanntlich ist bei den meisten Menschen für die Befriedigung des Wohnbedürfnisses in erster Linie die Höhe des dafür verfügbaren Einkommensteiles und danach erst die Kopfzahl der Familie entscheidend. Noch dazu sind bei den ärmeren Schichten diese beiden Faktoren einander häufig genug umgekehrt proportional. So kommt es, dass nach ganz vorsichtiger Berechnung der bevorzugten Bewohnerin des gärtengeschmückten Villenquadrats L 9 zum Beispiel mehr denn 12-mal so viel Wohnraum zur Verfügung steht als dem zusammengepferchten Quersträßler ... Durch seine bloße Gegenwart wird dort der Mensch seines Nächsten Feind. Aus der Anhäufung der Menschen in der Stadt und in den Häusern ... sind die Sorgen erwachsen, die wie widrige Winde die Fahrt des städtischen Schiffes begleiten.

Statistisches Amt, Mannheim seit der Gründung des Reiches 1871–1907, Bd. III, Mannheim (Verlag der Stadtgemeinde) 1907, S. 215 f.

Geschichte der Fotografie erarbeiten

Sammelt Informationen (Lexika, Fachbücher, Internet) zur Geschichte der Fotografie und berichtet in der Klasse darüber.

1 Bearbeite mithilfe der Arbeitsschritte die Fotos auf dieser Doppelseite und fasse deine Ergebnisse unter dem Gesichtspunkt „Wohnbedingungen in einer Industriestadt" zusammen. Notiere dir offene Fragen.

2 Setze die Informationen aus M4 in einen Bezug zu den Fotos. Nimm Stellung zu der im Text vorgenommenen Bewertung der Wohnsituation.

Arbeitsbedingungen und Rollenverteilung in der Fabrik

Fabrikarbeit – neue Anforderungen, alte Abhängigkeiten?

Die 1848 von Karl Marx und Friedrich Engels herausgegebene Programmschrift „Das Kommunistische Manifest" kennzeichnete die Situation der Arbeiter, die von ihrer Tätigkeit in der Fabrik bzw. Industrieproduktion lebten („Proletarier", siehe S. 91), folgendermaßen: „Die Arbeit der Proletarier hat durch die Ausdehnung der Maschinerie und die Teilung der Arbeit allen selbstständigen Charakter und damit allen Reiz für den Arbeiter verloren." War diese Einschätzung richtig? In welcher Weise hatte sich die Arbeit geändert?

In der vorindustriellen wie in der industriellen Zeit waren nicht nur Männer, sondern auch Frauen und Kinder in den Arbeitsprozess einbezogen, z. B. in der Landwirtschaft, im Handwerk und in den häuslichen Diensten. Allerdings arbeiteten damals Familienmitglieder oder Verwandte bzw. Bekannte zusammen unter einem Dach und bildeten gewissermaßen eine Produktionseinheit, in der fast jeder in der Lage sein musste, alle Aufgaben zu übernehmen. Im Zuge der Industrialisierung entstand eine Vielzahl von Arbeitsplätzen, die unterschiedliche Qualifizierungen voraussetzten und deren Leistungen unterschiedlich gewertet, d. h. entlohnt wurden (z. B. Büroarbeit, Arbeit im Produktionsbereich).

Eine neue Erfahrung war für die Beschäftigten, dass die Arbeit nicht mehr „zu Hause" stattfand, sondern in der Fabrik, also an einem Ort, zu dem man hinging und den man nach getaner Arbeit wieder verließ. Die Trennung von Wohnung und Arbeitsplatz führte dazu, dass das Arbeitsverhältnis mehr und mehr zu einem reinen Lohnarbeitsverhältnis wurde. Welche Arbeiten wann und in welchem zeitlichen Rahmen auszuüben waren, wurde den Beschäftigten vorgegeben – durch den Unternehmer, einen seiner Vertreter (Produktionsleiter, Meister usw.) und durch die Geschwindigkeit der Maschinen. Diesen Bedingungen mussten sich die Arbeiter fügen, sonst wurden sie entlassen.

M1 **Kinderarbeit in einer englischen Baumwollspinnerei**, Stahlstich von Th. Onwyn, 1840

Erste Maßnahmen zum Schutz der Arbeitenden

Allgemeine gesetzliche Regelungen zum Arbeitsschutz, die über den einzelnen Betrieb hinaus verbindlich waren, entstanden erst nach und nach – meist erst dann, wenn die Regierung sich aufgrund ihrer Fürsorgepflicht aufgefordert sah, gegen die Missstände vorzugehen: So regelte 1839 die preußische Regierung die Arbeitszeiten von Kindern und Jugendlichen und das frühestmögliche Beschäftigungsalter, um deren frühzeitiger Schädigung entgegenzuwirken. 1878 gab es erstmals für alle deutschen Staaten verbindliche Arbeitsschutzbestimmungen, die z. B. die Einrichtung einer regelmäßigen „Fabrikinspektion" vorschrieben. Eine deutliche Verbesserung für die Arbeitnehmer brachte das im Rahmen der Sozialgesetzgebung (siehe S. 94 f.) verabschiedete Unfallversicherungsgesetz (1884), das u. a. die Grundlage für die Einrichtung von Berufsgenossenschaften war – bis heute wichtige Stütze des Arbeitsschutzes in Deutschland.

Welche Arbeitsbedingungen fanden Männer, Frauen und Kinder in der Industrieproduktion vor? Dies lässt sich aufgrund der Unterschiede in den einzelnen Industriezweigen nicht verallgemeinern. Die Materialien in diesem Abschnitt können deshalb nur einen Einblick geben. Es wurden dafür Branchen ausgewählt, die eine wichtige Rolle spielten in der Industrialisierung des deutschen Südwestens.

Dampfpfeifen und Stempeluhren

Erst die Industrialisierung machte das Arbeiten nach der Uhr verbindlich. Sich daran zu gewöhnen, fiel den Arbeitenden, die dies vom Heimgewerbe, von der Landwirtschaft und dem Handwerk nicht kannten, sicherlich nicht leicht. Fabrikordnungen – nach englischem Vorbild – mit Strafkatalogen und Bußgeldlisten seit den 1840er Jahren zeugen von dem schwierigen Verhältnis zwischen Fabrikanten und Arbeiterschaft. Schon in frühindustrieller Zeit wurden Arbeitszeiten und -pausen akustisch signalisiert: Dampfpfeifen, Glocken und Sirenen sollten eine militärähnliche Disziplin in den Fabriken sicherstellen. Überwachten zunächst Vorarbeiter, Meister und Portiers die Arbeitsdisziplin, wurden sie später zumeist durch „Arbeiterkontrolluhren" (Stempeluhren) ersetzt.

1 Beschreibe anhand von M1 die Arbeitsbedingungen von Kindern in der englischen Textilindustrie.

2 Zeige anhand von M3 die gesetzliche Situation in Preußen seit 1839.

M3 Die Beschäftigung Jugendlicher in Fabriken

Am 9. März 1839 wurde in Preußen die erste staatliche Arbeitsschutzregelung auf deutschem Boden erlassen. Es war ein „Regulativ" über die Fabrikarbeit von Jugendlichen:

§1 Vor zurückgelegtem neunten Lebensjahre darf niemand in einer Fabrik ... zu einer regelmäßigen Beschäftigung angenommen werden.

§ 2 Wer noch nicht einen dreijährigen regelmäßigen Schulunterricht genossen hat oder durch ein Zeugnis des Schulvorstandes nachweist, dass er seine Muttersprache geläufig lesen kann und einen Anfang im Schreiben gemacht hat, darf vor zurückgelegtem sechzehnten Jahre zu einer solchen Beschäftigung ... nicht angenommen werden.
Eine Ausnahme hiervon ist nur da gestattet, wo die Fabrikherren durch Errichtung und Unterhaltung von Fabrikschulen den Unterricht der jungen Arbeiter sichern ...

§ 3 Junge Leute, welche das sechzehnte Lebensjahr noch nicht zurückgelegt haben, dürfen ... nicht über zehn Stunden täglich beschäftigt werden ...

§ 4 Zwischen den im vorigen Paragraphen bestimmten Arbeitsstunden ist den genannten Arbeitern vor- und nachmittags eine Muße von einer Viertelstunde und mittags eine ganze Freistunde und zwar jedes Mal auch Bewegung in freier Luft zu gewähren.

Zit. nach Adalbert Kitsche/Heinz Markmann/DASA (Hg.), Mensch – Arbeit – Technik: Neue Qualität der Arbeit – Pädagogische Handreichung, Dortmund 2004, S. 5.

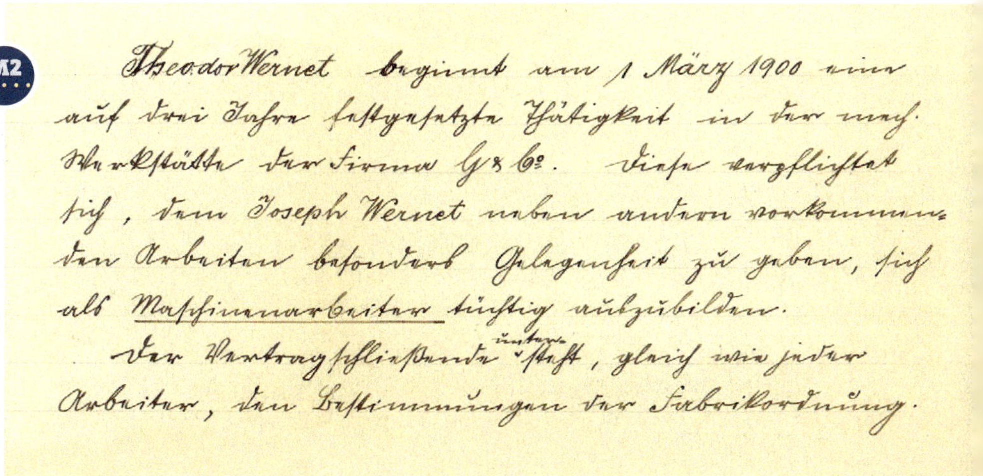

M2 Ausschnitt aus einem Ausbildungsvertrag bei der Firma Gütermann, Gutach, aus dem Jahr 1900.
Der Text lautet: „Theodor Wernet beginnt am 1. März 1900 eine auf drei Jahre festgesetzte Tätigkeit in der Werkstätte der Firma G[ütermann] & Co. Diese verpflichtet sich, dem Joseph [vermutl. Schreibfehler, gemeint ist Theodor] Wernet neben anderen vorkommenden Arbeiten besonders Gelegenheit zu geben, sich als Maschinenarbeiter tüchtig auszubilden.
Der Vertragschließende untersteht, gleich wie jeder Arbeiter, den Bestimmungen der Fabrikordnung."

M4 Fabrikordnungen – zur Disziplinierung der Arbeiter?

4A Aus der Fabrikordnung der Mannheimer Maschinenfabrik Brown, Boveri & Cie. Aktiengesellschaft (10. Juni 1900):

§ 3. Arbeitszeit: Die Arbeitszeit beträgt pro Tag 9 ¾ Stunden, an Samstagen 8 ¾ Stunden und an Vorabenden von hohen Feiertagen ... 7 ¼ Stunden und dauert von morgens 6 ¾ Uhr bis 12 Uhr und nachmittags von 1 ½ Uhr bis 6 Uhr ...
Für die weiblichen Arbeiterinnen ist die Arbeitszeit die gleiche mit Ausnahme samstags, an welchem Tage von 6 ¾ U hr vormittags bis 12 Uhr mittags und von 1 ½ Uhr bis 4 ¼ Uhr nachmittags gearbeitet wird ...
Fünf Minuten vor Beginn der Arbeit wird ein Zeichen mit der Glocke gegeben und ist mit der Arbeit pünktlich ... zu beginnen. Glockenzeichen bezeichnen auch mittags und abends das Ende der Arbeitszeit ...
§ 4. Kontrolle der Arbeitszeit: ... Beim Betreten oder Verlassen der Fabrik stempelt der Arbeiter seine Kontrollkarte an der ihm zugewiesenen Kontrolluhr ... Für Verspätung bis zu 15 Minuten wird der Lohn für eine halbe Stunde abgezogen, bis zu 30 Minuten Verspätung derjenige einer Stunde, bei genügender Entschuldigung wird nur die tatsächlich versäumte Zeit abgetreten ...
§ 12 Lohnabrechnung: Jeden Montag wird abgerechnet und erhält jeder Arbeiter den bis einschließlich diesen Tag verdienten Lohn am folgenden Freitag ausbezahlt ... Es werden Löhne stets in barem Gelde entrichtet.

Industriegewerkschaft Metall (Hg.), Säumt keine Minute!, Mannheim (Edition Quadrat) 1986, S. 109 ff.

4B Aus der Fabrikordnung der Stuttgarter Firma Robert Bosch (16. Juli 1906):

§ 1. Die tägliche Arbeitszeit währt 8 Stunden und beginnt im Sommer ... morgens 7 ½ Uhr und endet abends 5 ½ Uhr, im Winter ... morgens 8 Uhr und endet abends 6 Uhr ... Bezüglich der Arbeitszeit für jugendliche Arbeiter wird mit Genehmigung der kgl. Reichsregierung vom 9. Juli 1906 ... bestimmt:
1. Die ... vorgeschriebene ½-stündige Mittagspause kommt zum Wegfall, dagegen ist den jugendlichen Arbeitern gestattet, vormittags während der Arbeitszeit ein Vesperbrot zu sich zu nehmen.
2. Auf körperlich schwächliche, d.h. nicht gut entwickelte junge Leute, oder auf kränkliche jugendliche Arbeiter findet diese Bestimmung keine Anwendung.
§ 2. An den Tagen vor Ostern, Pfingsten und Weihnachten tritt der Schluss der Arbeitszeit mittags 12 Uhr ein ...
§ 4. Die Abrechnung des Lohnes erfolgt wöchentlich für den Zeitraum von Mittwoch früh bis Dienstagabend der folgenden Woche. Die Lohnauszahlung findet am darauf folgenden Freitagabend in bar in Reichswährung vor Geschäftsschluss im Geschäftslokal statt.
§ 5. Bei Versäumnissen steht dem Arbeitnehmer ein Anspruch auf Lohn auch dann nicht zu, wenn er durch einen in seiner Person liegenden Grund ohne sein Verschulden für verhältnismäßig nicht erhebliche Zeit an der Arbeit verhindert wird ...
§ 9. Vorstehende Arbeitsordnung wurde im Einverständnis mit dem gesamten Personal aufgestellt und tritt mit dem 1. August 1906 in Kraft. Sie ist von jedem Arbeitnehmer durch Unterschrift anzuerkennen.

Zit. nach Günter Huhndorf, Wurzeln des Wohlstands, Stuttgart (Theiss) 1984, S. 179.

M5 Chemiearbeiter bei der Herstellung des Farbstoffes Indanthren, Ludwigshafen, Foto, vor 1920. Da die Kessel in der Regel nicht dicht waren, traten bei der Produktion giftige Dämpfe aus.

M6 Weibliche Arbeitskräfte stellen Zündkerzen bei Bosch in Stuttgart her, Foto, um 1902

M7 Gesundheitsrisiken in der chemischen Industrie

Der Wissenschaftler Wolfgang Hien schrieb 1993 über die Situation der Chemiearbeiter im 19. und frühen 20. Jahrhundert:

Es grassierten Schwächeerkrankungen, allen voran die Lungentuberkulose, die den Nährboden für weitere chronische und auch bösartige Krankheiten abgab. Die oft wechselnden Produktionsarbeiter – Wanderarbeiter aus allen Regionen Europas – waren meist ohne soziale Bindungen und fürsorglichen Maßnahmen weit gehend entzogen. Oft waren sie nach zwei Jahren so verschlissen, dass sie nicht mehr „in der Chemie" arbeiten konnten ... Wie wenig ernst die Industrie-Mediziner Arbeiterkrankheiten nahmen, lässt sich anhand so mancher von ihnen selbst erstellten Statistiken abschätzen. Dabei ist zu berücksichtigen, dass Unfälle in der Chemieproduktion oftmals mit akuten Vergiftungen verbunden sind und Hauterkrankungen oftmals eine Begleiterscheinung chronischer Gifteinwirkungen darstellen ... Der Betriebsarzt der Offenbacher Oeler-Werke ... berichtet, in den Jahren 1909 bis 1914 habe er auf 100 Vollarbeiter in der Farbenabteilung durchschnittlich 3,21 Hauterkrankte festgestellt, wovon er 2,57 als „arbeitsfähig" einstufte.

Wolfgang Hien, „Aus den Anilindämpfen aber schleicht der Krebs", St. Ingbert 1993, S. 17f.

M8 Über den „Nutzen von Frauen"

Der Nationalökonom Gustav Schmoller schrieb um 1900:

Heute handelt es sich darum, wenigstens so weit wie möglich und nach und nach, wieder die verheiratete Frau und das Kind aus der Mehrzahl der großen Industrien zu verdrängen und für die unverheirateten Mädchen, die eines Erwerbes bedürfen, eine bestimmte Zahl von Gebieten zu öffnen, für die sie besser als die Männer passen ... Die meisten Frauen ... haben ihren eigentlichen Beruf ... verfehlt, wenn sie nicht Mutter und Hausfrau werden; und jede Frau, die eine schlechte Mutter und Hausfrau wird, schädigt ... die Nation ebenso sehr oder mehr als sie ihr nützt, wenn sie die trefflichste Ärztin, Buchführerin, Geschäftsfrau oder sonst was wird.

Zit. nach Karin Zachmann, Weltmann und Hausfrau. In: Praxis Geschichte, H. 1/1995, S. 37.

3 Vergleiche die Bestimmungen von M4A und 4B. Welche Fabrikordnung hältst du für „arbeitnehmerfreundlicher"? Begründe dein Urteil.

4 Erläutere anhand von M5 und M7, welchen Arbeitsrisiken Chemiearbeiter ausgesetzt waren.

5 Erarbeite M6 mithilfe der Methode „Fotos analysieren" (siehe S. 80f.).

6 Schreibe aus Sicht einer der in M6 abgebildeten Arbeiterinnen einen Leserbrief an den Autor von M8.

Einen Besuch im Museum vorbereiten

Besuch im Landesmuseum für Arbeit und Technik, Foto, 2005 M1

Auf den Spuren der Arbeit – im Landesmuseum für Arbeit und Technik in Mannheim

Wie funktioniert eine Dampfmaschine? Was ist „Papierschöpfen“ und wozu wurde es gebraucht? Was muss man sich unter dem „Schiffchen“ im Webstuhl vorstellen? Wer solche Fragen stellt, befasst sich mit Themen, die zu den Bereichen „Arbeit und Technik“ gehören. Antworten auf diese Fragen liefert das Landesmuseum für Arbeit und Technik in Mannheim.

Aber das Museum bietet noch mehr: Es lässt in seinen Ausstellungsräumen 250 Jahre Geschichte lebendig werden. Die Besucher können auf einem Rundgang bei Vorführungen von historischen und modernen Maschinenanlagen einzelne Arbeitsgänge selbst durchführen, z. B. das Papierschöpfen oder das Drucken von Texten. Sie erleben den Alltag von Fabrikarbeitern, vollziehen die wissenschaftlichen Experimente nach, die zu revolutionären Erfindungen in der Technik- und Arbeitswelt geführt haben. Und sie können mit der historischen Lokomotive „Eschenau“ eine Fahrt „unter Dampf“ unternehmen.

Arbeitsschritte Einen Besuch im Museum vorbereiten

1. Schritt: Informationen besorgen
Informiert euch über die Dauerausstellung und das museumspädagogische Angebot (z. B. Internet).

2. Schritt: Den Museumsbesuch organisieren
Ihr müsst entscheiden, ob ihr ein Angebot der Museumspädagogik in Anspruch nehmen oder das Museum selbstständig erkunden wollt. Für Vorführungen und Führungen im Museum ist meistens eine Anmeldung von mehreren Wochen vor dem geplanten Besuchstermin notwendig.

3. Schritt: Themen in der Schule vorbereiten
In den meisten Museen ist viel mehr zu erleben als bei einem Besuch „zu schaffen“ ist. Damit ihr euch in dem Angebot nicht „verliert“, solltet ihr euch anhand der Informationen aus dem Internet Schwerpunkte für den Besuch setzen und die entsprechenden Themen vorbereiten. Formuliert Fragen, die bei der Vorbereitung aufgetaucht sind, und versucht, im Museum Antworten darauf zu finden – sei es mithilfe der Ausstellungsgegenstände, der Text- und Bildtafeln oder mithilfe der museumspädagogischen Fachkräfte.

M2 Beim Drucken, Foto, 2005

Mit der „Eschenau" unterwegs, Foto, 2005 M3

Das Landesmuseum für Arbeit und Technik in Mannheim

Im Internet unter
www.landesmuseum-mannheim.de
Tel.: 0621-4298-839 paedagogik@ lta-mannheim.de
Das Museum bietet Führungen z. B. zu folgenden Themen an:
- Geschichte der Industrialisierung
- Armut und soziale Frage.

Für Vorführungen und Führungen im Museum ist eine Anmeldung sechs Wochen vor dem geplanten Besuchstermin notwendig. Bei dem Rundgang, der 1 bis 1,5 Stunden dauert, erhaltet ihr z. B. einen Überblick über die Geschichte der Industrialisierung, oder ihr setzt euch aus verschiedenen Perspektiven mit deren sozialgeschichtlichen Folgen auseinander.
Erfahrenes Vorführpersonal geht dabei auf die technischen und sozialen Zusammenhänge ein. Die Themenangebote findet ihr auf der Homepage des Landesmuseums.
Auch Vorführungen einzelner Arbeitstechniken können gebucht werden. Erfahrenes Vorführpersonal geht dabei auf die technischen und sozialen Zusammenhänge ein. Die Themenangebote findet ihr ebenfalls auf der Homepage des Landesmuseums.

Wenn ihr euch für einen Museumsbesuch ohne Führung entschieden habt, solltet ihr Folgendes beachten: Beginnt euren Rundgang auf Ebene B und orientiert euch am täglichen Vorführplan (liegt an der Kasse aus). Gezeigt werden dabei einzelne Geräte oder mehrere Arbeitsgänge in komplett aufgebauten Werkstätten (Dauer ca. 10–15 Minuten): z. B. Hand- und Maschinenweben, Dampfmaschine, Satz und Druck.

Die Soziale Frage und ihre „Antworten“

Die Soziale Frage

Die Industrialisierung veränderte die Lebens- und Arbeitsverhältnisse vieler Menschen. Bindungen aus der Grundherrschaft, die Zwang, aber auch Sicherheit bedeutet hatten, gab es nicht mehr. Wer entlassen wurde, durch Krankheit oder Unfall arbeitsunfähig war oder aus Altersgründen nicht mehr arbeiten konnte, war in der Regel auf sich selbst und auf seine Familie angewiesen. Aber auch von dieser Seite war eine langfristige Unterstützung kaum zu erwarten: Jeder „Esser“, der kein Geld brachte, belastete die Haushaltskasse. Deshalb waren alle aufgefordert zu arbeiten. Junge Menschen verließen oft ihre Familie, um irgendwo – oft weit entfernt – Arbeit und Unterkunft zu suchen.

Die fehlende Sicherheit, die oft unmenschlichen Beschäftigungsbedingungen und die totale Abhängigkeit der Arbeiter vom Arbeitsmarkt führten aufseiten der Arbeitnehmer wie der Unternehmer, auf der politischen Ebene sowie unter Vertretern der Kirchen zu Diskussionen über die „Soziale Frage“*, wie die Folgen der Industrialisierung für die Arbeiter zusammenfassend genannt wurden.

M1 **Ein Streik bricht aus**, Gemälde von Robert Köhler, 1886

Arbeitervereine und Gewerkschaften

Im Verlauf der Revolution von 1848/49 wurden in verschiedenen Gewerben, z. B. bei den Druckern und Zigarrenarbeitern, überregionale Organisationen gegründet, die die Interessen ihrer Mitglieder vertreten sollten. Politische Ideen, die hierbei eine Rolle spielten, waren unter anderem die des Kommunismus* und Sozialismus* (Karl Marx, Friedrich Engels). Als die Revolution 1849 scheiterte, wanderten viele politisch Aktive aus, weil sie sonst Gefahr liefen, verhaftet zu werden.

Zwischen 1861 und 1872 ließen Kontrolle und Druck „von oben“ nach. Außerdem erhielt die Arbeiterschaft nun Unterstützung „von außen“: Angehörige des Bürgertums zeigten sich – im Gegensatz zur Regierung – bereit, deren Anliegen zu unterstützen.

Anfang der 1860er Jahre, so formulierte der spätere Vorsitzende der Sozialdemokratischen Arbeiterpartei (SPD), August Bebel, einmal, schossen Arbeitervereine „aus dem Boden wie Pilze nach einem warmen Sommerregen“. Sie setzten sich für bessere Arbeitsbedingungen und höhere Löhne ein und verliehen ihren Forderungen z. B. durch Kundgebungen und Streiks Nachdruck. Die so genannten Arbeiterbildungsvereine boten ihren Mitgliedern auch Aus- und Fortbildungen an, um deren Wissensstand und somit deren „Marktwert“ zu erhöhen.

Bis zur Jahrhundertwende bestanden die Arbeitervereine mehrheitlich aus 20- bis 30-jährigen gut qualifizierten männlichen Arbeitern, die in kleineren oder mittleren Betrieben beschäftigt waren. Frauen waren praktisch nicht vertreten, obwohl sich bereits in den 1840er Jahren Frauenerwerbsvereine gegründet hatten, die sich vor allem der Interessen von Dienstmädchen, Näherinnen und Arbeiterinnen angenommen hatten.

Viele der seit den 1860er Jahren aktiven Gewerkschaften* orientierten sich mit ihren Forderungen nach höheren Löhnen, besseren Arbeitsbedingungen und Arbeitszeitverkürzung (8-Stunden-Tag) an denen des ADAV bzw. der SPD (siehe Kasten). Aber es gab auch andere Ausrichtungen – so z. B. die nach ihren Gründern Max Hirsch und Franz Duncker benannten (liberalen) Hirsch-Dunckerschen Gewerkvereine und die christlichen Gewerkschaften.

Hilfe durch kirchliche Initiativen

Während die Arbeiter durch Vereine und Vereinigungen versuchten, gemeinsam die Probleme zu lösen, die mit der Industrialisierung einhergingen, waren es auf der Seite der Kirche vor allem einzelne Geistliche, die sich zu Gunsten Notleidender engagierten. Johann Heinrich Wichern gründete in Hamburg 1833 das „Rauhe Haus", in dem obdachlose Kinder wohnen und eine Berufsausbildung erhalten konnten. 1847 regte er die Gründung des „Central-Ausschusses für die Innere Mission" an und schuf damit die Grundlage zahlreicher sozialer Einrichtungen der evangelischen Kirche in Deutschland.

Adolph Kolping gründete 1849 den „Katholischen Gesellenverein" und rief damit das Kolpingwerk ins Leben, das vor allem unverheirateten Gesellen in seinen Häusern ein christliches Zuhause bieten wollte. 1864 umfasste es bereits 420 Vereine mit 60000 Mitgliedern. Der katholische Bischof Wilhelm Emmanuel von Ketteler sprach sich öffentlich für das Koalitions- und Streikrecht der Arbeiter sowie für eine Sozialreform aus. Damit beeinflusste er maßgeblich das Programm der katholischen Zentrumspartei.

Unternehmer als fürsorgliche Patriarchen

Der im Industrialisierungsprozess wachsende Konkurrenzdruck führte vor allem in kleineren und mittleren Betrieben dazu, dass Arbeiter und Angestellte bis zum Äußersten ausgenutzt wurden. Aber es gab auch Unternehmer, z. B. Alfred Krupp in Essen, die versuchten, durch entsprechende Einrichtungen in ihren Betrieben die Situation so zu gestalten, dass ihnen die Arbeitskraft ihrer Belegschaft und deren Interesse an guter Leistung auf lange Zeit sicher war. Die Motive dafür waren unterschiedlich, aber viele sahen sich der grund- bzw. feudalherrschaftlichen Tradition verpflichtet, die vom Grundherrn bzw. Patriarchen eine soziale Verantwortung gegenüber seinen Untergebenen forderte. Einzelne Unternehmer richteten beispielsweise betriebliche Unterstützungskassen ein, in die ihre Arbeiter und Angestellten einzahlten, um bei Unfällen, Krankheiten, Arbeitsunfähigkeit und im Alter abgesichert zu sein. Darüber hinaus wurden durch Betriebswohnungen und Konsumvereine die Lebenshaltungskosten der Belegschaft verringert, durch Einrichtungen für Kinder und Kranke die Versorgung und Beaufsichtigung der Familienmitglieder gewährleistet, die nicht in den Arbeitsprozess einbezogen waren. Als Gegenleistung verlangten die Unternehmer absoluten Gehorsam.

Vom Arbeiterbildungsverein zur Arbeiterpartei

	Organisation	Ziele und Grundsätze
1863	Gründung des Allgemeinen Deutschen Arbeitervereins (ADAV) unter Führung des Journalisten Ferdinand Lassalle (1825–1864)	– Wahlrecht für Arbeiter – Verwaltung der Fabriken durch die Arbeiter – kein Frauenwahlrecht – keine Mitgliedschaft von Frauen
1869	Gründung der Sozialdemokratischen Arbeiterpartei (SDAP) durch August Bebel (1840–1913) und Wilhelm Liebknecht in Eisenach (1826–1900)	– Wahlrecht für alle Männer ab 20 – Vorschlags- und Verwerfungsrecht des Volkes bei der Gesetzgebung – Schaffung eines demokratischen Staates
1875	Vereinigung von ADAV und SDAP in Gotha zur Sozialistischen Arbeiterpartei Deutschlands; seit 1891 Sozialdemokratische Partei Deutschlands (SPD) genannt	– Wahlrecht für Männer und Frauen – direkte Gesetzgebung durch das Volk – Rechtsprechung und Entscheidung über Krieg und Frieden durch das Volk

M2 „Proletarier aller Länder vereinigt euch!“

Aus der Programmschrift „Manifest der Kommunistischen Partei“ von Karl Marx und Friedrich Engels (1848):

Diese Arbeiter, die sich stückweise verkaufen müssen, sind eine Ware wie jeder andere Handelsartikel und daher gleichmäßig allen Wechselfällen der Konkurrenz, allen Schwankungen des Marktes ausgesetzt. Die Arbeit der Proletarier hat durch die Ausdehnung der Maschinerie und die Teilung der Arbeit allen selbstständigen Charakter und damit allen Reiz für den Arbeiter verloren. Er wird ein bloßes Zubehör der Maschine.

Die Geschichte aller bisherigen Gesellschaften ist die Geschichte von Klassenkämpfen. Freier und Sklave, Patrizier und Plebejer, Baron und Leibeigener, Zunftbürger und Gesell, kurz, Unterdrücker und Unterdrückte standen in stetem Gegensatz zueinander, führten einen ununterbrochenen ... Kampf, der jedesmal mit einer revolutionären Umgestaltung der ganzen Gesellschaft endete oder mit dem gemeinsamen Untergang der kämpfenden Klassen ... Unsere Epoche, die Epoche der Bourgeoisie*, zeichnet sich ... dadurch aus, dass sie die Klassengegensätze vereinfacht hat. Die ganze Gesellschaft spaltet sich mehr und mehr in zwei große ... Lager, in zwei große, einander direkt gegenüberstehende Klassen: Bourgeoisie und Proletariat.

Dieter Dowe/Kurt Klotzbach (Hg.), Programmatische Dokumente der deutschen Sozialdemokratie, Berlin/Bonn (Dietz) 1973, S. 52f., 58f., 64.

M3 Gedenkblatt zur Stuttgarter Maifeier 1892, Schmuckblatt aus der Maifest-Zeitung.
Auf dem Internationalen Arbeiterkongress 1889 in Paris wurde für den 1. Mai eine alljährliche Kundgebung beschlossen, bei der die Arbeiter ihre Forderungen öffentlich den Behörden vortragen sollten.

Sozialismus, Kommunismus

(von lat. socius = Genosse) Sozialismus wurde als politisches „Gegenmodell“ zum „bürgerlichen Liberalismus“ entworfen und betont stärker Gemeinschaft und Gesellschaft als die Rechte des Individuums. An die Stelle des Privateigentums an Produktionsmitteln tritt das Volkseigentum. Die Gleichheit aller Menschen innerhalb der Gesellschaft gilt als eines der obersten Ziele. Sozialistische Ideen wurden als Ziele einer Reform des Liberalismus/Kapitalismus von der europäischen Arbeiterbewegung des 19. und 20. Jahrhunderts aufgenommen, z. B. in der Sozialdemokratie und den Gewerkschaften, jedoch mit der Idee der Demokratie verbunden. Die Verwirklichung sozialistischer Ideen in Herrschaftssystemen im 20. Jahrhundert (z. B. in der Sowjetunion) scheiterte vor allem an mangelnder Freiheit für die Menschen und an wirtschaftlicher Ineffektivität des sozialistischen Systems. Als Kommunismus* wurde – vereinfacht formuliert – die „Endstufe“ der sozialistischen Gesellschaft verstanden.

M4 Ziele der Metallarbeitergewerksgenossenschaft

In Mannheim tagten im Mai 1875 Vertreter lokaler Metallarbeiterfachvereine, die sich bereits 1869 als „Internationale Metallarbeiterschaft" zusammengeschlossen hatten, diesen Namen aber auf Anordnung der Behörden hin ändern mussten. Als Ziele ihrer Organisation legten sie fest:

Gegenseitige Wahrung der Ehre, der geistigen und materiellen Interessen der Gewerksgenossen durch:
...
b.) Errichtung einer allgemeinen Krankenunterstützungs- und Begräbniskasse.
c.) Gründung einer allgemeinen Wanderunterstützungskasse[1].
d.) Gewährung von Schutz an die Mitglieder gegen Bedrückung oder ungerechtfertigte Anforderungen vonseiten der Arbeitgeber und Behörden, nötigenfalls Bestreitung der Kosten für alle gerichtlichen und außergerichtlichen Klagen und Führung der Prozesse aus der Gewerkschaftskasse. Bildung eines Fonds[2] für Unterstützung solcher Mitglieder der Gewerksgenossenschaft, welche durch Maßregelung seitens der Arbeitgeber oder durch Arbeitseinstellung außer Arbeit sind ...
f.) Statistische Erhebungen über Höhe der Löhne, Arbeitszeit, Lebensmittelpreise und den Stand des Arbeitsmarktes überhaupt. Arbeitsvermittlung.
g.) Regelung und Beaufsichtigung des Lehrlingswesens.

Zit. nach Wolfgang Glaeser, Metaller am See, Freiburg (J. Haug) 1993, Hauptstaatsarchiv Stuttgart E146–1971.

1 Die Wanderunterstützung war wichtig, weil viele Mitglieder gezwungen waren, die Arbeitsstelle zu wechseln und in entfernt gelegenen Städten Arbeit zu suchen.
2 Geldreserve, die für bestimmte Zwecke eingerichtet wird.

Proletariat

(von lat. proles = Nachkomme) Im Römischen Reich Angehöriger der unteren (rechtlosen) Schicht, deren Aufgabe es war, Nachkommen zu zeugen, z. B. für den Militärdienst. Im 19. Jahrhundert (nach Marx und Engels) die Klasse der Lohnarbeiter in einer auf dem Privateigentum an Produktionsmitteln (Fabriken, Maschinen usw.) begründeten industriellen Gesellschaft. Das Proletariat besaß keine Produktionsmittel und lebte vom Verkauf seiner Arbeitskraft.

M5 Forderungen des Internationalen Arbeiterkongresses

Vom 14. bis 20. Juli 1889 – genau 100 Jahre nach der Erstürmung der Bastille – trafen sich in Paris Arbeitervertreter und Sozialisten aus Europa, Russland und den USA. In einem Protokoll, das erst ein Jahr nach der Veranstaltung fertig gestellt wurde, waren u.a. folgende Forderungen für eine Arbeiterschutz-Gesetzgebung enthalten:

a.) Festsetzung eines höchstens 8 Stunden betragenden Arbeitstages für jugendliche Arbeiter
b.) Verbot der Arbeit der Kinder unter 14 Jahren ...
e.) Verbot der Nachtarbeit für Frauen und jugendliche Arbeiter unter 18 Jahren
f.) ununterbrochene Ruhepause von wenigstens 36 Stunden die Woche für alle Arbeiter ...
i.) Verbot der Lohnzahlung in Lebensmitteln, sowie der Unternehmer-Kramläden (Kantinen usw.) ...
m.) Überwachung aller Werkstätten und Etablissements mit Einschluss der Hausindustrie durch vom Staat besoldete und mindestens von den Arbeitern gewählte Fabrikinspektoren.

Protokoll des Internationalen Arbeiterkongresses zu Paris, Deutsche Übersetzung, Nürnberg 1890. Zit. nach Sigrid Frank, Schon Vatis Opa war dabei ... Stuttgart (Silberburg) 1990, S. 18 f.

1 Fasse die Vorstellungen von Marx und Engels in M2 mit deinen eigenen Worten zusammen.
2 Prüfe anhand von M4 die These, dass viele Vereine aus dem Bedürfnis ihrer Mitglieder heraus entstanden, einander in Notlagen zu unterstützen.
3 Teilt die Klasse: die eine Hälfte untersucht M1, die andere M3 entsprechend der Methode „Eine Bildquelle entschlüsseln" (siehe Methodenanhang). Nutzt dafür die Informationen von S. 88 f.
4 Ordne die in M5 genannten Forderungen, indem du eine Mindmap anfertigst, Interessen- bzw. Themenbereiche als „Äste" festlegst und diesen die entsprechenden Forderungen zuweist: Welche Schwerpunkte sind zu erkennen?

M6 Gewerkschaftliche Organisation von Berufsgruppen in Heidelberg

In Heidelberg formierten sich nach Aufhebung des Sozialistengesetzes (1878–1890 in Kraft) und des damit einhergehenden Verbots sozialistischer Gewerkschaften gewerkschaftliche Organisationen neu. 1895 wurden sie durch eine Zentralinstanz („Gewerkschaftskartell") straffer geführt. Von da an stiegen die Mitgliederzahlen. Eine Statistik von 1905 machte folgende Angaben:

Berufsgruppe (Auswahl)	Zahl der Beschäftigten	davon gewerkschaftlich organisiert
Brauereiarbeiter	120	60
Buchdrucker	100	85
Dachdecker	25	22
Glaser	49	35
Handels- und Transportarbeiter	1000	75
Holzarbeiter	500	350
Maler	250	140
Maurer	560	400
Metallarbeiter	700	260
Schneider	240	40
Städt. Arbeiter	450	200
Zimmerer	120	35
Zigarrensortierer	100	31

Zit. nach Walter Mühlhausen, „Hoch das Maienfest der Arbeit". In: Hoch das Maienfest der Arbeit, hg. von der Stiftung Reichspräsident Friedrich-Ebert-Gedenkstätte, Heidelberg (Selbstverlag) 1990, S. 18.

Aussagen von DGB-Plakaten untersuchen

Recherchiert im Internet unter www.dgb.de/dgb/geschichte (Link: Unsere Plakate) die Plakate des Deutschen Gewerkschaftsbundes. Bildet 10 Gruppen. Jede Gruppe erarbeitet drei Plakate auf folgende Fragen hin:

- Welche Details fallen sofort auf?
- Welche Figuren, Gegenstände usw. enthält das Plakat?
- Wie sind diese dargestellt (realistische oder „überzeichnete" Größe, Bewegung, Haltung, Perspektive) und einander zugeordnet?
- Wie ist das Bild farblich gestaltet (dominierende Farbtöne, Kontraste usw.)?
- Welche Textelemente enthält das Plakat? In welcher Beziehung stehen Bild- und Textaussage zueinander?

Fasst eure Ergebnisse zusammen und tragt sie der Klasse vor. Vergleicht die Aussagen bzw. Themen der Plakate über die Jahrzehnte hinweg: Was bleibt, was verändert sich?

M7 Arbeiter beim Fabrikanten, Gemälde von Stanislaw Lenz, 1895

M8 Hilfe durch Gesellenhäuser und -vereine

Der Wissenschaftler Christian Feldmann stellte 1991 in seiner Biografie Adolph Kolpings (1813–1865) dessen Idee, Gesellenhäuser und –vereine zu gründen, so dar:

Kolpings Diagnose der trostlosen Verhältnisse entsprach sein Therapievorschlag: Statt der kalten Beziehungslosigkeit der profitorientierten Arbeitsverhältnisse eine lebendige Gemeinschaft ... Man musste Treffpunkte schaffen, wo die Handwerksburschen unter sich sein und sich wohl fühlen konnten ... Seine Vision ging von Anfang an weit über einen Freizeitclub in Konkurrenz zum Wirtshaus hinaus: Die Gesellenhäuser sollten die Menschen verwandeln, ... jahrelange erzieherische Defizite ausbügeln, versprengten, haltlosen Stromern eine Lebenschance eröffnen ... Als „familienhafte Gemeinschaft" konzipierte der Kaplan Kolping den Verein und als „Vaterhaus in der Fremde" die Gesellenhäuser.

Christian Feldmann, Adolph Kolping, Freiburg (Herder) 1991, S. 57f.

M10 Der „Knabenarbeitssaal" im Rauhen Haus in Hamburg, Ausschnitt aus einem Holzstich, 1846

M9 Soziale Einrichtungen einer Spinnerei

In der Chronik der Gesellschaft für Spinnerei und Weberei Ettlingen zum 100-jährigen Firmenjubiläum 1936 ist unter der Überschrift „Soziale Einrichtungen" zu lesen:

Die Grundlage ... hat ... bereits der Gründer der Aktiengesellschaft, Vetter-Köchlin, gelegt, als er 1839 ... eine Speisemeisterei und Kosthaus errichten ließ, um den Arbeitern die Möglichkeit zu geben, für billiges Geld Essen zu bekommen und schlafen zu können. Vor allem legte er Wert auf die Heranziehung von Familien, um sich einen Stamm Arbeiter zu sichern, auf die er sich in jeder Lebenslage verlassen konnte. Für diese Familien wurden Wohnhäuser gebaut, denen in späteren Jahren ... weitere folgten ...
Für die schulpflichtigen Kinder wurde eine Schule eingerichtet, die von etwa 100 Schülern besucht wurde ... Neben einem ausreichenden Lohn in gesunden Tagen sorgte Vetter-Köchlin auch für den Fall der Erkrankung eines Mitarbeiters, indem er mit der Gründung der Fabrik auch die Gründung der Kranken- und Unterstützungskasse verband ... Die Leitung und Überwachung der Kasse lag seit der Gründung in den Händen eines aus Meistern und Arbeitern zusammengesetzten Ausschusses, der ehrenamtlich arbeitete.

Ludwig Schmieder, Chronik der Gesellschaft für Spinnerei und Weberei Ettlingen, Karlsruhe (Braun) 1936, S. 119f.

5 Vergleiche anhand von M6 den „Organisationsgrad" der hier aufgeführten Berufsgruppen: Welche sind in hohem Maße gewerkschaftlich organisiert, welche nicht? Konnten die jeweiligen Gewerkschaften behaupten, Interessenvertreter ihrer Berufsgruppe zu sein?

6 Interpretiere aus der in M7 gezeigten Szene das Verhältnis zwischen Fabrikherrn und Belegschaft bzw. Arbeitern. Welche Wertung enthält deiner Ansicht nach die Darstellung?

7 Informiere dich unter www.kolping.de darüber, in welchen Bereichen das Kolpingwerk heute aktiv ist. Prüfe, ob die Ideen Adolph Kolpings in M8 sich darin wiederfinden.

8 Erläutere mithilfe von M10 und dem Darstellungstext, wie im „Rauhen Haus" Notleidenden geholfen wurde.

9 Notiere die in M9 genannten sozialen Einrichtungen. Überlege, welchen Nutzen der Unternehmer von den einzelnen hatte.

10 Heute gibt es in (fast) allen größeren Unternehmen soziale Einrichtungen. Erkundigt euch bei erwachsenen Verwandten und Bekannten, welche Einrichtungen der Betrieb seinen Mitarbeitern bietet, in dem die betreffende Person beschäftigt ist.

Krankenversicherung 1912 in	Deutschland	England	Frankreich
Beiträge in Millionen Mark	464	besitzt	41
Leistungen in Millionen Mark	426	ähnliche	24
Verhältnis von Leistung zu Beitrag	92%	Einrichtungen	59%
Leistung pro Fall in Mark	65	erst seit 1912	40

M1 Die deutsche Sozialversicherung, Plakat der Reichsregierung, 1913

Politische Aussagen untersuchen

Arbeitsschritte **Politische Aussagen untersuchen**

Bei der Analyse und Interpretation solltest du deine Kenntnisse zur Quellen- und Bildanalyse (siehe S. 33, 42 f. und Methodenanhang) heranziehen.

1. Schritt: Fragen zum Verfasser (Auftraggeber)
– Von wem und wann wurde die Quelle verfasst bzw. gezeichnet?
– Welche Perspektive nimmt der Autor bzw. Künstler ein?
– Welche Absicht ist zu erkennen?

2. Schritt: Fragen zum Material
– Welche Quellenart liegt vor?
– Welches sind die „Schlüsselbegriffe"?
– Worin besteht die Kernaussage?
– Wird sachlich oder einseitig dargestellt?
– Werden Argumente gebracht?

3. Schritt: Fragen zum Adressaten
– Wer soll erreicht werden (Privatperson, Öffentlichkeit, Nachwelt)?
– Welche Wirkung auf den Adressaten könnte erzielt werden?

4. Schritt: Ergebnisse beurteilen und reflektieren
– Wie können Interessen und Position zusammenfassend formuliert werden?
– Welche Bewertung der Position ist möglich?
– Welche Rolle spielt der eigene Standpunkt bei der Bewertung ?
– Sind weitere Informationen heranzuziehen?

Stimmen zur Sozialpolitik um die Jahrhundertwende

Die Soziale Frage verlangte nach politischen Antworten, vor allem als sich in den 1870er Jahren wirtschaftliche Probleme und damit gesellschaftliche Spannungen vermehrten. Über mögliche Antworten gab es heftige Auseinandersetzungen, vor allem zwischen der SPD – als Vertreterin der Spitze der Arbeiterbewegung – und der kaiserlichen Regierung. 1878 verbot die Regierung die Partei, der sie „umstürzlerische" Aktivitäten vorwarf. Aber sie führte zugleich – in den nächsten Jahren – eine staatliche Sozial-, Kranken-, Unfall-, Renten- und Invalidenversicherung ein.
Anhand der vorliegenden Materialien bekommst du einen Eindruck von den Meinungen zur deutschen Sozialpolitik in den ersten Jahren ihrer Umsetzung. Und du kannst lernen, politische Aussagen zu erschließen.

M2 Die Situation der Arbeiter aus gewerkschaftlicher Sicht

Hermann Molkenbuhr referierte im Juni 1908 auf dem Kongress der freien Gewerkschaften die Entwicklung der sozialen Gesetzgebung. Seine daraus abgeleiteten Forderungen wurden vom Kongress einstimmig angenommen:

Die Unternehmerverbände sind Machtfaktoren ..., die ... den politischen Einfluss der Unternehmer heben, aber die Arbeiter oft zu modernen Leibeigenen des Kapitals herabdrücken.
Die Abhängigkeit der Arbeiter vom einzelnen Unternehmer wird gesteigert durch Mietverträge bei Überlassung von Wohnungen, durch Pensionskassen und andere so genannte Wohlfahrtseinrichtungen, die aus den für Arbeitslohn bestimmten Summen unterhalten werden. Die staatsbürgerlichen Rechte der Arbeiter, Freizügigkeit, Koalitionsrecht usw. werden beschränkt und oft völlig vernichtet ...
Um bestehende Missstände zu beseitigen und die Entstehung neuer Missstände zu verhindern, fordert der Gewerkschaftskongress für alle Personen, die für Lohn oder Gehalt körperliche oder geistige Arbeitskraft im Dienste anderer stellen, ein einheitliches Arbeitsrecht ...; ferner fordert der Gewerkschaftskongress den Erlass von Gesetzen und Verordnungen zum Schutze der Gesundheit der Arbeiter.

Zit. nach Ernst Schraepler, Quellen zur Geschichte der sozialen Frage in Deutschland, 3. Aufl. Göttingen (Muster-Schmidt) 1996, S. 145 f.

M4 Bismarcks Sozialreform, Karikatur aus der Zeitschrift „Der wahre Jacob", 1891. Der Text lautet:
Engländer: Was ist das?
Der wahre Jacob: Das ist Bismarcks Sozialreform.

M3 Die Situation der Arbeiter aus sozialdemokratischer Sicht

Nach der Aufhebung des Sozialistengesetzes gab sich die Sozialdemokratische Partei Deutschlands auf dem Parteitag in Erfurt 1891 ein neues Programm. Darin hieß es:

Immer größer wird die Zahl der Proletarier, immer massenhafter die Armee der überschüssigen Arbeiter, immer schroffer der Gegensatz zwischen Ausbeutern und Ausgebeuteten ...
Nur die Verwandlung des kapitalistischen Privateigentums an Produktionsmitteln – Grund und Boden, Gruben und Bergwerke, Rohstoffe, Werkzeuge, Maschinen, Verkehrsmittel – in gesellschaftliches Eigentum und die Umwandlung der Warenproduktion in sozialistische, für und durch die Gesellschaft betriebene Produktion kann es bewirken, dass der Großbetrieb und die stets wachsende Ertragsfähigkeit der gesellschaftlichen Arbeit für die bisher ausgebeuteten Klassen aus einer Quelle des Elends und der Unterdrückung zu einer Quelle der höchsten Wohlfahrt und allseitiger, harmonischer Vervollkommnung werde.

Zit. nach Dieter Dowe/Kurt Klotzbach (Hg.), Programmatische Dokumente der deutschen Sozialdemokratie, 3. Aufl. Bonn (Dietz, Nachf.) 1990, S. 186 f.

Sozialpolitik

Maßnahmen des Staates, um die soziale Lage bestimmter gesellschaftlicher Gruppen zu verbessern. Staatliche Sozialpolitik begann mit der Industrialisierung, zuerst in England, im ersten Drittel des 19. Jahrhunderts auch in Deutschland, mit Kinderschutzgesetzen und Sozialgesetzen (Krankenversicherung, Unfallversicherung, Alters- und Invalidenversicherung). Sozialpolitik gilt als reformerisches Gegenmodell zu den revolutionären Zielen einer Umwälzung der Herrschaft nach Marx und Engels.

Sozialpolitik heute

Sammelt Informationen zur gegenwärtigen Sozialpolitik im Internet und berichtet darüber.
Adressen: www.sozialpolitik.com; www.bmfsfj.de; www.deutsche-rentenversicherung.de

1 Untersucht M1 bis M4 mithilfe der Arbeitsschritte. Nehmt dabei die Darstellungstexte zu Hilfe. Stellt eure Ergebnisse in der Klasse vor und vergleicht.

Die Industrialisierung – ein Überblick

Faktoren der Industrialisierung

Die Industrialisierung begann in England. Diese in der Geschichtswissenschaft unumstrittene These stellt die Frage, warum ausgerechnet auf der britischen Insel eine Umwälzung der Arbeits- und Lebensbedingungen einsetzte. Vier Faktoren können als Erklärungen herangezogen werden:

1. Räumlich-klimatische Bedingungen und ein schnelles Wachstum der Bevölkerung begünstigten offensichtlich den Industrialisierungsprozess.
2. Marktwirtschaftliches Denken und Handeln sowie vorhandenes Kapital schufen eine „moderne" Landwirtschaft.
3. Technische und arbeitsorganisatorische Neuerungen – vor allem im Textilgewerbe, im Bergbau und in der Eisen- und Stahlproduktion – trieben sich wechselseitig an. Die heimgewerbliche und handwerkliche Produktionsweise wurde umgewälzt zu Gunsten einer arbeitsteiligen Fertigung in zentralen Produktionsstätten, den Fabriken.
4. Verbesserte Bildungsmöglichkeiten im England des 18. und 19. Jahrhunderts führten zu qualifizierteren Arbeitskräften und trugen damit zu einer Steigerung der Produktivität bei.

Industrialisierung in Europa

Gegenüber England wird in der Geschichtsforschung die Industrialisierung im übrigen Europa als „nachfolgende" oder auch „abgeleitete" Entwicklung bezeichnet. In der Technik und Arbeitsorganisation verlief der Wandel ähnlich wie in England. Andere Wege wurden aber im Tempo der Industrialisierung, in der Herkunft der Unternehmer, des Kapitals und in der Wirtschaftspolitik der Staaten gegangen. Das Beispiel Deutschland (z. B. in Baden und Württemberg) zeigt andere Antriebskräfte, wie die Eisen- und Stahlindustrie und später die chemische Industrie, die Wirkung technologischer Erfindungen und die Bedeutung der Eisenbahn als Transportmittel. Italiens industrielle Entwicklung verdeutlicht, wie „alte" Gewerberegionen ihre Standortvorteile nutzbar machten und industrielle Reformen in Gang setzen konnten.

Folgen der Industrialisierung

In der Industrialisierung entwickelte sich das Arbeitsverhältnis zu einem reinen Lohnverhältnis, die Arbeitskraft wurde zur „Ware". Die Arbeitsbedingungen in der Fabrik waren für Männer, Frauen und Kinder hart. Soziale Probleme, wie die Schutzlosigkeit bei Unfall, Krankheit usw. führten dazu, dass sich die Arbeiter organisierten (Arbeiterbewegung). Nicht nur die Betroffenen selbst, sondern auch Unternehmer und Vertreter der Kirche versuchten Lösungen für die „Soziale Frage" zu bieten: Fabrikherren beispielsweise durch eine betriebliche Sozialpolitik, Geistliche wie Adolph Kolping und Heinrich Wichern durch den Bau von Heimen.

1769 James Watt erfindet die Dampfmaschine

1785 Erfindung des mechanischen Webstuhls

1835 Erste Eisenbahn in Deutschland

1847/48 Kommunistisches Manifest (Marx/Engels)

1863 Gründung des Allg. Deutschen Arbeitervereins

1869 Gründung der Sozialdemokratischen Arbeiterpartei

1875 Zusammenschluss der Arbeiterparteien zur Sozialistischen Arbeiterpartei

1883 Beginn der Sozialgesetzgebung

1750 · 1775 · 1800 · 1825 · 1850 · 1875 · 19…

um 1780 Beginn der Industriellen Revolution in England

um 1830 Beginn der Industriellen Revolution in Deutschland

Wir wiederholen zentrale Begriffe und Methoden

Begriffe und Daten

Um 1780 Beginn der Industriellen Revolution in England	S. 56ff.
Um 1830 Beginn der Industriellen Revolution in Deutschland	S. 66f.
Fabrik	S. 57
Kapital, Kapitalismus	S. 59
Liberalismus	S. 59
1835 Erste Eisenbahn in Deutschland	S. 67, 70
Schrittmacherindustrien	S. 70
Schlüsselerfindungen	S. 71
Fabrikordnungen	S. 83ff.
Soziale Frage	S. 88ff.
Sozialismus, Kommunismus	S. 90
Proletariat	S. 91
Sozialpolitik	S. 95

Methoden

Statistiken auswerten und grafisch umsetzen	S. 64f.
Fotos analysieren	S. 80f.
Einen Besuch im Museum vorbereiten	S. 86f.
Politische Aussagen untersuchen	S. 94f.

„Karika-Tour" durch die Industrialisierung

M1 **Industriearbeit**, französische Karikatur, um 1910

Partnerarbeit

a Lest die Zusammenfassung und notiert getrennt die Kernaussagen. Fertigt einen gemeinsamen Entwurf an.

b Entschlüsselt die Karikaturen (S. 33). Schlagt im Kapitel nach und prüft, wo sich Aussagen der Karikaturen wiederfinden.

M2 **Arbeiterwohnung**, kritische Grafik von Heinrich Zille, Anfang 20. Jh.

M1 Die Folgen einer Explosion im Chemie-Werk Oppau, Foto, 1921. Am 21. September 1921 explodierte im Werk Oppau ein Düngemittelsilo. Dadurch wurden 561 Menschen getötet, ein Großteil des Werks zerstört und zahlreiche Wohnhäuser beschädigt.

Industrie und Umwelt – eine Beziehung mit Risiko?

„Fischers Fritze fischt tote Fische"

Mit diesem und ähnlich lautenden Transparenten demonstrierten im Dezember 1986 zehntausende Einwohner von Gemeinden entlang des Rheins, Umweltschützer und Mitarbeiter von Chemieunternehmen gegen die Vergiftung des Flusses durch Abwässer, durch Explosionen und andere Störfälle in Chemiewerken, die in unmittelbarer Nachbarschaft des Flusses lagen. Anlass war der Brand einer Lagerhalle im einem großen Arzneimittelwerk in der Nähe von Basel am 1. November 1986. 500 Tonnen Chemikalien waren dabei verbrannt, deren giftige Stoffe sich in der Luft und im Rhein verbreiteten. Beim Bau der Anlage war aus Kostengründen auf das notwendige Löschwasserauffangbecken verzichtet worden: Der Fluss bei Basel färbte sich rot und ein massenhaftes Fischsterben fand statt.

In den zahlreichen Protestaktionen wurde nicht nur die Rheinvergiftung, sondern auch die gefährlich lückenhafte Aufklärung der Öffentlichkeit kritisiert: Dem Baseler Pharmaunternehmen wurde vorgeworfen, Informationen über die Giftstoffe, die freigesetzt worden waren, zurückzuhalten und die damit verbundenen Gefahren zu verheimlichen. Die durch den Brand verursachte Umweltkatastrophe mobilisierte die Öffentlichkeit: Bürgerinitiativen wurden gegründet, die Druck auf Behörden und Politiker ausübten. Dies zeigte Wirkung, z. B. in strengeren Gesetzen für die Entsorgung von Industrieabfällen und -abwässern, in der Einrichtung von Kontrollstellen für die Einhaltung von Umweltschutz-Bestimmungen.

Diese Katastrophe war kein Einzelfall in der Geschichte: Bereits aus dem 19. Jahrhundert sind viele Beispiele bekannt, wo Menschen, Tiere und Pflanzen im Umfeld von Industrieanlagen durch deren Produktion gefährdet oder geschädigt wurden. Immer wieder missachteten Unternehmen die gesetzlichen Auflagen. Da sie aber Arbeitsplätze sichern und wichtige Steuerzahler sind, werden Verstöße gegen den Umweltschutz oftmals nicht verfolgt, zumal wenn Schadstoffe und Schäden nicht sichtbar sind.

Industrie und Umwelt – eine Beziehung mit Risiko? Am Beispiel der Chemie-Industrie kannst du dieser Frage nachgehen.

1 Teilt euch in drei Gruppen auf: Erarbeitet arbeitsteilig aus M1 bis M3, wie eine Chemiefabrik ihre Umwelt nutzt(e), und welche Gefahren damit verbunden sind bzw. waren. Verwendet dazu die Methoden „Eine Textquelle analysieren" (siehe S. 42) und „Fotos analysieren" (siehe S. 80). Zieht den Darstellungstext heran.

2 Untersucht die Aussage von M4. Setzt sie in Beziehung zu den Ergebnissen von Aufgabe 1 und diskutiert Inhalt und Ziel der Anzeigenkampagne.

3 Beschreibe M5 und erläutere seine Aussage.

M2 Chemie-Anlagen und Wohngebiete

Der Schweizer Wissenschaftler Martin Forter wertete 1998 für sein Buch über die Geschichte der Umweltnutzung durch die Basler Chemieindustrie Archivakten aus:

Die J.R. Geigy AG hat den im Juli versprochenen Rieselturm im Oktober 1916 installiert ... [Trotzdem] sind die „Übelstände“ im Umfeld der Chemiefabrik nicht beseitigt, wie ein Brief des „Inspectorats der Kleinkinderanstalten“ des Kantons Basel-Stadt zeigt: Da alle in Aussicht gestellte Abhilfe nicht eingetroffen ist, sehen wir uns gezwungen Localitäten zu suchen, die in hygienischer Hinsicht den Ansprüchen genügen, die man an ein Kindergartenlocal stellen muss“, schreibt die kantonale Schulbehörde im November 1916 ihrem Vermieter ... Die Chemikaliendämpfe aus der gegenüber der Schule produzierenden J.R. Geigy AG ließen es nicht zu, die Kleinkinderschule an der Maulbeerstraße zu belassen, da der Kantonsarzt die Dämpfe aus der Chemiefabrik „als durchaus ungesund“ bezeichnet habe.

Martin Forter, Farbenspiel, Basel (Chronos) 2000, S. 284f.

M3 Wohin mit dem giftigen Abfall?

Martin Forter urteilte über die Umweltnutzung der Chemieindustrie in Basel in den 1980/90er Jahren:

[Die chemische Industrie] ändert nicht die Produktion ..., sondern verlagert zum Einen den Austritt [der Abfallstoffe] in die Ökosphäre (höhere Kamine, längere Transportwege); zum Anderen leitet sie die Abfallströme ... um ...

Die Umlagerung von Stoffen von einem Bereich auf den anderen schafft neue gesellschaftliche Konflikte, die Industrie und Behörden mit noch feinerer Umlagerung von Abfallstoffen zu entschärfen versuchen. Diese werden mittels Kläranlagen, Chemiemüllverbrennung, Abluftreinigung und gesicherter Deponie in immer kleineren Dosen immer schneller zwischen den drei Elementen Wasser, Boden und Luft hin und her geleitet.

Martin Forter, Farbenspiel, Basel (Chronos) 2000, S. 429f.

M4 „Lieber Fisch“

Im Herbst 1986 führte der Bundesverband der chemischen Industrie eine Anzeigenkampagne durch, die folgenden Wortlaut hatte:

Lieber Fisch. Es wird dir gut tun, dass die chemische Industrie die organische Belastung der Gewässer in den letzten Jahren um mehr als 90 % gesenkt hat ... Die Belastung des Rheins z.B. mit Schwermetallen wie Chrom, Blei, Kupfer, Nickel und Zink ging um 50 % bis 80 % zurück. Er hat heute bereits wieder einen höheren Sauerstoffgehalt als in den 50er-Jahren. ... So manches Problem haben wir in der Chemie schon gelöst. Die noch nicht bewältigten Aufgaben werden wir uns mit Verantwortungsbewusstsein vornehmen. DIE CHEMISCHE INDUSTRIE.

Zit. nach Jörg Heimbracht/Jochen Molck, Rheinalarm, Köln (Pahl-Rugenstein) 1987, S. 59f.

Industrieanlagen unter der Lupe

Führt ein historisches Projekt in eurem Schul- oder Wohnort durch, bei dem ihr für den Zeitraum der letzten 30 bis 40 Jahre Industrie- bzw. Gewerbegebiete oder einzelne Unternehmen erforscht (Anregungen siehe S. 124f.). Vorschläge für Leitfragen:

- Wo wurde wann das Industrie- oder Gewerbegebiet angelegt? Was war die Zielsetzung?
- Welche Vorschriften wurden von übergeordneten Behörden gemacht?
- Wie entwickelte sich das Unternehmen bzw. das Industrie-/Gewerbegebiet?
- Wie werden Produktionsabfälle entsorgt?
- Wie urteilen die Anwohner (damals/heute)?

M5

„Oje! Schon wieder eine Pressemitteilung ...“, Karikatur von Gerd Mester, 1993. Im Frühjahr 1993 kam es bei einem Frankfurter Chemiekonzern mehrfach zu Störfällen, bei denen Salz- und Schwefelsäure sowie Tonnen von Chemikalien, deren Bestandteile tagelang von der Firma verschwiegen wurden, die Luft verschmutzten. Viele Anwohner litten unter Hustenreiz, Übelkeit, Kopfschmerzen.

3. Einigkeit, Recht und Freiheit? – Deutschland im 19. Jahrhundert

„Einigkeit und Recht und Freiheit für das deutsche Vaterland", mit diesen Worten beginnt die dritte Strophe des „Liedes der Deutschen", das August Heinrich Hoffmann von Fallersleben 1841 dichtete. Sie ist heute die offizielle Hymne der Bundesrepublik Deutschland. Als Hoffmann von Fallersleben diese Verse schrieb, war ein geeintes und freies Deutschland noch eine Utopie, die aber immer mehr Anhänger fand. Die Fürsten der deutschen Einzelstaaten versuchten die nationalen und liberalen Ideen zu unterdrücken, weil sie ihre Herrschaft dadurch gefährdet sahen. Dennoch kam es 1848, wie in vielen anderen europäischen Staaten, auch in Deutschland zur Revolution gegen die Fürstenmacht: Im April trat in der Frankfurter Paulskirche ein gesamtdeutsches Parlament zusammen, dessen Abgeordnete sich zum Ziel gesetzt hatten, einen deutschen Nationalstaat zu gründen und den Bürgern mehr politische Freiheit zu sichern. Doch die Revolution scheiterte. Letztlich waren es die Fürsten selbst, die 1871 unter der Führung Preußens das Deutsche Reich gründeten und den preußischen König zum deutschen Kaiser ausriefen. Vielen erschien das Kaiserreich als die Erfüllung der deutschen Geschichte. Wurden mit der Reichsgründung von 1871 auch die Ideale der Revolution von 1848 verwirklicht?
Die Begriffe Einheit und Freiheit sollen durch dieses Kapitel leiten:

Der Kaiser kommt
Laßt euere Häuser
abwasch
vom Glas- und Gebäude-Reinigungs-Insti
„Borussia"
J. Lehmacher, Bachstrasse
Fernsprecher 1179.

– Wie entwickelten sich die nationalen und liberalen Ideen in Deutschland von 1815 bis 1871?
– Welche Schichten der Bevölkerung engagierten sich für Einheit und Freiheit?
– Wie war das Verhältnis von Einheit und Freiheit im Kaiserreich?

Großes Bild: **Postkarte aus dem Jahr 1909,** abgebildet ist Kaiser Wilhelm II. bei einer Truppenparade.
Links: **Anzeige einer Gebäudereiniger-Firma** in Bonn, um 1910.
Oben rechts: **Gedenkblatt an das Vorparlament in Frankfurt a. M.,** Lithographie von Franz Heister, um 1848. Das Blatt zeigt die „Germania", die als Gemälde über der Rednertribüne des Paulskirchenparlaments hing.

1 Prüfe, wie auf der Postkarte die Ideen der Einigkeit dargestellt werden. Vergleiche anschließend damit die Abbildung des Gedenkblattes.

2 Erläutere, welche Beziehung Johann Jacoby zwischen den Werten Einheit und Freiheit sieht.

Der Arzt Johann Jacoby, der 1848 Mitglied des Vorparlaments gewesen war, sprach 1866 kurz nach dem Ende des Krieges gegen Österreich im preußischen Abgeordnetenhaus:

Mögen immerhin andere Völker Europas auf dem Wege der Gewalt, durch eine Art Blut- und Eisenpolitik, zu ihrer staatlichen Einheit gelangt sein, das deutsche Volk … hat von jeher solchen Einigungsversuchen erfolgreich Widerstand geleistet. Zwangseinheit, Einheit ohne Freiheit, ist eine Sklaveneinheit, die weder Wert hat noch Bestand.

Die Neuordnung Europas – enttäuschte Hoffnungen

Der Wiener Kongress

Nach der Niederlage Napoleons mussten in Europa die politischen Verhältnisse neu geordnet werden. Dazu trafen sich die europäischen Fürsten und Staatsmänner in Wien. Der Wiener Kongress tagte von Herbst 1814 bis in das Jahr 1815. Er folgte bei der Neuordnung dem einfachen Prinzip der Restauration*: So weit wie möglich sollten die alten Herrschaftsverhältnisse aus der Zeit vor der Französischen Revolution wiederhergestellt werden. Um diese Politik abzusichern, verbündeten sich die neben Frankreich drei größten Monarchien des europäischen Kontinents. Die Herrscher Russlands, Österreichs und Preußens schlossen sich zur so genannten Heiligen Allianz zusammen, um sich „bei jeder Gelegenheit Hilfe und Beistand" zu leisten. Besonders schwierig gestaltete sich die Entscheidung, was mit den deutschen Staaten geschehen sollte. Das alte Reich wurde nicht wiederhergestellt. Stattdessen unterzeichneten die Vertreter der deutschen Könige, Fürsten und Städte am 8. Juni 1815 die „Deutsche Bundesakte". Diese Vereinbarung schuf aber nicht die von vielen erhoffte deutsche Einheit, sondern nur ein lockeres Bündnis der deutschen Staaten ohne ein gemeinsames Oberhaupt und vor allem ohne eine Verfassung. Alle Mitglieder des Deutschen Bundes unterhielten Gesandte beim Bundestag in Frankfurt. Die Grenzen zwischen den Einzelstaaten blieben bestehen.

Das Wartburgfest – Aufbruch und Unterdrückung

Gegen die Ergebnisse des Wiener Kongresses regte sich jedoch bald schon Opposition. 1815 schlossen sich unter dem Motto „Ehre, Freiheit, Vaterland" in Halle und Jena Studenten zusammen. Ihre Vereinigung nannten sie „Allgemeine Deutsche Burschenschaft". Was die Studenten damit ausdrücken wollten, war allen, die politisch interessiert waren, klar: Eine freie nationale Gemeinschaft wollten die Studenten sein und die Schranken zwischen den deutschen Einzelstaaten sollten fallen. „Freiheit", „Vaterland" – das hatten die Studenten sich schon im Kampf gegen Napoleon auf die Fahnen geschrieben und für diese Ziele kämpften sie weiterhin.
Im Oktober 1817 lud die „Allgemeine Deutsche Burschenschaft" alle deutschen Studenten auf die Wartburg bei Eisenach ein: Den 300. Jahrestag der Reformation, aber auch den 4. Jahrestag der Völkerschlacht von Leipzig galt es zu feiern. Von den Universitäten folgten mehr als 500 Studenten und Professoren der Einladung. Schließlich kamen aber noch so viele andere Teilnehmer, dass die Veranstaltung und die Reden, die dort gehalten wurden, für Schlagzeilen in den aktuellen Nachrichtenblättern sorgten – und die Regierungen aufhorchen ließen. Nicht für jeden klang das Echo von der Wartburg angenehm, denn die verhasste Fürstenherrschaft wurde dort ebenso symbolisch verbrannt – die Zöpfe und Uniformen der Beamten, ein Polizeistock – wie die Erinnerung an Napoleon: Ein Exemplar des Code Napoléon, des Gesetzeswerkes, das unter französischer Herrschaft in den deutschen Staaten eingeführt worden war (siehe S. 46), wurde in die Flammen geworfen. Schon ein Jahr nach diesem großen Ereignis machten die Burschenschaften wieder von sich reden. Nun hatten sie ihre politischen Ziele in einem Programm niedergeschrieben. Eines dieser Ziele war, dass jeder deutsche Einzelstaat eine Verfassung erhalten sollte, so wie es in einigen wenigen, z. B. in Baden, bereits geschehen war.

M1 Wartburgfest 1817, anonymer Holzstich, um 1880

Die Karlsbader Beschlüsse

Am 23. März 1819 erstach der Theologiestudent und Burschenschafter Karl Ludwig Sand in Mannheim den damals sehr bekannten Schriftsteller August von Kotzebue, der in der Presse die politischen Ziele der Burschenschaften öffentlich kritisiert hatte. Das Verbrechen bot dem österreichischen Staatskanzler Metternich die erhoffte Gelegenheit, gegen den „Universitätsunfug“, wie er es nannte, mit aller Härte vorzugehen. Er lud die Vertreter der Landesregierungen in die böhmische Stadt Karlsbad ein. Das Ergebnis dieses Treffens waren die „Karlsbader Beschlüsse“, die eine strenge Überwachung aller Studenten und Professoren an den Universitäten vorsahen. Außerdem wurde eine Zentraluntersuchungskommission eingerichtet, die revolutionäre Umtriebe in den deutschen Ländern unterbinden sollte. Kritiker wurden als so genannte „Demagogen“ (= Volksverführer) verfolgt. Sie verloren ihre Arbeit, Professoren ihre Lehraufträge. Die Presse wurde ebenfalls kontrolliert: Ein neues Gesetz schrieb in allen Ländern strenge Zensur* vor.

Die Reaktionen auf den Druck „von oben“ waren unterschiedlich: Flucht ins Ausland, Rückzug in das Privatleben oder in Kunst und Literatur (Biedermeier) als Ersatz für politische Aktivitäten. Aber nicht wenige Menschen setzten sich nun erst recht für ihre politischen Interessen ein.

M2 Restauration

Der Staatswissenschaftler Karl Ludwig von Haller schrieb 1816 über die Ordnung eines Staates:

1. Die Fürsten … herrschen nicht aus anvertrauten Rechten … Es ist ihnen keine Gewalt von dem Volk übertragen worden …, sondern sie besitzen diese Macht … von der Natur …
2. Das Volk ist ursprünglich nicht vor dem Fürsten, sondern im Gegenteil der Fürst vor dem Volk, gleichwie der Vater vor den Kindern, der Herr vor den Dienern, überall der Obere vor den Untergebenen, die Wurzel und der Stamm vor den Ästen, Zweigen und Blättern existiert.

Zit. nach Geschichte in Quellen, Bd. 5, hg. von Wolfgang Lautemann u. a., München (bsv) 1980, S. 70.

1 Das lateinische Verb „restaurare“ heißt „wiederherstellen“. Erläutere anhand von M2, warum dieser Artikel so überschrieben ist.

2 Die „Verfassungsfrage“ wurde nach 1815 zu einem der wichtigsten Streitpunkte in der deutschen Öffentlichkeit. Erläutere anhand von M3, wie sie in den einzelnen europäischen Staaten „gelöst“ war.

3 Untersuche das Bild M1 (siehe Methodenanhang) und deute es mithilfe des Darstellungstextes dieser Seite.

M3 Mitteleuropa nach dem Wiener Kongress

M4 Die Ursachen der Unzufriedenheit

Gerd Eilers war zwischen 1813 und 1817 Hauslehrer in der Familie eines Frankfurter Kaufmanns und schrieb später seine Lebenserinnerungen auf. Über die Stimmung in Deutschland nach dem Wiener Kongress notierte er:

Fast alle Staatsmänner und Offiziere höherer wissenschaftlicher und politischer Bildung, mit denen ich … verkehrte, erblickten die … Ursachen der stets zunehmenden Unzufriedenheit des Volks mit den Regierungen darin, dass man die Jugend erst für die Befreiung Deutschlands und seiner Fürsten aus schmachvoller Knechtschaft begeistert und ins Feld geführt, dann aber, nachdem das Werk in nie gesehener Einigkeit einer allgemeinen patriotischen Erhebung mit Strömen unschuldigen Bluts vollbracht worden und das ganze deutsche Volk mit geheiligtem Rechte eine neue einheitliche Einrichtung der staatsbürgerlichen Lebensverhältnisse erwarten durfte, der Wiener Fürstenkongress nur zu deutlich die Tendenz verriet, jene dynastischen[1] und hierarchischen[2] Zustände zurückzuführen, die ein halbes Jahrhundert hindurch vor den Freiheitskriegen von der großen Mehrheit des deutschen Volks verabscheut und verhöhnt worden waren.

Zit. nach Geschichte in Quellen, Bd. 5, hg. von Wolfgang Lautemann u. a., München (bsv) 1980, S. 75.

1 ein Herrschergeschlecht betreffend
2 nach einer festen Rangordnung organisiert

M5 Was wollten die Burschenschaften?

Heinrich von Gagern, Heidelberger und Jenaer Burschenschafter, wurde 1848 Präsident der Frankfurter Nationalversammlung. 1818 schrieb er an seinen Vater:

Die Burschen also in diesem Geiste haben in ihrem Burschenleben eine ganz andere Tendenz[1]. Vaterlandsliebe ist bei ihnen das leitende Prinzip; das Vaterland … glücklich zu machen, mehr Nationalität, … bessere Verfassungen zu erstreben ihr Zweck … Nun wirst du, mein teurer Vater, als verständiger Beobachter sagen: Das ist alles gut und schön, aber auf was zielt das alles in der Wirklichkeit? Wie wollt ihr es in Deutschland? Was sind eure politischen Ansichten? … Wir wünschen unter den einzelnen Staaten Deutschlands größeren Gemeinsinn, größere Einheit in ihrer Politik …; keine eigne Politik der einzelnen Staaten, sondern das engste Bundesverhältnis; überhaupt, wir wünschen, dass Deutschland als ein Land und das deutsche Volk als ein Volk angesehen werden könne … Wir wünschen eine Verfassung für das Volk nach dem Zeitgeiste und nach der Aufklärung desselben, nicht, dass jeder Fürst seinem Volke gibt, was er Lust hat und wie es seinem Privatinteresse dienlich ist.

Heinrich von Gagern, Deutscher Liberalismus im Vormärz: Briefe und Reden 1815–1848. Hg. vom Bundesarchiv und der Hessischen Historischen Kommission Darmstadt, Göttingen (Musterschmidt) 1959, S. 58 ff.

1 erkennbare Absicht

M6 Fahne der Jenaer Burschenschaft von 1816. Schwarz-Rot-Gold waren die Uniformfarben des „Lützowschen Freikorps" in den Freiheitskriegen gegen Napoleon. Zahlreiche Gründer der Jenaer Burschenschaft waren zuvor Mitglied dieses Freikorps.

M7 „Der Denkerclub", Karikatur, um 1820

M8 Gedrucktes wird zur „heißen Sache"

Wie sich die Zensurbestimmungen nach den Karlsbader Beschlüssen auf den Alltag der Menschen auswirkten, zeigt die Kindheitserinnerung eines Wiener Bürgers:

Es war im ersten Frühjahr um die Mittagszeit, die Mutter stand in der Küche, ich neben ihr. In der Bratröhre schmorte ein mächtiger Kalbsbraten … Da stürmt jemand die Treppe hinauf; es ist der Vater, der kurz zuvor ausgegangen war. Einige Minuten darauf schießt er, sehr aufgeregt, den Arm mit Makulatur[1] beladen, in die Küche und stößt mit großer Hast das bedruckte Papier in den Küchenherd, dass die Flammen hoch auflodern. Gleichzeitig erscheint von der Hofseite her ein so genannter „Grenzjäger" mit Militärkappe und Gewehr und springt auf den Ofen los, um die hineingeworfenen Papierstöße hervorzuziehen. Das will ihm der Vater wehren und es gibt einen wilden Auftritt. Den Grenzjäger verleitet seine Aufregung zur größten Unvorsichtigkeit, er greift mitten hinein in die Flammen, zieht aber beide Hände schrecklich verbrannt zurück. Der wilde Angreifer windet sich jetzt vor Schmerz und jammert ganz erbärmlich. Den Vater hat auch der Zorn verlassen, er leert eine Flasche Olivenöl auf einen Teller und beginnt dem Manne die verbrannten Hände zu salben, die Mutter ist hinausgelaufen und bringt aus dem Nähzimmer Watte herbei … Endlich läuft der Grenzjäger mit den verbrannten, eingewickelten Händen jammernd davon. Was bedeutete dies alles? Mein Vater war ein Abonnent des – natürlich verbotenen – „Nürnberger Correspondenten". Allwöchentlich brachte Cuhlmann die Nummern; von diesem holte sie mein Vater, um sie auf einsamem Spazierwege zu lesen. Aber längst war er schon dieser Gesetzesübertretung verdächtig.

Alfred Meißner, Geschichte meines Lebens, Bd. I, Wien und Teschen (Prochaska) 1884, S. 9 f.

1 fehlerhafter Druckbogen

4 Liste die Ursachen auf, die Gerd Eilers (M4) für die „Unzufriedenheit des Volkes" anführt. Ziehe dafür auch den Darstellungstext heran.

5 Nenne Ziele, die Gagern den Burschenschaften in M5 zuweist.

6 Teilt die Klasse in drei Gruppen. Untersucht arbeitsteilig an M7, M8 und M9 die Folgen der Karlsbader Beschlüsse und wie sie gewertet werden. Vergleicht eure Ergebnisse.

M9 Misstrauen regiert

Heinrich von Gagern (siehe S. 104) kehrte 1823 nach einem langen Aufenthalt in den Niederlanden zurück und beschrieb seine ersten Eindrücke von der Heimat:

Die Ströme, die Berge, die alten Türme erkenne ich noch, aber die Menschen nicht mehr … Als ich hier anfangs, noch unbekannt mit den neuen Verhältnissen, nach alter Gewohnheit von der Politik des Tages reden wollte, erhielt ich kaum eine Antwort; der eine wich aus, der andere brach ab, viele stahlen sich weg. – Wo niemand über öffentliche Angelegenheiten öffentlich spricht, da ist gewiss keine Freiheit …
Die Zeitungen stehen alle unter strenger Zensur, sie sind so bleich, dass ein geübtes Auge dazu gehört, um einen Unterschied der Farbe zu erkennen … Man hat die Universitäten ihrer Freiheit beraubt … Ausgezeichnete Lehrer sind entfernt – in den Hörsälen der Philosophie, der Geschichte, des Staatsrechts horcht der Verdacht … Überall ist die Polizei mit ihren Spionen tätig – selbst die Briefe werden geöffnet.

Heinrich von Gagern, Das Leben des Generals Friedrich von Gagern, Bd. 1, Leipzig (Winter) 1856, S. 270 ff.

M11 **Familienbild**, Gemälde von Johann Michael Neder, 1836

M10 Zensur – was ist das eigentlich?

Der Historiker Dominik Westerkamp erläuterte 1999:

Unter Zensur im formellen Sinn versteht man eine inhaltliche Überprüfung von Schriften durch staatliche Stellen, deren Entscheidung durch Verwaltungs- oder Strafsanktionen durchgesetzt werden kann. Informelle Zensur ist solche, die nicht durch staatliche Stellen durchgeführt wird, sondern von privater Seite … Selbstzensur schließlich meint die Entscheidung des Autors, sich entgegen seinen ursprünglichen Absichten bei dem von ihm Geschriebenen zu beschränken …
Die Vorzensur ist die strengstmögliche Form der Zensur: sie bedeutet inhaltliche Überprüfung der Schrift vor Erteilung der Erlaubnis zum Abdruck. Nachzensur hingegen meint die Überprüfung des Druckwerks nach Druck und Vertrieb, also nachdem es an die Öffentlichkeit gelangt ist … Unter der Prohibitivzensur[1] ist ein Zustand zu verstehen, bei dem die Pressefreiheit grundsätzlich gewährleistet ist, sie aber durch Anordnungen … eingeschränkt zu werden vermag.

Dominik Westerkamp, Pressefreiheit und Zensur im Sachsen des Vormärz, Baden-Baden (Nomos) 1999, S. 6f.

1 lat. prohibere = abwehren

Zensur heute

Das Grundgesetz der Bundesrepublik Deutschland schützt Meinungs- und Pressefreiheit als Grundrechte des Menschen. Was bedeutet das? Darf die Presse (z. B. die Schülerzeitung) alles schreiben, was sie will? Oder gibt es Grenzen – Zensur? Informiert euch z. B. bei der Redaktion der Schülerzeitung, der Schulleitung, im Schulgesetz und im Grundgesetz (siehe Anhang). Berichtet in der Klasse.

7 Erarbeite mithilfe von M10 die verschiedenen Formen der Zensur und untersuche, welche nach den Karlsbader Beschlüssen in den deutschen Ländern angewendet wurden.

8 In Bildern des Biedermeier wird oft das „kleine Glück“ dargestellt. Zeige an M11, was damit gemeint ist.

9 Überlege, wie a) ein politisch aktiver Student, b) ein preußischer Adliger auf ein Bild wie M11 reagiert haben mag.

Das Hambacher Fest – eine staatsfeindliche Demonstration?

Die Freiheit beschworen …

Am 29. Juli 1833 begann vor dem Geschworenengericht im pfälzischen Landau der Prozess gegen Johann Georg August Wirth, Philipp Jakob Siebenpfeiffer und andere Wortführer des Hambacher Festes. Die Anklage warf ihnen vor, zum Sturz der Regierung aufgerufen zu haben. Die Journalisten Wirth und Siebenpfeiffer hatten mit einigen Gleichgesinnten Männer und Frauen zu einem „deutschen Nationalfest" eingeladen, das am 27. Mai 1832 auf der Schlossruine im pfälzischen Hambach stattfinden sollte. Hier wurde alljährlich am 26. Mai das Fest zu Ehren der bayerischen Verfassung gefeiert, die einige Freiheiten brachte, die Macht des Königs aber nicht antastete.

Mehr als 25 000 Menschen waren dem Aufruf Siebenpfeiffers und Wirths gefolgt – Studenten, Bauern aus der Umgebung, Arbeiter, Bürger aus allen deutschen Staaten und dem Elsass. Auch Polen, die 1830/31 nach einem gescheiterten Aufstand aus ihrer Heimat geflohen waren, nahmen am Hambacher Fest teil. Die Teilnehmer der Veranstaltung schmiedeten Pläne für ein national geeintes Deutschland und forderten Freiheit und Gerechtigkeit – für Männer und Frauen. Wie lässt sich erklären, dass so viele Menschen dem Aufruf gefolgt waren? In Frankreich war es im Juli 1830 zur Revolution gekommen, nachdem König Karl X. versucht hatte, die politischen Rechte der Bevölkerung und die Pressefreiheit einzuschränken. Karl musste zurücktreten und das Parlament setzte einen neuen König ein. Dieser legte einen Eid auf die Verfassung ab und durfte Regierungsentscheidungen nur noch mit Zustimmung des Parlaments treffen. Der Funke der Revolution sprang schnell über: In Polen und Belgien brachen Unruhen aus und in den deutschen Staaten sahen sich besonders die Bürger – wie beispielsweise auf dem Hambacher Fest – darin bestärkt, mehr politische Rechte und Freiheiten einzufordern.

… die Freiheit verloren

Der bayerische König war entschlossen, mit dem Prozess gegen die Organisatoren von Hambach ein warnendes Beispiel zu geben: Die Geschworenen waren so ausgewählt worden, dass Wirth, Siebenpfeiffer und ihre Mitangeklagten mit ihrer Verurteilung rechnen mussten. Doch es kam anders: Das Gericht gestattete ihnen, sich so zu verteidigen, wie es das – in der Pfalz seit der Herrschaft Napoleons geltende französische – Recht vorsah. In mehrstündigen Reden trugen Siebenpfeiffer und Wirth den Geschworenen und applaudierenden Zuhörern im Gerichtssaal ihre politischen Ideen vor. Der Prozess endete mit einem Freispruch. Die Regierung in München gab sich damit aber nicht zufrieden. Siebenpfeiffer und Wirth wurden wenig später wegen Beamtenbeleidigung angeklagt und vor Polizeigerichte gestellt. Dort erhielten sie die Höchststrafe: zwei Jahre Haft. Siebenpfeiffer gelang die Flucht in die Schweiz, während Wirth seine Strafe verbüßte. Er zog anschließend nach Frankreich und in die Schweiz, von wo aus er 1847 nach Deutschland zurückkehrte.

Der Zug auf das Hambacher Schloss M1
am 27. Mai 1832, Radierung, 1832

M2 „Hinauf, Patrioten! Zum Schloss!"

Philipp Jakob Siebenpfeiffer hatte 1832 für 300 Handwerksburschen folgendes Lied gedichtet, das während des Zuges zum Hambacher Schloss gesungen wurde:

Hinauf Patrioten! Zum Schloss, zum Schloss!
Hoch flattern die deutschen Farben:
Es keimet die Saat und die Hoffnung ist groß,
Schon binden im Geiste wir Garben:
Es reifet die Aehre mit goldnem Rand,
und die goldne Erndt' ist das – Vaterland.

Wir sahen die Polen, sie zogen aus,
Als des Schicksals Würfel gefallen;
Sie ließen die Heimath, das Vaterhaus,
In der Barbaren Räuberkrallen:
Vor des Czaren finsterem Angesicht
Beugt der Freiheit liebende Pole sich nicht.

Auch wir, Patrioten, wir ziehen aus
In fest geschlossenen Reihen;
Wir wollen uns gründen ein Vaterhaus,
Und wollen der Freiheit es weihen:
Denn vor der Tyrannen Angesicht
Beugt länger der freie Deutsche sich nicht.
...
Drum auf, Patrioten! Der Welt sei kund,
Dass eng, wie wir stehen gegliedert,
Und dauernd wie Fels der ewige Bund,
Wozu wir uns heute verbrüdert.
Frisch auf, Patrioten, den Berg hinauf!
Wir pflanzen die Freiheit, das Vaterland auf.

Zit. nach Johann Georg August Wirth, Das Nationalfest der Deutschen zu Hambach, Neustadt a. d. H. 1832, Nachdruck der Orig. Ausg., Neustadt a. d. W. (Meininger) 1981, S. 12f.

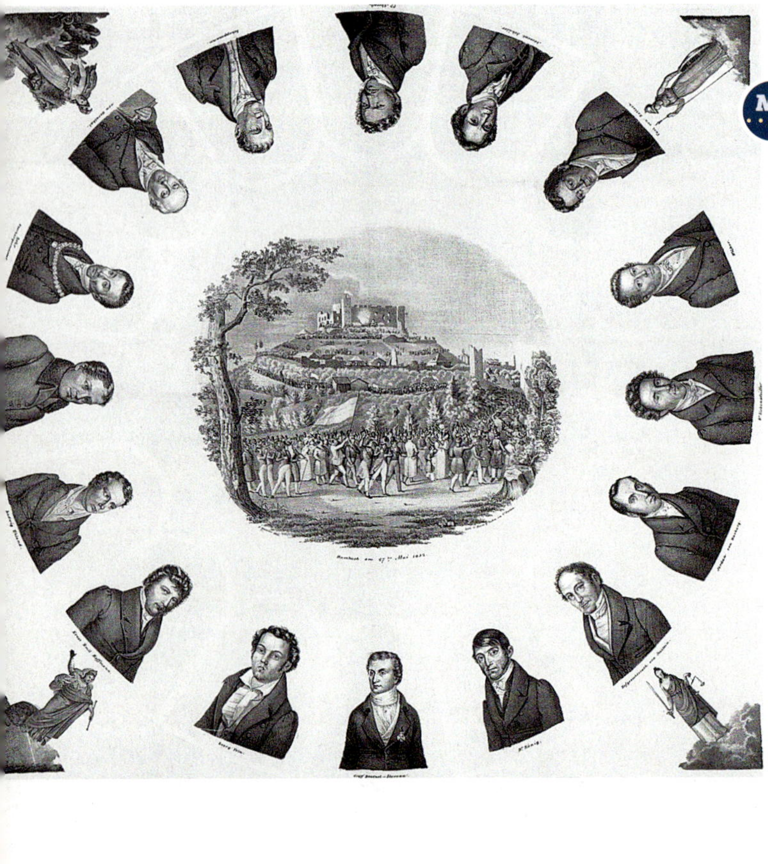

M3 Halstuch, Leinenbatist, 1832. Die Tücher wurden nach dem Hambacher Fest in der Schweiz produziert und erfreuten sich in Deutschland großer Beliebtheit. Unter den 16 abgebildeten Männern sind unter anderem Karl von Rotteck, Karl Theodor Welcker, Philipp Jakob Siebenpfeiffer, Silvester Jordan, Ludwig Uhland, Johann Georg August Wirth zu sehen. In den vier Ecken finden sich – in Frauengestalten – die Gerechtigkeit, die Weisheit, die Tapferkeit und die Besonnenheit.

1 Erarbeite anhand des Darstellungstextes S. 107 die Machtverhältnisse zwischen den Organisatoren des „Nationalfestes" und der bayerischen Regierung.

2 Das Hambacher Fest wird von manchen Historikern als „Massendemonstration" bezeichnet. Überprüfe anhand von M1 und des Darstellungstextes (S. 107), ob dieser Ausdruck passt. Vergleiche mit dem Wartburgfest (siehe S. 102).

3 Informiere dich über die auf M3 abgebildeten Personen in einem Lexikon. Berichte, welche Rolle sie zu ihrer Zeit spielten.

4 Untersuche M3 mithilfe der Methode „Gebrauchsgegenstände analysieren" (siehe S. 189). Überlege, warum gerade diese Frauengestalten abgebildet sind.

M4 Was die Zukunft bringen soll

Aus der Rede Philipp Jakob Siebenpfeiffers auf dem Hambacher Fest (1832):

4A Und es wird kommen der Tag, ... wo der Deutsche vom Alpengebirg und der Nordseee, vom Rhein, der Donau und der Elbe den Bruder im Bruder umarmt, wo die Zollstöcke und die Schlagbäume, wo alle Hoheitszeichen der Trennung ... und Bedrückung verschwinden samt den Konstitutiönchen ... wo der Beamte ... mit der Volksbinde sich schmückt ... Wo das deutsche Weib, nicht mehr die dienstpflichtige Magd des herrschenden Mannes, sondern die freie Genossin des freien Bürgers, unsern Söhnen und Töchtern schon als stammelnden Säuglingen die Freiheit einflößt ... Wo der Bürger ... dem Gesetze gehorcht und auf den Tafeln des Gesetzes den eigenen Willen liest und im Richter den frei erwählten Mann seines Vertrauens erblickt.

Beide Quellen zit. nach Johann Georg August Wirth, Das Nationalfest der Deutschen zu Hambach, Neustadt a. d. H. 1832, Nachdruck der Orig. Ausg., Neustadt a. d. W. (Meininger) 1981, S. 34 f. und 41 ff.

Aus der Rede Johann Georg August Wirths auf dem Hambacher Fest:

4B Wenn ... die reinsten, fähigsten und muthigsten Patrioten über die zweckmäßigste Reform unsres Landes sich verständiget und zugleich sich verbunden haben, um durch eigene Journale die öffentliche Meinung des Gesammtvolkes ... zu gewinnen, ... wenn auch solche Männer den Nationalstolz, das Gefühl der Bürgerwürde und die Flamme der Freiheitsliebe durch die Gluth begeisternder Rede in allen deutschen Gauen erwecken, ... wenn endlich die guten Bürger in den lichtern Gegenden unseres Landes das Wirken solcher Männer durch die Verbreitung deren Schriften öffentlich und im Stillen unterstützen; ja, fürwahr, dann wird, dann muss das große Werk gelingen, die verrätherische Gewalt wird vor der Weihe der Vaterlandsliebe und der Allmacht der öffentlichen Meinung in den Staub sinken, Deutschland wird die Freiheit und den Frieden sehen, es wird zur herrlichsten Macht und Größe emporblühen.

M5 „Hambach": ein Fall für die Regierung

Am 10. Juni 1832 schrieb der österreichische Staatskanzler Metternich an seinen Gesandten in Berlin, Graf v. Trauttmannsdorf:

Der 28.te Artikel der Wiener Schlussakte bestimmt Folgendes: Wenn die öffentliche Ruhe und gesetzliche Ordnung in mehreren Bundesstaaten durch gefährliche Verbindungen und Anschläge bedroht sind und dagegen nur durch Zusammenwirken der Gesamtheit zureichende Maßregeln ergriffen werden können, ist der Bundestag befugt und berufen, nach vorgängiger Rücksprache mit den zunächst bedrohten Regierungen, solche Maßregeln zu berathen und zu beschließen.
Dieser ... Fall liegt nun vor ... Ich rechne mit aller Zuversicht darauf, dass beide Höfe [in München und Berlin] in demselben Geiste die Revolution fest in das Auge fassen, um ihren Untergang auf diesem allein möglichen Wege herbeizuführen.

Zit. nach Veit Valentin, Das Hambacher Nationalfest, Berlin (Historisch-politischer Verlag) 1932, S. 142 f.

Plakate entwerfen

Entwerft gemeinsam in der Klasse ein „Hambacher Stimmungsbild“: Schreibt die wichtigsten Forderungen der „Hambacher“ auf Plakate. Diskutiert, welche Teilnehmer (siehe Darstellungstext) wohl applaudierten – und warum. Schreibt ihre Namen auf Karten und klebt diese hinter die Aussagen. Wertet anschließend aus, z. B: Wer hat am meisten applaudiert, wer wurde bzw. fühlte sich gar nicht angesprochen?

5 Erarbeite aus M2 Einzelheiten, die die Anklage im Prozess gegen Siebenpfeiffer wohl als Argumente vorgebracht haben könnte.

6 Untersuche die Argumentation der Redner in M4A und M4B mithilfe des Modells zur Quellenanalyse S. 43.

7 Prüfe kritisch, ob die Einschätzung Metternichs über das Hambacher Fest (M5) zutreffend, seine Reaktion angemessen war.

Armut treibt Männer und Frauen auf die Barrikaden

Brotkrawall in Stuttgart

Zwei Frauen waren angeklagt, am Brotkrawall (3. Mai 1847) teilgenommen und die Umstehenden „zum Widerstand" angestachelt zu haben. „Sie bewaffneten sich mit Lattenstücken, sprangen dem Militär nach, schimpften über das Militär und schrien ‚Halbbatzen Reiter' (Halbbatzen meint: bezahlte Handlanger der Obrigkeit), sie hetzten das Volk auf, indem sie immer demselben zuriefen ‚ihr seyd keine Kerle, ihr Hosenscheißer'. Überhaupt machten sie ein abscheuliches Spektakel" – so schilderte der Fuhrmann Knauer vor dem Stuttgarter Gericht das Verhalten der Wäscherin und Näherin Beate Calwer und ihrer Schwester Friederike. Die Unruhen hatten vor dem Haus des Bäckers Meyer begonnen: Eine johlende und pfeifende Menge, deren Stimmführer Frauen aus der Unterschicht waren, protestierte mit ihrer „Katzenmusik" dagegen, dass der Bäcker sich seit Tagen weigerte, Brot zu backen. Er wartete nämlich darauf, so sagten es Gerüchte, dass die Brotpreise angehoben würden. Später flogen Steine; berittene Soldaten gingen mit Säbeln und Gewehren gegen die Demonstranten vor, die sich durch Barrikaden zu schützen versuchten.

Das traurige Ergebnis dieser Protestaktion waren ein Toter, mehrere Verletzte und mehr als hundert Festnahmen. Davon gab es zahlreiche in jenen Jahren – vor allem seit 1845, als die Grundnahrungsmittel Brot und Kartoffeln so teuer wurden, dass viele Menschen sie nicht mehr bezahlen konnten.

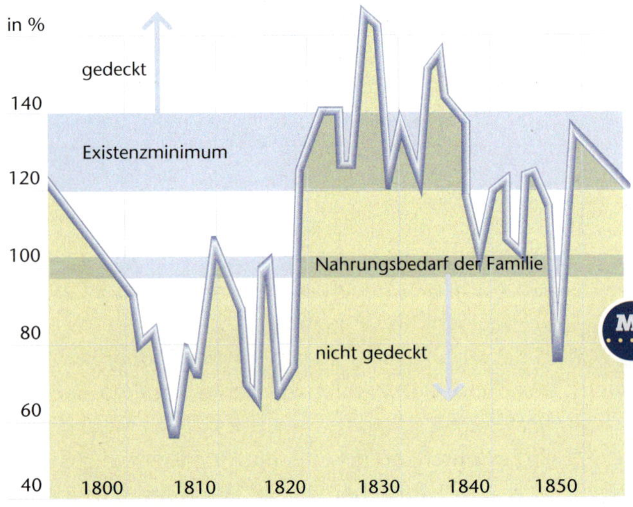

Die schlesischen Weber wehren sich

Besonders schlimm war die Lage der Weber in Schlesien: Hier nutzten viele Unternehmer das Überangebot an Arbeitskräften und die Situation auf dem Warenmarkt, um immer niedrigere Preise für die handgewebten Waren zu zahlen. Die Weber und ihre Familien lebten in bitterster Armut. Im Juni 1844 brach in Schlesien ein Aufstand aus: Mehrere tausend Weber schlossen sich in Gruppen zusammen und gingen mit Gewalt gegen die Fabrikanten vor. Schließlich griff das preußische Militär ein. Viele Weber wurden verhaftet und zu langen Zuchthausstrafen verurteilt. Wie war es zu diesen schlimmen sozialen Zuständen bei den Webern gekommen?

Industrialisierung und Massenarmut

Die technischen Erfindungen der Industrialisierung machten es möglich, dass Waren, die bisher von Handwerkern in Einzelarbeit angefertigt worden waren, seit Beginn des 19. Jahrhunderts maschinell in großer Stückzahl hergestellt wurden (siehe Kapitel Industrialisierung). Von der Konkurrenz durch die englische Industrie und durch billige amerikanische Baumwolle waren vor allen Dingen die Textilarbeiter betroffen. Viele Handwerker mussten ihre Werkstätten, oft sogar ihren Beruf aufgeben und als ungelernte Arbeiter in Fabriken ihren Lebensunterhalt verdienen. Andere wurden Heimarbeiter, die im Auftrag von Verlegern* tätig waren. In den 1830er Jahren stieg die Zahl der Arbeitssuchenden in allen deutschen Staaten dramatisch an. Die daraus folgende Massenarmut wurde als Pauperismus* (lat. pauper = arm) bezeichnet. In Verbindung mit den liberalen und nationalen Ideen entstand eine für die Fürsten oft bedrohliche Situation. Auch sahen viele Menschen für sich in der Heimat keine Zukunft mehr: Sie wanderten aus – die meisten in die USA.

M1 Die Kaufkraft der Bauarbeiterlöhne in Leipzig 1800–1850. Der Prozentsatz gibt an, in welcher Höhe der Jahreslohn eines Zimmergesellen den Nahrungsbedarf einer 5-köpfigen Familie deckte.

M2 Zeitungen berichten über die Ereignisse in Schlesien

Der Weber-Aufstand 1844 in Schlesien wurde von vielen Zeitungen gemeldet – nur in Schlesien war jede Berichterstattung darüber verboten.

2A *Bericht der „Aachener Zeitung“ (11. Juni 1844):* Wahrlich, die Not muss unerträglich gewesen sein! … Das Handlungshaus Zwanziger u. Söhne hatte sich seit langer Zeit durch die gewöhnliche, leinwandkaufmännische Menschenfreundlichkeit den Webern … verhasst gemacht … Die Leidenschaft gebiert Dichter und so war denn auch unter den Webern … ein Spottgedicht entstanden, in dem sich ihre Gesinnung gegen den hartherzigen Fabrikbesitzer sehr erbittert kundgab … [Schließlich] verliert der Chef die Geduld und lässt einige der ärgsten Schreihälse festnehmen. Die Nachricht hiervon verbreitet sich wie ein Lauffeuer. Die Menge der Weber vergrößert sich von Minute zu Minute … Mit Schreien und Toben dringen sie an, zerschmettern die Türen, sämtliches Mobiliar und bemächtigen sich der Kasse, deren Inhalt sie unter sich verteilen. Die Bewohner des Palais hatten sich vorher geflüchtet. Von dort ziehen die Anführer zu einem anderen Fabrikanten … Dieser weiß aber die Gefahr abzuwenden, indem er eine namhafte Summe Geldes unter die Leute verteilt.

2B *Bericht der in Berlin erscheinenden „Vossischen Zeitung“ (22. Juni 1844):* Der Verlust, welchen die Brüder Dierig erlitten, ist sehr bedeutend … In Langenbielau handelte es sich nicht um ein Rachewerk und Volksgericht, sondern um Raub und Plünderung … Die Herren Dierig waren sehr beliebt in der ganzen Gegend … und verehrt von allen ihren 4000 Arbeitern … gutmütig, leutselig, eine Stütze der Bedrängten, Helfer der Armen, haben sie zu keiner Zeit … die Löhne herabgesetzt … Man befürchtet, dass sie ihr Geschäft aufgeben und sich nach so bitterer Erfahrung in das Ausland übersiedeln möchten. Unsere Industrie … würde dadurch einen schweren Schlag erleiden.

Beide Quellen zit. nach Lutz Kroneberg/Rolf Schlösser, Weber-Revolte 1844, Köln (Leske) 1979, S. 155 f. und 190.

M3 Das Elend in Schlesien, Karikatur aus der Münchener Zeitschrift „Fliegende Blätter“, 1848

1 Erarbeite aus dem Darstellungstext, vor welchem Hintergrund die Brotkrawalle in Stuttgart stattfanden. Nimm M1 zu Hilfe.

2 Erarbeite aus dem Darstellungstext, M2A und M3 die wirtschaftliche und soziale Situation der Weber.

3 Vergleiche, wie M2A und M2B das Vorgehen der Fabrikanten und der Aufständischen werten. Suche nach Erklärungen für die Unterschiede und nimm Stellung.

4 Untersuche M3 mithilfe der Methode „Karikaturen entschlüsseln“ (siehe S. 33).

5 Stelle Vermutungen über die Folgen der Ereignisse in Schlesien für die Lage in anderen Gegenden des Deutschen Bundes an. Denke auch an die Rolle der Zeitungen.

1848: Märzrevolution in Deutschland

„Für die Freiheit!“ – „Auf die Barrikaden!“

Ein Augenzeuge, der sich in der Nacht vom 18. zum 19. März 1848 in Berlin an der „Großen Barrikade“ aufgehalten hatte, berichtete später: „Über jeder Leiche erneuerte sich der Racheschwur ihrer Mitkämpfer. [Schließlich] wurde die Besatzung der Barrikade durch die furchtbare Wirkung der Artillerie gezwungen, die Verteidigung aufzugeben.“ Barrikadenkämpfe gab es nicht nur in Berlin: In vielen Städten lieferten sich Militär und Aufständische blutige Gefechte. Bei den Opfern handelte es sich meist um junge Männer (Handwerker, Arbeiter, Studenten), aber auch Frauen und Kinder waren darunter.

Was hatte die Menschen auf die Straße getrieben?

Im Februar 1848 hatten in Paris Handwerker und Arbeitslose ein neues Wahlrecht gefordert, das nicht nur wohlhabenden Bürgern*, sondern auch den „kleinen Leuten“ erlaubte, politisch mitzubestimmen. Es kam zu blutigen Straßenschlachten, bis der französische König floh. Wie schon 1792 wurde in Frankreich eine Republik ausgerufen. Alle Männer über 21 Jahren erhielten das Wahlrecht.

Wie ein Lauffeuer verbreitete sich die Nachricht in Europa: Am 13. März löste in Wien eine Demonstration von Studenten, liberalen Bürgern und notleidenden Menschen Straßenkämpfe aus und führte zum Rücktritt der Regierung: Staatskanzler Metternich floh verkleidet aus der Stadt. Die Gunst der Stunde nutzten die Polen, Ungarn und andere nationale Minderheiten, um sich vom Habsburger Reich loszusagen – langfristig allerdings ohne Erfolg.

Viele süddeutsche Landesherren wichen dem Druck der Bevölkerung und erfüllten die wichtigsten Forderungen. In Karlsruhe wurde dem Parlament eine in Mannheim verfasste Bittschrift übergeben. Das Parlament richtete die Schrift gleich am nächsten Tag an den Großherzog, der den Forderungen umgehend nachgab. Im Gegensatz dazu blieb der preußische König Friedrich Wilhelm IV. hart. Erst als er erfuhr, dass Metternich geflohen war, stellte er eine Verfassung für Preußen in Aussicht. Doch als sich am 18. März etwa 10 000 Menschen vor dem Schloss in Berlin versammelten, um dem König zu danken, fielen zwei Schüsse. Die Menge fühlte sich verraten, griff zu den Waffen. Tags darauf lenkte der König ein. Er versprach Pressefreiheit und sagte zu, dass Preußen die Idee einer nationalen Einheit unterstützen werde. Außerdem berief er eine „preußische Nationalversammlung“ ein, die eine Verfassung ausarbeiten sollte. Welche politischen Ziele verfolgten nun diejenigen, die sich als Sieger der Berliner Märzereignisse* sahen?

1 Lege folgende Tabelle an, mit deren Hilfe du die Unruhen von Paris, Wien und Berlin im Frühjahr 1848 einander gegenüberstellst.

Ort	Beteiligte	Verlauf	Ziele	Ergebnisse

M1 **Kampf zwischen Bürgern und Soldaten** in Berlin am 18. und 19. März 1848, aus der Bilderbogenserie „Das merkwürdige Jahr 1848“ von Gustav Kühn, 1848

M2 Straßenkämpfe in Berlin

Ende März 1848 wurde in Wien ein Flugblatt verbreitet, das die Schlachten in Berlin aus der Sicht der Aufständischen beschrieb:

Der Sturm, der mit wachsender Gewalt das königliche Schloss umbrauste, konnte nicht länger überhört werden … Es wurden sogleich Barrikaden, die sich in wenigen Stunden über die ganze Stadt ausdehnten, errichtet, dann mit allen Glocken Sturm geläutet, das Straßenpflaster aufgerissen, mehrere Straßen mit Glasscherben bestreut, spitziges Eisen in den Boden getrieben, um der Reiterei den Weg unmöglich zu machen. Steine wurden auf die Dächer geschafft und sogar abgedeckt, siedendes Wasser und Öl war in Bereitschaft. Leute jeden Alters, Geschlechts und Standes waren dabei, und nur beim Heranrücken des Militärs entfernten sich Frauen, Kinder, Greise in die Häuser, alles Bereitgehaltene herabzuschleudern.

Zit. nach Karl Obermann, Flugblätter der Revolution. Eine Flugblattsammlung zur Geschichte der Revolution von 1848/49 in Deutschland, Berlin (Dt. Verlag d. Wiss.) 1970, S. 102 ff.

M3 Der König und die Toten

Am 19. März musste Friedrich Wilhelm IV. sich dem Druck beugen und den toten Aufständischen die letzte Ehre erweisen. Ein Augenzeuge erinnerte sich 1852:

Zuerst wurden sechs bis sieben Leichen von der Breiten Straße her nach dem Schloss angefahren. Die blutigen Wunden aufgedeckt, bekränzt mit Blumen und Laub. Die begleitende Volksmenge sang Lieder und schrie. Der König solle die Leichen sehen, hieß es. Auf den … Ruf erschien der König auf dem Altan[1], der nach dem Schlossplatz hinausführt … Alles hatte den Kopf entblößt, nur der König die Mütze auf. Da hieß es gebieterisch: „Die Mütze herab!", und er nahm sie ab. Die Leichen wurden dann durch das Schloss nach dem Dom gefahren. Alle folgenden ebenso, diese aber machten auf dem inneren Schlosshof halt, und hier musste der König ebenfalls wiederholt auf der Galerie erscheinen, die Leichen grüßen und vieles anhören. Endlich wurde ein geistliches Lied angestimmt … die ganze Volksmenge sang mit und schien versöhnt. Der König durfte sich erschöpft und vernichtet zurückziehen.

Zit. nach Hans Bentzien, Unterm roten und schwarzen Adler, Berlin (Volk und Welt) 1992, S. 225.

1 Balkon

M4 **Friedrich Wilhelm IV.** reitet durch Berlin, März 1848, Kupferstich, 1849

M5 … Die Ehre des Militärs gerettet

Der Bruder des preußischen Königs, Prinz Wilhelm von Preußen, floh am 24. März 1848 nach London; von dort schrieb er am 21. April an General von Prittwitz, den Befehlshaber der Berliner Gardetruppen:

Sie können und müssen stolz darauf sein über die Tat, wie Sie den Kampf am 18. und 19. führten, stolz, so herrliche Truppen geführt zu haben … Sie haben … die Ehre und den Ruhm … die Armee aus der Katastrophe, die uns getroffen hat, unbefleckt gerettet zu haben. Je schwieriger diese Aufgabe war, nach allem, was dieser Truppe zugemuthet worden ist, – im Siege abberufen zu werden, durch Wort, That und Schrift verhöhnt zu werden! –, je höher liegt ihr Verdienst! Der Gedanke ist mir theuer, dass der Geist, welcher Ihnen Ihre Aufgabe möglich machte, in der Truppe wenigstens von mir nicht unangeregt gewesen ist. Dieser Gedanke tröstet mich … bei dem Gedanken, dass das Vergangene nicht wiederkehrt!

Karl Ludwig von Prittwitz, Berlin 1848, Das Erinnerungswerk, bearb. von Gerd Heinrich, Berlin u. a. (de Gruyter) 1985, S. 488 f.

2 Untersuche das Bild M1 nach der Methode „Bilder entschlüsseln" (siehe Methodenanhang).

3 Erläutere, was die Leser aus M2 erfuhren. Welche Absicht stand wohl dahinter?

4 „Die Revolution hat über die Monarchie gesiegt!" Setze dich kritisch mit dieser Aussage anhand von M3 und M5 auseinander.

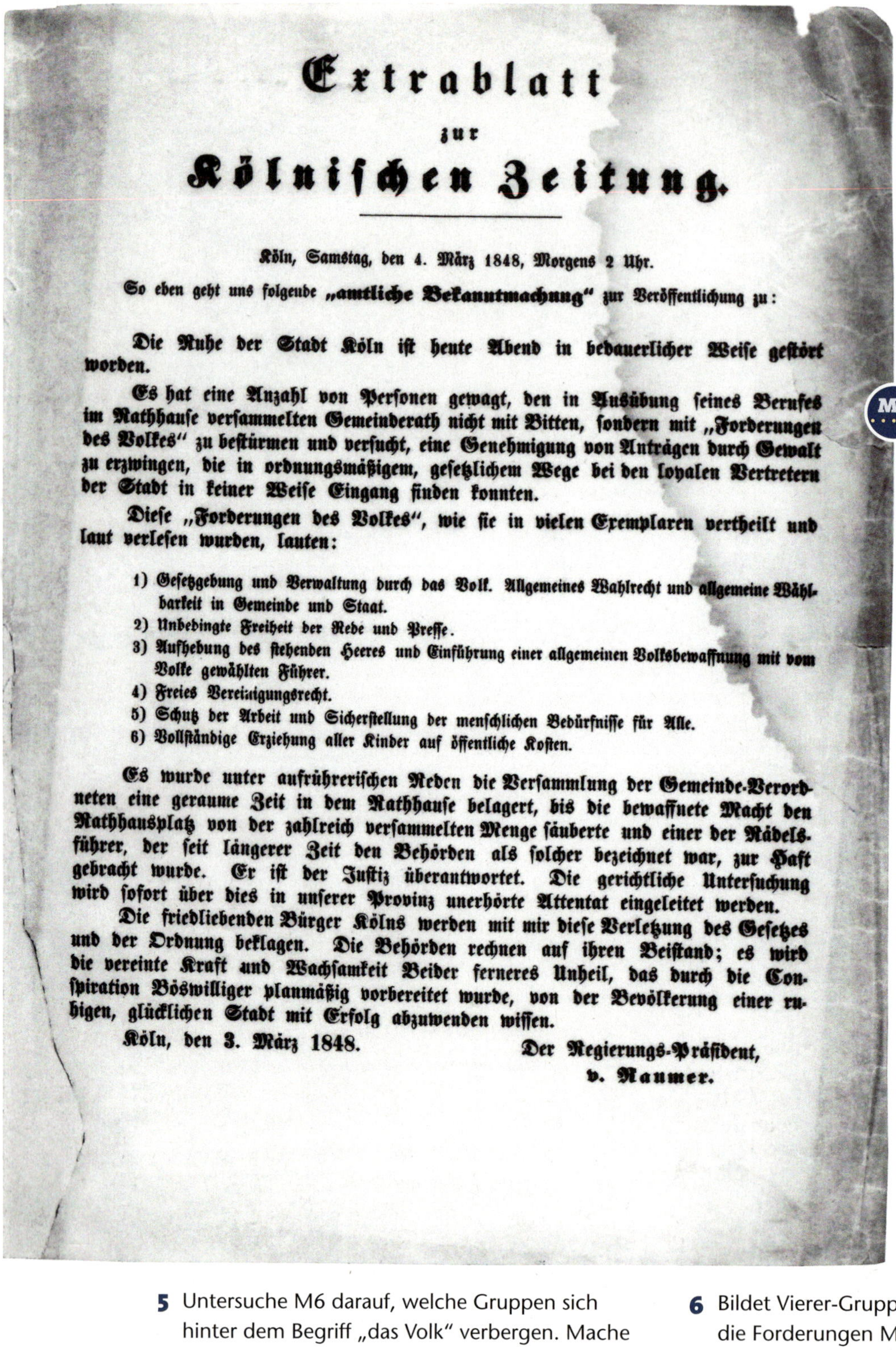

Extrablatt
zur
Kölnischen Zeitung.

Köln, Samstag, den 4. März 1848, Morgens 2 Uhr.

So eben geht uns folgende **„amtliche Bekanntmachung“** zur Veröffentlichung zu:

Die Ruhe der Stadt Köln ist heute Abend in bedauerlicher Weise gestört worden.

Es hat eine Anzahl von Personen gewagt, den in Ausübung seines Berufes im Rathhause versammelten Gemeinderath nicht mit Bitten, sondern mit „Forderungen des Volkes“ zu bestürmen und versucht, eine Genehmigung von Anträgen durch Gewalt zu erzwingen, die in ordnungsmäßigem, gesetzlichem Wege bei den loyalen Vertretern der Stadt in keiner Weise Eingang finden konnten.

Diese „Forderungen des Volkes“, wie sie in vielen Exemplaren vertheilt und laut verlesen wurden, lauten:

1) Gesetzgebung und Verwaltung durch das Volk. Allgemeines Wahlrecht und allgemeine Wählbarkeit in Gemeinde und Staat.
2) Unbedingte Freiheit der Rede und Presse.
3) Aufhebung des stehenden Heeres und Einführung einer allgemeinen Volksbewaffnung mit vom Volke gewählten Führer.
4) Freies Vereinigungsrecht.
5) Schutz der Arbeit und Sicherstellung der menschlichen Bedürfnisse für Alle.
6) Vollständige Erziehung aller Kinder auf öffentliche Kosten.

Es wurde unter aufrührerischen Reden die Versammlung der Gemeinde-Verordneten eine geraume Zeit in dem Rathhause belagert, bis die bewaffnete Macht den Rathhausplatz von der zahlreich versammelten Menge säuberte und einer der Rädelsführer, der seit längerer Zeit den Behörden als solcher bezeichnet war, zur Haft gebracht wurde. Er ist der Justiz überantwortet. Die gerichtliche Untersuchung wird sofort über dies in unserer Provinz unerhörte Attentat eingeleitet werden.

Die friedliebenden Bürger Kölns werden mit mir diese Verletzung des Gesetzes und der Ordnung beklagen. Die Behörden rechnen auf ihren Beistand; es wird die vereinte Kraft und Wachsamkeit Beider ferneres Unheil, das durch die Conspiration Böswilliger planmäßig vorbereitet wurde, von der Bevölkerung einer ruhigen, glücklichen Stadt mit Erfolg abzuwenden wissen.

Köln, den 3. März 1848.

Der Regierungs-Präsident,
v. Raumer.

M6 **Extrablatt zur Kölnischen Zeitung,** 3. März 1848 (Faksimile). Zur Fraktur-Schrift siehe Hinweise im Buchumschlag

Lesetipp
Klaus Kordon, 1848. Die Geschichte von Jette und Frieder, Weinheim/Basel (Beltz & Gelberg) 1997. Liebesgeschichte zwischen zwei Jugendlichen, die mitten in die politischen Unruhen des Jahres 1848 hineinführt.

5 Untersuche M6 darauf, welche Gruppen sich hinter dem Begriff „das Volk“ verbergen. Mache deutlich, wie du sie „enttarnt“ hast.

6 Bildet Vierer-Gruppen: Je ein Mitglied notiert sich die Forderungen M6 bis M9 (S. 114/115) und überlegt sich, welche Motive dahinter standen. Tragt euch die Ergebnisse gegenseitig vor. Stellt ausgehend von M5 Vermutungen darüber an, wie die „Gegenseite“ reagierte.

M7 Forderungen von Bauern im Odenwald

1847 verbreitete angeblich der Seifensieder Adam Stoll aus Mudau im Odenwald ein Flugblatt mit dem Wortlaut:

Darum hat Gott den Hunger unter die Menschen geschickt, damit das Volk aufwache und sich einander liebe wie Brüder und auch wie Brüder miteinander und einer für den anderen streite; wir wollen auch nur sagen, weswegen die Revolution entstehen soll:

1. Der Adel muss vernichtet werden.
2. Die Juden müssen aus Deutschland vertrieben werden.
3. Müssen alle Könige, Herzöge und Fürsten weg.
4. Müssen alle Beamten gemordet werden.

Dann wird es wieder gut in Deutschland.

Zit. nach Friedrich Lautenschlager, Die Agrarunruhen in den badischen Standes- und Grundherrschaften im Jahre 1848, Heidelberg 1915, Nachdruck: Nendeln (Kraus) 1976, S. 37.

M8 Frauen fordern mehr Rechte

Viele politisch aktive Frauen gründeten Vereine, halfen Aufständischen, nähten Fahnen für ihre Männer und diskutierten die politische Lage. In einem Brief an den demokratischen Wiener Frauenclub vom 5. 9. 1848 hieß es:

Geliebte Schwestern!

Ich reiche euch aus der Ferne die Hand zum Schwesternbunde und versichere euch meine Sympathie. „Emanzipation der Frauen" sei die Perle, die wir vereint aus dem schwarzen Meere männlichen Despotismus herauszuholen gedenken … Wir fordern gleiche Berechtigung in Ausübung der Künste und Gewerbe, wozu wir ebenso befähigt sind wie die Männer. Wir wollen Advokatinnen[1] werden. Wir verspüren dazu das größte Talent; denn wir streiten sehr gern und haben immer das letzte, entscheidende Wort … Wir wollen Hörerinnen der Staatspolitik sein, aber nie Mitsprecherinnen, wenigstens nicht öffentlich … Wir wollen einen Verein bilden für gute, wohltätige Zwecke … Wir wollen Bildungsschulen für deutsche Hausfrauen … Wir wollen darauf bedacht sein, … den verderblichen Putz aus unseren Kreisen zu bannen. Wir wollen mit gutem Beispiel vorangehen und namentlich in unseren Versammlungen ganz einfach erscheinen …

Ein deutsches Weib

Zit. nach Gerlinde Hummel-Haasis (Hg.), Schwestern zerreißt eure Ketten, München (dtv) 1982, S. 150f.

1 Rechtsanwältinnen

Liberale, Demokraten

Als Liberale werden die Verfechter des politischen Liberalismus bezeichnet, der (seit dem 18. Jahrhundert) forderte: Glaubens- und Meinungsfreiheit, Sicherung der Menschenrechte und das Recht auf politische Mitbestimmung für alle Staatsbürger, – fixiert in einer Verfassung. Vorwiegend das Bürgertum* sympathisierte mit dieser politischen Ausrichtung. Auch die Demokraten wollten die Mitbestimmung aller Staatsbürger an politischen Entscheidungen, und zwar „radikaler" als die Liberalen: Allein der Wille des Volkes sollte die Politik bestimmen – entweder direkt (z. B. durch Volksentscheide) oder indirekt, durch die Stimmen von Abgeordneten. Die meisten Demokraten waren Kleinbürger, Handwerker, Arbeiter, Dienstboten und andere Berufsgruppen mit geringem Einkommen.

M9 Was die Arbeiter wollen

Viele Arbeiter und Handwerker kämpften auf den Barrikaden, aber ein politisches Programm hatten sie zu Beginn der Revolution nicht. Was sie motivierte, sich in die Kämpfe einzumischen, formulierte am 8. April 1848 die „Deutsche Arbeiter-Zeitung":

Was … die Arbeiter wollen, ist: Menschen sein – … Menschen in geselliger und politischer Hinsicht, die arbeiten, aber auch genießen wollen. Schauet auf die Arbeiter, und sehet, dass so viele von ihnen gedrückter und übler dran sind als die Negersklaven in den Kolonien. Arbeiten, schwer arbeiten, sechs Tage in der Woche, Woche für Woche, Monat für Monat, Jahr für Jahr bis Körper und Seele verkümmert ist, und was dafür? Dafür: Kaum Sattessen, kaum ordentliche Bekleidung, eine dürftige, ungesunde, elende Wohnung, keine ordentliche Erholung, wenig oder gar keine Mittel zur ordentlichen Kindererziehung – und wenn dann das Alter kommt, früher wie bei anderen Menschen durch Anstrengung, Sorge und Not herbeigeführt, oder wenn Siechtum oder sonst ein Unfall bei der Arbeit den Arbeiter zum Krüppel gemacht, – dann keine Zuflucht, keinen Ort, wo der Abgequälte sein Haupt ruhig hinlegen kann, – keine andere Lebensaussicht für Weib und Kind als – elende Armenunterstützung.

Deutsche-Arbeiter-Zeitung, Nr. 1 (8. April 1948). Zit. nach Jürgen Bergmann, Wirtschaftskrise und Revolution, Stuttgart (Klett-Cotta) 1986, S. 74f.

Politische Flugblätter analysieren

Flugblätter in der politischen Auseinandersetzung

Flugblätter spielten eine wichtige Rolle bei der Verbreitung demokratischer Ideen. Im 19. Jahrhundert, als es weder Fernsehen, Radio noch Internet gab, Bücher für die meisten Menschen zu teuer waren und die wenigen existierenden Zeitungen leicht von der Obrigkeit kontrolliert werden konnten, waren sie für die politisch aktiven Bürger ein wichtiges Medium, mit dem sie ein breites Publikum erreichen konnten. Flugblätter waren schnell und kostengünstig herzustellen. Sie wurden von Hand zu Hand weiter gereicht, konnten an öffentlichen Plätzen ausgehängt werden und wurden teilweise öffentlich vorgelesen und diskutiert.

In der Zeit der demokratischen Erhebungen um 1848/49 verfolgten viele Flugblätter das Ziel, das breite Publikum von den demokratischen Idealen zu überzeugen und möglichst viele Männer zur Teilnahme an politischen (und teilweise auch militärischen) Aktionen zu bewegen.

Folgende Arbeitsschritte geben dir Anregungen für die Analyse solcher Flugblätter. Da die Flugblätter in Charakter, Inhalt und Zielsetzung sehr unterschiedlich sind, lassen sich nicht alle Fragen auf jedes Flugblatt anwenden.

Arbeitsschritte Politische Flugblätter analysieren

1. Schritt: Aussagen des Flugblattes klären

– Wann wurde das Flugblatt verfasst?
– Welche Inhalte werden in dem Flugblatt verbreitet?
– Wie lauten die Schlüsselbegriffe?
– Lässt sich eine Kernaussage formulieren?
– Zu welchem Zweck wurde das Flugblatt verfasst?

2. Schritt: Fragen zu Verfasser(n) und Adressaten

– Wer hat das Flugblatt verfasst?
– Welche Rolle spielt der Verfasser (spielen die Verfasser) in Bezug auf die beschriebenen Ereignisse?
– Welcher Standpunkt des Verfassers (der Verfasser) in Bezug auf die beschriebenen Ereignisse lässt sich feststellen?
– An wen richtet sich das Flugblatt?
– In welcher Beziehung stehen Verfasser und Adressaten?

3. Schritt: Stilmittel ergründen

– Die Stimmung der Botschaft ergründen: Wie werden die Adressaten angeredet?
– Welche Gefühle werden vermittelt bzw. im Adressaten geweckt? Enthält das Flugblatt Drohungen, Versprechungen, Appelle o. Ä.? Wie versucht der Verfasser darüber hinaus die Leser zu beeinflussen?

4. Schritt: Weitere Informationen heranziehen

– Informiere dich über die Situation, in der das Flugblatt entstanden ist.
– Suche nach Hinweisen bzw. Angaben über den oder die Verfasser. Recherchiere, ob das Flugblatt „Wirkung" hatte, ob es Reaktionen darauf gab.

5. Schritt: Bewertung

– Beurteile, ob die Zielsetzung des Flugblattes mit den angewandten Mitteln vermutlich erreicht wurde.

M1 **Der Revolutionär Friedrich Hecker,** Abbildung auf einem badischen Flugblatt, kolorierte Lithographie, 1848/49

M2 Appell an republikanisch gesinnte Soldaten

In einer Flugblattaktion im Frühjahr 1849 wandten sich republikanisch gesonnene Bürger in Rastatt an badische Soldaten:

An die elenden Brudermörder und an die braven republikanisch gesinnten Soldaten in Baden …

Wir wissen wohl, dass es noch viele und edle Soldaten gibt, welchen das Wohl des Volkes als ihr eigenes am Herzen liegt. Darum an euch, ihr lieben Brüder, an euch republikanisch gesinnte Soldaten, ein Bruderwort des Wohlwollens, der Liebe und der Freundschaft. Wir wissen wohl, teure Brüder, dass viele von euch, gezwungen von euren lausigen adeligen Offizieren, gegen das Volk marschierten. Darum schießt die Hunde, eure Offiziere, tot und wählet aus euch selbst eure Offiziere. Viele von euch haben mehr militärische Kenntnisse als diese Lausbuben. Sobald einmal Republik ist, werden in kurzer Zeit viele von euch von den gemeinen Soldaten schnell nicht bloß zum Offizier, sondern selbst bis zu den Generälen hinaufsteigen, wie in den neunziger Jahren in der französischen Republik geschehen ist. Da sind gemeine Soldaten und Handwerksburschen bis zum General hinaufgestiegen … Liebe Brüder, ihr republikanisch gesinnten Soldaten, stellet euch daher an die Spitze des Volkes, werdet unsere Anführer! Führt uns in den Kampf gegen die Fürsten und ihre vater- und brudermörderischen Soldaten. Gewiss wird dann der Sieg der unsere sein. Und ihr werdet Ruhm und Ehre und die Liebe und den Dank des Volkes ernten.

Zit. nach Freiheitsbewegungen in der deutschen Geschichte. Handreichungen zum Besuch der Erinnerungsstätte, hg. von der GEW Baden-Württemberg, Bezirk Nordbaden, Karlsruhe 1990, S. 40.

Karlsruher Tagblatt.

Nro. 134. Donnerstag den 17. Mai 1849.

An die Bewohner von Karlsruhe!

Mitbürger!

Seit wir nach der Flucht der frühern Regierung die Leitung der Staatsgeschäfte in die Hand genommen, war es unser stetes Bestreben, die Ordnung aufrecht zu erhalten, und die Sicherheit der Personen und des Eigenthums zu schützen. Wir glauben behaupten zu dürfen, daß seit wir in hiesiger Stadt eingezogen, noch nicht die mindeste Störung, noch keine Beeinträchtigung des Eigenthums und der Freiheit vorgekommen sind.

Die vielen Zuzüge von Freiheitskämpfern, obschon es oft nicht möglich war, ihnen nach den Strapatzen der Reise die nöthige Verpflegung zu verschaffen, haben auf musterhafte Weise ihren Freiheitssinn bewährt.

Wir dürfen daher, Mitbürger! von Euch erwarten, daß Ihr uns und unsern bewaffneten Schaaren mit dem gehörigen Vertrauen entgegenkommt und namentlich in Handel und Verkehr keine Stockung eintreten lasset, welche auf der einen Seite Mißtrauen zeigen, und auf der andern Seite Mißtrauen hervorrufen würde.

Mitbürger! Wir verlangen von Euch nichts als Vertrauen, wir dürfen aber auch dasselbe fest erwarten, indem wir Euch versichern, daß wir auf jede an uns gelangende Beschwerde mit der dem Ernste der Zeit angemessenen Strenge unsern Grundsätzen Achtung verschaffen werden.

Karlsruhe, den 16. Mai 1849.

Die Exekutiv-Commission.

Brentano. Peter. Eichfeld. Goegg.

M3 Karlsruher Tagblatt, Titelseite vom 17. Mai 1849.

Nach der Flucht des badischen Großherzogs aus der Landeshauptstadt Karlsruhe übernahm eine provisorische revolutionäre Regierung unter dem Präsidenten Lorenz Brentano die Macht. Man wählte die „Karlsruher Zeitung“ zum amtlichen Organ, über das die Revolutionäre sich an die Bürger der Stadt wandten.

1. Untersuche M2 mithilfe der Arbeitsschritte auf S. 116.
2. Entziffere M3 mithilfe der Frakturschrifttabelle im hinteren Buchdeckel. Wende anschließend die Arbeitsschritte auf M3 an.
3. Vergleiche M2 und M3 und benenne die Unterschiede in Zielsetzung und Art der Flugblätter. Welche politischen Ideale sind beiden Flugblätter gemeinsam?

Die Nationalversammlung arbeitet die Verfassung aus

Die erste deutsche Nationalversammlung

Die Fürsten aller deutschen Einzelstaaten hatten den Märzforderungen der Revolutionäre nachgegeben, Liberale in die Regierungen aufgenommen und Verfassungen versprochen. Doch eine Forderung, vielleicht die wichtigste, war noch offen: die nationale Einheit – repräsentiert durch ein gesamtdeutsches Parlament. Um die Wahl der Nationalversammlung vorzubereiten, kamen 500 angesehene Männer und Abgesandte der Volksvertretungen aller deutschen Staaten nach Frankfurt. Sie beschlossen: Alle erwachsenen männlichen Deutschen, die eine selbstständige Tätigkeit ausüben, bestimmen die Volksvertreter in geheimer und direkter Wahl. Einigen badischen Abgeordneten um Friedrich Hecker ging dieser Beschluss nicht weit genug. Sie organisierten spontan einen bewaffneten Zug durch Baden zur Errichtung der Republik. Er scheiterte jedoch schnell wegen zu geringer Beteiligung der Bevölkerung und der militärischen Übermacht der Regierungstruppen.

Die Wahlen zur Nationalversammlung wurden daraufhin in der geplanten Weise durchgeführt. Allerdings hielten sich nur wenige Einzelstaaten daran. In Bayern z. B. war die Wahl nicht geheim. Parteien, wie wir sie heute kennen, gab es 1848 nicht. Deshalb war oft nicht die politische Einstellung der Kandidaten ausschlaggebend für ihre Wahl, sondern ihre Bekanntheit bzw. ihr guter Ruf. Im Mai 1848 trat in der Frankfurter Paulskirche die Nationalversammlung zum ersten Mal zusammen.

Eine Verfassung für alle Deutschen

Die zentrale Aufgabe der ersten deutschen Nationalversammlung, die wegen ihres Versammlungsortes auch „Paulskirchenparlament" genannt wird, war die Ausarbeitung einer Verfassung. Dafür galt es zunächst zu klären: Sollte das geeinte Deutschland Monarchie bleiben oder Republik werden? Wer sollte das Recht haben zu wählen: Männer und Frauen? Nur Männer? Oder nur Bürger? Und wie sollten die Machtverhältnisse im künftigen Deutschen Reich geregelt werden: Welche Rechte blieben den Einzelstaaten, welche mussten sie der neuen Zentralregierung übertragen? Auch das Gebiet des neuen Staates war noch festzulegen: Sollten die deutschsprachigen Gebiete des Habsburgerreichs dazugehören („Großdeutsche Lösung") oder nicht („Kleindeutsche Lösung")?

Nach langen Debatten wurde am 28. März 1849 die Verfassung des Deutschen Reiches verabschiedet – und zwar auf der Grundlage der „Kleindeutschen Lösung" und unter Beibehaltung der Monarchie: Der preußische König Friedrich Wilhelm IV. war ausgewählt worden; er sollte Kaiser der Deutschen werden.

M1 Einzug der Abgeordneten des Frankfurter Vorparlaments am 31. März 1848 in die Paulskirche, Holzstich nach einer zeitgenössischen Lithographie, 1896. Hier wurden die badischen Abgeordneten, unter ihnen Friedrich Hecker, begeistert begrüßt.

M2 Die Berufe der Abgeordneten

Die Abgeordneten der Frankfurter Nationalversammlung gehörten folgenden Berufsgruppen an:

173 Verwaltungsbeamte
124 Lehrer und Professoren
110 Richter und Staatsanwälte
106 Rechtsanwälte
56 Unternehmer und Kaufleute
43 adlige und bürgerliche Großgrundbesitzer
35 Akademiker ohne Berufsangabe („Schriftsteller")
29 Offiziere und Diplomaten
23 Ärzte
20 Journalisten
16 evangelische Pfarrer
4 Handwerkermeister
3 Bauern
(44 können nicht zugeordnet werden)

Zusammengestellt nach Hans-Ulrich Wehler, Deutsche Gesellschaftsgeschichte. Bd. 2, 2. Aufl., München (Beck) 1989, S. 739f.

M3 Medaille zur Eröffnung der Nationalversammlung am 18. Mai 1848, Silber, 1848. Auf der Rückseite der Münze ist eine Schwurszene abgebildet. Die Umschrift lautet: „Vereint, vereint, bis zum Meeresstrand/ein Volk, eine Sprache, ein deutsches Land".

Die geplante Reichsverfassung 1849

In der Verfassung, die die Frankfurter Nationalversammlung am 28. 3. 1849 verabschiedete, die jedoch nie in Kraft trat, fanden sich u. a. folgende Regelungen:

1. Das deutsche Reich, für das die Verfassung gelten soll, besteht aus dem Gebiet des bisherigen Deutschen Bundes.
2. Das deutsche Reich soll ein Zoll- und Handelsgebiet bilden; alle Binnenzölle entfallen.
3. Reichsoberhaupt wird einer der regierenden deutschen Fürsten. Der Titel des Reichsoberhauptes lautet: Kaiser der Deutschen.
4. Der Reichstag besteht aus dem Staatenhaus und dem Volkshaus: Das Staatenhaus wird gebildet aus den Vertretern der deutschen Staaten, die durch die Regierung und die Volksvertretung der betreffenden Staaten ernannt werden. Das Volkshaus setzt sich aus gewählten Vertretern des deutschen Volkes zusammen.
5. Der Reichstag beschließt die Reichsgesetze und legt den Reichshaushalt fest.
6. Das Wahlrecht haben alle deutschen Männer über 25 Jahren, die einer selbstständigen Tätigkeit nachgehen. Ausgeschlossen sind Empfänger von Armenunterstützung, Dienstboten, Handwerksgehilfen, Fabrikarbeiter und Tagelöhner.

Grundrechte des deutschen Volkes:

Vor dem Gesetz gilt kein Unterschied der Stände. Der Adel als Stand ist aufgehoben. Alle Standesvorrechte sind abgeschafft ... (§ 137)
Die Freiheit der Person ist unverletzlich ... (§ 138)
Die Wohnung ist unverletzlich ... (§ 140)
Jeder Deutsche hat das Recht, durch Wort, Schrift, Druck und bildliche Darstellung seine Meinung frei zu äußern. (§ 143)
Die Deutschen haben das Recht, sich friedlich und ohne Waffen zu versammeln; einer besonderen Erlaubnis bedarf es nicht. (§ 161)

1 Viele Kritiker nannten die Frankfurter Nationalversammlung abschätzig „Professorenparlament". Überprüfe anhand von M2, worauf sich der Vorwurf bezogen haben mag.

2 Erarbeite die „Botschaft" von M3.

3 Vergleiche die Grundrechte der Deutschen (Kasten) mit der Deklaration der Menschenrechte 1789 (S. 30f.). Welche Unterschiede fallen dir auf? Lies auch in der Verfassung der Bundesrepublik nach (Anhang).

M4 Frauen betreten die politische Bühne

Nicht im Parlament selbst, aber auf der Zuhörergalerie der Paulskirche waren Frauen zugelassen – für viele ein erster und notwendiger Schritt in Richtung Gleichberechtigung. In der württembergischen Abgeordnetenkammer dagegen blieb die Galerie den Frauen weiterhin verschlossen.

4A *Eine Leserin an die demokratische württembergische Zeitung „Die Sonne" über ihren Besuch in der Paulskirche (15. 6. 1848):* In kurzer Zeit waren Vorplatz und Stiege besetzt, voll der angesehensten Damen und Herren. Wurde dann geöffnet, kam man halb tot auf dem Platze an und die Damen strichen sich gegenseitig mit kölnisch Wasser die Schläfe. Ich habe mich aber auch noch nie besser unterhalten als hier; oft kam man neben gebildete Männer, die sich belehrend über die jetzigen Zeitverhältnisse unterhielten, Aufschlüsse gaben über dieses und jenes, was mich interessierte, und so verstrich die Zeit, wir wussten nicht wie.

4B *Eine Stuttgarterin in einem offenen Brief an den liberalen Kammerpräsidenten (2.11.1848):* Oh, schnöder Konservativismus! … Wir wissen den Wert eines Kompliments zu schätzen, mit dem man uns die Türe vor der Nase zuschlägt, die Türe zu der „zu unbequemen und engen" Galerie … Finden wir den Raum zu unbequem, … dann werden wir schon selbst so frei sein wegzubleiben. Aber die Galerie ist auch zu eng, sagen Sie, es muss daher das Privilegium der Männer gewahrt und diesen der wenige Raum vorbehalten werden. Es wäre ja töricht, den kostbaren Platz an Frauen zu verschwenden; sie haben ja doch keine Teilnahme, kein Verständnis für die Verhandlungen. Es ist besser, wenn sie zu Hause sitzen, ihre Haushaltung besorgen und nach ihrer Wäsche sehen, statt nach der unsrigen.

Zit. nach Carola Lipp (Hg.), Schimpfende Weiber und patriotische Jungfrauen, 2. Aufl., Baden-Baden (Nomos) 1998, S. 292f.

M6 Blick in die Frankfurter Nationalversammlung, kolorierte Lithographie, 1848

M5 Die Nationalversammlung im Urteil

Der Historiker Wolfram Siemann schreibt 1998 über die Nationalversammlung:

Hier trafen sich der Gutsbesitzer aus Hinterpommern, … ein bekannter Prager Nationalökonom[1], ein … orienterfahrener Gelehrter sowie berühmte Repräsentanten der Literatur und Wissenschaft … Alle Kontraste der Mentalität und des Temperaments, der Nationalität von den Deutschfranzosen bis zu den Deutschslawen waren hier aufgeboten, sich für ein künftiges Deutsches Reich auf eine gemeinsame Verfassung zu einigen … Es gleicht einem Wunder, dass das Parlament angesichts schwer wiegender innerer und äußerer Zerreißproben mit seinem Verfassungswerk nicht scheiterte; die lang andauernden Verhandlungen stifteten zwar keineswegs nur Konsens[2], wohl aber ein gemeinsam nationales Bewusstsein … Lange Zeit hat man übersehen, wie die Paulskirchenversammlung binnen kürzester Zeit eine hoch entwickelte parlamentarische Praxis ausbildete: Fraktionen vom konservativ-liberalen bis zum demokratisch-republikanischen Flügel bündelten den Willen der vielen einzelnen Abgeordneten zu handlungsfähigen Mehrheiten.

Wolfram Siemann, Griff nach der Nation. In: ZEIT Punkte Nr. 1/1998, S. 53f.

1 Volkswirtschaftler 2 Übereinstimmung

4 Erarbeite mithilfe von M4, welche Argumente aus Sicht der Verfasserinnen für, aus Sicht vieler Männer gegen die Anwesenheit von Frauen im Parlament sprachen.

5 Überlege, welche Bevölkerungsgruppen ihre Märzforderungen in der Verfassung von 1849 (S. 119) verwirklicht sahen und welche nicht.

6 Hat die Nationalversammlung versagt? Untersuche, zu welchem Urteil M5 kommt.

Das Ende der Revolution

Die Fürsten formieren ihren Widerstand

Während in der Frankfurter Paulskirche die Abgeordneten um eine zukunftsweisende nationale Verfassung rangen, verloren in den Jahren 1848/49 auf anderen Schauplätzen Tausende ihr Leben im Kampf für politische Freiheit, nationale Unabhängigkeit und persönliche Rechte. Bereits vor Einberufung des Paulskirchenparlaments im Mai 1848 startete Friedrich Hecker in Konstanz den berühmten Heckerzug. Sein Ziel war der gewaltsame Umsturz und die Errichtung der Republik, was jedoch von den umgehend aufmarschierenden Bundestruppen verhindert wurde.

Eine zweite republikanische „Schilderhebung" unter Gustav Struwe im September 1848 scheiterte ebenso.

Die alten Machthaber hatten sich nach dem „Revolutionsschock" vom März ihrer Stärke erinnert und setzten das Militär ein, wann immer Unruhen drohten.

Nach Beendigung der Beratungen in der Nationalversammlung trug man dem preußischen König die deutsche Kaiserkrone an, der sie jedoch am 3. April 1849 definitiv ablehnte. Daraufhin verließen viele Abgeordnete die Nationalversammlung. Etwa 100 republikanisch orientierte Parlamentarier flohen nach Stuttgart und bildeten dort ein „Rumpfparlament", das bald dem Militär weichen musste. Die letzten revolutionären Aufstände in Sachsen, dem Rheinland, der Pfalz und in Baden zur Rettung der Reichsverfassung (siehe S. 122) wurden von der preußischen Armee und von Reichstruppen blutig niedergeschlagen. 1850 vereinbarten die preußische und die österreichische Regierung, den Deutschen Bund wiederherzustellen.

M1 Ist die Revolution gescheitert?

Der Historiker Dieter Langewiesche urteilte 1985 über die Revolution 1848/49:

Die europäischen Revolutionen scheiterten, doch sie blieben nicht folgenlos. Die „Bauernbefreiung" überdauerte das Ende der Revolutionen und die Arbeiterschaft hatte einen Politisierungsprozess erfahren, der nicht mehr rückgängig zu machen war ... Zu den Lernerfahrungen ..., die die europäischen Arbeiter in den Revolutionsjahren machten, gehört auch die Erkenntnis, dass ihre Forderungen nach sozialen Reformen und nach voller staatsbürgerlicher Gleichberechtigung von großen Teilen des Bürgertums abgelehnt wurden. Und das Bürgertum nahm als prägende Erfahrung aus den Revolutionsjahren mit, dass sich die zu politischem Selbstbewusstsein erwachte Arbeiterschaft nicht mehr lenken ... ließ ...
Auch das europäische Bürgertum kam nicht mit leeren Händen aus der Revolution ... Zu den wichtigsten Folgen des Revolutionsschocks zählte vielmehr die erhöhte Bereitschaft der Regierungen zur ... Modernisierung, die vor allem im wirtschaftlichen Bereich Möglichkeiten zur Zusammenarbeit mit dem Bürgertum bot.

Dieter Langewiesche, Europa zwischen Restauration und Revolution, München (Oldenbourg) 1985, S. 111.

M2 **Friedrich Wilhelm lehnt die Krone ab.** Karikatur aus den „Satyrischen Zeitblättern", 1849. Die Unterschrift lautet: „Soll ich? – Soll ich nich? – Soll ich?! – Knöppe, ihr wollt! – Nu jerade nich!!"

1 Suche ausgehend von M2 nach möglichen Gründen für Friedrich Wilhelms IV. Weigerung, die Kaiserkrone anzunehmen.

2 Versuche in eigenen Worten zu formulieren, wie der Historiker Dieter Langewiesche den Ausgang der Revolution 1848/49 beurteilt (M1). Nenne die positiven Folgen, die die Revolution seiner Ansicht nach hatte.

Die badische Erhebung 1849

Die Reichsverfassungskampagne

Nach der Ablehnung der deutschen Kaiserkrone durch den preußischen König Friedrich Wilhelm IV. schienen auch die Bemühungen der Frankfurter Nationalversammlung um eine deutsche Verfassung gescheitert zu sein. Deshalb wuchs jetzt wieder die Bereitschaft in der Bevölkerung, mit Gewalt gegen die regierenden Monarchen vorzugehen. Viele Menschen glaubten, dass mit friedlichen Mitteln keine Veränderung zu erreichen wäre. Deshalb waren sie entschlossen, für eine Verfassung notfalls auch gewaltsam zu kämpfen (Reichsverfassungskampagne*).

In Baden berief man in das zentral gelegene Offenburg auf den 12./13. Mai 1849 eine Landes-Volksversammlung. Gleichzeitig kam es in mehreren Garnisonen – ausgehend von Rastatt – zu Meutereien unter den Truppen. Bald kämpfte das ganze badische Heer aufseiten der Revolutionäre. Der Landesherr, der badische Großherzog, floh und bat andere deutsche Regenten um militärische Hilfe. Unter preußischer Führung marschierten Bundestruppen in Baden ein. Sie schlugen den Aufstand mit blutiger Gewalt nieder.

Mit der Niederlage der in der Festung Rastatt eingeschlossenen Aufständischen am 23. Juli 1849 erloschen die Kampfhandlungen in Baden. Die Anführer der Aufständischen flohen oder wurden z. T. hart bestraft. Viele der in den Jahren 1848/49 politisch engagierten Badener kehrten daraufhin ihrer Heimat enttäuscht den Rücken und wanderten aus, vornehmlich in die USA. Unter ihnen die aktivsten und ideenreichsten Männer, wie beispielsweise der Organisator des Aufstandes von 1849, Amand Goegg, oder Karl Schurz.

Die Ereignisse in Baden 1849

12./13. Mai Landes-Volksversammlung in Offenburg

14. Mai „Zivilkommissäre" übernehmen in Baden die Macht

30. Mai Hessische Regierungssoldaten schlagen die badischen Truppen auf ihrem Weg nach Frankfurt bei Heppenheim zurück

10. Juni Das frisch gewählte Parlament in Karlsruhe wird von Lorenz Brentano eröffnet. Jeder Mann, der das 21. Lebensjahr erreicht hat, ist wahlberechtigt, ohne Einschränkungen durch Vermögen oder Einkommen.

21. Juni Preußische Truppen überqueren den Rhein und kämpfen sich im Gefecht von Waghäusel den Weg auf badisches Gebiet frei.

29. Juni Die Bundestruppen siegen bei Gernsbach und stoßen nach Südbaden vor.

23. Juli Die ca. 5600 Aufständischen in der Festung Rastatt kapitulieren. Der Aufstand ist damit endgültig beendet.

18. August Großherzog Leopold kehrt wieder nach Baden zurück.

M1 **Amand Goegg, Organisator des badischen Volksaufstandes 1849,** Lithographie, 1849

M2 **„Die Konsequenz der Karlsruher“,** Karikatur aus der „Deutschen Reichsbremse“, 1849

M4 **„Aufruhr und Kampf“** Gedicht eines unbekannten Autors, Schmuckblatt, 1849

M3 Aufruf an das deutsche Volk

Der Landesausschuss von Baden veröffentlichte am 17. Mai 1849 folgenden Maueranschlag in Karlsruhe (Auszug):

Die Bürger Brentano und Peter haben ein neues Ministerium gebildet: die Ständekammer wurde aufgelöst und die alten Minister abgesetzt, eine verfassunggebende Landesversammlung wird zusammentreten und die Volksbewaffnung auf Staatskosten stattfinden.

Ein großer Teil des Volkes steht unter Waffen zur Verteidigung seiner Rechte. Die Kerker der politischen Gefangenen sind geöffnet, die politischen Flüchtlinge zurückberufen und die politischen Verfolgungen eingestellt worden.

Die Wahl der Offiziere durch das Heer ist zum größten Teil schon vorgenommen worden ..., die Aufhebung der Militärgerichtsbarkeit, die Verschmelzung des stehenden Heeres mit der Volkswehr ..., die unentgeltliche Aufhebung der Grundlasten ..., die Abschaffung der alten Verwaltungsbürokratie und Einführung einer freien Verwaltung, die Abschaffung des alten Steuerwesens und die Errichtung eines großen Landespensionsfonds zu Gunsten aller arbeitsunfähig gewordenen Bürger ist vorbereitet worden. Die veralteten Bestimmungen über die Presse wurden ersetzt durch ein bündiges Pressgesetz ... Freiheit, Wohlstand, Bildung für alle ist unser Wahlspruch.

Zit. nach Erinnerungsstätte für die Freiheitsbewegungen in der deutschen Geschichte, Katalog der ständigen Ausstellung, S. 385.

1. Schreibe aus der Sicht eines badischen Revolutionärs einen Brief an einen bereits 1848 in die USA ausgewanderten Gesinnungsgenossen über die Ereignisse 1849.
2. Beschreibe die Position, die M4 einnimmt, und sammle die darin angeführten Argumente.
3. Beschreibe M2 und ermittle, wem hier jeweils zugejubelt wird. Schließe aus deinen Beobachtungen auf den Standpunkt des Künstlers.
4. Zeige anhand der Inhalte von M3, wer Adressat des „Aufrufs an das deutsche Volk“ war.

Ein historisches Thema in Projektarbeit erforschen

Projektarbeit und Geschichte

Projektarbeit hast du sicherlich schon in anderen Fächern kennen gelernt. Bei einem Projekt geht es vor allem darum, in Gruppenarbeit ein bestimmtes Thema zu erarbeiten, das vorher gemeinsam ausgewählt wurde. Am Schluss steht ein „Produkt", wie zum Beispiel eine Ausstellung, eine Dokumentation oder eine Wandzeitung. Auf dieser Seite werden die Arbeitsschritte eines Projekts zu einem geschichtlichen Thema vorgestellt. Eine umfangreichere Anwendung findest du auf den Seiten 202f., wo es um die Teilnahme am „Schülerwettbewerb Deutsche Geschichte" geht. Bei der Projektarbeit werden verschiedene Methoden, wie zum Beispiel der Umgang mit Quellen, eingesetzt. Als thematischer Rahmen auf dieser Seite wird das Thema „Protest" vorgeschlagen.

Arbeitsschritte **Historische Themen in Projektarbeit erforschen**

1. Schritt: Vorbereitung
– entsprechend dem thematischen Rahmen Ideen sammeln und vorstellen; Problem, Ziel und Zielgruppe benennen
– Themen auflisten, Kleingruppen bilden und den Themen zuordnen

2. Schritt: Durchführung
– die Themen auf Eignung prüfen: Ist das Thema zu bearbeiten? Gibt es Materialien (Quellen)? Wo sind Fundorte wie Bibliothek, Museum, Archiv (Stadt, Kirchenamt usw.)? Ist Lehrerhilfe erforderlich?
– das weitere Vorgehen planen: Zeit- und Arbeitsplan erstellen, Arbeit verteilen, Material beschaffen, ordnen
– Leitfragen überprüfen, eventuell anpassen
– vereinbaren: Arbeitsberichte schreiben oder ein Projekttagebuch führen

3. Schritt: Auswertung und Präsentation
– Materialien auswerten und Gliederung entwerfen
– den aktuellen Stand der „Forschung" vorstellen
– die Form der Ergebnisrepräsentation festlegen (Aufsatz, Wandzeitung, Referat, Videofilm usw.)
– Ergebnisse aufbereiten und vorstellen
– Projektergebnisse auf ihre Bedeutung hin überprüfen, für die Menschen in ihrer Zeit, für euch heute

4. Schritt: Projekterfahrungen erörtern und bewerten
– die Ergebnisse der einzelnen Arbeitsgruppen (z.B. mithilfe eines gemeinsam entwickelten Beurteilungsrasters) bewerten – eventuell auch mithilfe eures Lehrers oder eurer Lehrerin
– Abschließend sollte jeder Projektteilnehmer und jede Projektteilnehmerin sich über die eigenen Erfahrungen mit der Methode „Projektarbeit" äußern. Sprecht darüber, was gut geklappt hat, was nicht, und sucht nach Gründen dafür.

M1 Deckblatt der Zeitschrift „Spuren suchen", 1998. Abgebildet ist die Werbung für den Schülerwettbewerb Deutsche Geschichte 1999.

M2 Aus einer Projektarbeit über einen badischen Revolutionär von 1848/49

Die Verfasserinnen untersuchten das Engagement von Karl Heinrich Schaible während der badischen Revolution von 1848 und dessen Exil in Frankreich und England. Im Folgenden wird aus ihrem Arbeitsbericht zu ihrer Projektarbeit zitiert:

Nachdem unser Geschichtslehrer … das „Protest"-Plakat Anfang Oktober in unserem Klassenzimmer aufgehängt hatte, entschlossen wir uns, bei diesem Wettbewerb teilzunehmen.
Eine konkrete Vorstellung über das Themengebiet hatten wir natürlich noch nicht. Nach Lektüre des Wettbewerbsheftes entschlossen wir uns, die 1848/49er Revolution in Offenburg als Thema zu wählen.
Mithilfe unseres Geschichtslehrers gelang es uns recht bald, eine Arbeitserlaubnis für das Offenburger Stadtarchiv im Ritterhaus zu bekommen. Nach dem Einarbeiten entschieden wir uns, auf welchen Revolutionär wir uns konzentrieren wollten: K.H. Schaible!
Das in Massen vorhandene Buchmaterial und die stets freundlichen Angestellten machten uns das Arbeiten leicht und angenehm.
Einige Probleme bereitete uns die präzise Formulierung bei den folgenden Fragen: Hat der Protest noch eine Bedeutung für die Gegenwart? Hat der Protest etwas verändert?
Nach einigen anspruchsvollen Stunden waren wir mit unserem Ergebnis einigermaßen zufrieden. Besonders Spaß hat uns die „Suche nach den heutigen Spuren" in Offenburg gemacht. Bei den Fotoaufnahmen entdeckten wir ungeahnte Talente in uns …
In den letzten Wochen ging es zwar etwas hektisch zu, aber dennoch möchten wir die Erfahrungen und Kenntnisse dieser Archiv-/ Wettbewerbsarbeit nicht missen. Auch wenn wir gerne noch über etwas Zeit verfügt hätten, denken wir, dass sich das Ergebnis sehen lassen kann, wenn man berücksichtigt, dass das Archiv nur jeden Donnerstagnachmittag geöffnet hatte.

Körber-Archiv, GW-Nr. 1999-0469: Lena Hensel, Dorothee Neumaier, Rosanne Wirchberg, Ein Mediziner geht auf die Barrikaden, Arbeitsbericht.

M3 Historisches Gasthaus Salmen in Offenburg, Foto 2002. Am 12. September 1847 wurden im Festsaal des Gasthauses die „13 Forderungen des Volkes" vorgetragen. Unter den etwa 600 Anwesenden war auch der Mediziner Karl Heinrich Schaible.

1. Ordnet die einzelnen Abschnitte in M2 den entsprechenden Arbeitsschritten zu.
2. Formuliert anhand der Themen und Inhalte auf den Seiten 102 bis 123 Fragen für mögliche Projektthemen, bei denen es um Protest gegen politische, wirtschaftliche oder gesellschaftliche Verhältnisse geht.
3. Entwerft mithilfe der Arbeitsschritte eine Projektskizze und diskutiert ihre Umsetzung.

Durch Krieg zur Einheit

Bismarck und die Reichsgründung

Die Revolution von 1848/49 und die damit verbundenen Freiheitsziele und nationalen Vereinigungsbestrebungen waren zwar gescheitert, beide Ideen, besonders die eines deutschen Nationalstaates, aber längst nicht aus der Welt geschafft. Eine wichtige Rolle spielte dabei Otto von Bismarck, der seit 1862 preußischer Ministerpräsident war.

Konflikt zwischen Preußen und Österreich

Neben Preußen war Österreich der zweite große Machtfaktor unter den deutschen Fürstenstaaten, und beim Ringen um die Vorherrschaft in Deutschland schien ein Konflikt der beiden Kontrahenten unausweichlich. Zunächst kämpften Österreich und Preußen 1864 noch gemeinsam in einem Krieg gegen Dänemark um den Besitz der Fürstentümer Schleswig und Holstein. Nicht ganz zwei Jahre später jedoch begann mit dem Vormarsch preußischer Truppen auf österreichisches Interessengebiet im Juni 1866 der Preußisch-Österreichische Krieg, aus dem Preußen nach nur wenigen Wochen als Sieger hervorging. Eine 1848 noch für möglich gehaltene „großdeutsche Lösung" bei der Bildung eines deutschen Nationalstaates war durch diesen Krieg unmöglich geworden.

Noch im selben Sommer forderte Preußen die norddeutschen Staaten auf, einen neuen Bund zu schließen. Er sollte innere und äußere Sicherheit garantieren und eine Bundesverfassung als Grundlage erhalten. Das Bündnis trat am 1. Juli 1867 in Kraft (Norddeutscher Bund). Parallel dazu hatte sich der neue Zollverein gebildet: Zwischen den Staaten des Norddeutschen Bundes und den vier süddeutschen Staaten waren nun alle Zollgrenzen gefallen.

Einheit durch Krieg!

Im europäischen Ausland sprach sich besonders Frankreich gegen die Bildung eines deutschen Staates aus. Zu groß war die Angst vor einem so mächtigen Nachbarn im Osten. Als dann auch noch ein Verwandter des preußischen Königs aus dem Hause Hohenzollern König von Spanien werden sollte, erhob Frankreich Einspruch. Obwohl die Kandidatur daraufhin zurückgezogen wurde, verlangte Frankreich vom preußischen König die Zusage, dass er nie wieder der Kandidatur eines Hohenzollernprinzen auf den spanischen Thron zustimmen würde. König Wilhelm, der sich gerade zur Kur in Bad Ems aufhielt, lehnte diese Zusage ab. Daraufhin formulierte Bismarck eine Pressemitteilung, die Frankreich in der Öffentlichkeit zutiefst beleidigen musste. Diese Provokation genügte, um Frankreich zu einem militärischen Eingreifen zu verleiten. Am 19. Juli 1870 erklärte Frankreich Preußen den Krieg.

Auch dieser Krieg endete mit einem Sieg Preußens und der anderen deutschen Staaten. Noch während der militärischen Auseinandersetzung fand am 18. Januar 1871, unter dem Eindruck des sich abzeichnenden Sieges, die feierliche Gründung des Deutschen Reiches im Spiegelsaal in Versailles statt. König Wilhelm I. von Preußen wurde zum deutschen Kaiser ernannt. Frankreich musste hohe Kriegsentschädigungen an das Deutsche Reich zahlen und zudem auch noch Elsass-Lothringen abtreten.

M1 **Die wilde Jagd,** Karikatur aus der österreichischen Zeitung „Der Floh", Dezember 1870. Der preußische König Wilhelm I. braust als Triumphator in seinem Siegeswagen über die Schlachtfelder. Sein Ministerpräsident Bismarck, der die Fahne „Blut und Eisen", „Gewalt vor Recht" hochhält, hetzt zusammen mit dem zweifach dargestellten Tod die drei Rosse.

M2 Eisen und Blut statt Mehrheitsbeschlüsse

Vor der Budgetkommission des preußischen Abgeordnetenhauses machte Bismarck am 30. September 1862 folgende Bemerkung:

Nicht auf Preußens Liberalismus sieht Deutschland, sondern auf seine Macht: Bayern, Württemberg, Baden mögen den Liberalismus dulden, darum wird ihnen noch keiner Preußens Rolle anweisen; Preußen muss seine Kraft … zusammenhalten auf den günstigen Augenblick, der schon einige Male verpasst ist; Preußens Grenzen nach den Wiener Verträgen sind zu einem gesunden Staatsleben nicht günstig; nicht durch Reden und Mehrheitsbeschlüsse werden die großen Fragen der Zeit entschieden – das ist der große Fehler von 1848 gewesen – sondern durch Eisen und Blut.

Otto von Bismarck, Die gesammelten Werke, Bd. 10, Berlin (Stollberg) 1928, S. 140.

M3 Siegestaumel

Tagebucheintrag der Baronin Spitzemberg über die Stimmung in Berlin, 3. März 1871:

Und was für ein Friede für uns Deutsche! Herrlicher und glorreicher als wir je einen geschlossen! Vereint zu einem Reiche, dem größten, mächtigsten, gefürchtetsten in Europa, groß durch seine physische Macht nicht allein, größer noch durch seine Bildung und den Geist, der das Volk durchdringt! … Glücklich sind wir, … dass wir noch jung genug sind,… um die … reichen und segensvollen Früchte zu genießen, die aus dieser unter Blut und Tränen gesäten Saat hervorgehen. Möge Gott den Geist meines Volkes also lenken, dass seine Entwicklung eine friedliche und zivilisatorische bleibe, sein Reich ein Reich des Lichts, der Freiheit, der wahren, christlichen Gesinnung sei!

Zit. nach Geschichte in Quellen, Bd. 5, hg. von Wolfgang Lautemann u. a., München (bsv) 1980, S. 370.

1. Untersuche die Karikatur M1 mithilfe der Arbeitsschritte S. 33.
2. Stelle anhand von M3 und M4 dar, welche Hoffnungen und welche Befürchtungen von welcher Seite mit der Reichsgründung verbunden waren.
3. Beurteile, welche Rolle Otto von Bismarck im Prozess der Reichsgründung spielte (M2, Darstellungstext, Kasten).

Otto von Bismarck

Otto von Bismarck (1815–1898) entstammte einer alten preußischen Landadelfamilie und wurde im Sinne konservativer, monarchisch geprägter Werte erzogen. Nach einem Jurastudium und einer kurzen Dienstzeit als Beamter widmete er sich der Bewirtschaftung der väterlichen Güter. Gleichzeitig betätigte er sich aktiv in den politischen Gremien seiner Heimat. Schließlich kam er als konservativer Abgeordneter in den preußischen Landtag und tat sich dort als Kämpfer gegen die Revolution von 1848 hervor. Später lernte er als Gesandter in Frankfurt, Petersburg und Paris die deutsche und europäische Diplomatie kennen. Während eines Streits zwischen preußischem Abgeordnetenhaus und Krone berief ihn König Wilhelm I. 1862 zum preußischen Ministerpräsidenten. Bismarcks aggressive Kriegspolitik nach außen und seine geschickte Diplomatie zwischen den deutschen Fürsten führten 1871 zur Gründung des Deutschen Kaiserreichs, dessen Politik er als Reichskanzler bis 1890 bestimmte.

M4 … und Kritik

Der Abgeordnete der Sozialdemokratischen Arbeiterpartei August Bebel schrieb 1874 in einer Wahlkampfbroschüre:

Als am 3. März 1871 unter dem Glockengeläute und Kanonendonner für den Versailler Frieden dieser Reichstag gewählt wurde, gab es wohl viele, die hoffnungsselig ihm entgegensahen. Aber das durch „Blut und Eisen" mühsam zusammengeschweißte „Reich" ist kein Boden für bürgerliche Freiheit, geschweige für die soziale Gleichheit. Staaten werden mit den Mitteln erhalten, durch die sie gegründet wurden. Der Säbel stand als Geburtshelfer dem „Reich" zur Seite, der Säbel wird es ins Grab begleiten.

August Bebel, Die Sozialdemokratie im deutschen Reichstag, Bd. 1, Berlin (Vorwärts) 1909, S. 3f.

Historiengemälde deuten

M1 Die Proklamation des Deutschen Kaiserreichs im Spiegelsaal zu Versailles am 18. 1. 1871, Gemälde von Anton von Werner, 1877.
Der Künstler nahm im Auftrag des Hofes an der Zeremonie in Versailles teil. In den folgenden Jahrzehnten erarbeitete er vier Fassungen des Gemäldes.
Das 4,30 m x 7,30 m große Bild (1. Fassung) schenkten die Fürsten Wilhelm I. zum 80. Geburtstag. Es wurde bei einem Angriff auf das Berliner Schloss im Zweiten Weltkrieg zerstört.

Bild und Wirklichkeit

Historienbilder sind „Geschichtsbilder". Oft stellen sie einen besonders Aufsehen erregenden Moment der Vergangenheit dar. In der Regel sind Historiengemälde als Auftragsarbeiten mit einer Zielsetzung entstanden. Im Mittelpunkt steht meistens eine große, handelnde Einzelpersönlichkeit, die in einem bestimmten Licht erscheinen soll. Die Erinnerung an das abgebildete Ereignis oder an die Person soll Handlungen in der Gegenwart rechtfertigen. Historiengemälde verraten uns deshalb oft mehr über die Zeit, in der sie entstanden sind, als über das abgebildete Ereignis selbst.

Arbeitsschritte Historiengemälde deuten

1. Schritt: Das Bild beschreiben
– Welches Ereignis ist dargestellt?
– An welchem Ort spielt sich das Geschehen ab?
– Welche Personen sind zu sehen? Welche stehen im Mittelpunkt?

2. Schritt: Die Entstehung des Bildes untersuchen
– Wer hat es gemalt?
– Wer hat es in Auftrag gegeben?
– Für welchen Zweck wurde es geschaffen?
– Welcher Zeitraum liegt zwischen dem Ereignis und der Entstehung des Bildes?
– Hat der Maler das Geschehen selbst miterlebt?

3. Schritt: Bild und Wirklichkeit vergleichen
– Suche nach Abbildungen (Fotos, Gemälde, Zeichnungen usw.), die das gleiche Ereignis zeigen.
– Ziehe gegebenenfalls schriftliche Informationen und Quellen heran.

4. Schritt: Die Aussage des Bildes erschließen
– Was wollte der Maler dem Betrachter zeigen? Berücksichtige, ob es Abweichungen zwischen Bild- und weiteren Quellenaussagen gibt.
– Welche Wirkung wollte der Künstler beim Publikum erreichen?
– Welche Informationen erhalten wir über das zentrale Thema des Bildes hinaus, die z. B. Aufschluss geben über politische, gesellschaftliche Verhältnisse oder über die Kultur (zur Zeit des dargestellten Ereignisses bzw. des Künstlers).

M2 Die Proklamation des Deutschen Kaiserreichs im Spiegelsaal zu Versailles am 18. 1. 1871, Gemälde von Anton von Werner, 1885. Das 1,70 m x 2,00 m große Bild (3. Fassung) war ein Geschenk Kaiser Wilhelms I. an Bismarck zu dessen 70. Geburtstag. Es hängt heute im Bismarck-Museum in Friedrichsruh.

M3 Die Gefühle des Kaisers

Wilhelm I. schrieb am 18. Januar 1871 aus Versailles an seine Gemahlin Augusta:

Eben kehre ich vom Schlosse nach vollbrachtem Kaiserakt zurück! Ich kann Dir nicht sagen, in welcher morosen[1] Emotion ich in diesen letzten Tagen war, teils wegen der hohen Verantwortung, die ich nun zu übernehmen habe, teils und vor allem über den Schmerz, den preußischen Titel verdrängt zu sehen! In einer Konferenz gestern mit Fritz [dem Kronprinzen], Bismarck und Schleinitz [Minister des Königlichen Hauses] war ich zuletzt so moros, dass ich drauf und dran war, zurückzutreten und Fritz alles zu übertragen! Erst nachdem ich in inbrünstigem Gebet mich an Gott gewendet habe, habe ich Fassung und Kraft gewonnen!

Briefe Kaiser Wilhelms des Ersten, hg. von Erich Brandenburg, Leipzig (Insel) 1911, S. 254.

1 mürrischen

M4 Bayern und Preußen

Der bayerische Prinz Otto schrieb am 2. Februar 1871 an seinen Bruder, König Ludwig II. von Bayern:

Ach Ludwig, ich kann Dir gar nicht beschreiben, wie unendlich weh und schmerzlich es mir während jener Zeremonie zu Mute war, wie sich jede Faser in meinem Innern sträubte und empörte gegen all das, was ich mit ansah … Welchen wehmütigen Eindruck machte es mir, unsere Bayern sich da vor dem Kaiser neigen zu sehen … Alles so kalt, so stolz, so glänzend, so prunkend und großtuerisch und herzlos und leer. Endlich drängte man sich durch diese Knäuel zurück und aus dem Saale hinaus. Mir war's so eng und schal in diesem Saale, erst draußen in der freien Luft atmete ich wieder auf.

Michael Doeberl, Bayern und die Bismarckische Reichsgründung, München/Berlin (Oldenbourg) 1925, S. 174 f.

1 Erarbeite anhand der Arbeitsschritte eine Deutung für M1 und M2. Berücksichtige dabei die Textquellen M3 und M4.

2 Vergleiche M1 mit M2 und stelle die Unterschiede fest. Konzentriere Dich dabei auf die Hauptpersonen Wilhelm I. und Bismarck.

3 Finde Erklärungen für die von dir notierten Unterschiede.

Die Verfassung von 1871: Einheit vor Freiheit und Demokratie?

Die Verfassung des Kaiserreichs

22 deutsche Fürstentümer und drei Freie Reichsstädte hatten 1871 in einem gegenseitigen Vertrag das Deutsche Reich, einen Bundesstaat*, gegründet. Die Verfassung des Reiches jedoch, die die politische Machtverteilung regelte, war unter der Regie des preußischen Ministerpräsidenten Bismarck entworfen worden. In den Jahrzehnten nach der Reichsgründung wurde sie immer wieder kritisiert. Welche politischen Merkmale und Ziele lässt die Verfassung erkennen? Wie entwickelte sich der deutsche Nationalstaat innenpolitisch?

M1 Preußen und das Reich

Freiherr von Mittnacht vor dem württembergischen Parlament am 7. Dezember 1899:

Preußen ist für sich allein eine Großmacht, der König von Preußen ist zugleich deutscher Kaiser, der preußische Ministerpräsident zugleich Reichskanzler. Preußen wird und kann niemals die politische Führung im Reiche in wichtigen Angelegenheiten, vielleicht in Lebensfragen der deutschen Nation aus der Hand geben. Wir leben … in einem Bundesstaat, in welchem ein Einzelstaat eine ganz überwiegende Macht und Bedeutung hat, und diesem Staat die Führung und Initiative in Reichsangelegenheiten zu entwinden, das möge man sich nicht zu leicht vorstellen.

Verhandlungen der Württembergischen Kammer der Abgeordneten auf dem 34. Landtag in den Jahren 1899/1900. Protokoll-Band III, Stuttgart 1900, S. 2141.

M2 **Der Deutsche Reichstag** in Berlin, Foto, 1990. Das Gebäude wurde 1894 eingeweiht. Abgebildet ist die Feier zur deutschen Einheit (3. 10. 1990).

Politische Parteien im Kaiserreich

Während der Revolution von 1848/49 hatten sich Gruppen von Abgeordneten der Frankfurter Nationalversammlung, die sich durch gemeinsame Ziele und Überzeugungen verbunden fühlten, in politischen „Klubs" organisiert. Während es sich hierbei um lose Gruppierungen handelte, kam es seit den 1860er Jahren zur Gründung von politischen Parteien*. Sie waren straffer organisiert und hatten ein festes Programm.

Zu den wichtigsten Parteien im Reichstag gehörte die Nationalliberale Partei. Sie stand für Werte wie Demokratie, Rechtsgleichheit und vor allen Dingen für die nationale Einheit. Ihre Wählerschaft fand sie größtenteils bei den Industriellen und Bildungsbürgern. Die Anhänger der Linksliberalen waren vorwiegend Freiberufler und Angehörige des mittleren Bürgertums. Sie wollten u. a. dem Reichstag mehr Macht einräumen. Eine weitere große bürgerliche Partei war das Zentrum. Sie vertrat die Interessen der katholischen Bevölkerung im protestantisch dominierten Reich. Die Konservativen standen für die Interessen des Adels und der Großgrundbesitzer. Im Gründungsprogramm ihrer Partei sagten sie: „Wir legen Gewicht auf die monarchischen Grundlagen unseres Staatslebens … Wir wollen in Provinz, Kreis und Gemeinde eine Selbstverwaltung, gegründet nicht auf das allgemeine Wahlrecht, sondern auf die natürlichen Gruppen und organischen Gliederungen des Volkes."

Zu den schärfsten Gegnern der Konservativen zählte die im Mai 1875 gegründete Sozialistische Arbeiterpartei Deutschlands, die spätere SPD (siehe S. 89). Sie forderte das allgemeine, gleiche und direkte Wahlrecht für Männer und Frauen, direkte Gesetzgebung, Entscheidung über Krieg und Frieden durch das Volk und ein Volksheer.

1. Untersuche M3 (siehe Arbeitsschritte S. 37). Überlege, welche Elemente bei der Bevölkerung wohl auf Kritik stießen. Bedenke, welche Gesellschaftsgruppen sich an der Revolution von 1848 beteiligt hatten.
2. Nenne die Elemente der Verfassung, auf die sich die Kritik Mittnachts in M1 bezieht.
3. Gib in eigenen Worten Bismarcks Wertungen über den Reichstag (M5) wieder.

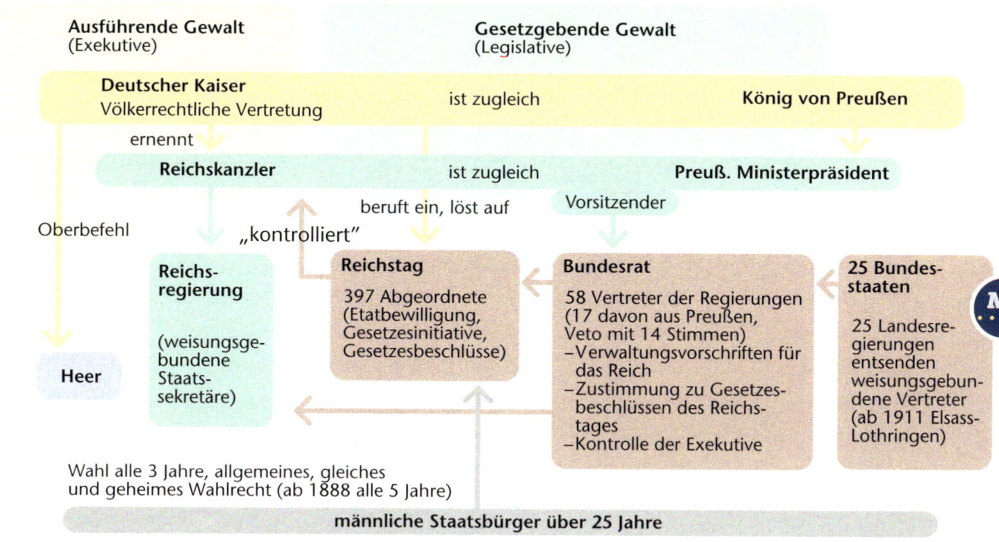

M3 Die Verfassung des Deutschen Reiches von 1871

M4 Ein „persönliches Regiment"

Der Historiker und Politiker Heinrich von Sybel beschrieb in einem für eine englische Zeitschrift verfassten Aufsatz 1871 die Grundlagen des deutschen Regierungssystems:

Bleibe nicht die Regierung des Königs oder des Kaisers, wenngleich einsichtig, gemäßigt und erfolgreich, trotz alledem ein gouvernement personnel[1]? Es würde nicht viel helfen, … anzuführen, dass wir Parlamente haben, … ein deutsches und ein preußisches, dass wir für beide das allgemeine und wenigstens für jenes auch das gleiche, direkte und geheime Stimmrecht besitzen, … dass sie [die Regierung] … keine Gesetze ohne parlamentarische Zustimmung erlässt. Ohne Zweifel ist mit diesen Dingen eine Verwaltung schnurstracks gegen den deutlichen Willen des Landes auf die Dauer unmöglich. Aber nicht minder gewiss ist es freilich, dass das neue Reich kein verantwortliches Ministerium und sein Parlament kein Recht zur Ministeranklage … besitzt. Bleibt ein ministerieller Antrag oder Gesetzentwurf in der Minorität[2], so ist der Antrag freilich beseitigt, aber kein Minister denkt deshalb daran, seine Entlassung zu nehmen oder seinem politischen Verfahren eine andere Richtung zu geben. Wir haben eine konstitutionelle Monarchie, aber wir haben keine parlamentarische Regierung.

Heinrich von Sybel, Das neue deutsche Reich. In: Vorträge und Aufsätze, 2. Aufl., Berlin (Hofmann) 1874, S. 322ff.

1 persönliches Regiment 2 Minderheit

M5 Über den Reichstag

Bismarck in einem Brief an Ludwig II. von Bayern (12. August 1878):

Der Zweck des Deutschen Reiches ist der Rechtsschutz; die parlamentarische Tätigkeit ist, als der bestehende Bund der Fürsten und Städte gegründet wurde, als ein Mittel zur Erreichung des Bundeszweckes, aber nicht als Selbstzweck aufgefasst worden. Ich hoffe, dass das Verhalten des Reichstages die verbündeten Regierungen nicht zwingen wird, die Konsequenzen dieser Rechtslage jemals praktisch umzusetzen. Aber ich bin mir nicht sicher, ob die Mehrheit des jetzt gewählten Reichstages schon der richtige Ausdruck der … loyal und monarchisch gesinnten Mehrheit der deutschen Wähler ist. Sollte das nicht der Fall sein, so wird die Frage einer … Auflösung in die Tagesordnung treten.

Michael Stürmer (Hg.), Bismarck und die preußisch-deutsche Politik 1871–1890, 3. Aufl., München (dtv) 1978, S. 128f. Bearb. d. Verf.

4 Erläutere, wie Sybel die Verantwortlichkeit der Minister gegenüber dem Reichstag beurteilt (M4). Informiere dich über die heutige Stellung der Minister und des Bundeskanzlers gegenüber dem deutschen Parlament (siehe Anhang).

5 Erarbeite aus dem Darstellungstext die Haltung der Konservativen und der Sozialisten gegenüber dem allgemeinen Wahlrecht. Ziehe Rückschlüsse auf ihre Einschätzung der Reichsverfassung.

6 Beschreibe M2. Erläutere die Gebäudeinschrift.

Deutschland – ein Nationalstaat?

Wer gehörte zum Nationalstaat?

Das Ziel der deutschen Nationalbewegung im 19. Jahrhundert war ein Staat, in dem alle Menschen deutscher Sprache und deutscher Kultur zusammenlebten. Über die Größe und das Aussehen dieses deutschen Nationalstaates hatte es allerdings immer unterschiedliche Auffassungen gegeben, z. B. darüber, ob Teile des habsburgischen Vielvölkerstaates zu einem deutschen Nationalstaat gehören sollten (siehe S. 126).

Innerhalb der Grenzen des Deutschen Reichs von 1871, das sich als Nationalstaat verstand, lebten etwa 42,5 Millionen Einwohner. Darunter waren 3 Millionen Polen und 0,2 Millionen Dänen. Auch etwa 1,5 Millionen Franzosen waren seit der Annexion* von Elsass-Lothringen 1871 Bürger des Deutschen Reichs. Obwohl sie als Bewohner des französisch-deutschen Grenzgebietes beide Sprachen beherrschten, fühlten sie sich in ihrer Mehrheit weiterhin Frankreich zugehörig.

Nation, Nationalstaat
(von lat. nasci = geboren werden, entstehen).
Bezeichnung für eine große Gruppe von Menschen, die sich durch ihre Sprache, Kultur, Religion oder Geschichte miteinander verbunden fühlt und meist über ein zusammenhängendes Siedlungsgebiet verfügt und einen Staat bilden will.
Nationalstaat: Ein Staat, dessen Bürger ganz oder überwiegend Angehörige einer Nation sind. Im Unterschied zum Nationalstaat spricht man von einem Nationalitätenstaat oder Vielvölkerstaat, wenn ein Staat von mehreren großen Nationalitäten bewohnt wird, wie z. B. das ehemalige Jugoslawien.

M1 **Die Länder des Deutschen Reichs:**
A. politische Entwicklung 1864 bis 1871
B. Sprachen 1914
C. Konfessionen 1914

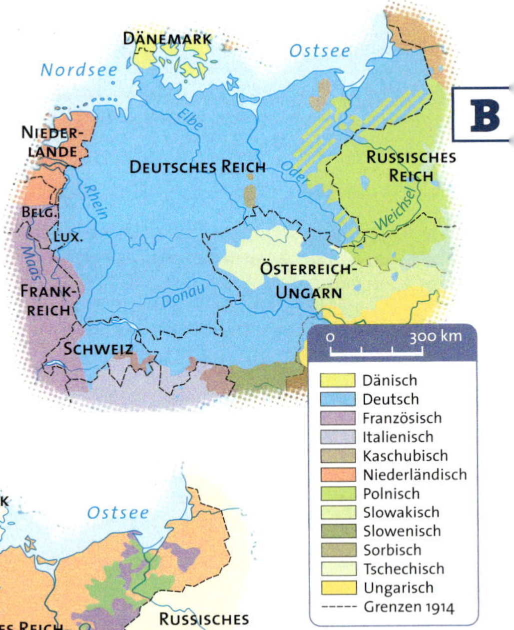

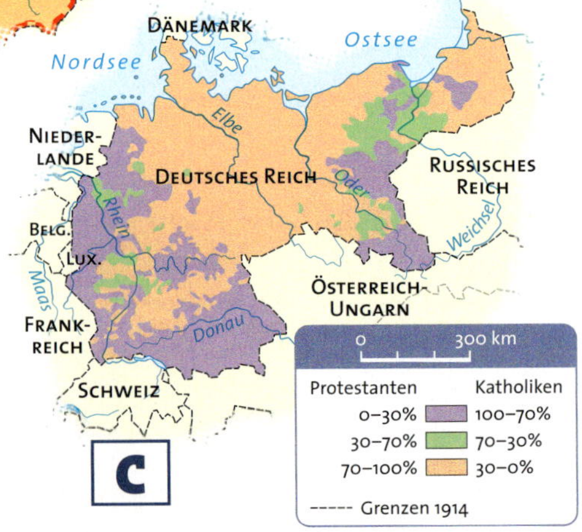

M2 Was ist eine „Nationalität“?

Mitte des 19. Jahrhunderts benannte der englische Philosoph John S. Mill Voraussetzungen, die erfüllt sein müssen, damit eine Gruppe von Menschen eine gemeinsame Nationalität besitzt und somit als Nation bezeichnet werden kann:

Man kann von einem Teil der Menschheit sagen, dass er eine Nationalität bilde, wenn die dazugehörigen Menschen unter sich durch gemeinsame Sympathien verbunden sind,… und … dass sie wünschen, unter derselben Regierung zu stehen, und zwar unter einer Regierung, die ausschließlich entweder durch sie selbst oder durch Personen aus ihrer Mitte gebildet wird. Dieses Gefühl der Nationalität kann aus sehr verschiedenen Ursachen hervorgegangen sein. Bisweilen ist es die Folge von Identität[1] der Rasse und Abstammung. Gemeinsamkeit der Sprache und der Religion trägt sehr viel dazu bei, es zu fördern. Die Art der geografischen Begrenzung kann ebenfalls zu seinen Ursachen gehören. Die stärkste derselben ist aber immer die Identität des politischen Lebens und der politischen Entwicklung, der Besitz einer nationalen Geschichte und die sich daraus ergebende Gemeinsamkeit der Erinnerungen sowie die Übereinstimmung in Stolz und Scham, Freude und Leid, die sich an dieselben Ereignisse der Vergangenheit knüpfen. Indessen ist keiner von diesen Umständen unerlässlich.

John Stuart Mill, Gesammelte Werke, Bd. 8, Leipzig (Fues) 1873, S. 220 f.

1 vollkommene Gleichheit

1 Stelle aus M2 zusammen, welche Faktoren nach Mill aus einem Volk eine Nationalität machen. Erstelle auf dieser Grundlage eine Definition, die so beginnt: „Von einer Nationalität spricht man, wenn …“. Vergleiche dein Ergebnis mit dem Kastentext Nation, Nationalstaat.

2 Die in M3 und M4 abgebildeten Denkmäler wurden von bürgerlichen Gruppen gespendet und errichtet. Vergleiche sie und überlege, welche Ideen von Nation die Erbauer in den Vordergrund stellen wollten.

3 Beurteile aufgrund von M1 und deiner bisherigen Kenntnisse, ob es sich beim Deutschen Reich von 1871 um einen Nationalstaat handelte.

M3 **Denkmal für Goethe und Schiller** in Weimar, errichtet 1857

Denkmäler erkunden

Sucht an eurem Wohn- bzw. Schulort nach Denkmälern, die im 19. und frühen 20. Jahrhundert errichtet wurden. Fotografiert sie und beschreibt ihr Aussehen und ihre Wirkung auf die Betrachter. Informiert euch über die Hintergründe ihrer Entstehung (Stadtbibliothek, Stadtarchiv). Denkmäler bilden oft den Ausgangspunkt für ein historisches Projekt. Informationen dazu findet ihr auf S. 124 f. und 148 f.

M4 **Bismarckturm** im Stadtpark Bochum, eingeweiht 1910. Inschrift innerhalb des Turms: „Dankbarkeit baute den Turm, dir, Bismarck, Schöpfer der Einheit. Sie zu wahren getreu, mahnen soll uns der Turm“.

Bismarcks Außenpolitik – Gleichgewicht durch Verträge?

Machtpolitik und Friedenssicherung

Seit dem Wiener Kongress von 1815 herrschte zwischen den fünf europäischen Großmächten England, Frankreich, Russland, Preußen und Österreich-Ungarn ein ungefähres Gleichgewicht. Durch die Gründung des Deutschen Reiches 1871 war nun in der Mitte Europas ein starker Flächenstaat entstanden, der dieses System zu gefährden schien.

Bismarck befürchtete, dass die Nachbarn im Westen und Osten sich verbünden könnten, um eine weitere Ausdehnung des Deutschen Reichs zu verhindern. Im Falle eines Krieges müsste es sich nämlich dann mit zwei Gegnern auseinander setzen. Um dies zu verhindern, verkündete die Reichsregierung den europäischen Großmächten wiederholt, dass das Deutsche Reich sein Gebiet nicht weiter ausdehnen würde.

Das europäische Gleichgewicht war zwar durch die Gründung des deutschen Nationalstaats ins Wanken gekommen, fast außer Kontrolle geriet es allerdings durch Kräfte und Konflikte in den Vielvölkerstaaten im Osten und Südosten: Dort forderten einige der Minderheiten ihre Unabhängigkeit, um einen eigenen Nationalstaat zu gründen. In Russland fanden die auf dem Balkan lebenden Slawen eine Großmacht, die sie in diesem Bestreben unterstützte. Das Osmanische Reich, unter dessen Herrschaft sie bisher gelebt hatten, war zu schwach, um sich Russlands Druck zu widersetzen. Damit stieg die Gefahr eines Krieges, denn England und Österreich sahen eigene Interessen gefährdet, wenn Russland sich zum „starken Mann am Bosporus" erklärt hätte. Bismarck trat in dieser Situation als Vermittler auf und berief 1878 eine internationale Konferenz nach Berlin. Hier und in den folgenden Jahren gelang es ihm, zwischen den europäischen Mächten ein relativ starkes Netz aus Verträgen zu knüpfen, sodass der Frieden gesichert schien – zumindest bis 1890, als Bismarck von Wilhelm II. zum Rücktritt gezwungen wurde. Wie gelang es Bismarck, die Großmächte in ein solches Vertragsnetz einzuspannen?

M1 **Der Weichensteller,** Karikatur aus der Londoner Zeitung

M2 Was wird Bismarck tun?

In der englischen Zeitung „Morning Advertiser" erschien 1882 folgender Kommentar:

Deutschland nimmt jetzt eine gebietende Stellung in Europa ein, welche Frankreich zu erlangen stets bemüht war und auch eine kurze Zeit innehatte. Mit jedem Jahr ist unter Bismarcks wachsamer Führung die Stellung Deutschlands fester und sicherer geworden, und sein definitives Übergewicht darf jetzt als gesichert betrachtet werden … Es kann nicht bezweifelt werden, dass der Einfluss des Fürsten Bismarck und das Ansehen Deutschlands gegenwärtig die großen Faktoren in der Bestimmung der Politik Europas sind und dass dieser Einfluss und dieses Ansehen für die Aufrechterhaltung des Friedens ausgeübt worden sind und ferner ausgeübt werden … Es ist merkwürdig, … wie, wenn immer irgendeine Schwierigkeit in Europa entsteht, die Augen aller Leute auf Fürst Bismarck gerichtet sind. Wie denkt er über die Sache? Was wird er tun? Für wen wird er Partei ergreifen? … Berlin ist somit der Mittelpunkt des diplomatischen Verkehrs geworden.

Walter Bußmann, Bismarck im Urteil der Zeitgenossen und der Nachwelt, 3. Aufl., Stuttgart (Klett) 1980, S. 39 f.

M3 Das europäische Bündnissystem zur Zeit Bismarcks

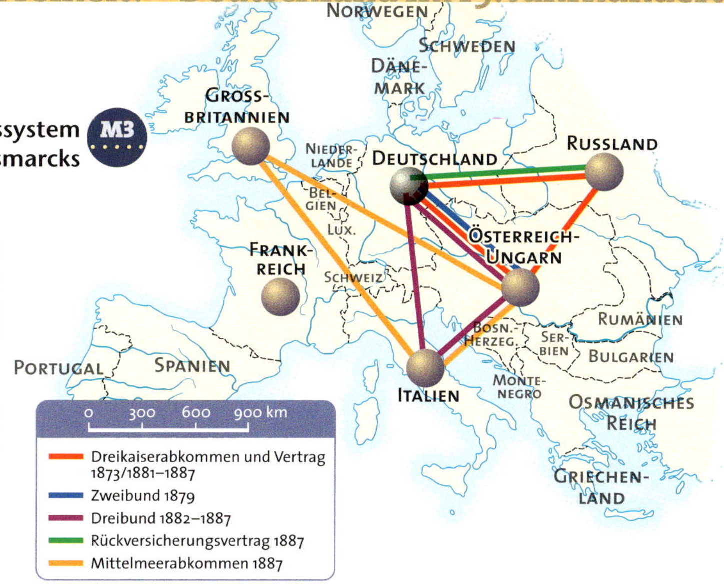

Europäische Verträge 1879–1887

1879 Zweibund (Deutschland, Österreich-Ungarn): Die beiden Partner schließen ein Verteidigungsbündnis für den Fall, dass Russland einen von ihnen angreift.

1881 Dreikaiserbündnis (Deutschland, Österreich-Ungarn, Russland): Die drei Partner schließen ein Neutralitätsabkommen für den Fall, dass eine vierte Macht einen von ihnen angreift. Der Vertrag wurde 1887 nicht mehr verlängert.

1882 Dreibund (Deutschland, Österreich-Ungarn, Italien): Die drei Partner schließen ein Verteidigungsbündnis. Bei einem Angriff Frankreichs auf Italien besteht für Deutschland und Österreich-Ungarn Beistandspflicht, bei einem Angriff Frankreichs auf Deutschland nur für Italien.

1887 Rückversicherungsvertrag (Deutschland, Russland): Die beiden Partner schließen ein Neutralitätsabkommen für den Fall, dass einer von ihnen sich im Krieg mit einer dritten Großmacht befindet. Es gilt jedoch nicht, wenn einer von ihnen Österreich oder Frankreich angreift. In einem geheimen Zusatzprotokoll verpflichtet sich Deutschland zu wohlwollendem Verhalten bei allen Maßnahmen, die Russland für notwendig hält, um seine Interessen am Bosporus zu sichern.

1887 Mittelmeer-Abkommen (Großbritannien, Italien, Österreich-Ungarn): Auf Vermittlung Bismarcks verpflichten sich die drei Partner, das Osmanische Reich bei einem russischen Angriff zu verteidigen.

M4 Deutschland in Europa

Bismarck, der 1890 entlassen wurde, erläuterte die Grundsätze seiner Außenpolitik 1892 in seinen Memoiren:

Dem Vortheile, welcher der deutschen Politik ihre Freiheit von directen orientalischen Interessen gewährt, steht der Nachtheil der centralen und exponirten Lage des Deutschen Reiches mit seinen ausgedehnten Vertheidigungsfronten nach allen Seiten hin und die Leichtigkeit antideutscher Coalitionen gegenüber … Unser Interesse ist, den Frieden zu erhalten, während unsre continentalen Nachbarn ohne Ausnahme Wünsche haben…, die nur durch Krieg zu erfüllen sind. Dementsprechend müssen wir … den Krieg nach Möglichkeit hindern oder einschränken, uns in dem europäischen Kartenspiele die Hinterhand wahren und uns durch keine Ungeduld … vor der Zeit aus dem abwartenden Stadium in das handelnde drängen lassen … Unsre Zurückhaltung kann … nicht den Zweck haben, über … einen unsrer Nachbarn oder möglichen Gegner mit geschonten Kräften herzufallen, nachdem die andern sich geschwächt hätten. Im Gegentheil sollten wir uns bemühen, die Verstimmungen, welche unser Heranwachsen zu einer wirklichen Großmacht hervorgerufen hat, durch den ehrlichen und friedliebenden Gebrauch unsrer Schwerkraft abzuschwächen, um die Welt zu überzeugen, dass eine deutsche Hegemonie in Europa nützlicher und unpartheiischer … für die Freiheit andrer wirkt als eine französische, russische oder englische.

Otto von Bismarck, Erinnerung und Gedanke, hg. von Rudolf Buchner, Stuttgart u. a. (Kohlhammer) 1975, S. 498 f.

1 Erläutere, wie die außenpolitische Rolle des Deutschen Reichs in M1 und M2 dargestellt wird.

2 Bismarck nannte seine Außenpolitik das „Spiel mit den fünf Kugeln“. Erläutere diese Aussage mithilfe von M3 und der Informationen im Kasten.

3 Fasse die Ausführungen Bismarcks in M4 in Thesen zusammen und überlege, vor welcher Politik der Reichskanzler Kaiser Wilhelm II. warnen wollte.

Wandel in Stadt und Land

Die Verstädterung des Kaiserreiches

Wer in den 70er Jahren des 19. Jahrhunderts seine Heimatstadt verlassen hatte, vielleicht sogar aus Deutschland ausgewandert war, dem konnte es beim ersten Besuch nach zehn oder zwanzig Jahren leicht passieren, dass er sich in seiner altvertrauten Umgebung gar nicht mehr zurechtfand: Innerhalb weniger Jahrzehnte veränderte sich nicht nur das Gesicht vieler Städte, sondern auch ihr „Innenleben". Hatten 1871 etwa 36% der deutschen Bevölkerung in Städten über 2000 Einwohner gelebt, so waren es 1910 schon 60%. Die Großstädte lockten mit ihrer Industrie Arbeitskräfte an, denen per Eisenbahn und Pferdefuhrwerk die Familien und ihre gesamte Habe folgten.

Die Stadtverwaltungen standen vor neuen Herausforderungen: Sie mussten eine Wasser-, Gas- und Stromversorgung aufbauen und für Müllabfuhr, Kanalisation und Feuerwehr sorgen. Außerdem wurden Krankenhäuser, Schulen und Markthallen benötigt. Mit der Einführung des öffentlichen Nahverkehrs wurden die Städter mobil: Wer es sich leisten konnte, baute sich sein Häuschen bzw. seine Villa im Grünen. In den Vorstädten dagegen – oft nahe bei den Fabriken bzw. Industriegebieten – entstanden große Mietskasernen, in denen viele Menschen auf engstem Raum wohnten.

Das ruhelose Tempo des Alltags und das vielseitige Angebot an Waren, an Kommunikationsmöglichkeiten, wie z.B. Telefon und Kino, an Unterhaltung jeder Art schufen einen besonderen Lebensstil.

Eine Gesellschaft der Unterschiede

Die staatliche Einheit Deutschlands hatte nicht zu einem Ausgleich der sozialen Gegensätze geführt, im Gegenteil: Durch die tief greifenden Veränderungen der Industrialisierung hatten sich die Unterschiede zwischen den einzelnen gesellschaftlichen Gruppen vergrößert und neue waren hinzugekommen.

Die führende Schicht im Kaiserreich war immer noch der Adel, obwohl in der Politik, in der Verwaltung und im Militär hohe Stellen zunehmend mit Bürgerlichen besetzt wurden. Die bürgerliche Oberschicht bestand aus den Besitzbürgern, die leitende Positionen in der Wirtschaft einnahmen, und den Bildungsbürgern, die eine akademische Bildung genossen hatten. Viele Angehörige dieser beiden Gruppen bemühten sich, den Lebensstil des Adels nachzuahmen oder auch durch Einheirat in eine adlige Familie einen Adelstitel zu erwerben. Die Mittelschicht bestand aus dem alten und dem neuen Mittelstand. Zur ersten Gruppe zählten die selbstständigen Handwerker und die kleinen Kaufleute, die unter der Konkurrenz durch die Industrie und die Warenhäuser litten und sich vor dem sozialen Abstieg fürchteten. Zur zweiten Gruppe gehörte die stark wachsende Schicht der Angestellten, die darauf bedacht war, sich von der Arbeiterschaft abzugrenzen.

Kennzeichnend für die arbeitende Unterschicht waren die ständige Unsicherheit des Arbeitsplatzes und die völlige Lohnabhängigkeit. Daraus hatten die Arbeiter ein starkes Zusammengehörigkeitsgefühl entwickelt – die Basis für Gewerkschaften und Parteien (siehe S. 88 ff.). Innerhalb der Arbeiterschaft bestanden große Unterschiede zwischen gelernten und ungelernten Beschäftigten. Die am besten bezahlten Arbeiter orientierten sich am Lebensstil des Bürgertums. So genannte Deklassierte gingen keiner regelmäßigen Arbeit nach und waren von Almosen abhängig, z. B. Obdachlose und Arbeitslose, außerdem viele Mütter mit unehelichen Kindern.

M1 Berlin, Ecke Unter den Linden/Friedrichstraße,
Postkarte, um 1900

Herrschaften und Dienstmädchen

Bürgerfamilien legten Wert auf gepflegte Häuslichkeit und großzügige Gastfreundschaft. Dass die bürgerliche Hausfrau außerhalb des Hauses einer Erwerbstätigkeit nachging, galt ihrer gesellschaftlichen Stellung nicht als angemessen. Sie konzentrierte sich auf die Führung des Haushalts, wobei ihr Dienstmädchen zur Hand gingen. Das Hauspersonal half beim Einkaufen, Kochen, Putzen, Waschen und Flicken, es öffnete den Gästen die Tür und hütete die Kinder. Die Dienstmädchen kamen meistens aus ländlichen und ärmlichen Verhältnissen und hatten wesentlich geringere Rechte als z.B. Fabrikarbeiterinnen. Nach den geltenden Gesindeordnungen war es den Hausherren erlaubt, Dienstmädchen den Ausgang zu verbieten und Vorschriften über Kleidung und Frisur zu erlassen. Auch gegen Prügel und andere Misshandlungen konnten sich die Dienstmädchen nicht wehren. Waren sie mehr als vier Wochen krank, durfte der Hausherr sie fristlos entlassen. Viele Dienstmädchen betrachteten ihren Beruf nur als Übergangsstation bis zu einer geplanten Heirat. Bei Handwerkern und Kaufleuten galten sie wegen ihrer hauswirtschaftlichen Kenntnisse als „gute Partie".

M2 Untergrundbahnhof Friedrichstraße in Berlin, Postkarte, 1910

1 Beschreibe anhand von M1 bis M3 deinen Eindruck von der Großstadt Berlin. Achte besonders auf die Menschen, die Architektur und die Technik.

M3 Gleisanlagen im Norden Berlins, Gemälde von Franz Skarbina, um 1895

Wandel auf dem Land

Während in der Stadt immer mehr die berufliche Tätigkeit über den Platz in der Gesellschaft entschied, blieb in ländlichen Gebieten noch relativ lange der Landbesitz das wesentliche Kriterium für das soziale Ansehen. Dabei gab es regionale Unterschiede: In Südwestdeutschland, wo die Höfe relativ klein waren, fielen die Unterschiede zwischen den Bauern, den Landarbeitern, den Knechten und Mägden nicht so sehr ins Gewicht. Wesentlich krasser waren die sozialen Gegensätze in den östlich der Elbe gelegenen Teilen des Kaiserreichs. Die dort ansässigen Gutsbesitzer waren in ihren Bezirken oft die alleinigen Arbeitgeber. Sie bestimmten die Pfarrer und Lehrer und übten die örtliche Polizeigewalt aus.

Der wirtschaftliche Wandel machte sich auch auf dem Land bemerkbar: Während sich noch im 18. Jahrhundert fast alle Güter im Besitz von Adligen befunden hatten, erwarben seit Beginn des 19. Jahrhunderts immer mehr Bürgerliche Landgüter. Als Ende der 1870er Jahre unter dem Druck der amerikanischen Konkurrenz die Getreidepreise sanken und die Gutsherren ihr Personal durch „billigere" Dreschmaschinen und Mähmaschinen ersetzten, mussten sich viele Landarbeiter in den Städten nach neuen Verdienstmöglichkeiten umschauen. In der Erntezeit mangelte es auf den Gütern nun an Arbeitskräften, deshalb holten die ostelbischen Gutsbesitzer und auch die Bauern aus Nord- und Westdeutschland Saisonarbeiter aus Pommern und Ostpreußen, seit 1890 auch aus dem russischen Teil Polens. Wie erlebten die ländlichen Bewohner die Veränderungen ihrer alten Ordnung?

M4 „Die Gesellschaft" wird mobil

Der Historiker Hermann Glaser schilderte die Einführung neuer Verkehrsmittel im Kaiserreich (1994):

Die Veränderungen des Straßenbildes erfolgten zunächst in der Großstadt; zum Gewimmel der Kutschen, Fuhrwerke, Pferdeomnibusse kam als Erstes die elektrische Straßenbahn; bald tauchten Fahrräder auf und schließlich die ersten Autos … Ursprünglich hatten die Fahrräder nur dem Sport gedient; man organisierte sich dazu in exklusiven Bicycle-Clubs [Stahlfahrräder wurden aus England importiert und kosteten 900 Goldmark das Stück]. Als die „Knochenschüttler" durch Massenfabrikation [um 1895] billiger geworden waren, wurden sie ein allgemeines Beförderungsmittel für Arbeit und Freizeit … Das Auto, soweit es nicht gewerblich genutzt wurde, gehörte zum Statussymbol der Oberklassen [„Herrenfahrer"]; doch leistete sich auch mancher Angehörige des Mittelstandes ein Auto zum Privatvergnügen. Um 1914 gab es in Deutschland rund 55 000 Personenkraftwagen, 9000 Lastkraftwagen und 20 600 Krafträder. Auf die einzelnen Städte und Gegenden verteilt, bedeuteten freilich diese Zahlen zunächst nur eine geringe Verkehrsdichte. 1907 zählte man zum Beispiel in Karlsruhe 14 Motorräder, 50 Automobile und sechs Lastkraftwagen.

Hermann Glaser, Industriekultur und Alltagsleben. Vom Biedermeier zur Postmoderne, Frankfurt a. M. (Fischer) 1994, S. 189, 193.

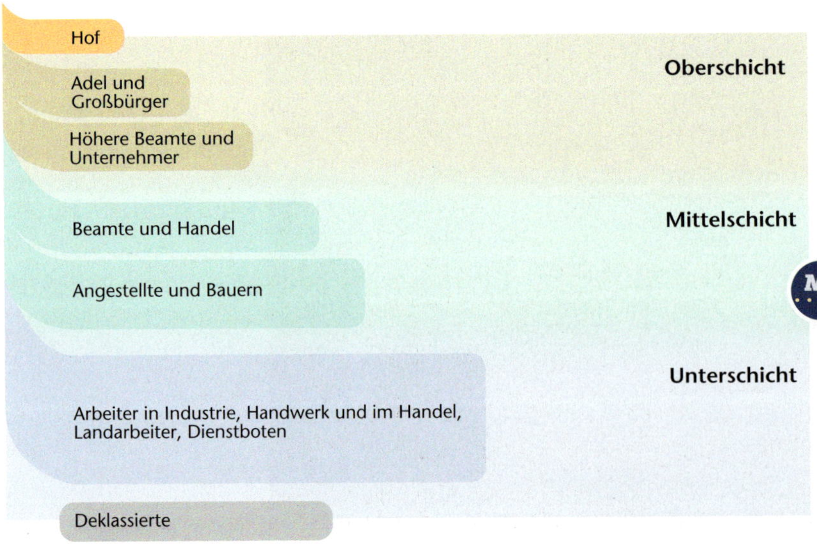

M5 Die Gesellschaft im Kaiserreich (vereinfachtes Modell)

M7 Montagehalle der Allgemeinen Elektrizitätsgesellschaft (AEG), Foto, um 1900

M6 Das Wachstum deutscher Großstädte

	Bevölkerung im Jahr 1875	1910	Wachstum in %
Duisburg	37 380	229 438	513,8
Kiel	37 246	211 627	468,2
Essen	54 790	294 653	437,8
Leipzig	127 387	589 850	363,0
Düsseldorf	80 695	358 728	344,5
Frankfurt/M.	103 136	414 576	302,0
Köln	135 371	516 527	281,6
Dortmund	57 742	214 226	271,0
Chemnitz	78 209	287 807	268,0
Nürnberg	91 018	333 142	266,0
Hamburg	264 675	931 035	251,8
Magdeburg	87 925	279 629	218,0
München	193 024	596 467	209,0
Stuttgart	107 273	286 218	166,0
Berlin	966 859	2 071 257	114,2

Zusammengestellt nach Gerd Hohorst/Jürgen Kocka/Gerhard A. Ritter (Hg.), Sozialgeschichtliches Arbeitsbuch. Materialien zur Statistik des Kaiserreichs 1870–1914, München (Beck) S. 45.

M8 Die Belegschaft eines Handwerksbetriebs vor der Werkhalle, Foto, um 1900

2 Erläutere mithilfe des Darstellungstextes und M6, was unter „Verstädterung" zu verstehen ist. Nenne Gründe für diese Entwicklung im Kaiserreich. Diskutiert, welche Folgen sie hatte – über die im Text genannten hinaus: für den Einzelnen und die Stadt.

3 Untersuche, wie der Autor von M4 den Zusammenhang von Mobilität und Gesellschaft im Kaiserreich darstellt. Nenne Gemeinsamkeiten und Unterschiede zur heutigen Zeit.

4 Vorschlag für Partnerarbeit:
a Beschreibt die Personen bzw. Gruppen in M7 und M8. Berücksichtigt dabei Hinweise auf Tätigkeit, Arbeitsplatz, Kleidung und Körperhaltung.
b Ordnet die auf dieser Doppelseite abgebildeten Berufsgruppen dem Schaubild M5 zu.

M9 Dienstmädchen warten in der Stellenvermittlung, Foto, 1913

M10 Wie ich mir „mein Mädchen“ erziehe

Ein Ratgeber für die Hausfrau von 1909 empfahl aus eigener Praxis:

Finde ich des Abends bei später Heimkehr einmal eine der vorgeschriebenen Arbeiten nicht getan …, so nehme ich wohl auch einmal Zuflucht zu einem Verschen, das ich auf einen Zettel schreibe, etwa: „Ei, was bin ich doch beschmutzt / Liese hat mich nicht geputzt! / Schnell ans Werk und reibe flink, / Blank die Wanne, Hahn und Ring.“ Diesen Zettel hänge ich im Badezimmer am Wasserhahn auf und bin gewiss, am andern Morgen alles blitzblank und das Mädchen mit dankverschämtem Lächeln vorzufinden.

Die Welt der Frau (1909). Zit. nach Cornelia Julius, Marga S. und Grete N. In: Praxis Geschichte, H. 5/1994, S. 44.

M11 Ostelbische Gutsherrschaft

Der Offizier Oldenburg-Januschau übernahm 1883 das Gut Januschau in Ostpreußen. Die Art, wie er seine „Leute“ behandelte, beschrieb er 1936 in seinen Erinnerungen:

Auf meinen Gütern gelang es mir, einen sesshaften Arbeiterstand zu schaffen. Im Anfang musste ich manchem ungehorsamen und aufsässigen Gesellen persönlich entgegentreten und mit der Faust Ordnung und Gehorsam erzwingen. Im Laufe der Jahre wurden die schlechten Arbeiter dadurch abgestoßen und die guten angezogen. Mein Mittel zu diesem Ziel hieß Gerechtigkeit. Als Offizier hatte ich gelernt, was Gerechtigkeit ausmacht, was man von einem gerecht behandelten Menschen verlangen kann und wie Gerechtigkeit Menschen verschiedener Lebensstufen auch für Zeiten der Not aneinander bindet … Der Landarbeiter ist immer eine der gesichertsten menschlichen Existenzen gewesen. Nach altem Herkommen, das schon aus der Zeit vor der Errichtung all der vielen Versicherungen stammt, ist der Landarbeiter des deutschen Ostens für die Zeit seines Alters versorgt. Er wird nicht von Haus und Hof verjagt, sondern bleibt auf dem Gute wohnen … Söhne des Landarbeiters brauchen sich nicht nach Stellung und Beruf umzusehen. Sie treten ohne Weiteres an die Stelle ihres Vaters.

Elard Oldenburg-Januschau, Erinnerungen, Leipzig (Koehler&Amelang) 1936, S. 44 f.

M12 Gutsbauern gratulieren dem Gutsherrn zum Geburtstag, Lithographie aus der Zeitschrift „Gartenlaube“, 1891

M13 Im Sachsengängerzug

Franz Rehbein musste sich als Vierzehnjähriger eine Arbeit suchen, da sein Vater gestorben war und seine Mutter ihn und seine vier Geschwister nicht ernähren konnte. Er erinnerte sich 1911:

Um die Osterzeit, kurz nach meiner Schulentlassung, bereiste ein Agent[1] aus Köslin die Gegend, um „Landarbeiter nach Sachsen" anzuwerben. Alles konnte der Mann gebrauchen: Männer und Frauen, Mädchen und Jungen. Schon einige Jahre vorher hatte er mit einem gewissen Vorschnitter Höhnke zusammen sowohl aus der Stadt wie aus den umliegenden Dörfern ganze Trupps von Landarbeitern angeworben, die vom Frühjahr bis zum Spätherbst kontraktlich[2] zur Arbeit auf den Zuckerfabriken der Magdeburger und Braunschweiger Gegend oder auf verschiedenen Gütern von Hannover, Oldenburg und Schleswig-Holstein verpflichtet worden waren. Meistenteils waren diese Arbeiter zum Winter wieder nach der Heimat zurückgekehrt; jedoch hatten es auch zahlreiche Einzelne wie auch ganze Familien vorgezogen, der Heimat für immer Valet[3] zu sagen und dort zu bleiben. Der Agent verstand es ausgezeichnet, den Leuten den Mund wässrig zu machen. Nach seinen Darstellungen war „Sachsen" einfach das gelobte Land, wo Milch und Honig floss … Kaum hatte ich die Erlaubnis meiner Mutter zur Abwanderung erlangt, so suchte ich auch schon den Agenten auf, um mich ebenfalls als Sachsengänger einschreiben zu lassen. Er tat zuerst zwar so, als sei ich noch ein „bisken reichlich klein" … Hier sprang nun der Vorschnitter Höhnke ein. „Den Bünzelt[4] könnte ich gebrauchen", meinte er, „der kann Ochsenjunge auf der Zuckerfabrik werden; da wird's nicht so genau genommen." Gleichzeitig holte er ein Kontraktformular hervor und forderte mich auf, meinen Namen darunter zu setzen. „Zu lesen brauchst du das gar nicht erst, Junge", sagte er dabei, „du kriegst auf der Fabrik 6 Groschen Tagelohn, und wenn du tüchtig bist, wird dir das Fahrgeld nicht vom Lohn abgezogen." Mit dieser summarischen Erklärung begnügte ich mich auch vollauf; gingen mir doch lediglich die 60 Pfennige Tagelohn im Kopfe herum. Welches Glück! Ich sollte als vierzehnjähriger Junge in Sachsen ebenso viel verdienen wie ein vollwertiger Tagelöhner in meiner hinterpommerschen Heimat!

Franz Rehbein, Das Leben eines Landarbeiters, hg. von Paul Göhre, Jena 1911, Nachdruck hg. von Karl Friedrich Schafhausen, Darmstadt/Neuwied (Luchterhand) 1973, S. 59 ff.

1 Beauftragter eines Unternehmens 2 vertraglich
3 Lebewohl 4 Knirps

5 Versetze dich in die Lage eines Dienstmädchens, das vom Land in die Stadt gekommen ist. Schreibe zwei Briefe an die jüngere Schwester: einen, der seinen Eindruck wiedergibt, als es die Stelle antritt, und einen, der seine Erfahrungen nach einem halben Jahr schildert. Berücksichtige M9, M10 und den Darstellungstext S. 137.

6 Prüfe, wie Oldenburg-Januschau sein Vorgehen darstellt und begründet (M11). Wie wirken seine Aussagen auf dich?

7 Schildere die Gedanken, die den Söhnen der beiden auf M12 dargestellten Familien möglicherweise durch den Kopf gehen.

8 Erläutere an M13 und M14 die möglichen Erwartungen eines jungen Sachsengängers.

9 Untersuche in M13, welche Wertung Franz Rehbein in seine Erinnerungen einfließen lässt. Welche Erfahrungen könnten hinter dieser Einstellung stehen?

M14 **Pferdewagen mit Sachsengängern in Berlin,** Foto, 1908. Berlin war das Drehkreuz des preußischen Eisenbahnverkehrs. Die Sachsengänger kamen meistens am Schlesischen Bahnhof an und wurden mit Pferdewagen zum Lehrter Bahnhof weitertransportiert.

Welche Bildung brauchen wir? – eine Diskussion im Kaiserreich

Wozu ist die Schule da?

Was in der Schule gelehrt wird, soll für's Leben gelernt werden, behauptet ein altes Sprichwort. Aber bestimmt wird es durch Lehrpläne, Gesetze, durch die Regierung. Was Schulabgänger im Kaiserreich mit ins Leben nehmen sollten, das erklärte Kaiser Wilhelm II. im April 1889 bei der Entlassungsfeier einer Fortbildungsschule, einer Berufsschule für junge Arbeiter: „Worin zeigt und bewährt sich denn die Vaterlandsliebe eines deutschen Jünglings? – Zuerst und vor allem darin, dass er den Gesetzen und Ordnungen gehorcht, welche im Lande gelten, dass er dem Kaiser und dem König gibt, was des Kaisers und Königs ist ... Von diesem Standpunkte aus müsst ihr auch die persönlichen Leistungen ansehen, die der Staat von euch verlangt: die Steuern und, was in euren Jahren namentlich wichtig ist, das Waffentragen fürs Vaterland."

Ein weiteres Erziehungsziel formulierte 1872 eine Versammlung von Lehrern, die in Mädchenschulen unterrichteten: „Es gilt dem Weibe eine der Geistesbildung des Mannes ... ebenbürtige Bildung zu ermöglichen, damit der deutsche Mann nicht durch die geistige Kurzsichtigkeit und Engherzigkeit seiner Frau am häuslichen Herd gelangweilt und in seiner Hingabe an höhere Interessen gelähmt werde."

Bildung für die Industriegesellschaft

Über die Erziehungsziele, die für die Schülerinnen und Schüler des Deutschen Reiches gelten sollten, wurde heftig debattiert. Wie nämlich sollte eine Ausbildung aussehen, die zu den Anforderungen einer modernen Industriegesellschaft passte, wie sie sich im letzten Drittel des 19. Jahrhunderts entwickelte? Die Wirtschaft bot ein breites Spektrum an Berufen, die spezielle Qualifikationen benötigten. Gleichzeitig stieg die Massenproduktion und damit der Bedarf an „billigen", ungelernten Arbeitskräften – das waren meistens Frauen.

Einen Beruf zu erlernen wurde nicht nur für Töchter von Arbeiterfamilien wichtig, sondern auch für viele „höhere Töchter" aus bürgerlichen Familien, da sie, wenn sie ledig blieben, nicht mehr wie früher als Hausdame bei Verwandten ihr Auskommen fanden. Viele von ihnen wurden Lehrerinnen, denn dieser Beruf galt als standesgemäß. Eine akademische Ausbildung war ihnen allerdings verwehrt, da erst seit 1908 Mädchen zum Abitur und zum Studium zugelassen wurden.

M1 **Gruppenbild einer Volksschulklasse**, Foto, um 1887

M2 **Aus einem ABC-Büchlein** für „muntere Knaben und Mädchen" von 1868. Das Schulbuch wurde auch im Kaiserreich verwendet.

Vorschläge für Reformen

Gerade die Lehrerinnen- bzw. Frauenorganisationen gehörten zu den Gruppen, die Reformen im Bildungsbereich forderten. Daneben entwickelten viele Pädagogen Alternativen für Unterrichtsgestaltung und Erziehungsziele. Die Sozialdemokraten unter den Reformern wandten sich vor allem gegen die Tatsache, dass der Besuch weiterführender Schulen Schulgeld kostete. Da Arbeiterfamilien dieses nicht zahlen konnten, endete für ihre Kinder die Schulzeit meist nach der Volksschule (mit 13 oder 14 Jahren), zumal deren Abschluss nicht berechtigte, eine höhere Schule zu besuchen. Die Bildungsdiskussion lässt sich an folgenden Fragen untersuchen:

– Wie wurde den Schülern Gehorsam beigebracht gegenüber dem „was des Kaisers und Königs ist"?

– Welche Inhalte wurden den Schülern vermittelt und was galt als vorbildlich?

– Wogegen richteten sich kritische Stimmen bzw. welche Alternativen schlugen sie vor?

M3 Strafgericht für „höhere Töchter"

Elisabeth Flitner (geb. 1894) erinnerte sich 1987:

Ich hatte mehrmals Konflikte mit der Schule, weil ich vom Elternhaus her mehr Freiheit gewohnt war … Bei den Herbstmanövern zum Gedenken an die Schlacht bei Jena (1906) hatten die Jungen schulfrei bekommen. Einige ältere Schülerinnen setzten ein Telegramm an die Großherzogin, Schutzpatronin unserer Schule, auf und baten, sie möge auch uns die Teilnahme an den Manövern erwirken. Ich brachte es mit … Mitschülerinnen in der Pause zur Post … Eine Stunde später wurde die ganze Schule in der Turnhalle versammelt; es ging ein Strafgericht nieder und die Schuldigen wurden aufgefordert sich zu melden. Von den älteren Schülerinnen rührte sich niemand. Wir jüngeren traten vor; eine schlechte Zensur in Betragen war die Strafe.

Elisabeth Flitner, Auf dem Katheder brannte frühmorgens eine Kerze. In: Kindheit im Kaiserreich, hg. von Rudolf Pörtner, Augsburg (Bechtermünz) 1998, S. 45 ff.

M4 Die Jugend muss sich als lernend fühlen!

Der Berliner Pfarrer Hermann Freiherr von Soden forderte 1900 auf einem Kongress, dass alle Schulabgänger der Volksschule die Fortbildungsschule besuchen müssten:

Die Hauptsache ist, dass die Jugend bis zum 17. Jahre … sich fühlt als lernend … Sie muss unter einer ganz festen Disziplin ganz und gar sich unfertig wissen, unter Autoritäten, denen gegenüber sie sich schlechterdings nichts erlauben darf. Das ist doch der Hauptunterschied zwischen der Erziehung der so genannten höheren Klassen und derjenigen Schichten, die uns hier vor allem beschäftigen. Dort ist der junge Mensch nach der Konfirmation in keiner Weise selbstständig … Das haben wir auch durchzuführen den breiten Massen des Volkes gegenüber. Wir müssen das Bewusstsein in sie ganz tief einzwängen, … dass sie noch gar nichts sind als ganz unreife … Schülernaturen.

Zit. nach Karlwilhelm Stratmann, „Zeit der Gärung und Zersetzung", Weinheim (Deutscher Studienverlag) 1992, S. 173.

Vorschlag für eine Gruppenarbeit

a. Bearbeitet die folgenden Seiten mithilfe der Arbeitsaufträge in vier Gruppen. Gruppe A: S. 142 und 143 Gruppe B: S. 144, Gruppe C: S. 145, Gruppe D: 146 und 147.

b. Erörtert am Ende der Gruppenarbeit, wie ihr die drei Leitfragen aus dem Darstellungstext dieser Seite beantworten würdet.

c. Strafen/Disziplin und gemeinsamer Unterricht für Mädchen und Jungen. Vergleicht die Situation im Kaiserreich mit euren eigenen Erfahrungen.

1 Erarbeite anhand von M1 bis M3 Schulerfahrungen im Kaiserreich. Nimm das Alphabet im hinteren Buchdeckel zu Hilfe.

2 Untersuche, wie M4 die vorherrschenden Erziehungsprinzipien begründet. Setze deine Ergebnisse um, indem du als Lehrer/-in den in M3 geschilderten Vorfall schriftlich den Eltern von Elisabeth Flitner mitteilst.

M5 **Gymnasiasten bei der Sedanfeier,** Foto, 1891.
Das Foto zeigt die Abiturklasse des Gymnasiums Christianeum in Hamburg-Altona. Die Sedanfeiern setzten sich im Kaiserreich als inoffizieller Nationalfeiertag durch. Erinnert wurde damit an den Sieg über die französische Armee am 2. September 1870.

M6 Die kaiserliche Familie als Unterrichtsthema

Lesebuchtexte wie der folgende wurden von den Schülern im Unterricht laut vorgelesen, wobei reihum jeder Schüler einen Satz sprach:

Unsre geliebte Kaiserin hat ihrem hohen Gemahl sechs blühende Söhne und ein liebliches Töchterlein geschenkt. Der älteste Sohn, der Kronprinz Wilhelm, wurde am 6. Mai 1882 geboren. Voll Freude rief sein greiser Urgroßvater, Kaiser Wilhelm I., bei der Nachricht von der Geburt aus: „Hurra, vier Kaiser!" und so jubelte das ganze Land ihm nach. Die kaiserlichen Prinzen werden einfach und streng erzogen. Besonders gern spielen sie Soldaten. Dann ist der Kronprinz ihr Hauptmann, dem sie willig gehorchen. Kommt der Kaiser in ihre Stube, dann stehen sie stramm wie rechte Soldaten und warten, bis der Kaiser sie soldatisch, d.h. mit dem Finger an der Mütze, grüßt.

Ferdinand Hirts Deutsches Lesebuch, B, 3. Teil, 7. Aufl., Breslau 1916, S. 178.

M7 Lernen für das Vaterland

Kaiser Wilhelm II. forderte 1890:

Wir müssen als Grundlage für das Gymnasium das Deutsche nehmen; wir sollen nationale junge Deutsche erziehen und nicht junge Griechen und Römer … Ebenso möchte ich das Nationale bei uns weiter gefördert sehen in Fragen der Geschichte, Geografie und Sage … Warum wird immer an unserer Regierung herumgenörgelt und auf das Ausland verwiesen? Weil die jungen Leute nicht wissen, wie unsere Zustände sich entwickelt haben …
[Es] ist absolut notwendig, dass wir mit der Anzahl unserer Stunden heruntergehen … Die statistischen Angaben über die Verbreitung der Schulkrankheiten … sind wahrhaft erschreckend … Bedenken Sie, was uns für ein Nachwuchs für die Landesverteidigung erwächst. Ich suche nach Soldaten, wir wollen eine kräftige Generation haben, die auch als geistige Führer und Beamte dem Vaterlande dienen.

Wilhelm II., Ansprache zur Eröffnung der Schulkonferenz in Berlin (4.12.1890). In: Kaiserreden. Ein Charakterbild des Deutschen Kaisers, Leipzig (Weber) 1902, S. 283 ff.

Militarismus

Militarismus bedeutet, dass militärische Vorstellungen das Denken der Menschen in hohem Maße prägen. Sowohl das öffentliche als auch das private Leben wird von militärischen Grundsätzen und Wertvorstellungen beherrscht. So wird beispielsweise der Öffentlichkeit die militärische Stärke des Landes durch Jubelfeiern zum Gedenken an siegreiche Schlachten, Truppenparaden usw. demonstriert. In Politik und Presse wird deutlich Stimmung gemacht gegen Nachbarstaaten. Alle Bereiche der Erziehung werden einbezogen, z.B. durch die Herstellung von Kriegsspielzeugen, die Verbreitung militaristischer Gedanken über Lieder, Kinder- und Schulbücher, Verhaltensregeln usw. Häufig findet eine Abwertung aller nichtmilitärischen, zivilen Bereiche statt.

3 Zeige anhand von M7, welche Ziele Wilhelm II. dem Lehrplan voranstellte. Nimm Stellung.

4 Untersuche anhand von M5 und M6, wie die Vorgaben des Kaisers (M7) umgesetzt wurden.

5 Beurteile die Rolle, die das Militärische in der Erziehung der Kaiserzeit spielt.

M8 Chemieunterricht für Mädchen?

Aus dem Vorwort eines Chemie-Schulbuchs für höhere Mädchenschulen (1885):

Es würde … vollständig verfehlt sein, den Unterricht in der Chemie in den höheren Mädchenschulen in der wissenschaftlichen, systematischen Ausdehnung zu treiben, wie dies für höhere Knabenschulen vorgeschrieben ist. Es ist vielmehr der Lehrstoff wie in allen anderen Unterrichtsfächern der höheren Mädchenschulen so auch hier „einer durchgreifenden Sichtung zu unterwerfen, welche das für die weibliche Bildung Wertvolle heraussucht und die weiblichen Lebensverhältnisse zu ihrem Rechte kommen lässt." Nach diesem … Grundsatz … sind hauptsächlich betont die Stoffe und Vorgänge, welche uns täglich entgegentreten und namentlich in der Hauswirtschaft und Familien-Gesundheitspflege, diesen wichtigen Gebieten weiblichen Wirkens, eine bedeutende Rolle spielen.

Albert Fricke, Chemie, 7. Aufl., Braunschweig (E. Appelhans & Comp.), 1908, S. III.

M9 Führt die Volksschule in die Sackgasse?

Der Sozialpädagoge Otto Rühle warnte 1911:

Die Volksschule droht eine reine Proletarierschule zu werden. Was sie an Volksbildung vermittelt, wird von der oberen Gesellschaftsschicht als Bildung im eigentlichen Sinne des Wortes nicht mehr anerkannt. Erst wer das so genannte Einjährige[1] erworben hat, tritt in die Reihe der Gebildeten ein. In … dem auf der allgemeinen Wehrpflicht beruhenden Volksheer scheidet er sich dann streng von der Masse der Ungebildeten. Die ganz dünne Schicht der höher Gebildeten ist ausgestattet mit allen gesellschaftlichen Vorrechten, und jeder Angehörige dieser Schicht wacht mit Eifersucht darüber, dass die Berechtigungen, die ihm die Bildung verliehen hat, nicht von irgendeinem Eindringling durchbrochen werden. Ist ein Schulwesen, in dessen Organisation das Trennende viel schärfer hervortritt als das Einigende, geeignet, ein sozialer Erziehungsfaktor zu werden?

Otto Rühle, Das proletarische Kind, München (Langen) 1911, S. 255.

1 Jungen, die in die 10. Klasse des Gymnasiums versetzt waren, konnten ihren Wehrdienst auf ein Jahr verkürzen und Offizier werden – eine wichtige Weichenstellung für die berufliche Karriere.

Schulformen im Kaiserreich

Volksschule: 6.–14. Lebensjahr; einzige Schulform, die Jungen und Mädchen gemeinsam besuchen; Abschluss bereitet nicht auf die weiterführende Schule vor. Schulpflicht.

Mittelschule: Endet nach dem 9. Schuljahr mit der mittleren Reife. Schulgeld.

Gymnasium: nur für Jungen, endet mit dem 13. Schuljahr (Abitur). Schulgeld.

– Humanistisches G.: Schwerpunkt auf „klassischer" Bildung (Latein und Griechisch).

– Realgymnasium, Oberrealschule: Humanistische Bildung wird mit naturwissenschaftlicher und berufspraktischer Bildung verbunden.

Höhere Mädchenschule: Einzige weiterführende Schule für Mädchen, Abschluss nach der 10. Klasse; danach Möglichkeit, das Lyzeum bis zur 12. Klasse zu besuchen; seit 1908 Mädchenabitur. Schulgeld.

Mädchengymnastik M10 in der Volksschule, um 1900

6 Erarbeite aus M8 und M10 Erziehungsvorstellungen, die an Mädchenschulen Geltung hatten.

7 Wie begründet der Verfasser von M8 den „pädagogischen" Wert seines Buches? Überprüfe seine Aussagen mithilfe des Darstellungstextes S. 142.

8 Welche Gefahren sieht M9? Lass zwei Zeitgenossen (Väter) dazu Stellung beziehen: einen Facharbeiter und einen Eisenwarenhändler. Berücksichtige dabei den Faktenkasten.

M11 **Unterricht in einem Reformrealgymnasium**, Foto, 1908.
Diese Klasse hat zum Thema Werbung Materialien gesammelt und analysiert.

Mehr Qualität für die Mädchenbildung

Die Mädchenbildung, die – über die Volksschule hinaus – in den meist privaten höheren Mädchenschulen oberflächlich ausgebildeten Lehrerinnen überantwortet war, geriet im Kaiserreich zunehmend in die Kritik. Frauenrechtlerinnen wie Hedwig Kettler oder Hedwig Dohm forderten neben Reformen in der Mädchenbildung auch, dass man junge Frauen wie ihre männlichen Kollegen zum Studium zuließ, um die Lehrerinnen höher zu qualifizieren.

9 Untersuche M11 und M13. Was kommt dir „modern" vor, was nicht? Beachte, dass Unterricht fotografiert ist, der damals als fortschrittlich galt.

10 Untersuche M12 und M14 mithilfe des Modells zur Quellenanalyse S. 42.

11 Halte die Argumente aus M12 und M14 in einem Plakat „Frauen fordern: gleiche Rechte, gleiche Bildung" fest und stelle es in der Klasse vor.

12 Erläutere, mit welchen Argumenten der preußische Kultusminister seine Position vertritt (M15).

M12 Wozu Mädchengymnasien?

Hedwig Kettler (1851–1937) gründete 1888 den „Frauenverein Reform". Sie trat für die Einrichtung von Mädchengymnasien ein, die nach den Lehrplänen der Jungengymnasien unterrichten sollten. 1893 schrieb sie:

Man denke sich einmal Folgendes: Die Klasse einer Knabenschule teilt man in zwei Hälften … Der einen Hälfte gibt man Gymnasialbildung, der anderen die Bildung unserer höheren Töchterschulen. Diese letzteren erklärt man mit ihrem 16. Jahre für fertig ausgebildet, die ersteren schickt man mit 20 Jahren auf die Universität zu einem … Studium. Wenn nun später die Hälfte, welche bis zum 20. Jahr eine Gymnasial- und darauf eine Universitätsbildung genoss und jene, welche bis zum 16. Jahr die Bildung einer höheren Töchterschule erhielt, gleiche Examina zu machen hätten, wenn die erstere diese gut bestände und die andere glänzend durchfiele, würde es dann wohl jemandem einfallen zu behaupten: „Dies Examen beweist, dass die Hälfte 1 nur aus Schlauköpfen, Hälfte 2 nur aus Dummköpfen besteht; es beweist die angeborene Inferiorität der letzteren?"… Weil wir den Beweis von der *Gleichwertigkeit* der Intelligenz beider Geschlechter brauchen, um den Glauben an ihre *Verschiedenheit* zu vernichten – und damit den Glauben an das Recht des Mannes, die Frau wegen dieser Verschiedenheit zu bevormunden, … darum brauchen wir *gleiche* Schulen für sie, – darum brauchen wir Mädchengymnasien.

Zit. nach Elke Kleinau/Christine Mayer (Hg.), Erziehung und Bildung des weiblichen Geschlechts, Bd. 1, Weinheim (Deutscher Studienverlag) 1996, S. 125 f.

M13 Berliner Schulklasse, Foto, 1918.
Als fortschrittlich galt damals der Einsatz von Anschauungsmaterial wie Wandkarten und -bilder.

M14 „Koedukation" – die Zukunft der Bildung

Hedwig Dohm (1831–1919) wuchs mit 17 Geschwistern auf. Mit 15 Jahren beendete sie die höhere Töchterschule. Sie engagierte sich – als Mutter von fünf Kindern – in der Frauenbewegung. 1910 schrieb sie in einem Artikel:

Wir wollen die gemeinsame Erziehung der Geschlechter. Durch die Trennung der Knaben und Mädchen in der Schule wird von vornherein die Geschlechtsunterschiedlichkeit scharf betont, wird darauf hingewiesen, dass dem Knaben anderes – das heißt mehr gebühre als dem Mädchen. Und damit ist der Grund gelegt zu einer Geringschätzung des Knaben dem Mädchen gegenüber. Eine Geringschätzung, die konsequenterweise zur Verweigerung des Stimmrechts führen musste …

Die Sorge, dass die höhere Intelligenz der Knaben durch das mindere Geistesgefüge der Mädchen gehemmt werde, ist durch die amerikanischen Resultate als erledigt zu betrachten.

Hinfällig ist auch die Sorge um die bedrohte Sittlichkeit bei der Koedukation[1]. Nirgends in den betreffenden Schulen sind sittliche Schäden zu Tage getreten. Erfahren die kameradschaftlichen Beziehungen der Mädchen und Knaben ab und zu einen leicht sinnlichen Einschlag – immer noch besser als die gegenstandslosen, erotischen Abirrungen, die ja in der Pubertätszeit unvermeidlich scheinen.

Zit. nach Elke Kleinau/Christine Mayer (Hg.), Erziehung und Bildung des weiblichen Geschlechts, Bd. 1, Weinheim (Deutscher Studienverlag) 1996, S.157 ff.

M15 Die Grundsätze der preußischen Unterrichtsverwaltung

Der preußische Kultusminister Studt stellte 1902 in einer Grundsatzerklärung zur höheren Mädchenbildung fest:

Ich darf zum Schluss die Grundsätze noch kurz zusammenfassen, von denen die Unterrichtsverwaltung bisher ausgegangen ist und die sie fortgesetzt zu beobachten gesonnen ist. Der deutschen Familie soll die eigenartig ideale Stellung der deutschen Frau nach Möglichkeit erhalten bleiben. Die Unterrichtsverwaltung kann nicht die Hand dazu bieten, dass aus einer z. T. dem deutschen Wesen nicht entsprechenden Agitation der Anlass genommen werde, durch Errichtung von Mädchengymnasien, durch Teilnahme der Mädchen an dem Unterricht in den für Knaben bestimmten höheren Bildungsanstalten und durch Änderung der Grundsätze über die Zulassung von Frauen zum akademischen Studium eine vollständige Umgestaltung der bisherigen Verhältnisse herbeizuführen. Dass der Zudrang der Frauen zu den männlichen Berufsarten seitens der Unterrichtsverwaltung noch künstlich befördert werden sollte, das werden sie, glaube ich, von der Unterrichtsverwaltung nicht verlangen können.

Zit. nach Hannelore Faulstich-Wieland, Koedukation – enttäuschte Hoffnungen, Darmstadt (Wissenschaftliche Buchgesellschaft) 1991, S. 20.

1 Gemeinschaftliche Schulausbildung von Mädchen und Jungen

Ein Denkmal erkunden

Denkmäler als historische Quelle

Mit Denkmälern soll die Erinnerung an bestimmte Ereignisse der Geschichte wachgehalten werden.
Im 19. Jahrhundert und besonders in der Zeit des Kaiserreiches (1871–1918) entstanden zahlreiche Nationaldenkmäler. Viele Denkmäler erinnerten an die Reichsgründer. Für Kaiser Wilhelm I. wurden zwischen 1888 und 1914 rund 230 Denkmäler errichtet. Den ersten Reichskanzler Bismarck ehrte man sogar mit ca. 500 Standbildern. Darüber hinaus gab es die Nationaldenkmäler im engeren Sinn: das Niederwald-Denkmal bei Rüdesheim am Rhein, das Kyffhäuser-Denkmal in Thüringen und das Völkerschlacht-Denkmal in Leipzig.
Denkmalstifter verfolg(t)en mitunter ganz egoistische Ziele – über das Erinnern an das Dargestellte hinaus. Um die Absicht von Denkmal und Stifter(n) herauszufinden, ist es wichtig, kritische Fragen zu stellen. Folgende Arbeitsschritte können dir dabei helfen.

Freiburger Denkmal für den Sieg über Frankreich (1871), Entwurf von Friedrich Moest, 1872 **M1**

Arbeitsschritte Ein Denkmal erkunden

1. Schritt: Erkundung des Denkmals
- Woran erinnert das Denkmal?
- Was stellt das Denkmal dar?
- Wie sind die Figuren angeordnet?
- Wie ist ihre Körperhaltung, ihre Kleidung, ihr Ausdruck?
- Welche Symbole werden verwendet?
- Gibt es Inschriften?

2.Schritt: Fragen nach Sinn und Zweck des Denkmals
- Wer hat das Denkmal errichtet?
- Gibt es Quellen, die über die Einweihung oder Feierlichkeiten rund um das Denkmal berichten?
- Welche Botschaft sollte durch das Denkmal vermittelt werden?
- Wo steht das Denkmal? Was sollte durch die Wahl des Platzes zum Ausdruck kommen?
- Wer sollte durch die Botschaft des Denkmals angesprochen werden?

3.Schritt: Fragen zur Aktualität und Bewertung des Denkmals
- Wie wirkt das Denkmal auf dich?
- Gibt es Spuren von Veränderungen an dem Denkmal? Was bedeuten sie?
- Gibt es Dokumente über spätere Debatten über das Denkmal?
- Wie wird das Denkmal heute von der Bevölkerung wahrgenommen?

M2 „Freiheitskämpfer stehen auf"

Schüler des Markgafen-Gymnasiums in Karlsruhe fertigten 1998 anlässlich eines landesweiten Schülerwettbewerbs zur Erinnerung an die Revolution 1848/49 eine Installation zu dem in M3 abgebildeten Kaiser-Wilhelm-Denkmal an. In einem Informationsblatt veröffentlichen die Schüler folgende Beschreibung ihrer Installation:

Am Markgrafen-Gymnasium Karlsruhe-Durlach haben sich auf Initiative von Herrn Siegele die beiden Grundkurse und der Leistungskurs Bildende Kunst der Jahrgangsstufe 13 unter der Leitung von Herrn Weber und Herrn Huwer damit befasst, dass 1849 unter dem Oberkommando Wilhelms von Preußen die demokratische Revolution in Baden und in der Pfalz niedergeschlagen wurde. 27 Freiheitskämpfer wurden standrechtlich erschossen. Auf dem Kaiserplatz beim Mühlburger Tor, wo die Bürger der Stadt Karlsruhe 1897 dem Unterdrücker der badischen Demokratie ein pompöses Denkmal errichteten, fand am Mittwoch, 4. März 1998, die Aktion FREIHEITSKÄMPFER STEHEN AUF statt. Eine Barrikade mit 27 Brettern, welche die Namen der erschossenen Demokraten tragen, steht nun Ross und Reiter im Weg. Außerdem sind 27 Totenköpfe aus Pappmaché an Seiten aufgehängt. Der Oberbürgermeister der Stadt Karlsruhe hat der Umgestaltung des Denkmals für vier Wochen zugestimmt. Im Rahmen des Wettbewerbs wird die öffentliche Resonanz der Arbeit von der Klasse OIIIb unter Leitung von Herrn Siebach beobachtet und dokumentiert.
Wir danken für tatkräftige Unterstützung Herrn Langer vom Gartenbauamt Durlach und seinem Team sowie der Karlsruher Feuerwehr, die beim Aufhängen der Totenköpfe behilflich war."

Informationsblatt der Schüler des Markgrafen-Gymnasiums, 1998.

M3 Das Kaiserdenkmal in Karlsruhe, Foto, 2004. Die Sockelvorderseite trägt die Inschrift: Wilhelm I. Auf der Rückseite ist zu lesen: Errichtet v. d. Stadt Karlsruhe im Jahre 1897.

1. Untersuche M3 mithilfe der Arbeitschritte.
2. Aus Anlass der 150-Jahrfeier der Revolution von 1848/9 hat eine Karlsruher Schulklasse um das Denkmal herum eine eigenwillige Installation errichtet (M2). Überlege, welche Aussage mit dieser politischen Aktion getroffen werden sollte. Diskutiert in diesem Zusammenhang über die wechselnde Bedeutung von Denkmälern.
3. Untersuche M1 mithilfe der Arbeitsschritte: Welche Übereinstimmungen mit M3 fallen dir auf?
4. Suche im Internet Informationen zur Geschichte der beiden Denkmäler. Lassen sich Parallelen zwischen den beiden Denkmälern feststellen?

Kampf gegen den Katholizismus

Spannungen in der Gesellschaft

Das Deutsche Reich war ein kompliziertes Gebilde aus Einzelstaaten mit unterschiedlichen politischen und konfessionellen Traditionen. Bismarck sah sein Ziel, das Deutsche Reich zu einer europäischen Großmacht zu machen, vor allem dadurch gefährdet, dass politische und gesellschaftliche Kräfte ihre jeweiligen Interessen gegen den Willen der Regierung durchzusetzen versuchten. Er befürchtete nicht nur innenpolitische Spannungen, sondern vor allem auch den Zusammenbruch seines Bündnissystems. Um dies zu verhindern, schien ihm der Nationalismus* das geeignete Mittel zu sein. Die Nation sollte als „einigendes Band" gefeiert und propagiert werden. Und wer sich gegen dieses Band sträubte, sollte gezwungen oder bekämpft werden. Welche Konsequenzen zog Bismarck aus diesem Entschluss? Wie ging er vor und zu welchem Ergebnis führte diese Politik?

Der „Kulturkampf"

Im Deutschen Reich lebten ungefähr 62 % Protestanten und 36 % Katholiken (siehe S. 132). Während die evangelische Kirche traditionell Entscheidungen der Regierung akzeptierte und mittrug, machte die katholische Kirche ihre Stellungnahme von der Weisung des Papstes abhängig. Dieser „Staat im Staate" störte im Konzept Bismarcks, zumal die Zentrumspartei, die sich als politische Vertretung der Katholiken verstand, aus den Reichstagswahlen 1871 als zweitstärkste Partei hervorgegangen war. Eine politische Kraft, die nicht zu kalkulieren, geschweige denn zu steuern war, musste nach Bismarcks Ansicht ausgeschaltet werden. Deshalb wurden zahlreiche Gesetze erlassen, die die Stellung des Staates gegenüber den Kirchen stärkten. Wer sich wehrte, musste mit Haftstrafen rechnen. Letztendlich verlor jedoch Bismarck den so genannten Kulturkampf. Er konnte die Verbindung zwischen Kirche, Zentrum und deutschen Katholiken nicht zerstören.

M1 **Der große Kampf des Jahrhunderts,** Karikatur aus der in Barcelona erscheinenden Zeitung „La Madeja politica", 1874. Der Papst mit dem Schild „Unfehlbarkeit" kämpft gegen Preußen mit dem Schild „Moderne Weltanschauung".

M2 Eine Mobilmachung gegen den Staat

Bismarck griff die Zentrumspartei am 30. Januar 1872 vor dem preußischen Abgeordnetenhaus an:

Wie ich gefunden habe, dass die Fraktion [Zentrumspartei], von der ich sprach, im Reichstage sich bereitwillig Elemente aneignete, deren fortdauernder prinzipieller … Widerspruch gegen den preußischen Staat und gegen das Deutsche Reich notorisch[1] war, … da bin ich mir immer klarer in der Besorgnis geworden, dass wir durch diese Partei zu der bedauerlichen Situation kommen würden, in der wir uns befinden … Aber wir können den dauernden Anspruch auf eine Ausübung eines Teiles der Staatsgewalt den geistlichen Behörden nicht einräumen, und soweit sie dieselbe besitzen, sehen wir im Interesse des Friedens uns genötigt, sie einzuschränken, damit wir nebeneinander Platz haben, damit wir in Ruhe miteinander leben können.

Stenographische Berichte über die Verhandlungen der durch die Allerhöchste Verordnung vom 16. 11. 1871 einberufenen beiden Häuser des Landtages. Haus der Abgeordneten, Bd. 1, Berlin 1872, S. 535 ff.

1 offenkundig, allbekannt

Die Gesetze gegen die Kirchen

1871 „Kanzelparagraph“: Den Geistlichen im Reich wird es verboten, in ihren Predigten staatliche Angelegenheiten „in einer den öffentlichen Frieden gefährdenden Weise“ zu behandeln.
1872 Schulaufsichtsgesetz: Alle öffentlichen und privaten Schulen in Preußen werden unter die Aufsicht des Staates gestellt.
1872 Jesuitengesetz: Verbot des Jesuitenordens im Reich.
1873 „Maigesetze“: Die Ausbildung und die Anstellung der Geistlichen in Preußen werden staatlich kontrolliert.
1874 Expatriierungsgesetz: Die Geistlichen im Reich können auf einen bestimmten Aufenthaltsort beschränkt oder ausgebürgert werden.
1874 Zivilstandsgesetz: Geburten, Todesfälle und Trauungen können nur noch von den neu geschaffenen Standesämtern rechtswirksam beurkundet werden.
1875 „Brotkorbgesetz“: Preußen sperrt alle staatlichen Geldzuweisungen an die katholische Kirche.
1875 Klostergesetz: Alle Orden in Preußen (mit Ausnahme der in der Krankenpflege tätigen) werden verboten.

1 Das Wort „Kulturkampf“ wurde von dem liberalen Abgeordneten Virchow 1873 im preußischen Abgeordnetenhaus geprägt. Begründe, warum es den Konflikt zwischen Kirche und Staat treffend beschreibt.

2 Informiere dich bei einem Juristen, ob die im Kasten genannten Gesetze heute noch gültig sind.

3 Erkläre mithilfe von M2, warum Bismarck gerade diese Gesetze im „Kampf“ gegen die Kirche erließ.

4 Partnerarbeit: Schreibt auf der Grundlage von M3 und M4 zwei Zeitungsberichte über die Gefangennahme des Kölner Erzbischofs: einen für die dem Zentrum nahe stehende „Kölnische Volkszeitung“ und einen für die in Berlin erscheinende liberale „National-Zeitung“. Lest sie einander vor und diskutiert, ob sie „realistisch“ erscheinen.

M3 Kulturkampf in Köln

Der Historiker Adolf Klein berichtete 1992 über das staatliche Vorgehen gegen den Kölner Erzbischof Paulus Melchers:

Er war in mehreren Strafverfahren zu Geldstrafen verurteilt worden, weil er geistliche Ämter ohne die jetzt vorgeschriebene Anzeige an den Oberpräsidenten besetzt hatte. Da er die Geldstrafen nicht zahlte …, wurde er im Jahre 1874 für sechs Monate in der Kölner Strafanstalt „Klingelpütz“ zur Vollstreckung der Ersatzfreiheitsstrafen inhaftiert. Das machte den Erzbischof zum Märtyrer, was dem Staat kaum erwünscht sein konnte … Trotz allen Entgegenkommens der Gefängnisverwaltung geschahen Fehlgriffe … Als Ministrant für die täglich zu lesende Messe wies man ihm einen Zuhälter an. Die Zentrumspresse schlachtete das weidlich aus … 1876 erklärte der staatliche Gerichtshof für kirchliche Angelegenheiten den Kölner Erzbischof für abgesetzt. Die kirchlichen Stellen, die sich allein dem Kirchenrecht verpflichtet fühlten, nahmen das nicht zur Kenntnis. Der Erzbischof war nach Holland emigriert und leitete von dort die Diözese weiter. Unterdessen ließ der Staat die erzbischöflichen Vermögensverhältnisse durch einen königlichen Kommissar verwalten. Wie der Erzbischof, so wurden auch viele einfache Pfarrer wegen Verstoßes gegen die verschiedenen Kulturkampfgesetze strafrechtlich verfolgt. Nicht wenige Pfarren waren verwaist.

Adolf Klein, Köln im 19. Jahrhundert. Von der Reichsstadt zur Großstadt, Köln (Wienand) 1992, S. 246 f.

M4 **Verhaftung des Kölner Erzbischofs**, Holzstich, 1874

Kampf gegen die Sozialdemokratie

Bismarck erlässt das „Sozialistengesetz“

Der wichtigste gesellschaftliche Konflikt im Kaiserreich beruhte auf den gegensätzlichen Interessen von Arbeitnehmern und Arbeitgebern. Jeder Versuch der Gewerkschaften und der 1869 entstandenen Sozialdemokratischen Arbeiterpartei Deutschlands (siehe S. 89), die soziale und politische Benachteiligung der Arbeiterschaft zu verringern, scheiterte. Deshalb verschärften sich die gesellschaftlichen Spannungen. Bismarcks Strategie war doppelt angelegt: Um die Arbeiter für sich bzw. die Regierungspolitik zu gewinnen, führte er zwischen 1883 und 1889 die Kranken-, Unfall-, Alters- und Invalidenversicherung ein. Um ihre gewerkschaftlichen und politischen Organisationen auszuschalten, nahm Bismarck 1878 zwei Attentate auf Wilhelm I. zum Anlass für das „Sozialistengesetz“: Es verbot die Sozialdemokratische Partei (die gar nicht an den Anschlägen beteiligt war) nicht, schränkte aber ihre politischen Tätigkeiten ein. Bismarck erreichte sein Ziel jedoch nicht: Die Zahl sozialdemokratischer Wähler verdreifachte sich von 493 000 (1877) auf 1 427 000 (1890). Der Reichstag beschloss 1890, das Sozialistengesetz nicht mehr zu verlängern. Dennoch mussten Sozialdemokraten nach wie vor mit politischer Verfolgung rechnen. Die Kluft zwischen der Arbeiterschaft und dem Staat vertiefte sich daher weiter.

M2 Das „Sozialistengesetz“

Auszüge aus dem „Gesetz gegen die gemeingefährlichen Bestrebungen der Sozialdemokratie“ vom 21. 10. 1878:

§ 1. Vereine, welche durch sozialdemokratische, sozialistische oder kommunistische Bestrebungen den Umsturz der bestehenden Staats- oder Gesellschaftsordnung bezwecken, sind zu verbieten.

§ 9. Versammlungen, in denen sozialdemokratische, sozialistische oder kommunistische, auf den Umsturz der bestehenden Staats- oder Gesellschaftsordnung gerichtete Bestrebungen zu Tage treten, sind aufzulösen.

§ 11. Druckschriften, in welchen sozialdemokratische, sozialistische oder kommunistische, auf den Umsturz der bestehenden Staats- oder Gesellschaftsordnung gerichtete Bestrebungen in einer den öffentlichen Frieden, insbesondere die Eintracht der Bevölkerungsklassen gefährdenden Weise zu Tage treten, sind zu verbieten.

§ 17. Wer an einem verbotenen Vereine als Mitglied sich beteiligt oder eine Tätigkeit im Interesse eines solchen Vereins ausübt, wird mit Geldstrafe bis zu fünfhundert Mark oder mit Gefängnis bis zu drei Monaten bestraft.

Reichs-Gesetzblatt 1878, S. 351 ff.

M1 „Einer Meinung (wenigstens diesmal!)“, Karikatur in der Londoner Zeitung „Punch“, 1879

M3 Kontrolle der Kranzschleifen auf dem Friedhof der Märzgefallenen in Berlin, Foto, 1912. Am 18. März jeden Jahres erinnerten Arbeiter an die Opfer der Revolution von 1848. Polizisten schnitten missliebige Verse aus den Kranzschleifen heraus.

M4 Die Sozialdemokratie in Trümmern

August Bebel, der parlamentarische Führer der Sozialdemokratie im Reichstag, berichtete 1913 in seinen Memoiren:

Sobald das Gesetz verkündet und in Kraft getreten war, fielen die Schläge hageldicht. Binnen wenigen Tagen war die gesamte Parteipresse mit Ausnahme des „Offenbacher Tageblatts" und der „Fränkischen Tagespost" in Nürnberg unterdrückt. Das gleiche Schicksal teilte die Gewerkschaftspresse ... Ebenso verfielen der Auflösung die zahlreichen lokalen sozialdemokratischen Arbeitervereine, nicht minder die Bildungs-, Gesang- und Turnvereine, an deren Spitze Sozialdemokraten standen ... Durch die Verfolgungen aufs Äußerste verbittert, zogen sie [die Sozialdemokraten] von Stadt zu Stadt, suchten überall die Parteigenossen auf, die sie mit offenen Armen aufnahmen, und übertrugen jetzt ihren Zorn und ihre Verbitterung auf ihre Gastgeber, die sie zum Zusammenschluss und zum Handeln anfeuerten. Dadurch wurde eine Menge örtlicher geheimer Verbindungen geschaffen, die ohne die Agitation der Ausgewiesenen kaum entstanden wären. Der Vorgang erinnert an die Verfolgung der Christen in den ersten Jahrhunderten unserer Zeitrechnung durch die römischen Cäsaren und ihre Werkzeuge.

August Bebel, Aus meinem Leben, bearb. von Ursula Herrmann, Berlin (Dietz) 1983, S. 509 ff.

1. Beschreibe M1. Erkläre den Zusammenhang zwischen der Beendigung des Kulturkampfs und Bismarcks Vorgehen gegen die organisierte Arbeiterschaft.
2. Nenne die Grundrechte, die durch das Sozialistengesetz (M2) verletzt wurden. Ziehe dabei auch M4 hinzu.
3. Zeige mithilfe von M3 bis M5, wie die „Obrigkeit" im Kaiserreich gegen die Sozialdemokraten vorging. Welche Wirkung hatten diese Maßnahmen?
4. Untersuche M6 mithilfe der Methode „Bildanalyse" (siehe Methodenanhang). Berücksichtige dafür auch M4. Ziehe Schlüsse auf die langfristige Wirkung der Sozialistengesetze.

M5 Die Staatsbahnen und der Sozialismus

Der Minister der öffentlichen Arbeiten, Hermann Budde, erläuterte am 23. Februar 1903 im preußischen Abgeordnetenhaus, wie die Staatsbahnen mit Beschäftigten umgingen, die sich zur Sozialdemokratie bekannten:

Mein Herr Amtsvorgänger hat den Erlass herausgegeben: Wer sich agitatorisch an sozialdemokratischen Bestrebungen beteiligt innerhalb des Eisenbahnpersonals, der wird als Arbeiter sofort entlassen, natürlich unter Einhaltung der gesetzlichen Kündigungsfrist. Wer als nichtständiger Beamter [= Angestellter] dasselbe tut, dem wird ebenfalls gekündigt, und er wird entlassen; wer aber als Beamter, der den Treueid geschworen hat, sich an Umsturzbestrebungen macht, der wird einfach im Disziplinarverfahren beseitigt. Das ist ein Testament, welches ich übernommen habe, und welches ich auch halten werde.

Stenographische Berichte über die Verhandlungen des Preußischen Hauses der Abgeordneten, 19. Legislaturperiode, V. Session, Bd. 2, Berlin 1903, S. 1826.

M6 Gedenkblatt der Sozialdemokratie

anlässlich der Abschaffung des Sozialistengesetzes, Lithographie, 1890

Der Antisemitismus: mehr als nur Ausgrenzung

Alte Vorurteile blühen neu

Die über Jahrhunderte hinweg vorhandenen Vorurteile gegenüber Juden, die immer wieder zu Gewalttaten und Verfolgungen geführt hatten, erhielten in den 1860er Jahren eine neue Richtung: Die so genannte Rassentheorie (siehe S. 169 f.), die den Anspruch von Wissenschaftlichkeit erhob, jedoch durch keinerlei wissenschaftliche Erkenntnisse begründet werden konnte, wurde immer populärer. Sie wertete Völker nach biologischen Merkmalen und stufte die „semitische" Rasse niedriger ein als die „arische" Rasse.

Der Antisemitismus im Kaiserreich ging nicht – wie die Gesetze gegen die Katholiken oder Sozialdemokraten – von den Regierungen und den Parlamenten aus. Im Gegenteil: Kurz nach der Reichsgründung erlangten die deutschen Juden 1871 die vollständige rechtliche Gleichstellung mit den übrigen Staatsbürgern. Zu diesem Zeitpunkt bildeten sie etwa ein Prozent der Gesamtbevölkerung. Da sie jahrhundertelang von vielen Berufen ausgeschlossen worden waren, hatten sie sich spezialisiert auf Handel und Bankwesen, und viele waren in Buch- und Zeitungsverlagen und in freien Berufen (Anwälte, Ärzte, Künstler) tätig. Der wachsende Antisemitismus im Kaiserreich hatte vor allem soziale Gründe: Der ungeheure wirtschaftliche Aufschwung, der nach der Reichsgründung eingesetzt hatte, brach bereits 1873 wieder zusammen, weil die in immer größeren Stückzahlen hergestellten Waren nicht genügend Abnehmer fanden. Viele Menschen erlebten die so genannte „Gründerkrise" als bedrohlich, verloren jegliche Hoffnung. Vor allem Landwirte, Handwerker und Kaufleute suchten die Schuld dafür bei den Juden.

M1 Unsere Aussichten

Unter diesem Titel beschäftigte sich der Historiker Heinrich von Treitschke 1879 mit der aufkommenden Propaganda gegen die Juden. Sein Aufsatz trug dazu bei, diese Gesinnung in gebildeten Kreisen salonfähig zu machen:

Was wir von unseren israelitischen Mitbürgern zu fordern haben, ist einfach: Sie sollen Deutsche werden, sich schlicht und recht als Deutsche fühlen – unbeschadet ihres Glaubens und ihrer alten heiligen Erinnerungen, die uns allen ehrwürdig sind … Keine deutsche Handelsstadt, die nicht viele ehrenhafte, achtungswerte jüdische Firmen zählte; aber unbestreitbar hat das Semitentum an dem Lug und Trug, an der frechen Gier des Gründer-Unwesens[1] einen großen Anteil, eine schwere Mitschuld an jenem öden Materialismus unserer Tage, der jede Arbeit nur noch als Geschäft betrachtet und die alte gemütliche Arbeitsfreudigkeit unseres Volkes zu ersticken droht; in tausenden deutscher Dörfer sitzt der Jude, der seine Nachbarn wuchernd ausverkauft … Überblickt man alle diese Verhältnisse – und wie vieles ließe sich noch sagen! – so erscheint die laute Agitation des Augenblicks doch nur als brutale und gehässige, aber natürliche Reaktion des germanischen Volksgefühls gegen ein fremdes Element, das in unserem Leben einen allzu breiten Raum eingenommen hat.

Heinrich von Treitschke, Unsere Aussichten. In: Preußische Jahrbücher, 44 (G. Reimer), 1879, S. 572 ff.

1 Wirtschaftsboom der Gründerjahre 1871–1873

M2 Postkarte aus Frankfurt am Main, 1897. Der Text lautet: „Geehrter Herr Pfarrer! Da ich mich aus dem Judengewimmel in der Stadt in obiges Lokal geflüchtet habe, um in Ruhe ein Pilsner zu schlürfen, gedenke ich Ihrer und sende die besten Grüße."

Antisemitismus

Das Hebräische und das Arabische gehören zu einer gemeinsamen Sprachgruppe, die im 18. Jahrhundert nach Sem, dem ältesten Sohn Noahs, benannt wurde. Das Wort „Antisemitismus" erfand 1879 der Publizist Wilhelm Marr. Er bezeichnete damit die Ablehnung oder Bekämpfung des Judentums aus rassischen, religiösen oder sozialen Gründen. Obwohl sich der Begriff schnell durchsetzte, ist er irreführend, da er sich ausschließlich gegen Juden und nicht gegen Araber oder andere Angehörige der semitischen Sprachgruppe richtet.

M3 Die Juden unter Fremdenrecht

Der Vorsitzende des nationalistischen „Alldeutschen Verbandes", der Justizrat Heinrich Claß, forderte 1912:

Die Forderung muss sein: die landansässigen Juden werden unter Fremdenrecht gestellt. Die Vorfrage lautet: Wer ist Jude, und schon sie muss mit Härte beantwortet werden, indem man zwar den Glauben als ursprüngliches Erkennungszeichen ansieht, aber die Rassenangehörigkeit ins Auge fasst und auch den vom jüdischen Glauben Abgewandten als Juden behandelt, gleichzeitig auch … die Nachkommen von Mischehen … Man müsste, um durchzuschlagen, bestimmen: Jude im Sinne des geforderten Fremdenrechts ist jeder, der am 18. Januar 1871 der jüdischen Religionsgemeinschaft angehört hat sowie alle Nachkommen von Personen, die damals Juden waren, wenn auch nur ein Elternteil jüdisch war oder ist … Was aber soll das Fremdenrecht bestimmen? Es soll den Strich zwischen Deutschen und Juden ziehen und die Möglichkeiten einschränken, eine volksschädigende Wirkung auszuüben. Dahin gehören folgende Maßnahmen: Den Juden bleiben alle öffentlichen Ämter verschlossen, einerlei ob gegen Entgelt oder Ehrenamt, einerlei ob für Reich, Staat und Gemeinde. Zum Dienst in Heer und Flotte werden sie nicht zugelassen. Sie erhalten weder aktives noch passives Wahlrecht. Der Beruf der Anwälte und Lehrer ist ihnen versagt; die Leitung von Theatern desgleichen … Als Entgelt für den Schutz, den die Juden als Volksfremde genießen, entrichten sie doppelte Steuern wie die Deutschen.

Daniel Frymann (Pseudonym von Heinrich Claß), Wenn ich der Kaiser wär' – Politische Wahrheiten und Notwendigkeiten, Leipzig (Dietrich'sche Verlagsbuchhandlung) 1912, S. 74 ff.

M4 Der Kaufmann Max Stern in Niederstetten (Württemberg) mit Familie und Gästen, Foto, 1912

1. Zeige, wie Treitschke in M1 die Begriffe Deutsche und Juden verwendet.
2. Stelle fest, was Treitschke den Juden vorwirft. Überlege, bei wem diese Beschuldigungen vermutlich Gehör fanden.
3. Untersuche M3 mithilfe des Modells zur Quellenanalyse S. 42. Erläutere mithilfe des Darstellungstextes, in welchem Kontext die Äußerungen von Claß zu beurteilen sind.
4. Vergleiche M1 und M3: Durch welche Vorstellungen war die Haltung der Verfasser gegenüber den Juden geprägt?
5. Überlege, welche Konsequenzen die gesellschaftliche Haltung, die in M1 bis M3 zum Ausdruck kommt, für jüdische Familien haben konnte.
6. Vergleiche die Verfolgung der Katholiken, Sozialdemokraten und Juden. Nenne Gemeinsamkeiten und Unterschiede.

Deutschland im 19. Jahrhundert – ein Überblick

Die Zeit der Restauration

Die Beteiligung des Volkes am Sieg gegen Napoleon hatte die Hoffnung geweckt, dass nun ein geeintes und freies Deutschland entstehen werde. Auf dem Wiener Kongress von 1815 gründeten die deutschen Fürsten aber nur den „Deutschen Bund“, ein lockeres Staatenbündnis ohne eine eigene Verfassung. Doch ließ sich der Wunsch nach Einheit und Freiheit nicht dauerhaft unterdrücken:
Auf dem Wartburgfest verbrannten Studenten 1817 die Symbole der Fürstenherrschaft – mit schwer wiegenden Folgen: Die Regierungen erließen 1819 die „Karlsbader Beschlüsse“. Viele politisch aktive Bürger flohen vor drohender Verhaftung ins Ausland oder zogen sich ins Privatleben zurück. Aber das Hambacher Fest von 1832 war wieder eine spektakuläre Demonstration für die beiden Leitwerte der deutschen Nationalbewegung.
Seit den 1830er Jahren entstanden neben politischen Protestformen auch soziale Unruhen, denn die Folgen der Industrialisierung hatten die Verarmung vieler Untertanen beschleunigt (Pauperismus). Hungernde Familien beteiligten sich an Brotkrawallen, schlesische Weber, die durch die Gründung von Fabriken ihre Arbeit verloren hatten, begannen 1844 einen Aufstand, der gewaltsam niedergeschlagen wurde.

Die Revolution von 1848/49

Nach dem Sturz der französischen Monarchie im Februar 1848 spitzte sich die politische Lage in den deutschen Staaten zu. Im März 1848 kam es in Berlin und anderen Residenzstädten zu Barrikadenkämpfen. Zwei Monate später trat in der Frankfurter Paulskirche das erste gesamtdeutsche Parlament zusammen, das nach langen Diskussionen im März 1849 eine Verfassung verabschiedete. Nach dem Vorbild der amerikanischen und französischen Verfassungen waren hier zum ersten Mal Grundrechte aller Bürger schriftlich festgehalten und garantiert. Die Forderungen nach Freiheit schienen erfüllt worden zu sein. In welcher Form die staatliche Einheit Deutschlands nun vollendet werden sollte, darüber stritten sich die Abgeordneten der Paulskirche. Doch die Fürsten weigerten sich, die Beschlüsse der Abgeordneten zu akzeptieren. Das Parlament wurde im Juni 1849 gewaltsam aufgelöst und die Regierungen vereinbarten, den Deutschen Bund in der alten Form wiederherzustellen. Bis heute berufen sich Demokraten auf die Ideen der 1848er Revolution – trotz ihres Scheiterns.

Einheit oder Freiheit?

Die Einigung blieb ein zentrales Ziel des Deutschen Bundes, denn die Schaffung eines einheitlichen Wirtschaftsraums war Voraussetzung für wirtschaftlichen Erfolg. Die politische Einigung vollzog sich unter dem Einfluss militärischer Konflikte Preußens mit Dänemark und Österreich. Während des Krieges gegen Frankreich 1870/71 verloren die Unterschiede zwischen den deutschen Staaten an Bedeutung. Die Ausrufung Wilhelms I. zum Deutschen Kaiser besiegelte die nationale Einheit unter preußischer Führung.
Die 1871 erlassene Verfassung brachte aber nicht die politische Freiheit, sie stellte die Vorherrschaft von König, Adel und Militär nicht infrage. Zwar galt bei den Wahlen zum Reichstag das allgemeine gleiche Wahlrecht (zumindest für die Männer), dem Parlament fehlten aber wesentliche Rechte: So hatte es keinen Einfluss auf die Ernennung des Reichskanzlers und die Bildung der Regierung. Im Unterschied zu 1848 waren 1871 die Grundrechte der Deutschen nicht in in der Verfassung verankert worden.

1815 Wiener Kongress
1817 Wartburgfest
1819 Karlsbader Beschlüsse
1832 Hambacher Fest
1848 Märzrevolution
1849 Paulskirchenverfassung
1862 Ernennung Bismarcks zum preußischen Ministerpräsidenten
1864 Krieg Preußens und Österreichs gegen Dänemark
1866 Krieg Preußens gegen Österreich
1870/71 Krieg der deutschen Staaten gegen Frankreich
1871 Gründung des Deutschen Reiches
1873 Gründerkrise
1890 Entlassung Bismarcks durch Wilhelm II.

1820 1830 1840 1850 1860 1870 1880 1890

1872–78 Kulturkampf
1878–90 Sozialistengesetz

Wir wiederholen zentrale Begriffe und Methoden

Integration durch Ausgrenzung

Das Deutsche Reich war kein in sich geschlossener Nationalstaat: Viele Deutsche lebten außerhalb der Reichsgrenzen, umgekehrt gab es polnische und dänische Minderheiten im Reichsgebiet. Dazu kamen die Elsass-Lothringer, die sich überwiegend als Franzosen fühlten. Die konfessionellen Spannungen und die sozialen Probleme, die durch die Industrialisierung und das Städtewachstum entstanden, stellten den Staat vor enorme Herausforderungen. Bismarck nutzte das Nationalgefühl, das in der deutschsprachigen Bevölkerung weit verbreitet war, zur Ausgrenzung von so genannten „Reichsfeinden“:
Sein Kampf gegen die katholische Kirche und die sozialdemokratische Partei blieb jedoch erfolglos. Das übersteigerte Nationalgefühl (Nationalismus) führte in breiten Schichten der Gesellschaft zu Fremdenhass und Antisemitismus.

Begriffe und Daten

Restauration und liberale Opposition	S. 102 f.
Liberale, Demokraten	S. 107 f.
Märzereignisse	S. 112 f.
1848/49 Revolution in Deutschland	S. 112 f.
Nationalversammlung	S. 118
Reichsverfassungskampagne	S. 122
1849 Ablehnung der Kaiserkrone durch Friedrich Wilhelm IV. von Preußen	S. 121
1871 Reichsgründung	S. 126 ff., 130
Nation, Nationalstaat	S. 132 f.
Militarismus	S. 144
Kulturkampf	S. 150 f.
1878 Sozialistengesetz	S. 152 f.
Antisemitismus	S. 154 f.

Methoden

Politische Flugblätter analysieren	S. 116 f.
Ein historische Thema in Projektarbeit erforschen	S. 124 f.
Historiengemälde deuten	S. 128 f.
Ein Denkmal erkunden	S. 148 f.

M1 **„Kommt es unter einen Hut? Ich glaube, ’s kommt eher unter eine Pickelhaube!“.** Österreichische Karikatur, 1870. Die Pickelhaube gilt als Symbol für das preußische Militär im 19. Jahrhundert.

M2 **Demonstration in Dresden,** November, 1989

1 M1 und M2 entstanden 1870 und 1989 – ein Jahr vor der Gründung des Deutschen Reichs und ein Jahr vor der Wiedervereinigung der DDR mit der Bundesrepublik Deutschland. Diskutiert in der Klasse, ob sich die dargestellten Prognosen und Wünsche erfüllt haben.

„Was ist des Deutschen Vaterland?“ – Aussagen über die Nation

M1 **Karikatur von Mester,** 1999

Welcher Aussage stimmen Sie am ehesten zu:

	West	Ost	18–24 Jahre	25–29 Jahre	30–44 Jahre	45–59 Jahre	ü. 60 Jahre
„Ich bin stolz ein Deutscher zu sein.“	31	27	7	9	23	34	45
„Ich freue mich, Deutscher zu sein, aber ich bin nicht stolz darauf.“	34	39	24	48	37	40	31
„Es ist mir unangenehm, als Deutscher gesehen zu werden.“	2	1	9	2	2	-	1
„Diese Frage beschäftigt mich nicht.“	27	26	57	32	35	22	12

M2 **Stolz auf Deutschland?** Befragung von 1000 Personen im März 2001

Die Frage nach der „Nation“

„Was ist des Deutschen Vaterland?“ Das war die Ausgangsfrage des Schriftstellers Ernst Moritz Arndt (1769–1860) für ein „vaterländisches“ Gedicht. Mit seinen Reden und Schriften setzte sich Arndt für die „nationale Erhebung“ gegen Napoleon ein und forderte die nationale Einheit Deutschlands. 1848/49 war er Mitglied der Frankfurter Nationalversammlung. Wie Arndt setzten sich auch andere Menschen in seiner Zeit mit der Frage nach der Zukunft der Deutschen und Deutschlands, das ja als einheitlicher Staat (noch) nicht existierte, auseinander. Zunächst gab es nur die Vorstellung, dass die Deutschen ein Volk mit einer gemeinsamen Sprache und einer gemeinsamen Kultur sind. In der ersten Hälfte des 19. Jahrhunderts entstand dann die Idee eines einheitlichen deutschen Nationalstaates. Nachdem schließlich 1848/49 der Versuch, einen demokratischen Nationalstaat zu gründen, am Widerstand der Fürsten gescheitert war, gelang die Gründung erst 1871. Unter der Führung Preußens und ohne Österreich („kleindeutsche Lösung“) entstand allerdings ein Staat ohne nennenswerte demokratische Mitbestimmung des deutschen Volkes. Die deutschen Fürsten waren die Träger der Macht, geeint unter dem preußischen König, der jetzt auch Kaiser der Deutschen war. Ist die Frage Arndts „Was ist des Deutschen Vaterland?“ heute noch aktuell?

M3 Das Lied der Deutschen (1841)

August Heinrich Hoffmann von Fallersleben (1798–1874), Professor für deutsche Sprache und Literatur, wurde 1842 wegen seiner politischen Einstellung entlassen und aus Preußen ausgewiesen. Das folgende Lied wurde 1922 deutsche Nationalhymne, 1945 verboten. Seit 1952 ist die dritte Strophe die offizielle Hymne der Bundesrepublik Deutschland:

1. Deutschland, Deutschland über alles,
Über alles in der Welt,
Wenn es stets zu Schutz und Trutze
Brüderlich zusammenhält;
Von der Maas bis an die Memel,
Von der Etsch bis an den Belt:
Deutschland, Deutschland über alles,
Über alles in der Welt!
…
3. Einigkeit und Recht und Freiheit
Für das deutsche Vaterland!
Danach lasst uns alle streben
Brüderlich mit Herz und Hand!
Einigkeit und Recht und Freiheit
Sind des Glückes Unterpfand:
Blüh im Glanze dieses Glückes,
Blühe, deutsches Vaterland!

Zit. nach Theodor Echtermeyer, Deutsche Gedichte, hg. von Benno von Wiese, Düsseldorf (Schwann-Bagel) 1982.

M4 Nationalstaat und Region

Aus einem Interview mit dem ehemaligen Bundespräsidenten Johannes Rau (März 2001):

Rau: Der Begriff Stolz ergibt sich in meinem Denken bei der Heimat und der eigenen Nation nicht …
Frage: Sehen Sie kein Bedürfnis nach einer nationalen Debatte?
Rau: Doch. Das ist ein Thema, das mich seit vielen Jahren umtreibt. Ich sehe darin auch ein Symptom für Verunsicherung, für die Suche nach Orientierung. Ich kann allen politischen Verantwortlichen nur raten, die Sorgen vieler Menschen ernst zu nehmen: die materiellen Sorgen genauso wie das Bedürfnis nach Identität, Tradition und Heimat …
Frage: Sie glauben also nicht, dass die Region in den europäischen Ländern die Nation ersetzen wird?
Rau: Nicht ersetzen, ergänzen. Ich halte den Nationalstaat für unverzichtbar, jedenfalls auf lange Sicht. Ich glaube, dass wir eine europäische Verfassung brauchen, für eine Föderation[1] von Nationalstaaten … In Zeiten der Globalisierung brauchen die Menschen eine stärkere Verwurzelung in der Region. Die Regionen formieren sich auch neu.

Der Spiegel, Nr. 13/2001 vom 26. 03. 2001, S. 29 f.

1 Zusammenschluss selbstständiger Staaten

M5 **Schützenscheibe**, Gemälde von Lorenz Kaim, 1862

1 Tragt anhand von M1 und M2 eure Kenntnisse und Meinungen zu den Begriffen „Vaterland“, „Nation“, „Stolz auf Deutschland“ zusammen und formuliert Fragen zu diesem Thema, die für euch wichtig sind.

2 Erarbeite mithilfe des Darstellungstextes sowie M5, wie die „Nation“ im 19. Jahrhundert gesehen wurde. Achte besonders darauf, wie das Bild die geschichtliche Situation widerspiegelt. Zur Schrift siehe Hinweise im hinteren Buchdeckel.

3 Vergleiche die erste und die dritte Strophe des Deutschlandliedes. Überlege, warum die erste Strophe 1945 verboten wurde. – Suche auf einer Landkarte (siehe S. 103) die erwähnten Flüsse.

4 Stelle aus M4 zusammen, wie Johannes Rau die „Nation“ beurteilt und welche Perspektive er für die Zukunft Deutschlands als „Nationalstaat“ sieht.

5 Nimm zu folgender These Stellung: Was eine „Nation“ ist, kann eindeutig und dauerhaft beantwortet werden. Begründe deine Beurteilung.

6 Nehmt eure Fragen aus Aufgabe 1 auf und versucht sie zu beantworten. Haltet Meinungsunterschiede fest.

4. Imperialismus und Erster Weltkrieg

„Verzichtet Deutschland auf die Erweiterung seines Wirtschaftsgebietes, so heißt dies: Deutschland kann nicht als politisch maßgebendes Land abdanken, sondern es geht auch wirtschaftlich zurück", warnte die Zentrumspartei auf der Rückseite der hier abgebildeten Postkarte. Damit war ihr Standpunkt klar: Das Deutsche Reich hatte Anspruch auf ein großes Stück vom „Weltkuchen". Dieser Meinung waren viele Deutsche – allen voran Kaiser Wilhelm. Doch es gab auch kritische Stimmen, vor allem im Ausland. Denn seit 1870 hatte sich ein regelrechter Wettkampf zwischen den europäischen Mächten um den Erwerb von Kolonien entwickelt: Die USA wie die europäischen Industriestaaten setzten sich zum Ziel, ein Weltreich (lat. imperium) zu errichten und brachten deshalb Gebiete in Asien und Afrika unter ihre Herrschaft.

Die Motive und Gründe waren vielschichtig: Sie reichten von wirtschaftlichen Interessen, von der Vorstellung, den Menschen außerhalb Europas überlegen zu sein, bis hin zum machtpolitisch bestimmten Geltungsbedürfnis. Aber alle hatten das gleiche Ziel und wählten den gleichen Weg: Sie nutzten ihre eigene Überlegenheit, um Gebiete zu erwerben bzw. zu erobern und diese als Kolonien auszubeuten.

Da Interessen, Ziel und Wahl der Mittel übereinstimmten, verschärfte sich die Rivalität zwischen den Großmächten. Die Mission, die sie nach Übersee gesandt hatten, kam in Form einer Kriegserklärung nach Europa zurück.

Im Kapitel kannst du untersuchen:
- welche Motive und Ziele mit dem Imperialismus verbunden waren
- wie dies die Beziehung zwischen den Europäern und Einheimischen prägte
- welche Folgen die imperialistische Politik der Großmächte für Europa hatte
- inwieweit ihre Kolonialgeschichte heute unabhängige Staaten Afrikas beeinflusst.

1 Beschreibe die Abbildungen und suche nach inhaltlichen Verbindungen.

VI. Jahrg. — Nr. 38. Ausgabe A

Preis 10 Pf

Kolonie und Heimat

Unabhängige koloniale Wochenschrift

Organ des Frauenbundes der Deutschen Kolonialgesellschaft

Nachdruck des Inhalts nur nach besonderer Vereinbarung gestattet.

Dem Kaiser!

Dein Tag wird nicht nur in Berlin
Und nur im Reich begangen!
Wo immer Deine Schiffe zieh'n,
Soll heut Dein Name prangen!

Der soll heut stolz und überall
Klingen vor allen Nationen!
Dein Name ist wie ein fester Wall;
Darunter läßt's gut sich wohnen!

Von vielen Stämmen in mancherlei Tracht,
In vielen Farben und Zungen
Wird heute Dir ein Hoch gebracht
Und Dein Kaiserlied gesungen!

M. M.

Großes Bild: Propaganda-**Postkarte** der Zentrumspartei zur Reichstagswahl 1912
Oben rechts: **Kaiser Wilhelm II.** im Kreise der „Kolonialvölker“, Titelseite der Zeitschrift „Kolonie und Heimat“, 1913
Unten rechts: **Schlachtfeld von Verdun**, Foto, 1916

Europäische Mächte: Bündnisse und Spannungen

Der „Wettlauf" um Kolonien

In Europa hatte der Wiener Kongress 1815 (siehe S. 102) auf eine Balance der Großmächte gesetzt mit dem Ziel, Frieden zu erreichen und zu erhalten. Dieses Ziel hatte sich mit dem Deutsch-Französischen Krieg 1870/71 als Illusion erwiesen. Von einem politischen Gleichgewicht in Europa konnte spätestens seit der Gründung des Deutschen Reichs keine Rede mehr sein, denn der neue Staat wuchs schnell zum politischen und wirtschaftlichen Konkurrenten der anderen europäischen Mächte heran.

Diese Entwicklung beunruhigte vor allem Großbritannien und Frankreich, denn beide hatten sich zum Ziel gesetzt, die eigene Macht zu vergrößern: „Greater Britain", „Empire Français", so lauteten die Schlagwörter, mit denen – vor allem konservative – Politiker seit Beginn der 1870er Jahre ihre Reden würzten. Was hatte es damit auf sich?

Neu war die Idee von Besitz und Macht außerhalb Europas nicht – sie wurde seit Ende des 15. Jahrhunderts von Spanien, Portugal, Holland, Frankreich und England in ihren Kolonien* praktiziert mit der Zielsetzung, sie Gewinn bringend auszubeuten. Die Gründung der Vereinigten Staaten, die Loslösung lateinamerikanischer Kolonien von ihren Mutterländern zu Beginn des 19. Jahrhunderts waren für diese ein empfindlicher Rückschlag. Aber bis in die 1870er Jahre hinein beschränkte sich die Besitznahme von Gebieten in Übersee (Afrika, Asien) im Wesentlichen auf Küstenregionen und erfolgte meist durch Handelsgesellschaften, nicht offiziell durch die Regierungen.

Dies änderte sich zu Beginn der 1880er Jahre so massiv, dass die Zeitgenossen die neue Politik als „Scramble", als „Wettlauf" um die noch unverteilten Gebiete auf der Welt bezeichneten. Eine entscheidende Rolle spielte dabei, dass diese Staaten, die zum Teil identisch waren mit den alten Kolonialmächten, den Ländern in Afrika und Asien technologisch, militärisch und wirtschaftlich weit überlegen waren. Eine Ausnahme bildete dabei Russland, das – obwohl es im Unterschied zu Großbritannien, Frankreich, Deutschland und Belgien noch ein Agrarstaat war und seine Industrie sich erst allmählich entwickelte – sich an der imperialistischen Expansion beteiligte. Russland betrieb seine Expansion in Mittelasien und Sibirien. Die dort im 19. Jahrhundert erfolgte Ansiedlung von 7 Millionen Russen sollte die Anbindung der Gebiete an Russland stabilisieren.

M1 **Das europäische Konzert,** Holzschnitt nach einer Zeichnung von Albert Robida auf dem Titelblatt der Pariser Zeitschrift „La Caricature" vom 1. Juli 1882

1. Untersuche M1 anhand der Arbeitsschritte „Karikaturen entschlüsseln" (siehe S. 33).
2. Zeige, wie sich der Wettlauf um die Kolonien in M2 widerspiegelt.
3. Überlege, warum Bismarck nicht die Weichen stellte, um außenpolitisch auf „Imperialismus-Kurs" zu gehen.

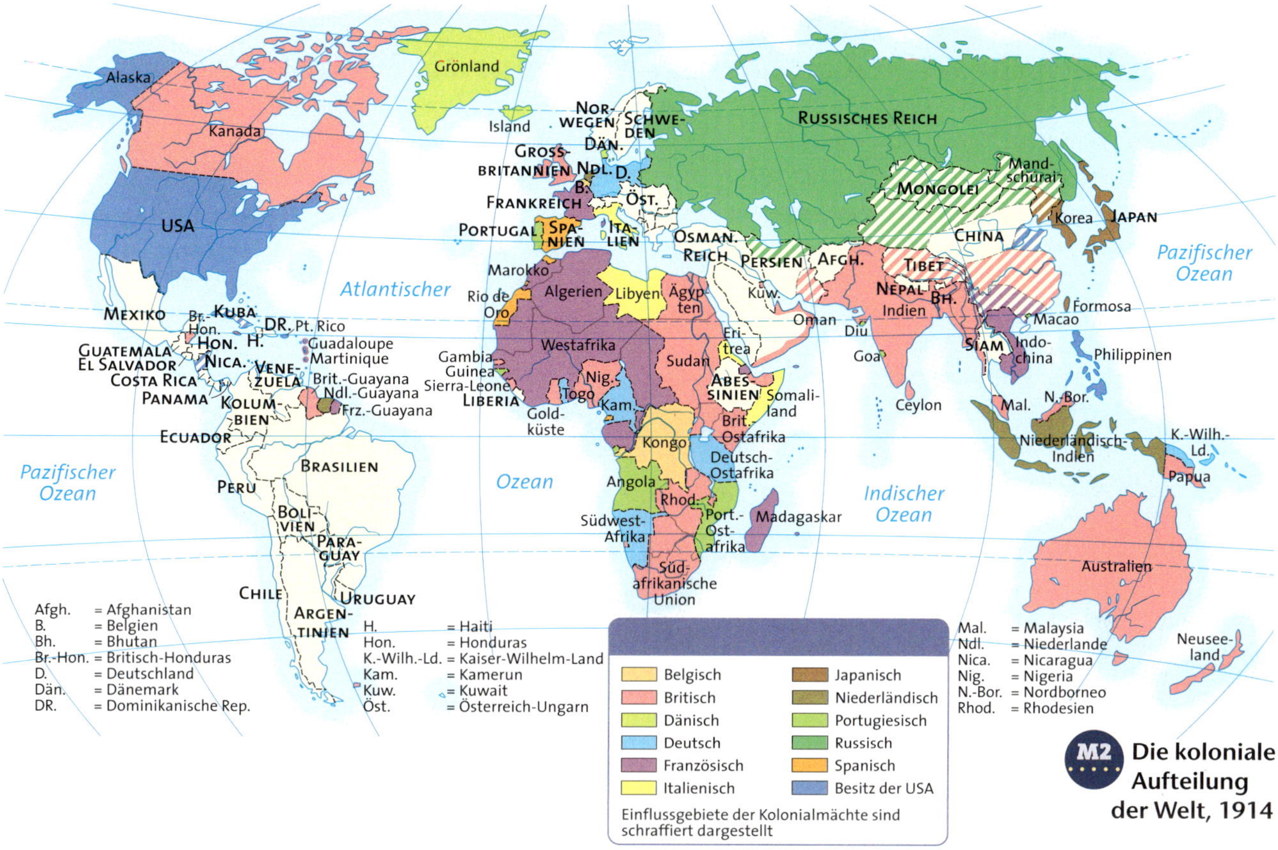

M2 Die koloniale Aufteilung der Welt, 1914

Das Beispiel Deutsches Reich

Insgesamt führte der Wettlauf zu einer wachsenden Rivalität zwischen den Großmächten in Europa und Übersee.

Am deutschen Beispiel lässt sich dies erkennen: Reichskanzler Bismarck hatte durch ein internationales Bündnissystem (siehe S. 134 f.) die Gefahr einer antideutschen Koalition gebannt und war skeptisch gegenüber einer Kolonialpolitik, die dieses Gleichgewicht bedrohte. Auf diese Weise gelang es ihm, die Rolle eines Schiedsrichters zu übernehmen. Er lud Vertreter der Großmächte nach Berlin zur internationalen Kongo-Konferenz ein (1884/85). Erklärte Ziele waren: Bekämpfung des Sklavenhandels und Förderung der Missionierung in Afrika. Wichtiger waren den Teilnehmern jedoch Vereinbarungen, die Afrika als „Markt" dem freien Handel öffneten, und Abkommen, die kolonial- und militärpolitische Fragen – im Sinne der Großmächte – regelten. Sah Bismarck die „Kongo-Akte" als persönlichen Erfolg an, so änderte sich nach seinem Rücktritt 1890 der außenpolitische Kurs: Kaiser Wilhelm II. wollte den Vorsprung der anderen Großmächte aufholen. Der Wettlauf um Kolonien endete im Ersten Weltkrieg.

Imperialismus

Als Imperialismus wird die Herrschaft eines infolge seiner Industrialisierung weiter entwickelten Staates über weniger entwickelte Länder bezeichnet. Die Herrschaft wird „direkt" (Besetzung und Einrichtung einer Kolonialregierung) oder „indirekt" (Kontrolle über die eingesetzte einheimische Regierung) ausgeübt. Identisch sind die Ziele: massive politische und kulturelle Einflussnahme, wirtschaftliche Ausbeutung der abhängigen Länder (vor allem in Afrika und Asien), Schaffung eines vom Mutterland aus gesteuerten Reiches (Empire). Diese Zielsetzung löst Konkurrenzdenken zwischen den imperialistischen Mächten aus und führt zu politischen und militärischen Auseinandersetzungen.

Als Epoche des Imperialismus wird der Zeitraum zwischen ca. 1880 und 1914–1918 überschrieben.

Der imperialistische Geist durchdringt nicht nur die Politik

Imperialistische Expansion – warum?

Die Motive und Begründungen derjenigen, die sich in den imperialistischen Staaten für den Erwerb von Kolonien aussprachen, waren vielfältig. Die Geschichtsforschung bündelt sie zu verschiedenen „Strängen", von denen hier drei vorgestellt werden. Weitere lernst du im Verlauf des Kapitels kennen.

– Aus der Industrialisierung ergaben sich die technischen und finanziellen Möglichkeiten, um Kolonien zu „erwerben", zugleich entstand aus ihr die Notwendigkeit, Absatzmärkte zu suchen.

– Ihr Machtinteresse und das Bedürfnis, gegen Angriffe anderer Großmächte geschützt zu sein, befriedigten die Staaten, indem sie möglichst große Gebiete in Afrika und Asien unter ihre Herrschaft brachten.

– Der Imperialismus verminderte die Gefahr von innenpolitischen Krisen, bot die Möglichkeit, von sozialen Problemen abzulenken, indem z. B. nationalistische Gefühle und nationales Bewusstsein gefördert wurden.

Wie sich dies im Einzelnen darstellte, kannst du auf den folgenden Seiten am Beispiel von Frankreich, Großbritannien, Deutschland und den USA erarbeiten.

M1 **Emailplakat aus den Niederlanden,** 1912.
Das Schild wurde im Auftrag der niederländischen Regierung angefertigt. Es warb für die niederländischen Kolonialtruppen in Niederländisch-Indien. Historische Fotos belegen, dass diese Schilder häufig in Bahnstationen angebracht waren.

Wozu Kolonien? – eine Gruppenarbeit

Teilt die Klasse in 4 Gruppen (Gruppe A bearbeitet Frankreich S. 165, Gruppe B Großbritannien S. 166, Gruppe C Deutschland S. 167, Gruppe D die USA S. 168).

a Untersucht die Materialien daraufhin,
– wie die Einflussnahme in fremden Ländern begründet wird,
– wie diese Einflussnahme erfolgte,
– ob der Verfasser eine Wertung trifft.

b Tauscht euch innerhalb der Gruppen über die Ergebnisse der Textarbeit aus, überprüft Unterschiede nochmals anhand der Materialien.

c Einigt euch auf die Textinhalte bzw. Antworten, die ihr der Klasse vorstellen werdet.

d Visualisiert die wichtigsten Ergebnisse und tragt sie in der Klasse vor.

Besprecht anschließend, welche Texte übereinstimmende oder ähnliche Aussagen treffen.
Sucht nach möglichen Gründen dafür. Bezieht dazu die Informationen aus dem Darstellungstext ein.

1 Beschreibe M1 und überlege, welche Wirkung mit dem Plakat auf öffentlichen Plätzen erreicht werden sollte.

M2 Die Bedeutung von Kolonien für Frankreich

Jules Ferry (Ministerpräsident Frankreichs 1883–1885) äußerte sich 1882 folgendermaßen:

2A Wenn die Republik nicht darauf verzichten kann, in Europa, im Orient und im Mittelmeerraum politisch wirksam zu werden, dann bedarf sie auch … einer Kolonialpolitik: Das bedeutet, dass man in dieser Hinsicht weder vergesslich noch unaufmerksam sein darf, sei es aus Geringschätzung oder aus Trägheit; man muss wachsam, aktiv und dazu bereit sein, alle notwendigen Opfer für die Bewahrung alter und neuer Besitzungen zu bringen, welche in unterschiedlichem Maße und in den verschiedenen Teilen der Erde dazu beitragen, den Namen Frankreichs in der Welt zu verbreiten … Die Konkurrenz zwischen den europäischen Nationen wird immer heftiger im Streit um diese weit entfernten Absatzmärkte, diese Niederlassungen an den Toren zur Barbarei, welche ein sicherer Instinkt dem alten Europa als Brückenköpfe der Zivilisation und als Wege in die Zukunft anweist. Die Bedürfnisse einer ständig wachsenden industriellen Produktion, … die Suche nach unerschlossenen Märkten, … die durch das moderne Leben so rasch entwickelten Tendenzen, die einzelne Völker veranlassen, ihren Blick über die Heimat hinaus zu richten; die Wissenschaft, welche die äußersten Enden der Erde in wenige Stunden Entfernung von London, Berlin oder Paris rückt; die sichtbaren Fortschritte der europäischen Gesellschaft und der Friedensidee; all dies drängt die zivilisierten Nationen dazu, ihre alten Rivalitäten auf das ausgedehntere und fruchtbare Feld weit entfernter Unternehmungen zu verlagern.

Zit. nach Wolfgang Mommsen, Imperialismus, Hamburg (Hoffmann und Campe) 1977, S. 84f.

Eugène Etienne, Vorsitzender der französischen „Kolonialpartei“, auf einem Empfang der Vereinigung französischer Industrieller in Indochina in Rouen, 1889:

2B Frankreich kann stolz darauf sein, dass es in der Vergangenheit seine Tore weit geöffnet hat, … dass es den Reichtum seiner Nachbarn geschaffen hat. Heute aber darf es nicht ignorieren, was in seinem Umkreis geschieht … Amerika, das seine Industrie hinter sorgsam verschlossenen Toren aufgebaut hat, plant nunmehr die Errichtung eines „Zollvereins“, der allein für amerikanische Erzeugnisse geöffnet ist. Heute also muss Frankreich darum besorgt sein, sich seinen eigenen Markt zu bewahren … Es gibt ein Land, das wir als Erste erforscht und kolonisiert haben, nämlich Afrika. Alle europäischen Nationen stürzen sich auf dieses Land, sogar diejenigen, die sich noch vor kurzer Zeit verachtungsvoll gegen koloniale Unternehmungen aussprachen … Es ist deshalb nötig, dass Frankreich sich nach außen begibt. Frankreich muss nach Afrika und nach Indien gehen … Wir müssen von dort aus nach China vorstoßen und verhindern, dass uns ein Volk zuvorkommt, das niemals zögert und niemals pausiert, nämlich die Engländer, welche mit Siam und Burma über zwei Zugänge nach China verfügen.

Zit. nach Wolfgang Mommsen, Imperialismus, Hamburg (Hoffmann und Campe) 1977, S. 97f.

M3 Gloire à la plus grande France, Postkarte, 1917.
Im Ersten Weltkrieg fielen 75 000 Soldaten aus den Kolonien für das französische „Vaterland“.

M4 Gründe für eine Kolonialpolitik Großbritanniens

Der konservative Politiker Benjamin Disraeli (britischer Premierminister 1874–1880) in einer Rede am 24. Juni 1874 im Kristallpalast in London, in der er die kritische Haltung der Liberalen gegenüber der Kolonialpolitik tadelt:

4A Wenn ich „konservativ“ sage, so gebrauche ich das Wort in seinem reinsten und erhabensten Sinn. Ich will damit sagen, dass das englische Volk und besonders die arbeitenden Schichten Englands stolz darauf sind, einem großen Land anzugehören und seine Größe bewahren wollen – dass sie stolz sind, zu einem Imperium zu gehören und entschlossen sind, ihr Imperium, wenn sie können, aufrechtzuerhalten – dass sie überhaupt glauben, dass die Größe und das Weltreich Englands den altehrwürdigen Institutionen des Landes zuzuschreiben sind.

Wenn es das erste Ziel ist, die Institutionen des Landes aufrechtzuerhalten, so ist es meiner Meinung nach das zweite, das englische Empire zu stützen. Wenn Sie auf die Geschichte dieses Landes seit dem Aufstieg des Liberalismus* – vor vierzig Jahren – blicken, so werden Sie finden, dass keine Bemühung … von so viel Energie unterstützt und mit so viel Fähigkeit und Scharfsinn vorangetrieben worden ist, wie die Versuche des Liberalismus, die Desintegration des englischen Empire zu erreichen …

Nun, was war das Ergebnis dieses Versuchs …? Er ist gänzlich gescheitert. Aber warum ist er gescheitert? Dank der Sympathien der Kolonien mit dem Mutterland. Sie haben entschieden, dass das Empire nicht zerstört werden soll, und meiner Meinung nach wird kein Minister in diesem Land seine Pflicht tun, der eine Gelegenheit versäumt, so weit wie möglich unser koloniales Weltreich wieder aufzubauen und jenen Sympathiebekundungen aus der Ferne zu entsprechen, die die Quelle unschätzbarer Stärke und Beglückung für dieses Land werden können.

Zit. nach Wolfgang Mommsen, Imperialismus, Hamburg (Hoffmann und Campe) 1977, S. 47f.

Der britische Außenminister Lord Robert Salisbury wies am 16. Oktober 1879 Edward Mallett, den englischen Generalkonsul von Ägypten, folgendermaßen an:

4B Das Hauptziel unserer ägyptischen Politik ist die Erhaltung der Neutralität dieses Landes, d. h. die Erhaltung einer Situation, in der dort keine Großmacht mächtiger sein kann als Großbritannien … Wir haben … keinen Anlass, eine formelle Änderung des Status und der politischen Institutionen Ägyptens zu wünschen … Unsere Repräsentanten in Ägypten sollen deshalb alles in ihrer Macht Stehende tun, um die einheimische Regierung … zu unterstützen … Es hat sich bereits zur Genüge gezeigt, dass die Muselmanen nicht bereit sind, einer Regierung zu gehorchen, die nominell europäisch ist bzw. deren maßgebenden und herausragenden Elemente europäisch sind … Es ist deshalb von besonderer Bedeutung, der einheimischen Regierung zum Erfolg zu verhelfen. Aus diesem Grund sollte sie in ihrem eigenen Interesse weit gehend Europäer beschäftigen bzw. dazu gezwungen werden, wenn sie in dieser Beziehung ihre eigenen Interessen verkennt. Allerdings sollten die Europäer so weit wie möglich im Hintergrund bleiben … Um die Stellungen, die den größten Einfluss ausüben und den geringsten Neid erwecken, sollten sich die Europäer bemühen.

Zit. nach Wolfgang Mommsen, Imperialismus, Hamburg (Hoffmann und Campe) 1977, S. 49f.

M5 „So kolonisiert der Engländer“,

Karikatur von Th. Th. Heine in der satirischen Zeitschrift „Simplicissimus“, 1905

M6 Ziele der deutschen Kolonialpolitik

Vor dem Reichstag sagte Reichskanzler Otto von Bismarck in einer Rede anlässlich der Erwerbung des späteren Deutsch-Südwestafrika am 26. Juni 1884:

6A Ich wiederhole, dass ich gegen Kolonien [bin] …, die als Unterlage ein Stück Land schaffen und dann Auswanderer herbeizuziehen suchen, Beamte anstellen und Garnisonen schaffen, … dass ich meine frühere Abneigung gegen diese Art von Kolonisation, die für andere Länder nützlich sein mag, für uns aber nicht ausführbar ist, heute noch nicht aufgegeben habe …
Etwas ganz anderes ist die Frage, ob es zweckmäßig, und … ob es die Pflicht des Deutschen Reiches ist, denjenigen seiner Untertanen, die solchen Unternehmungen im Vertrauen auf des Reiches Schutz sich hingeben, diesen Reichsschutz zu gewähren und ihnen gewisse Beihilfen in ihren Kolonialbestrebungen zu leisten …
Unsere Absicht ist nicht Provinzen zu gründen, sondern kaufmännische Unternehmungen, aber in der höchsten Entwicklung auch solche, die sich eine Souveränität, eine schließlich dem Deutschen Reich lehnbar bleibende, unter seiner Protektion[1] stehende kaufmännische Souveränität zu erwerben, zu schützen in ihrer freien Entwicklung sowohl gegen die Angriffe aus der unmittelbaren Nachbarschaft als auch gegen Bedrückung und Schädigung vonseiten anderer europäischer Mächte.

Zit. nach Imperiale Zeitalter, hg. von Ulrich Janiesch, Stuttgart (Klett) 1998, S. 34.

1 Schutz

Reichskanzler Bernhard von Bülow erklärte am 6. Dezember 1897 im Reichstag:

6B Die Zeiten, wo der Deutsche dem Einen seiner Nachbarn die Erde überließ, dem Anderen das Meer und sich selbst den Himmel reservierte, …. die Zeiten sind vorüber. Wir betrachten es als eine unserer vornehmsten Aufgaben, gerade in Ostasien die Interessen unserer Schifffahrer, unseres Handels und unserer Industrie zu fördern und zu pflegen. Wir müssen verlangen, dass der deutsche Missionar und der deutsche Unternehmer, die deutschen Waren, die deutsche Flagge und das deutsche Schiff in China so geachtet werden wie diejenigen anderer Mächte …
Mit einem Worte: Wir wollen niemand in den Schatten stellen, aber wir verlangen auch unseren Platz an der Sonne.

Zit. nach Wolfgang Mommsen, Imperialismus, Hamburg (Hoffmann und Campe) 1977, S. 130.

M7

„So kolonisiert der Deutsche", Karikatur von Th. Th. Heine in der satirischen Zeitschrift „Simplicissimus", 1905

M8 **Amerikanische Karikatur** auf Theodore Roosevelts imperialistische Außenpolitik („Big-Stick-Policy"), 1904

M9 USA: Der Handel der Welt ...

Der amerikanische Politikwissenschaftler Albert J. Beveridge (1899–1911 US-Senator) sprach im April 1889 bei einer politischen Veranstaltung in Boston über die Zukunft der USA:

9A Amerikanische Fabriken stellen mehr her, als für die Versorgung des amerikanischen Volkes notwendig ist. Die amerikanische Erde erzeugt mehr, als es verzehren kann. Das Schicksal hat uns unsere Politik vorgeschrieben: Der Handel der Welt muss und wird unser sein. Und wir werden ihn bekommen, da unser Mutterland England uns den Weg dazu gewiesen hat. Wir werden in der ganzen Welt Handelsniederlassungen als Umschlagplätze für amerikanische Waren gründen. Unsere Handelsflotte wird bald über den ganzen Ozean fahren. Wir werden eine Kriegsmarine aufbauen, die unserer Größe entspricht. Aus unseren Handelsniederlassungen werden Kolonien erwachsen, die sich selbst regieren, unsere Flagge führen und mit uns Handel treiben ... Und das amerikanische Recht, die amerikanische Ordnung, die amerikanische Zivilisation und die amerikanische Flagge werden an bis dahin blutigen und unkultivierten Ufern Fuß fassen, Ufern, die ... von nun an schöner und zivilisierter werden ... Im Pazifik liegt das eigentliche Feld unserer nächsten Aufgaben.

Zit. nach Wolfgang Mommsen, Imperialismus, Hamburg (Hoffmann und Campe) 1977, S. 211.

Nach der Eroberung Kubas, Puerto Ricos und der Philippinen schrieb der amerikanische Präsident Wilhelm McKinley 1898 den Gesandten, die die USA bei den Friedensverhandlungen in Paris vertreten sollten:

9B Der Verzicht Spaniens auf die westliche Hemisphäre war eine unerlässliche Notwendigkeit. Indem wir diese Forderung aufstellten, erfüllten wir nur eine allgemein anerkannte Pflicht ... Mit den Philippinen verhält es sich jedoch anders ... Wenn wir uns auch nach wie vor zu den Zielsetzungen bekennen, die unsere Bemühungen geleitet haben, ... so dürfen wir dennoch nicht vergessen, dass der Krieg uns gegen unseren Wunsch und unsere Absichten neue Pflichten und Verantwortlichkeiten auferlegt hat, denen wir uns stellen müssen, wie es einer großen Nation geziemt ... Zudem eröffnet der Besitz der Philippinen uns neue wirtschaftliche Möglichkeiten ... Es ist nur billig, jedes legitime Mittel zur Erweiterung des amerikanischen Handels zu ergreifen; jedoch suchen wir im Fernen Osten keine Vorteile, die nicht allen Nationen gleichermaßen zugänglich sein sollen. Da wir für uns nur eine Politik der „offenen Tür" verlangen, sind wir auch bereit, diese anderen ebenfalls zuzugestehen.

Zit. nach Wolfgang Mommsen, Imperialismus, Hamburg (Hoffmann und Campe) 1977, S. 212.

„Die armen Wilden“: Christliche Kultur als Allheilmittel?

Missionsarbeit aus Pflichtgefühl?

Der englische Imperialismus-Kritiker John A. Hobson erklärte in seinem Buch „Imperialismus“ (1902), dass es unter seinen Landsleuten nicht wenige gäbe, die den Wunsch hätten, „das Christentum unter den Heiden zu verbreiten, die Grausamkeiten und Leiden zu vermindern“. Er vertrat die Ansicht, dass es nicht möglich sei, die europäische Kultur, Religion und andere Gewohnheiten einfach in andere Erdteile zu übertragen und damit die angeblich rückständigen Völker auf ein höheres Niveau zu befördern.

Tatsächlich waren schon vor der Eroberung und Inbesitznahme der Kolonien christliche Missionare in Afrika, Asien und Ozeanien tätig, vor allem im Gefolge der Entdeckungs- und Forschungsreisenden seit dem 16. Jahrhundert. Doch im Schutz der imperialen Kolonialpolitik erlebte die Missionsarbeit einen enormen Aufschwung. Die Missionare hatten nun die politische und militärische Unterstützung, die nötig war, um die eigene Sicherheit zu gewährleisten und den Widerstand unter der einheimischen Bevölkerung abzubauen.

Zugleich waren die christlichen Missionsgesellschaften wichtige Wegbereiter für die Verbreitung der Kolonialidee in den europäischen Staaten: Mit ihren Missionsblättern, in denen sie über ihre Arbeit in Übersee berichteten und für sie warben, gewannen sie die Unterstützung von Gesellschaftsgruppen wie z. B. katholische Bauern, Arbeiter und Kleinbürger für die Kolonialpolitik, die eigentlich keinen Grund hatten, sich jenseits der Landesgrenzen zu engagieren. Welche Motive und Ziele führten die Missionare nach Afrika?

An der Berechtigung und Notwendigkeit ihrer Arbeit zweifelten die Missionare nie, da sie von der Überlegenheit der christlichen Kultur (die mit der abendländischen gleichgesetzt wurde) gegenüber „heidnischen“ Glaubensvorstellungen ausgingen. Hierin fanden sie die uneingeschränkte Unterstützung der politischen Gruppen, die davon ausgingen, dass die „weiße Rasse“ allen anderen überlegen sei. Ihre Argumentation stützten sie auf die Evolutionstheorie des Biologen Charles Darwin, der für die Tierwelt nachgewiesen hatte, dass sich im Kampf ums Dasein nur die Anpassungsfähigsten durchsetzten (siehe Kasten S. 170).

M1 Mit Bibel und Flinte nach Afrika

Das Lied, das im „Demokratischen Liederbuch“ der Arbeiterbewegung (1898) abgedruckt war, thematisiert Motive des Imperialismus in Afrika, die nicht nur für Deutschland Geltung haben:

Was treiben wir Deutschen in Afrika?
Hört, hört!
Die Sklaverei wird von uns allda zerstört.
Und wenn so ein Kaffer von uns nichts will,
Den machen wir flugs auf ewig still.
Piff paff, piff paff, hurra!
O glückliches Afrika!

Wir pred'gen den Heiden das Christentum.
Wie brav!
Und wer's nicht glauben will, den bringen wir um.
Piff, paff!
O selig die „Wilden“, die also man lehrt
Die „Christliche Liebe“ mit Feuer und Schwert.
Piff paff, piff paff, hurra!
O glückliches Afrika!
Wir haben gar „schneidige Missionar“,
Juchhei!
Den Branntwein, den Krupp[1] und das Mauser[1]-
gewehr
Die drei.
So tragen „Kultur“ wir nach Afrika.
Geladen! Gebt Feuer! Halleluja!
Piff paff, piff paff, hurra!
O glückliches Afrika!

1 Waffenhersteller

1 Beschreibe die Haltung, die in dem Lied M1 gegenüber dem Kolonialismus in Afrika eingenommen wird.

M2 Von der weißen Ameise lernen?

In der Januarausgabe des Deutschen Kolonialblattes von 1903 wird ein namentlich nicht genannter Missionar zitiert, der seinem Freund schrieb:

Unsere Kameruner Schwarzen sind leider noch ein an der Sinnenwelt haftendes Volk, welches für das Reich des Geistes wenig Verständnis hat ... Einst ermahnte ich unsere Kinder mit den Worten der hl. Schrift: „Gehe hin zur Ameise, du Fauler, und lerne von ihr." Aber da erhoben sich zahlreiche Proteste: „Wie, von der Ameise sollen wir lernen?! Weißt du denn nicht, dass die weiße Ameise alles zerstört und selbst auf eure europäischen Kleider und Häuser keine Rücksicht nimmt? Dass die böse Wanderameise uns unerbittlich auffressen würde, wenn wir nicht bei ihren nächtlichen Besuchen im Schlafsaal schleunigst Reißaus nähmen und ihr das Feld räumten? ..." Es war umsonst ihnen begreiflich machen zu wollen, dass sie nicht die Diebesgelüste, die Mord- und Zerstörungswut der Ameisen nachzuahmen brauchten, sondern nur ihre emsige Tätigkeit.

Deutsches Kolonialblatt 1/1903, S. 22.

M3 „Wir sind die erste Rasse in der Welt"

Cecil Rhodes, britischer Politiker und 1890–1896 Premierminister der Kap-Kolonie, schrieb 1877:

Ich behaupte, dass wir die erste Rasse in der Welt sind und dass es für die Menschheit umso besser ist, je größere Teile der Welt wir bewohnen ... Da [Gott] sich die Englisch sprechende Rasse offensichtlich zu seinem auserwählten Werkzeug geformt hat, durch welches er einen auf Gerechtigkeit, Freiheit und Frieden gegründeten Zustand der Gesellschaft hervorbringen will, muss es auch seinem Wunsch entsprechen, dass ich alles in meiner Macht Stehende tue, um jener Rasse so viel Spielraum und Macht wie möglich zu verschaffen. Wenn es einen Gott gibt, denke ich, so will er daher eines gern von mir getan haben: nämlich so viel von der Karte Afrikas britisch rot zu malen wie möglich und anderswo zu tun, was ich kann, um die Einheit der Englisch sprechenden Rasse zu fördern und ihren Einflussbereich auszudehnen.

The Last Will and Testament of C. Rhodes. Zit. nach Wolfgang Mommsen, Imperialismus, Hamburg (Hoffmann und Campe) 1977, S. 48f.

Sozialdarwinismus

Der britische Naturforscher Charles Darwin (1809–1882) lehrte, dass die natürliche Auslese im „Kampf um das Dasein" Entstehung und Entwicklung der Arten verursacht (Evolutionstheorie). Die Übertragung dieser Theorie auf die menschliche Gesellschaft nennt man Sozialdarwinismus. Aus ihr heraus werden soziale Ungleichheit und Rassismus* gerechtfertigt. Aus ihr wird z. B. auch abgeleitet, dass ein Volk untergehen müsse, das nicht in der Lage sei, sich gegen andere zu behaupten, d. h. erfolgreich Kriege zu führen.

M4 **Frankreich wird Marokko Kultur, Wohlstand und Frieden bringen können,** Titelseite der französischen Zeitschrift „Le Petit Journal", 19. November 1911

M5 Lehrprobe eines afrikanischen Lehrers vor einem deutschen Schulrat in der deutschen Kolonialschule in Daressalam in Deutsch-Ostafrika (heute Tansania), Foto, 1903. Die afrikanische Jungenklasse wird in Mathematik und Swahili geprüft.

M6 Unterricht in Missionsschulen

Der Gouverneur von Togo erließ 1902 eine Schulordnung, die für alle Missionsschulen verbindlich war, die von der deutschen Regierung finanziell unterstützt wurden:

Als Gegenstand des Sprachunterrichts ist außer der Landessprache keine andere Sprache zugelassen als die deutsche …

1. Kurs [mindestens 6 Wochenstunden]: 1. Lesen und Schreiben der deutschen Sprache in lateinischen oder deutschen Schriftzeichen … 2. Benennung der Gegenstände im Schulzimmer und der Körperteile im Deutschen. 3. Rechnen im Zahlenkreis 1 bis 20. 4. Singen: Auswendiglernen und Einüben von zwei deutschen Liedern …

5. Kurs [mindestens 10 Wochenstunden]: 1. Lesen: Lesen größerer Lesestücke … Auswendiglernen von vaterländischen Gedichten. 2. Schreiben: Schriftliche Wiedergabe von Lesestücken aus dem Gedächtnis, kleine Aufsätze aus dem Leben … 3. Grammatik: Satzlehre, Wiederholung des Wichtigsten aus der Formenlehre. 4. Rechnen: Eigentliche Bruchrechnung (gewöhnliche und Dezimalbrüche), einiges aus den bürgerlichen Rechnungsarten, einiges aus der Raumlehre. 5. Geschichte: Deutsch-Französischer Krieg 1870/71. Die drei deutschen Kaiser seit 18. Januar 1871. Pflichten gegenüber der Obrigkeit. 6. Erdkunde: Erweiterung der Kenntnisse über Deutschland; das Wichtigste von Europa … 7. Singen: Auswendiglernen und Einüben von zwei weiteren deutschen Liedern.

Deutsches Kolonialblatt 7/1906, S. 221 f.

Rassismus im Alltag – Beispiele suchen

Seit den ersten Entdeckungsreisen in den schwarzen Kontinent tauchen sie immer wieder auf: die rassistischen Darstellungen von Menschen in Afrika. Es sind Bilder, die wenig über die Menschen in Afrika aussagen, dafür aber umso mehr über unsere Sicht und unseren Umgang mit ihnen. Auch wenn wir viele dieser Bilder heute ablehnen und ein partnerschaftliches Miteinander statt der alten Überheblichkeit anstreben – die alltäglichen rassistischen Darstellungen und Klischees sind nicht weniger geworden. Viele Vorurteile fallen uns gar nicht auf, weil sie zu unserem Alltag gehören: leckere Naschereien nennen wir z. B. Negerküsse oder Mohrenköpfe. Sucht weitere Beispiele aus der Alltagssprache und überlegt, inwiefern sich darin Vorurteile ausdrücken.

2 Überprüfe mithilfe von M2 und M3, ob John A. Hobson mit seinem Urteil (Darstellungstext S. 169) Recht hatte.

3 Erarbeite aus M3 Rhodes' politische Leitlinien.

4 Analysiere die Bildquelle M4 mithilfe der Arbeitsschritte im Methodenanhang.

5 Zeige an M5 und M6, wie afrikanischen Schülern deutsche Kultur vermittelt wurde. Nimm Stellung.

6 Informiere dich über Projekte von Missionsorganisationen heute (Internet-Adressen u. a.: www.missio.de; www.vemission.org). Vergleiche die heutigen Zielsetzungen mit den damaligen.

Das „alte“ Afrika im Umbruch?

Haben Traditionen noch Bedeutung?

Ghana zählt zu den politisch und wirtschaftlich stabilsten Staaten Westafrikas – eine Tatsache, die Jerry Rawlings (Staatspräsident 1981–2000) gern als Ergebnis einer strikt zukunftsorientierten Regierungspolitik darstellte. Bei Empfängen und Staatsfeiern trug Rawlings über Hemd und Krawatte einen ponchoartigen Überwurf, wie es die „chiefs“, die traditionellen Führer der verschiedenen Volksgruppen, tun. Denn noch heute leben die meisten Ghanaer in dörflichen Gemeinschaften und respektieren Traditionen, die z. B. beim Volk der Ashanti seit Jahrhunderten Geltung haben.

Die Ashanti wanderten vermutlich von Mali her ins Gebiet des heutigen Ghana ein, besiegten viele der dort wohnenden Völker oder verbündeten sich mit ihnen. Bis zum Ende des 17. Jahrhunderts war so ein großes Reich entstanden, das von dem so genannten „Asantehene“ regiert wurde. Kriegszüge gegen die Nachbarn, aber auch der Handel mit Gold und Sklaven machten die Ashanti zu einem der reichsten und politisch einflussreichsten Völker Westafrikas. Im 19. Jahrhundert gerieten sie in Konflikt mit den Briten, die ähnliche Interessen hatten. Die Ashanti verloren den Kampf und der „Asantehene“ seine politische Macht. Aber noch heute gibt es in Ghana zahlreiche „chiefs“ und die der Ashanti gelten als die mächtigsten. Ihre Autorität wird von der lokalen Bevölkerung anerkannt.

M1 Einführung des neu ernannten „chief“ in Peki, Ghana, Foto, 2000. Einige der abgebildeten Personen tragen Kente, Webstoffe mit traditionellen Mustern.

M2 Wer bin ich? – oder: Das Problem afrikanischer Identität

Der Presseartikel einer westafrikanischen Zeitschrift kommentierte 1997:

Der Schlüssel zum zukünftigen Erfolg Afrikas liegt darin, dass es seine Identität wirklich anerkennt … Die richtige Einstellung (ist): Einmal Afrikaner, immer Afrikaner. Afrika mag zwar in finanzieller Hinsicht nicht reich sein, aber es hat ein ungeheures Potenzial. Und da „Zivilisationen“ kommen und gehen, könnte schon morgen Afrika an der Reihe sein … Es gibt keine Anzeichen dafür, dass Afrika auf ewig durch Bürgerkriege und Unterentwicklung zerrissen sein wird. Afrika hat der Welt große Sportler (wie Pele, Muhammad Ali) gegeben. Es hat der Welt bedeutende Kunst und Kultur gegeben. Und es hat der Welt sogar den ersten Homo sapiens gegeben und damit den Kontinent zum Geburtsort des Menschen gemacht. All dies sollte genügen, jeden heutigen Afrikaner – ob auf dem Kontinent oder in der Diaspora – zu ermutigen, sich zu seiner Herkunft zu bekennen.

West Africa, 13. April 1997, S. 540.

M3 Auf den Straßen Dakars (Senegal) kreuzen sich Tradition und Moderne, Foto, 2000.

M4 Altkleider nach Afrika?

Eine deutsche Altkleider-Recyclingfirma informiert über die Ergebnisse einer ministeriellen Untersuchung:

4A Der Export von Altkleidern in die afrikanischen Hauptabnehmerländer Benin, Ghana und Kamerun hat keine schädliche Wirkung auf die Textil- und Bekleidungsproduktion und den Arbeitsmarkt in den Ländern …
In allen drei Ländern existiert ein von den Altkleidern weit gehend unabhängiger Marktbereich afrikanischer Bekleidung, die zu festlichen Anlässen getragen wird. Schneider in diesem Bereich sind durch Altkleider-Importe nicht beeinträchtigt, so die Studie. Schneider und Händler von europäischer Bekleidung haben dagegen in allen betrachteten Ländern mit der Ausweitung des Altkleiderhandels Auftragseinbußen zu verzeichnen … Gleichzeitig bietet der Altkleidermarkt dem Schneiderhandwerk auch eine neue Nachfrage nach Ausbesserung und Änderung der Kleidungsstücke.

Europäischer Wirtschaftsdienst GmbH, Recycling und Entsorgung, Jahrgang 9, Nr. 17 vom 20.04.1999.

Ein Textilunternehmer aus Ghana sagte 1995 in einem Interview:

4B Unsere Firma gibt es seit 40 Jahren, … wir weben Stoffe für den hiesigen Markt, unter anderem die typischen ghanaischen Kente-Stoffe. Auf dem … Exportmarkt tun wir uns schwer, denn mit Billigprodukten aus Asien können wir nicht konkurrieren …
Unser Markt ist eingebrochen … Von den ursprünglich 1500 Mitarbeitern sind noch 700 da und wahrscheinlich steht uns in drei Monaten die nächste Entlassungswelle bevor. Dann werden es nur noch 300 sein. Und bedenken Sie, jeder Arbeitsplatz ernährt etwa acht Personen. Die Textilindustrie ist der größte industrielle Arbeitgeber in Ghana, aber sie steht vor dem Zusammenbruch. Das Problem sind die Billigimporte aus Asien, aber schlimmer noch sind die Altkleider. Sie sind qualitativ hochwertig und konkurrenzlos billig … Wir produzieren Handtücher und einfarbige Anzugstoffe. Dieser Markt ist weg, seit die Altkleider ins Land kommen.

Franziska Strobusch/Boris Terpinc, Zum Beispiel: Altkleider, Göttingen (Lamuv) 1995, S. 43f.

M5 Kente – mehr als ein Stück Stoff

Die Ashanti in Ghana besitzen mit den gewebten Kente-Streifen eine sehr alte Tradition kostbarer Webarbeiten. Sie lassen sich seit Ende des 15. Jahrhunderts als Handelsware portugiesischer Seefahrer nachweisen:

Die Ashanti haben ihre Arbeit immer in zwei Gruppen unterteilt: Die Baumwoll- und einfacheren Seidenstoffe für den Gebrauch durch die gewöhnlicheren Klassen heißen „N'tama", während die Seidenstoffe, die Muster für den ausschließlichen Gebrauch durch die königliche Familie und deren Kammerleute, als „Asasia" bekannt sind. Die Asasia-Stoffe sind eine exklusive Abart der Webereien aus reiner Seide und bilden eine ganz eigene Kategorie. Die N'tama-Seidenstoffe mit lebhaften Farben und exotischen Mustern mögen zwar von Adligen, Handelsleuten und Kriegern getragen werden, ihre Nutzung ist für die Asantehene uninteressant. Es sind die königlichen Stoffe und die Gewänder des inneren Kreises am Hof, die Asasia, die der Häuptling und seine Familie in Auftrag geben, benutzen und ihren wertvollsten Untertanen in gebotener Zeremonie überreichen.

Peter Adler/Nicolas Barnard, African Majesty, London (Thames and Hudson) 1995, S. 57.

Projekt – Altkleider nach Afrika

Führt in der Klasse ein Projekt durch, das sich mit dem Problem des Altkleiderverkaufs in Afrika (bzw. Entwicklungsländern) und der Suche nach „Alternativen" befasst. Geht dabei nach den Hinweisen zur Methode „Projektarbeit", S. 124ff., vor.

1 Gib in eigenen Worten wieder, wie M2 die Frage „Wer bin ich?" beantwortet.

2 Überlege, warum der ghanaische Staatspräsident traditionelle Kleidung trug (M1 bis M3, Darstellungstext).

3 Erarbeitet die unterschiedlichen Positionen von M4A und M4B.

4 Stelle die zentralen Aussagen von M5 zusammen.

5 „Kente kaufen für Ghanas Zukunft": Diskutiert, welche Reaktionen dieser Werbeslogan in Ghana auslösen könnte (Unternehmer und Beschäftigte der Textilindustrie, Händler, Politiker usw.).

Als die Weißen kamen – das Beispiel Ruanda

Der Völkermord in Ruanda 1994

Als 1993 in Ruanda ein dreijähriger Bürgerkrieg zu Ende ging, wurde dadurch kein Frieden erreicht. Im April 1994 starb der Staatspräsident, als sein Flugzeug – wahrscheinlich nach einem Raketenangriff – abstürzte. Wenige Stunden später begannen bewaffnete Hutu (Hutu: in vor- und kolonialer Zeit: Ackerbauern, heute ca. 85 % der Bevölkerung) unvorstellbare Massaker an den Tutsi (Tutsi: in vor- und kolonialer Zeit: Nomaden, Viehbauern, heute ca. 14 % der Gesamtbevölkerung). Nach heutigen Schätzungen starben innerhalb von 3 Monaten mehr als 800 000 Menschen – darunter auch viele Hutus, die sich gegen die Regierung gestellt hatten. Die Hälfte der ruandischen Bevölkerung war auf der Flucht. Der UNO – wie auch anderen internationalen Organisationen, die in Ruanda Einfluss haben, wie z. B. der katholischen Kirche – wird vorgeworfen, dass sie Hinweise auf den Völkermord ignoriert und ihn weder verhindert noch gestoppt haben. Die UNO hat ihre Mitverantwortung inzwischen eingeräumt.

Rund 125 000 Menschen saßen im Jahr 2000 in ruandischen Gefängnissen, die meisten unter dem Vorwurf, am Massaker beteiligt gewesen zu sein, aber ohne Aussicht auf einen Prozess. Die genauen Hintergründe der Vorgänge von 1994 sind bis heute nicht klar, obwohl die Einrichtung von Dorfgerichten die Aufklärung und Versöhnung der verfeindeten Bevölkerungsteile voranbringen sollte. Als sicher gilt jedoch, dass der Völkermord lange geplant und von hochrangigen Persönlichkeiten aus Politik, Presse und Kirche initiiert worden war.

Muss man die „Wurzeln" des Völkermordes in der Kolonialzeit suchen, als Ruanda von deutschen, später belgischen Kolonialherren regiert wurde?

Was führte die ersten Europäer nach Ruanda?

„In die Zelte zurückkehrend, als der Himmel von dem roten Glanz der Sonne gefärbt wurde, fesselte die Beobachtung einiger kühner, in den Himmel ragender Kegel im Lande Ruanda meine Aufmerksamkeit und rief mir die undeutlich wiedergegebene Erzählung der Araber von einem wundervollen, stets mit Wolken verhangenen Berg ins Gedächtnis, aus welchem beständig Schnee oder Hagel herabfalle". Diese Worte notierte John Hanning Speke am 28./29. November 1861 auf seiner Forschungsreise zu den Nilquellen in sein Tagebuch. Sie lassen die Erwartungen erahnen, mit denen er als erster Europäer und nach ihm viele weitere nach Ruanda kamen. Geschichten wurden erzählt von einem geheimnisvollen Land, in dem Fremde unerwünscht waren, wo Menschen auf Bäumen lebten, wo es Riesen und Zwerge gab, wilde, unberechenbare Menschen, die von einem mächtigen König regiert wurden, – und viele Reichtümer.

M1 Narben prägen die Menschen nach dem Krieg. Matias Costas Foto von einer etwa 10-jährigen Kriegswaise in Kigali, der Hauptstadt Ruandas, wurde zum Unicef-Kinderfoto 2000 gewählt.

Kolonien – ein Stück Deutschland in Übersee?

Zu Beginn des 20. Jahrhunderts – als Deutschland und Ruanda bereits mehrere Jahrzehnte Kolonialgeschichte hinter sich hatten – beschrieb der Wissenschaftler Hans Meyer, der verschiedene Expeditionen angeregt und mitgeplant hatte, in seinem Buch „Das Deutsche Kolonialreich" (1909) Ziele deutscher Kolonialpolitik: Die Kolonien sollten „Pflanzstätte deutschen Wesens", „Kraftquelle für die Heimat", „Stützpunkte deutscher Macht" sein. Und um dies erreichen zu können, wäre, so Meyer, „die Mitarbeit des Negers" und die „Erziehung des Negers zu dieser Mitarbeit im Dienste unserer nationalen Zwecke" notwendig.

Die Beziehung zwischen den europäischen Kolonialherren und den Einheimischen stand unter einer Spannung, die sich aus der Eroberung überseeischer Gebiete zwangsläufig ergab: Die Europäer versuchten zu verwirklichen, was ihre Regierungen, was Handelsunternehmen, Missionsgesellschaften oder auch einzelne Kolonialisten als Ziele verkündet hatten. Sie wussten zugleich, dass sie in vielerlei Hinsicht der einheimischen Bevölkerung unterlegen waren, ihr jedoch – als Eroberer – keine Gelegenheit bieten durften, dies zu erkennen und zu nutzen.

M2 Ruanda – ein Reiseziel für Touristen?

Ein Reiseführer über Ruanda im Jahr 2000:

Ruanda ist ein schönes, wenn auch brutalisiertes Land, das aus den falschen Gründen berühmt ist. Es ist ein Land mit zahllosen Bergen, atemberaubenden Aussichten und die Heimat von einigen der wenigen auf der Erde verbliebenen Berggorillas. Trotzdem ist Ruanda als Brennpunkt einer der fürchterlichsten Versuche zum Völkermord auf der Welt in das Bewusstsein des späten 20. Jahrhunderts eingebrannt … Ruanda heute: Ruanda hat bemerkenswerte Arbeit geleistet, wieder auf seine Füße zu kommen und hat einen erstaunlichen Grad an Sicherheit erreicht … Man kann wieder sicher durch die Straßen laufen, ohne über zerstückelte Leichen steigen zu müssen oder mit Panga[1] schwingenden Schlägern zu tun zu haben. Allerdings ist nicht jeder zufrieden mit der PFR[2]-Regierung, und die Rebellen bleiben eine Bedrohung.

Hugh Finlay u. a., East Africa, Melbourne (Lonely planet Publications) 2000, S. 617, 622. Übers. d. Verf.

1 großes, schweres afrikanisches Messer
2 Patriotische Front Ruandas

Die Kolonialgeschichte Ruandas

1885 Ruanda wird auf der Berliner Kongo-Konferenz dem deutschen Kaiserreich zugesprochen.
Ab 1892 deutsche Kolonialreisende (Kaufleute, Militärs) und Forscher in Ruanda
1897 Hauptmann Ramsay übergibt König Yuhi V. Musinga Schutzbrief und Flagge des Deutschen Reichs.
1898 Errichtung des ersten deutschen Militärpostens in Ruanda
Ab 1900 Gründung von katholischen und evangelischen Missionsstationen
1906 Der Gouverneur von Deutsch-Ostafrika lässt in Bukoba, Ruanda und Urundi Residenturen errichten: ein deutscher Resident steht dem einheimischen Herrscher als Berater und Vertreter des Gouverneurs zur Seite.
1907 Richard Kandt wird Kaiserlicher Resident von Ruanda.
1914 Ausbruch des Ersten Weltkriegs
1916 Einmarsch belgischer Truppen
1919 im Rahmen des Versailler Vertrags muss Deutschland seine Kolonien abgeben; Ruanda kommt unter belgisches Völkerbundmandat.
Bis 1962 Von der belgischen Regierung werden die Ruander bestimmten Bevölkerungsgruppen (Hutu, Tutsi, Twa) zugewiesen.
Seit 1962 ist Ruanda unabhängig; Machtkämpfe führen immer wieder zu Massakern an der Tutsi-Bevölkerung.

1 Informiert euch mithilfe von M2 und des Darstellungstextes über Gefahren im heutigen Ruanda.

2 Stellt euch vor, ihr kennt jemanden, der nach Ruanda reisen möchte. Überlegt, welche Ratschläge ihr ihm geben wollt, bevor er die Reise antritt.

M3 **Aufbruch zu einer Reise in das Landesinnere von Deutsch-Ostafrika,** (heute Tansania), Foto, um 1905

M4 Der Völkermord – Folge der Kolonialzeit?

Mit dieser Frage setzen sich die Wissenschaftler Célestin Muyombano (1995) und Anna Kreuzer (1997) auseinander:

4A *Der ruandische Historiker Célestin Muyombano (1995):* Vor der Kolonisation gab es keine ethnischen Konflikte in Ruanda. Die drei Volksgruppen – Hutu, Tutsi, Twa (Pygmäen) – verwalteten das Land gemeinsam, jede in dem wirtschaftlich-sozialen Bereich, in dem sie vorwiegend tätig war: in der Landwirtschaft, der Viehzucht, der Metallverarbeitung oder der Töpferei.
Die Keime des ruandischen Konflikts sind schon lange vor der Unabhängigkeit gesät worden. Maßgebend war der Einfluss des belgischen Kolonialherren auf die politische Entwicklung des Landes. Die Deutschen hatten die vorgefundenen sozial-politischen Einrichtungen nicht angetastet. Um ihre Autorität zu behaupten, beeilten sich aber ihre Nachfolger, die Belgier, die dreifache Verwaltung aufzulösen, indem sie die ethnischen Gruppen gegeneinander ausspielten.
Die belgische Kolonialverwaltung betrachtete die Tutsi als Menschen mit großem Organisationstalent. Sie wurden als Instrument der belgischen Machthaber verwendet und dienten als Treibriemen zwischen dem Volk und den Kolonialherren, indem sie deren Befehle ausführten, Strafen verteilten etc. Später trennte sich der belgische Kolonialherr von ... den Tutsi ... und erhob ... die Hutu ... auf den Thron.

Célestin Muyombano, Ruanda, Die historischen Ursachen des Bürgerkriegs, Stuttgart (S. Nagelschmid) 1995, S. 75 ff.

4B *Die deutsche Völkerkundlerin Anna Kreuzer (1997):* Das Gemisch aus vermeintlich wissenschaftlichen Erkenntnissen, der ruandischen höfischen Geschichtsschreibung und der (gegen Ende des 19. Jahrhunderts) am Königshof herrschenden Machtverhältnisse führte dazu, den unterschiedlichen Gruppen auch unterschiedliche ... Eigenschaften zuzuschreiben. Dementsprechend galten die Tutsi als die „intelligentesten“, Hutus galten als „arbeitswillig“ und „mäßig intelligent“. Auf unterster Stufe wurden die Twa, „eine alte, müde Menschenrasse, die dem baldigen Untergang entgegengeht ...“ angesiedelt ...
In der Folgezeit wurden die angeblichen Unterschiede der Bevölkerungsgruppen durch den eingeschränkten Zugang zu Schulen, Verwaltungs- und Regierungsposten usw. verfestigt. Das in den ruandischen Schulen vermittelte Geschichtsbild entsprach der Betrachtungsweise der europäischen Kolonialmächte. Dementsprechend fanden und finden sich von Ruandern geäußerte ethnische Vorurteile vor allem in Bevölkerungsschichten, die während der belgischen Kolonialzeit westliche Schulbildung erhalten haben.

Anna Kreuzer, Landwirtschaft und Sozialstruktur in Ruanda, Pfaffenweiler (Centaurus-Verlagsgesellschaft) 1997, S. 27 f. Bearb. d. Verf.

3 Erarbeite aus M4, wie die europäischen Kolonialmächte das Zusammenleben der ruandischen Bevölkerungsgruppen veränderten.

4 Lässt sich der Völkermord von 1994 als eine Spätfolge der europäischen Kolonialpolitik interpretieren? Erläutere, wie die Wissenschaftler diese Frage beantworten (M4). Nimm Stellung.

M5 Begegnungen mit einem ruandischen König

Der deutsche Offizier Gustav Adolf Graf von Götzen (1901–1906 Gouverneur von Deutsch-Ostafrika) unternahm mehrfach Reisen ins Landesinnere der deutschen Kolonie – mit dem Ziel, zu jagen und das Gebiet zu erkunden. Im Mai 1894 traf er mit einer 360 Mann zählenden Begleitung in Ruanda ein. Ein Junge, der Sohn des ruandischen Königs Luabugiri Kigeri, führte die Gruppe zu seinem Vater. Über den Empfang schrieb von Götzen in seinem 1895 veröffentlichten Reisebericht:

Wir sind eben im Begriff, von unsern Mauleseln abzusteigen, als uns eine merkwürdige Gestalt entgegentritt: ein hochgebauter Mann, gleich imponierend durch seine Körpergröße wie durch seine geschmackvolle Tracht … Dieser Riese … tritt auf mich zu und bedeutet mit gebieterischer Gebärde, indem er mit einem weißen Stab zur Erde zeigt, Halt zu machen. Als ich ihn lächelnd ansehe, malt sich sprachloses Erstaunen auf seinen Zügen. Als dann gar noch einige meiner Leute in lautes Lachen ausbrechen, eilt er in großen Sätzen wieder in den Hofraum zurück …
Nach einer Weile treten noch mehrere Würdenträger aus dem Innern der Hütte heraus, und schließlich erscheint, gebückt wegen der geringen Höhe der Eingangswölbung, zögernd und scheu auf uns blickend der gefürchtete Kigeri selbst.
Ein niedriger Schemel, völlig mit rosa und weißen Glasperlen bestickt, wurde vor ihn hingestellt, und schwerfällig ließ sich der Riese auf ihm nieder … Wir warteten ruhig ab, bis Luabugiri, seiner Gewohnheit getreu, angefangen hatte, mithilfe einer dünnen Röhre Pombe (eine Art Bananenbier) zu saugen; dann begannen wir ein zeremonielles Gespräch, das jener des Öfteren unterbrach, um sein Erstaunen über unsere weiße Hautfarbe durch grunzende Töne auszudrücken. Er wollte mehrere Male unsere Knie besehen, da es ihm nicht glaublich erschien, dass unser ganzer Körper gleichfarbig sei …
Als er uns dann seinerseits im Lager aufsuchte, wurde er vollends neugierig wie ein Kind und schien auf unsere Kosten Witze zu machen, über die sein Gefolge jedes Mal in pflichtschuldiges Lachen ausbrach …
Luabugiri selbst aber, der Gefürchtete, Blutige, zeigte sich uns bald von einer ganz anderen Seite … Auf mein mehrfaches Ersuchen um Lieferung von Lebensmitteln ließ er die Antwort erteilen, er sei gewohnt, zuerst zu empfangen und dann zu geben, ein Prinzip, von dem er umso weniger abweichen wollte, als er wohl … allerhand über die Menge der von mir mitgeführten Schätze gehört haben mochte.

Gustav Adolf von Götzen, Durch Afrika von Ost nach West, Berlin (Reimer) 1895, S. 178–182, S. 185.

M6 Zwei Forschungsreisende bei einem Besuch am Hof des Königs von Buganda (heute Uganda), Zeichnung von John H. Speke, 1863. Die Tatsache, dass die beiden Gäste in Gegenwart des Königs Platz nehmen durften, war die Ausnahme.

5 Stelle anhand von M5 und M6 zusammen, wie ein offizieller Empfang bei einem ruandischen König verlief.

6 Versetze dich in die Situation eines Einheimischen, der den Besuch von Götzens miterlebt hat. Schildere seine Eindrücke (M5).

7 Suche in M5 Hinweise darauf, wie der Autor die Situation und das Verhalten seiner Gastgeber bewertet.

M7 **Hochsprung eines Intore-Kriegers.** Es wurden dabei Höhen bis zu 2,40 m erreicht.

M8 Die „Erziehung“ der Afrikaner

Seit den 1880er Jahren erschienen zahlreiche Bücher und Aufsätze, die sich dem (als solchen verstandenen) „Zivilisationsauftrag“ widmeten – der Erziehung der Afrikaner zur Arbeit:

Die Ausdauer der Schwarzen nicht nur im Laufen, Gehen und Tragen von Lasten, sondern auch beim Verrichten von Arbeiten, die sie gewohnt sind, z. B. beim Gebrauch des allgemein üblichen Ackergeräts, der Hacke, ist bewundernswert ... Beim Erbauen ihrer Häuser, beim Herstellen ihrer Geräte und dem Verfertigen ihrer Waffen zeigen sie recht oft viel Geschick. Unfähigkeit kann man als Grund für ihre Scheu, Dienst zu nehmen, nicht anführen. Man kann auch nicht behaupten, dass sie so träge sind, dass ihre Faulheit keine Lust zur Arbeit aufkommen ließe ... Selbst barbarische Bedürfnislosigkeit erklärt diese Abneigung des Negers, Dienst zu nehmen, nicht hinreichend, denn Bedürfnisse hat derselbe auch und lebt, wo die Verhältnisse seines Landes geordnet sind, gar nicht schlecht ... Das System der Vielweiberei ermöglicht dem Mann, sich in Besitz vieler Hände zu setzen, die alle für ihn arbeiten ...; der Afrikaner ist also ein reicher Mann ... Wohlsituierte Leute pflegen sich aber in der ganzen Welt nicht gern nach Dienst bei anderen Menschen umzusehen.

A. Merensky, Wie erzieht man am besten den Neger zur Plantagenarbeit? Zit. nach Renate Nestvogel/Rainer Tetzlaff (Hg.), Afrika und der deutsche Kolonialismus, Berlin (Reimer) 1984, S. 67.

Begegnung mit anderen Kulturen

Sicherlich kennt ihr aus dem Fernsehen Bilder von Gesprächen wichtiger Personen der Politik, Wirtschaft, Wissenschaft usw. mit Kollegen anderer Länder. Solche Begegnungen stellen oft die Weichen für die künftigen Beziehungen: Sie können Interesse und Sympathie füreinander bewirken, aber auch zu Konflikten und Spannungen führen.
Diskutiert: Welche Einstellung zeichnete sich bei dem Treffen von Götzens ab (M5)?
Formuliert anschließend in Kleingruppen auf Plakaten „Benimmregeln“ für Treffen, wie in M5 und M6 dargestellt: Sie sollen bewirken, dass die Begegnung zu einem positiven Ergebnis führt.
Überlegt, ob für ähnliche Anlässe heute die gleichen oder ganz andere Regeln gelten.
Vergleicht anschließend die Plakate und diskutiert darüber.

8 Schreibe aus M8 alle Aussagen heraus, die eine Wertung über Afrikaner enthalten. Unterscheide dabei zwischen denen, die du für positiv, und jenen, die du für negativ hältst.

9 Lies im Darstellungstext auf S. 175 nach, welche Ziele die deutsche Kolonialpolitik verfolgte, und vergleiche daraufhin deine Ergebnisse aus Arbeitsauftrag 8.

10 Sieh dir M3 und M7 genau an. Inwiefern bieten sie Hinweise darauf, dass die Einheimischen sich dem „Selbstverständnis“ der Fremden und deren kolonialen Zielen nicht ohne Weiteres fügten?

11 Als „Last des Erinnerns“ kennzeichnet der nigerianische Literaturnobelpreisträger Woyle Soyinka die Beziehung zwischen Afrika und Europa. Gilt dies auch für Ruanda? Prüfe es mithilfe der Seiten 174 bis 178. Begründe deine Antwort.

Herrschaftsformen der europäischen Mächte in Afrika

Kolonien: Erobern – herrschen – verwalten

Die Aufteilung Afrikas und damit auch die Festlegung der Grenzen zwischen den einzelnen Kolonialgebieten erfolgte im Grunde nicht in Afrika selbst, nicht in den Eroberungskriegen, sondern in Europa, am Verhandlungstisch zwischen den europäischen Politikern. Für die „offizielle" Inbesitznahme schlossen Vertreter der Kolonialmacht in dem betreffenden Land Verträge mit afrikanischen Herrschern, Clan-Ältesten oder anderen Persönlichkeiten ab, die nach Auffassung der Europäer die afrikanischen Volksgruppen repräsentierten. Ob dies tatsächlich so war, spielte für die Kolonialherren keine Rolle.

Widerstand einzelner Volksgruppen, z. B. der Herero in Deutsch-Südwestafrika, wurde durch brutale „Strafaktionen" des Militärs gebrochen, die tausende Afrikaner das Leben kosteten. Die Kolonialmächte hatten keine schlüssigen Konzepte, wie sie die eroberten Gebiete verwalten sollten. Ganz grob sind zwei Formen der Verwaltung zu unterscheiden: die direkte und die indirekte Herrschaft. Erstere wurde von Frankreich, Belgien, Portugal bevorzugt, letztere von England und Deutschland. Im ersten Fall wurden alle wichtigen Verwaltungsstellen mit Beamten der Kolonialmacht selbst besetzt, während im zweiten Fall die vorhandenen Machtverhältnisse und – mehr oder weniger – die traditionellen Führer als „Mittelsmänner" zwischen Kolonialmacht und Bevölkerung genutzt wurden.

Allerdings erwies sich – unabhängig von den Formen der Herrschaft – die Wirklichkeit der Kolonialherrschaft als ein ununterbrochener Machtkampf, in dem ständig die Positionen und Bedingungen neu ausgehandelt wurden. Meist endete dieser Machtkampf mit einem „Sieg" aufseiten der Kolonialmacht, zumal sie versuchte, ihre eigene Rechtsprechung den traditionellen Werteordnungen der Afrikaner überzustülpen und diese so letztlich zerstörte.

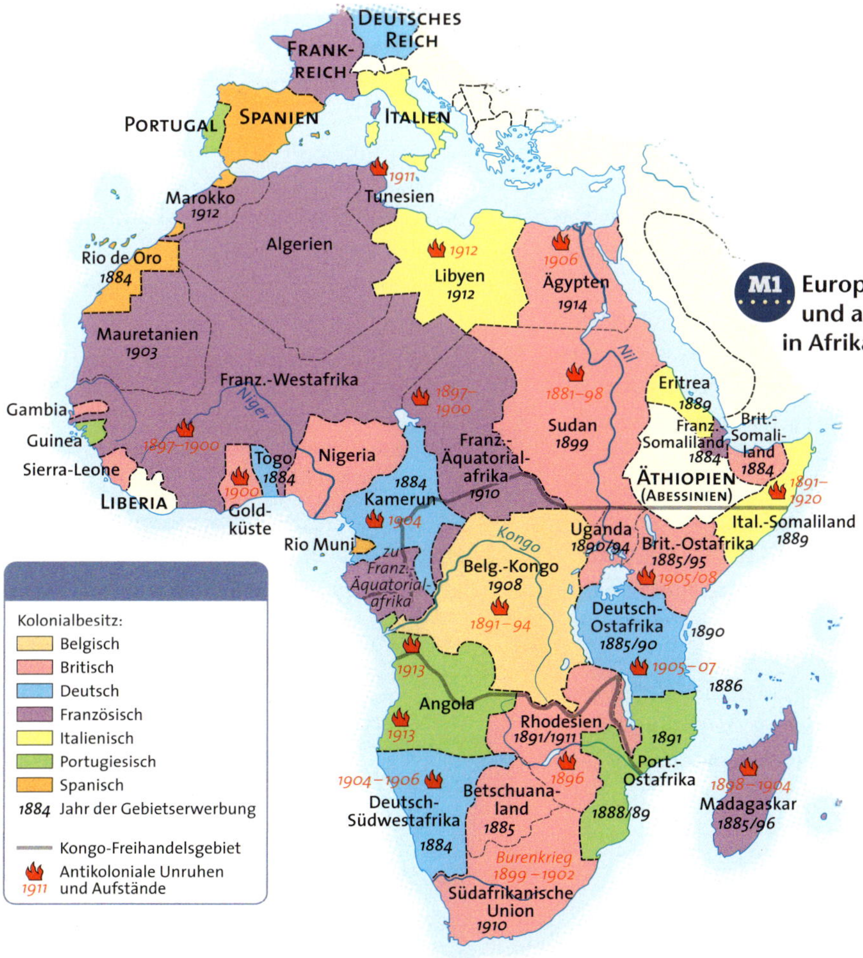

M1 Europäische Kolonien und antikoloniale Aufstände in Afrika vor 1914

M2 Das Drama von Dori

Amadou Hampâté Bâ (1900–1991), einer der bedeutendsten Schriftsteller Westafrikas, arbeitete lange Jahre im Dienst der französischen Kolonialverwaltung. In einem seiner Bücher berichtet er von einem Zwischenfall in Dori (Burkina Faso). Der Kommandant hatte Bewohner zweier Dörfer zu einem gemeinsamen Arbeitseinsatz beordert, ohne zu beachten, dass die Bewohner des einen Dorfes die ehemaligen Sklaven des Dorfes Fulbenoble (d.h. vornehme Fulbe) gewesen sind:

Der Kommandant blieb unnachgiebig … „Ich erwarte, dass man mir gehorcht, und ich will nichts mehr hören von Fulbenoblen, ihren Sitten und überholten Traditionen." … [Es kommt tatsächlich zum Streit.] Der Chefbrigadier brachte die … Streithähne … nach Dori; ich glaube, es waren zwischen siebzig und neunzig an der Zahl. Sich strikt an den ausdrücklichen Befehl des abwesenden Kommandanten haltend, ließ er sie ohne Haftbefehl einsperren … Die vier winzigen, fensterlosen Zellen mit ihren niedrigen Decken waren lediglich für vier bis sechs Personen vorgesehen. Obwohl die Gefangenen protestierten, stopften die Wächter sie gewaltsam da hinein, wo sie den ganzen Abend und die ganze Nacht wie in einem Backofen zubrachten … Als der Chefbrigadier am nächsten Morgen die Tore öffnete, um die Angeklagten in sein Büro zu führen, … bot sich ihm ein entsetzlicher Anblick! Dem Ersticken nahe, türmten sich die Gefangenen übereinander … [Der Zwischenfall wird vom Stabsarzt gemeldet; die Dienstaufsichtsbehörde sucht nach Personen, die dafür verantwortlich sind.]
Normalerweise hätten die betroffenen Beamten vor das Schwurgericht zitiert werden müssen, da sie den Tod von neun Menschen und die schwere Erkrankung von fünfzehn weiteren Personen zu verantworten hatten. Aber hier war ein Administrator in die Sache verwickelt. Es konnte also nicht angehen, dass er wegen einer Bagatelle zu Zwangsarbeit verurteilt würde … Man bedachte ihn mit einem schriftlichen Verweis und einer Verwarnung. Der Gefängnisvorsteher erhielt einen Tadel mit Eintrag in seine Personalakte. Der Dumme bei der ganzen Angelegenheit war der Chefbrigadier. Er wurde getadelt, degradiert und strafversetzt. Es konnte gar nicht anders sein, denn sobald ein Neger unter Weißen allzu sehr auf sich aufmerksam macht, darf er ihre Koffer tragen.

Amadou Hampâté Bâ, Oui, mon commandant!, Übers. von K. Boden/M. Lütgens, Wuppertal (Hammer) 1997, S. 201 ff., 207 f.

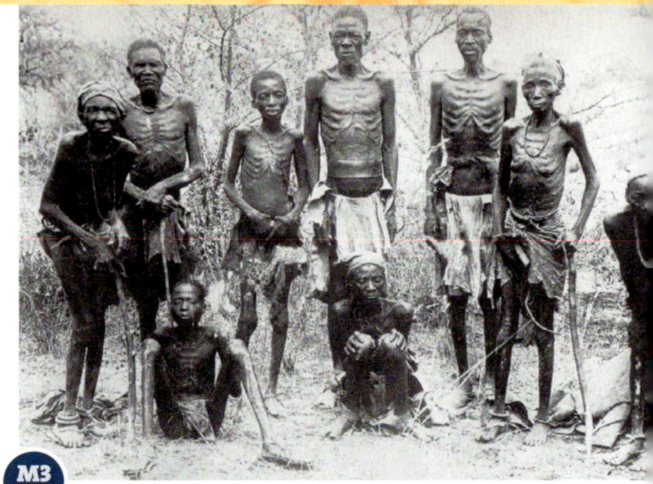

M3 Halb verhungerte Herero, die vor deutschen Truppen geflüchtet sind, Foto, 1907.

M4 Aus der deutschen Kolonialgesetzgebung

In einer Verordnung von 1907 für Südwestafrika:

§ 1 Eingeborene können nur mit Genehmigung des Gouverneurs Rechte oder Berechtigungen an Grundstücken erwerben.

§ 3 Die Eingeborenen werden in ein von der Aufsichtsbehörde geführtes Eingeborenenregister eingetragen.

§ 4 Eingeborene, die herumstreichen, können, wenn sie ohne nachweisbaren Unterhalt sind, als Landstreicher bestraft werden.

§ 15 Eingeborene, die den ihnen durch Vorschriften dieser Verordnung auferlegten Verpflichtungen nicht nachkommen, werden nach Maßgabe der für sie geltenden Bestimmungen bestraft.

Zit. nach Imperiale Zeitalter, hg. von Ulrich Janiesch, Stuttgart (Klett) 1998, S. 42.

M5 Manasse von Omaruru, Foto, um 1900. Manasse war einer der Führer im „Herero-Aufstand" von 1904.

M6 **Gouverneurspalast von Buea, Kamerun.** Buea wurde von Freiherr Jesko von Puttkammer, dem ersten deutschen Gouverneur, vor allem wegen seines für Europäer günstigen Klimas zur Hauptstadt des „Schutzgebietes" Kamerun erklärt. Der Gouverneurspalast, 1902 auf der höchsten Bergkuppe der Umgebung errichtet, wird heute als Sommersitz des Staatsoberhauptes genutzt.

M7 Kolonialherrschaft in Afrika – eine Wertung am Ende des 20. Jahrhunderts

Der englische Afrikanist John Iliffe, schreibt in seiner „Geschichte Afrikas":

Die Untertanen waren von der Stärke dieser Regierungen beeindruckt, wie es die Aufzeichnungen der des Lesens und Schreibens kundigen Ganda zeigen; doch die in Buganda [heute Uganda] herrschenden Europäer waren sich ihrer Schwäche … durchaus bewusst. Die Aufrechterhaltung einer mehr oder weniger gefestigten Ordnung – wenn nötig unter Einsatz von Gewalt – war deshalb das vorrangige Ziel der Kolonialmacht. Ein zweites war, dies mit möglichst geringem Aufwand zu erreichen. „Lerne deinen Distrikt und dein Volk kennen. Überwache sie, treibe Steuern ein, so weit wie möglich, aber bereite um Himmels willen dem Hauptquartier keine Scherereien" – so fasste ein ausgedienter Native Commissioner in Südrhodesien seine Pflichten zusammen …

Für die Mehrheit … war die Steuerlast wahrscheinlich weniger drückend als die Zwangsarbeit … Im Kongo-Freistaat betrugen die Fronleistungen laut Gesetz aus dem Jahr 1903 40 Stunden pro Monat; in der Realität wurde diese Vorschrift jedoch äußerst willkürlich gehandhabt …

Die Beschaffung von Arbeitskräften für private Unternehmer war häufig die missliebigste Pflicht eines Beamten der frühkolonialen Phase. Weit mehr Gefallen fanden Kolonialbeamte in … der Gerichtsbarkeit und der Anwendung der Gesetze … : Die Rechtsprechung vergrößerte ihre politische Macht, festigte das Vertrauen in ihre Herrschaft und verlieh ihnen die Möglichkeit, ihre Vorstellungen von Recht und Gerechtigkeit durchzusetzen … Viele frühe Beamte waren äußerst brutal und wurden nur deshalb eingesetzt, weil keine anderen zur Verfügung standen. Sie wurden mit einer überwältigenden militärischen Macht an Feuerwaffen ausgestattet und waren der Kontrolle ihrer Vorgesetzten oder der Öffentlichkeit entzogen. Nach dem Ersten Weltkrieg verbesserte sich die „Qualität" dieser Beamten enorm, doch selbst die gerechtesten unter ihnen waren letztlich Vertreter fremder und unpersönlicher Regime.

John Iliffe, Geschichte Afrikas, übers. von G. Gockel/ R. Seuß, 2. Aufl., München (Beck) 2000, S. 263 ff.

1. Untersuche anhand des Darstellungstextes, M1 und M7 die Grundzüge der Kolonialpolitik in Afrika.
2. Vom ersten französischen Gouverneur von Marokko stammt folgende Aussage: „In jeder Gesellschaft gibt es eine zum Herrschen geborene herrschende Klasse. Diese müssen wir auf unsere Seite ziehen." Erläutere, was er damit meinte. Repräsentierte seine Auffassung die „offizielle Linie"?
3. Welche „Lehre" vermittelt Hampâté Bâ dem Leser mit seiner Geschichte (M2)?
4. Zeige an M3, M4 und M6, wie die Kolonialregierungen Macht ausübten und demonstrierten.
5. Welche Grundzüge weist M7 der Kolonialherrschaft in Afrika zu? Überprüfe dies mithilfe des Darstellungstextes und der Materialien M1 bis M5.

Das Deutsche Reich als Weltmacht: Sich rüsten und brüsten

Deutschland „muss“ Weltpolitik betreiben

Hatte sich die Außenpolitik Bismarcks (siehe S. 134) im Wesentlichen auf Europa beschränkt und sein Engagement in der Kolonialpolitik darauf, das Vorgehen privater Kolonialgesellschaften, z. B. der „Gesellschaft für deutsche Kolonisation“ von Carl Peters, zu unterstützen, so wurden seit Anfang der 1890er Jahre nach Bismarcks Rücktritt die Stimmen immer lauter, die forderten, das Deutsche Reich müsse „Weltmacht“ werden und Kolonien haben. In den imperialistischen und übersteigert nationalistischen Parolen des neu gegründeten „Alldeutschen Verbands“ verband sich die Klage darüber, dass Deutschland zu spät gekommen sei, mit dem Aufruf, alle Kräfte zu mobilisieren, um den Vorsprung der „alten“ Weltmächte aufzuholen. Und selbst bürgerlich gemäßigte Wissenschaftler und Politiker stimmten dieser Forderung zu. Der Staatssekretär im Auswärtigen Amt Freiherr von Bieberstein löste im Reichstag im März 1897 Beifallsstürme aus, als er seine Forderung nach Weltpolitik so begründete: „Die (Kolonialisten) haben auf dem großen Schachbrett der Welt die deutschen Steine aufgestellt in der Erwartung, dass wir sie schützen und nützen.“

Die deutsche Flottenpolitik

Wichtigster und engagiertester Förderer einer offensiven Kolonialpolitik war der Kaiser selbst: Wilhelm II. Das Deutsche Reich hatte seiner Meinung nach Anspruch auf einen „Platz an der Sonne“ und damit das Recht und die Pflicht, imperialistische Politik zu betreiben. Der Bau einer großen Kriegsflotte sollte diesen Anspruch geltend machen. 1897 wurde dieses Vorhaben in Angriff genommen und unter Leitung von Admiral Tirpitz umgesetzt. Gleichzeitig mischten sich deutsche Politiker und Militärs überall auf der Welt in aktuelle Konflikte ein und verlangten, dass deutsche Interessen Geltung fänden – z. B. in Kiautschou, der deutschen Kolonie in China. Das führte zu erheblichen Spannungen mit den anderen Großmächten, traf aber im Deutschen Reich selbst – bis auf wenige Ausnahmen, z. B. die Sozialdemokraten – auf breite Zustimmung. Der 1898 gegründete Deutsche Flottenverein, dessen Propaganda* von der Schwerindustrie mitfinanziert wurde, zählte schon bald mehr als eine Million Mitglieder.

Was war es, das viele Deutsche für die Flottenpolitik Wilhelms II. einnahm, viele europäische Nachbarn jedoch empörte?

M1 **„Das erste Kaiserwort im neuen Jahrhundert“,** Postkarte zum Flottenbauprogramm, 1900. Zur Fraktur-Schrift siehe Hinweise im Anhang

M2 Deutschland als Seemacht

Alfred von Tirpitz, 1897 – 1916 Staatssekretär im Reichsmarineamt, formulierte im Februar 1896 in einem Brief an General Albrecht von Stosch:

Unserer Politik fehlt bis jetzt vollständig der Begriff der politischen Bedeutung der Seemacht. Wollen wir aber gar unternehmen, in die Welt hinauszugehen und wirtschaftlich durch die See zu erstarken, so errichten wir ein gänzlich hohles Gebäude, wenn wir nicht gleichzeitig ein gewisses Maß an Seekriegsstärke uns verschaffen. Indem wir hinausgehen, stoßen wir überall auf vorhandene oder in der Zukunft liegende Interessen. Damit sind Interessenkonflikte gegeben. Wie will nun die geschickteste Politik, nachdem das Prestige von 1870[1] verraucht ist, etwas erreichen ohne reale, der Vielseitigkeit der Interessen entsprechende Macht? Weltpolitisch vielseitig ist aber nur die Seemacht.

Zit. nach Peter Alter, Der Imperialismus, Stuttgart (Klett) 1998, S. 77.

1 1870/71 gewann Deutschland den Deutsch-Französischen Krieg.

M3 Die Flotte – eine Gefahr für Deutschland?

Friedrich von Holstein, 1876 – 1906 Vortragender Rat im Auswärtigen Amt, schrieb am 20. November 1906 an den ehemaligen Gesandten in Peking, Maximilian von Brandt:

Ich glaube mich zu erinnern, dass wir in der Flottenfrage einer und derselben Ansicht waren, nämlich 1. je [mehr] wir zur See rüsten, desto fester drücken wir England an Frankreich heran; 2. wir können, selbst wenn wir die Steuern verdreifachen, niemals eine Flotte herstellen, die der englisch-französischen, ja auch nur der englischen allein, gewachsen ist; 3. in einem Krieg gegen Frankreich allein spielt, wie das Jahr [18]70 zeigt, die Flotte eine Nebenrolle; 4. es ist eine Bedrohung und Herausforderung Englands, dass der Flottenverein es seit Jahren bei jeder neuen Flottenforderung offen ausspricht, die Rüstungen seien gegen England gerichtet …
Die Gefahr wird dadurch vergrößert, dass beim Schiffbau (Panzerplatten etc.) ungezählte Millionen zu verdienen sind, viel mehr als bei den Kolonien …
Die Flotte vermehrt die Zahl unserer Feinde, wird aber niemals stark genug sein, um sie zu besiegen.

Werner Frauendienst (Hg.), Friedrich von Holstein, Die geheimen Papiere, Bd. 4, Göttingen, 1961, S. 401.

Weltmacht

Der Begriff „Weltmacht“ ist Teil der Weltreichslehre, deren Inhalte einem geschichtlichen Wandel unterliegen. Im 19. Jahrhundert umfasste sie die Vorstellung, dass die Welt von zwei, drei oder vier übergroßen Reichen beherrscht wird. Diese Reiche zeichneten sich aus durch politische und wirtschaftliche Unabhängigkeit. Grundlagen ihrer Macht waren ein riesiges Herrschaftsgebiet (z. B. Kolonien), eine große, wachsende Bevölkerung und unerschöpfliche wirtschaftliche Kräfte und Reserven.

M4 Die Faust des deutschen Kaisers reicht bis zum äußersten Osten, Karikatur aus der Zeitung „Weekblad voor Neederland“, 1898

1 Erarbeite M1 entsprechend der Methode „Feldpostkarten untersuchen“ (siehe S. 201) und stelle einen Bezug zu den übrigen Materialien her (M2 bis M4).

2 Erläutere, wie der Zeichner von M4 die deutsche Politik wertete (siehe Methode „Karikaturen entschlüsseln“ S. 33).

3 Formuliere zeitgenössische Argumente pro und kontra deutsche Flottenpolitik und vergleiche sie.

4 Diskutiert die Frage am Ende des Darstellungstextes in der Klasse.

Der Streit der Kolonialmächte um die „weißen Flecken" der Erde

Kollisionen und Koalitionen

Das Bemühen der imperialistischen Mächte, den eigenen Einflussbereich möglichst schnell auszudehnen, führte zu schweren politischen Konflikten, ja an den Rand militärischer Auseinandersetzungen. Die Spannungen nahmen seit der Jahrhundertwende zu und bezogen neben afrikanischen Schauplätzen auch Gebiete in Asien ein. Drei solcher Krisen sollen näher beleuchtet werden, da sie exemplarisch die Interessenlagen der Großmächte, aber auch die Entwicklung der Konflikte und den Weg in den Ersten Weltkrieg zeigen.

1. Die Faschoda-Krise: Großbritannien hatte nach der Besetzung Ägyptens weite Teile Ostafrikas unter seine Herrschaft gebracht mit dem Ziel, eine durchgehende Landbrücke „vom Kap bis Kairo" zu kontrollieren. Frankreich dagegen wollte von seinen Kolonien in Zentralafrika eine Verbindung zum Golf von Aden herstellen. Der Sudan bildete gewissermaßen den Schnittpunkt beider Interessenbereiche. Als im September 1898 ein französisches Heer bei Faschoda im Sudan auf britische Truppen stieß und dies in Europa bekannt wurde, drohte ein Krieg zwischen den beiden Staaten.

2. Die Marokko-Krisen: 1905 provozierte der deutsche Kaiser Frankreich und England dadurch, dass er in dem von Frankreich besetzten Marokko erschien, die Freiheit des Landes und das Prinzip der „offenen Tür" verkündete. Er wirbelte damit viel politischen Staub auf, aber sein Ziel, Nordafrika dem deutschen Einfluss zu öffnen, verfehlte er. Als 1911 in Marokko Unruhen ausbrachen und Frankreich militärisch eingriff, schickte die deutsche Regierung das Kanonenboot „Panther" nach Agadir unter dem Vorwand, deutsche Interessen zu schützen. England versetzte seine Flotte daraufhin in Alarmzustand und drohte mit Krieg. Wilhelm II. lenkte ein, erkannte Marokko als französisches Einflussgebiet an und gab sich zufrieden mit einem kleinen Landgewinn für die deutsche Kolonie Kamerun.

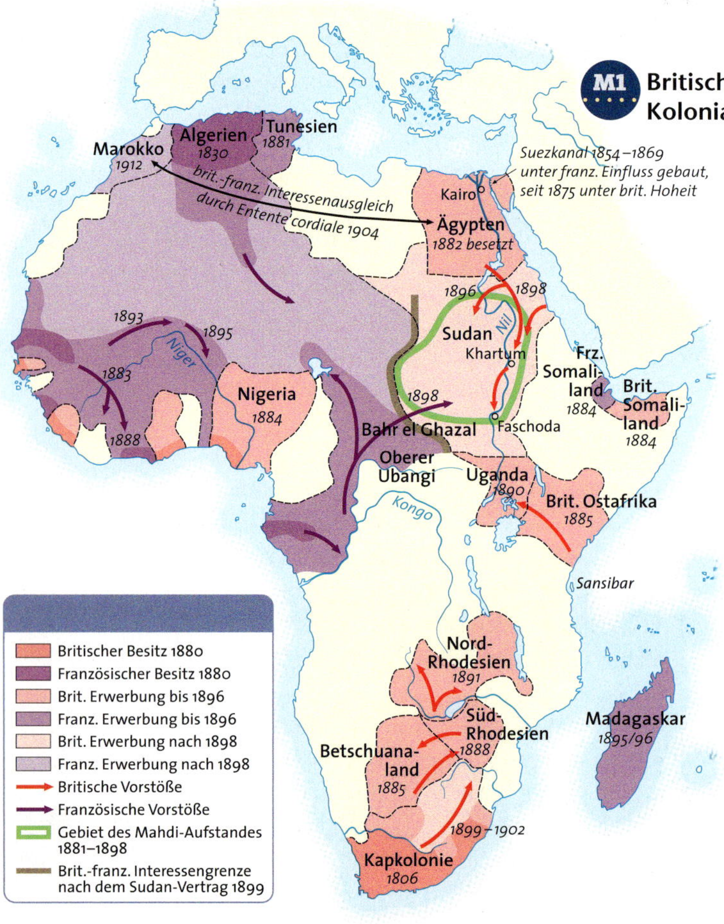

M1 Britische und französische Kolonialpolitik in Afrika

Konflikte untersuchen – Gruppenarbeit

Teilt die Klasse in 3 Gruppen. Jede untersucht eine internationale Krise (Faschoda-Krise, Marokko-Krise, „Boxer"-Aufstand), zu der ihr auf den Seiten 186 bis 188 Informationen und Materialien findet. Leitfragen für eure Arbeit können sein:
- Wer war beteiligt?
- Welche Interessen, Ziele kommen zum Ausdruck?
- Welche Mittel wendeten die Kontrahenten zur Durchsetzung ihrer Ziele an?
- Welches Ergebnis stand am Ende des Konflikts?

Präsentiert eure Ergebnisse der Klasse und klärt Gemeinsamkeiten und Unterschiede der Beispiele. Diskutiert, warum die einzelnen Krisen nicht in Kriege mündeten.

3. **Der „Boxer"-Aufstand:** Das chinesische Kaiserreich hatte aufgrund seines Bevölkerungsreichtums, seiner Größe und seiner unsicheren politischen Lage seit Mitte des 19. Jahrhunderts das Interesse der europäischen Großmächte auf sich gezogen und Gebiete an sie verloren. Die Forderung der USA (1899), dass alle Mächte das Recht haben sollten, China wirtschaftlich zu nutzen („Politik der offenen Tür"), führte zu heftigen Rivalitäten der Großmächte und dazu, dass China – im Netz von Verträgen gefangen – auch politisch abhängig wurde. Japan versuchte, die Schwäche des riesigen Nachbarn zu seinen Gunsten zu nutzen, geriet allerdings damit in Konflikt zu den anderen Kolonialmächten. In den politischen Wirren gewann der chinesische Geheimbund der „Boxer", der die Rückkehr zu Traditionen forderte und sich gegen die europäisch orientierte Modernisierung wandte, an Einfluss. Im Sommer 1900 kam es zu Mordanschlägen auf Europäer und auch zu Militäraktionen des Kaiserhofs. Die Großmächte schlugen gemeinsam – unter der selbst ernannten Führung Wilhelms II. – den Aufstand nieder und forderten von China hohe Entschädigungszahlungen.
In keinem der drei Beispiele für eine internationale Krise kam es zu militärischen Aktionen zwischen den Großmächten. Lässt es sich dennoch rechtfertigen, sie als Stationen auf dem Weg in den Ersten Weltkrieg zu betrachten?

Wettstreiten und Wettrüsten

1898 Deutschland beginnt mit dem Bau einer Kriegsflotte

1898 (September) Faschoda-Krise zwischen Frankreich und Großbritannien

1900 „Boxeraufstand" in China: Er wird durch das gemeinsame Eingreifen von Großbritannien, Frankreich, Russland, Deutschland und den USA niedergeschlagen.

1904/05 Großbritannien rüstet seine Kriegsflotte auf.

1904 „Entente cordiale"*: Großbritannien und Frankreich verständigen sich über ihre kolonialen Interessen.

1904/05 Russisch-japanischer Krieg endet mit dem Sieg Japans.

1905/06 Erste Marokko-Krise: Wilhelm II. provoziert Frankreich und Großbritannien. Die internationale Konferenz von Algeciras entscheidet, dass Marokko von allen Großmächten wirtschaftlich genutzt werden dürfe (Politik der „offenen Tür"), diese aber Frankreichs politische Einflussnahme dulden müssen.

1907 Großbritannien und Russland verständigen sich über ihre Interessengebiete in Asien.

1911 Zweite Marokko-Krise: Deutschland schickt das Kriegsschiff „Panther" ins marokkanische Agadir („Panthersprung") und verschärft dadurch die Spannungen mit Großbritannien und Frankreich.

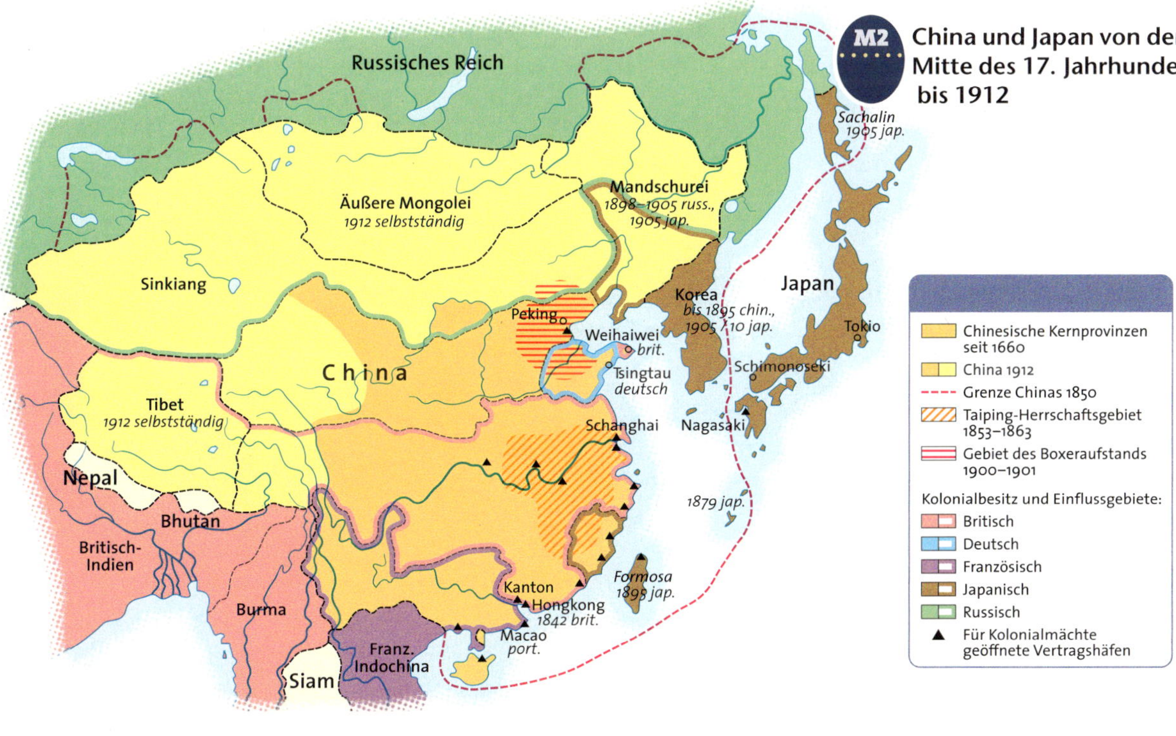

M2 China und Japan von der Mitte des 17. Jahrhunderts bis 1912

M3 Die Faschoda-Krise

Am 25. September 1898 traf ein französisches Heer unter der Leitung von Hauptmann J. B. Marchand in dem Ort Faschoda (Sudan) auf britische Truppen, die General H. H. Kitchener anführte. Beide Militärs berichteten über das Zusammentreffen:

3A *General Kitchener schrieb an die britische Regierung:* Ich bin soeben von Faschoda zurückgekehrt, wo ich auf Hauptmann Marchand in Begleitung von 8 Offizieren und 120 Soldaten traf ... Er teilte mir [schriftlich] mit, dass er Faschoda am 10. Juli erreicht habe und von seiner Regierung den Befehl erhalten habe, das Land bis zur Mündung des Bahf-el-Jebel und auch das Shilluk-Land auf dem linken Ufer des Weißen Nils bis nach Faschoda zu besetzen ... Als wir in Faschoda eintrafen, kamen Hauptmann Marchand und Herr Germain an Bord. Ich teilte ihnen sofort mit, dass die Anwesenheit französischer Streitkräfte in Faschoda und im Niltal als direkte Verletzung der Rechte der ägyptischen Regierung und Großbritanniens betrachtet werde, und ich legte gegen die Besetzung Faschodas und das Hissen der französischen Fahne ... schärfsten Protest ein. In seiner Erwiderung erklärte Hauptmann Marchand, er habe genaue Befehle ... Als ich ihn nachdrücklich um eine Erklärung bat, ob er sich angesichts meiner überlegenen Streitmacht dem Hissen der ägyptischen Fahne widersetzen würde, zögerte er und antwortete schließlich, Widerstand sei unmöglich. Ich ließ daraufhin die Fahne ... ungefähr 450 Meter südlich der französischen Fahne und an der Straße, die von der französischen Stellung ins Innere des Landes führt, hissen.

Zit. nach Peter Alter, Der Imperialismus, Stuttgart (Klett) 1998, S. 72f.

3B *Hauptmann Marchand zitierte den Gesprächsverlauf:* „Herr General, ich bin Hauptmann Marchand von der französischen Armee. Ich bin hierher gekommen auf Befehl der französischen Regierung." ...

„Es hat sich viel ereignet, seit Sie unterwegs sind ..."

„Herr General, was auch geschehen mag, Frankreich, das nicht die Gewohnheit hat, seine Offiziere zu verlassen, wird mir Befehle geben."

„Herr Major, ich muss in Faschoda die Flagge Seiner Hoheit, des Khediven1, hissen."

„Herr General, ich bin bereit sie selbst zu hissen, über dem Dorf ..."

„Und wenn meine Befehle mir vorschreiben, auf dem Fort die Flagge Seiner Hoheit, des Khediven, zu hissen?"

„Dann wäre ich gezwungen mich dem zu widersetzen, Herr General."

Der Mahdiaufstand in Augenzeugenberichten, hg. von Heinrich Pleticha, München (dtv) 1981, S. 397f. d. Verf.

M4 **Major Marchands Mission,** Karikatur aus der Pariser Zeitung „La Silhouette" vom 2. Oktober 1898

M5 Die Marokko-Krise 1911

Am 1. Juli 1911 landete das deutsche Kanonenboot „Panther" in Agadir (Marokko). Die Ententemächte Frankreich und Großbritannien verstanden dieses Vorgehen als Drohung gegen sich und den internationalen Frieden.

5A *Der britische Schatzkanzler Lloyd George sagte in Mansion-House am 21. Juli 1911:* Das Einzige, was ich über England sagen kann, ist, dass es kein Land gibt, das ein ebenso großes Interesse am Wohlstande der anderen Länder hat, wie wir es haben. ... Aber auf der anderen Seite fühle ich mich verpflichtet zu betonen, dass ich es für im höchsten Maße wichtig halte, nicht nur im Interesse Englands, sondern auch im Interesse der Welt, dass Großbritannien unter allen Umständen seinen Platz und sein Prestige unter den Großmächten aufrechterhält ... Wenn uns eine Situation aufgezwungen würde, in der der Friede nur durch die Aufgabe der großen und wohltätigen Stellung erhalten werden könnte, die England sich in Jahrhunderten von Heroismus und Erfolg erworben hat, und nur dadurch, dass Großbritannien in Fragen, die seine Lebensinteressen berühren, in einer Weise behandelt würde, als ob es im Rate der Nationen gar nicht mehr mitzählte, dann – ich betone es – würde ein Friede um jeden Preis eine Erniedrigung sein, die ein großes Land wie das unsrige nicht ertragen könnte.

Geschichte in Quellen, Bd. 5, bearb. von Günter Schönbrunn, München (bsv) 1980, S. 711 f.

5B *Der Staatssekretär Alfred Kiderlen-Wächter in einem Schreiben an Reichskanzler von Bethmann-Hollweg:* Wir müssen den ganzen französischen Kongo haben – es ist die letzte Gelegenheit, ohne zu fechten – etwas Brauchbares von Afrika zu erhalten ... Wir müssen bis an den belgischen Kongo heran, damit wir mittun, falls dieser einmal aufgeteilt werden sollte, und damit wir durch ihn ... die Verbindung zu unserem Ostafrika erhalten. Jede andere Lösung bedeutet für uns eine Niederlage ... Ich bin daher der Ansicht, dass, wenn die Franzosen sich weiter ablehnend verhalten sollten, wir ihnen erklären müssen: Gut, wir haben uns entgegenkommend gezeigt und euch trotz entgegenstehender Verträge zum Abschluss eures großen nordafrikanischen Kolonialreiches verhelfen wollen. Ihr seht euch, aus Gründen innerer Politik oder sonst wie, außer Stande, die von uns geforderten Gegenleistungen zu gewähren. Also müssen wir uns auf den ganz formellen Standpunkt der Algeciras-Akte stellen. Wir bitten euch darum, uns den ganz genauen Termin anzugeben, bis zu dem ihr Marokko – inklusive Casablanca – geräumt haben werdet. Widrigenfalls werden wir euch des Vertragsbruchs anklagen... Ich glaube nicht, dass die Franzosen den Fehdehandschuh aufnehmen, aber sie müssen fühlen, dass wir zum Äußersten entschlossen sind. ... Wer im Voraus erklärt, dass er nicht fechten will, kann in der Politik nichts erreichen.

Zit. nach Wolfgang Mommsen, Imperialismus, Hamburg (Hoffmann und Campe) 1977, S. 143 f.

M6 Delcassés neuer Ritt, Karikatur von Olaf Gulbransson aus der Zeitschrift „Simplicissimus", 1911.
In seiner Funktion als französischer Außenminister war es Delcassés Hauptziel, gegen das Deutsche Reich Bündnispartner zu gewinnen. Er bemühte sich um die Beilegung der Kolonialkonflikte mit Großbritannien und leitete die „Entente cordiale" ein. Die 1. Marokko-Krise veranlasste ihn 1905 zum Rücktritt.

M7 Frankreich in China,
Karikatur auf die Benachteiligung Frankreichs bei der „Teilung" Chinas, aus der französischen Tageszeitung „Figaro", 1901

M8 Der „Boxer"-Aufstand in China

Im Juni wurde der deutsche Gesandte von Ketteler vom Geheimbund der „Boxer" ermordet, das Gesandtschaftsviertel in Peking anschließend 55 Tage lang durch chinesische Aufständische belagert. Eine internationale Truppe sollte Peking befreien, „die Ordnung" wiederherstellen.

8A *Am 3. Juli 1900 informierte der amerikanische Außenminister John Hay die Auslandsvertretungen der USA:* Bisher war es immer die Absicht des amerikanischen Präsidenten, mit den anderen Mächten gemeinsam zu handeln, um 1. mit Peking Verbindung aufrechtzuerhalten … 2. überall in China Amerikanern und ihrem Eigentum jeden möglichen Schutz zu gewähren …, 3. die Ausbreitung der Unruhen in andere Provinzen des Reiches und ihre Wiederholung zu verhindern …, aber die Politik der amerikanischen Regierung ist es, eine Lösung zu suchen, die China Sicherheit und einen dauerhaften Frieden bringt, die Chinas politische Einheit erhält, alle durch Verträge und vom Völkerrecht garantierten Rechte friedlicher Mächte schützt und allen Staaten der Welt das Prinzip gleichberechtigten Handelns in allen Teilen des chinesischen Reiches offen hält.

Zit. nach Peter Alter, Der Imperialismus, Stuttgart (Klett) 1998, S. 77.

8B *Wilhelm II. verabschiedete am 27. Juli 1900 die Truppen, die nach China geschickt wurden:* Das Deutsche Reich hat seinem Charakter nach die Verpflichtung, seinen Bürgern, wofern diese im Ausland bedrängt werden, beizustehen … Das Mittel, das ihm dies ermöglicht, ist unser Heer … Eine große Aufgabe harrt eurer: Ihr sollt das schwere Unrecht, das geschehen ist, sühnen … Pardon wird nicht gegeben, Gefangene werden nicht gemacht …
Wahrt die Manneszucht, der Segen Gottes sei mit euch, die Gebete eines ganzen Volkes, meine Wünsche begleiten euch, jeden Einzelnen: Öffnet der Kultur den Weg ein für alle Mal!

Zit. nach Michael Balfour, Kaiser Wilhelm II. und seine Zeit, Berlin (Ullstein) 1973, S. 240.

Propaganda anhand von Gebrauchsgegenständen analysieren

Beeinflussung im Alltag

M1 zeigt eine Tischuhr. Auf den ersten Blick ist sie eine „ganz normale" Uhr – mit Zifferblatt und Zeiger. Aber wenn du genau hinschaust, siehst du, dass das Uhrenschild bedruckt ist mit Bildern und Wörtern bzw. Sätzen, die politische Aussagen enthalten und den Betrachter beeinflussen sollen. Die „Botschaft" und ihre Absicht zu erkennen, helfen dir die folgenden Arbeitsschritte.

Arbeitsschritte: Gebrauchsgegenstände analysieren

1. Schritt: Den Gegenstand beschreiben und die Aussagen analysieren
– Wozu wurde der Gegenstand genutzt?
– Was ist das Thema der Bild- oder Textbotschaften? Ziehe dazu die Methodenseite (Methodenanhang) heran.

2. Schritt: Die Propagandastrategie ergründen
– Gibt es einen Bezug zwischen der „ursprünglichen" Funktion des Gegenstandes und der Botschaft?
– Suche nach Einzelheiten, die darauf abzielen, das (politische) Bewusstsein der Menschen zu beeinflussen.
– An welchen Adressatenkreis richtete sich die Propaganda?

3. Schritt: Weitere Informationen heranziehen
– Nutze Angaben aus der Bildunterschrift oder Informationen aus Lexika, um die ersten Ergebnisse zu überprüfen und zu ergänzen.

4. Schritt: Ziel und (vermutete) Wirkung der Propaganda kritisch werten
– Mache dir anhand deiner Ergebnisse nochmals klar, welchen Zweck die untersuchte Propaganda hatte.

M1 **Deutsche Reichs-Colonial-Uhr, hergestellt ca. 1905 in der Badischen Uhrenfabrik Furtwangen** (Höhe: 40 cm, Breite: 32 cm, Tiefe: 5 cm)

M2 **Emailplakat der Dresdner Zigarettenmarke „Unsere Marine"**, hergestellt um 1916 (Größe: 32 x 49,5 cm)

1 Erarbeite M1 mithilfe der Arbeitsschritte. Nutze dafür die Informationen auf S. 182f.
2 Verfahre mit M2 genauso.
3 Besprecht in der Klasse, ob M1 und M2 im Hinblick auf ihren propagandistischen Wert vergleichbar sind.

Der „Panther“ springt zurück: Konflikte in Europa

Wer die Fäuste ballt, kann niemandem die Hand reichen

Die Rivalitäten der imperialistischen Mächte um Gebiete in Afrika und Asien belasteten das politische Klima in Europa. Hinzu kamen finanzielle Probleme, die aus den wachsenden Rüstungsausgaben entstanden. Vor allem zwischen dem Deutschen Reich und Großbritannien entwickelte sich ein Wettrüsten, das den deutschen Finanzhaushalt dem Ruin zutrieb.

Zudem musste Deutschland befürchten, auf dem politischen Schauplatz Europa isoliert zu werden, während Großbritannien, Frankreich und Russland in dessen Zentrum vorrückten.

M1 **„Deutschland im europäischen Gleichgewicht“.** Die Postkarte von 1914 zeigt Personen, die jeweils ein Land vertreten: auf der linken Waagschale Österreich und Deutschland, auf der rechten Frankreich, England, Russland und Belgien, Japan und China (hängend), auf dem Balken Serbien, in der Mitte: Türkei, USA, Italien.

Ein explosives Gemisch auf dem Balkan

Das Ziel, Nationalstaat zu werden, das sich seit dem 19. Jahrhundert viele Staaten in Europa setzten, musste fast zwangsläufig auf dem Balkan zu Problemen führen, da dort sehr viele Völker zusammenlebten – unter der Regierung der habsburgischen Monarchie Österreich-Ungarn. In Serbien war in der 2. Hälfte des 19. Jahrhunderts eine nationale Bewegung entstanden, die von Russland unterstützt wurde. Russland verstand sich als Schutzmacht aller slawisch sprechenden Völker. Da Serbien jedoch nach seiner Unabhängigkeitserklärung alle Serben zu einem Großserbischen Reich vereinigen wollte, kam es mehrfach zu Spannungen mit Österreich.

Als sich Österreich-Ungarn 1908 die ehemals türkischen Provinzen Bosnien und Herzegowina aneignete, löste dies zunächst den Protest von Serbien und Russland und dann mehrere Kriege zwischen verschiedenen Balkanstaaten aus. Den Großmächten gelang es jedoch, die Gegner an den Verhandlungstisch zu holen und die Kriege zu beenden.

Die Spannungen blieben, vor allem zwischen Österreich-Ungarn und Serbien, dessen Idee vom Großserbischen Reich mit den Interessen der Habsburger nicht vereinbar war. Die Situation spitzte sich im Juni 1914 zu: Als der österreichische Thronfolger Franz Ferdinand und seine Gattin nach Sarajewo kamen, wurde ein Anschlag auf sie verübt, bei dem beide starben. Einen Monat später, am 23. Juli, stellte Österreich den Serben ein Ultimatum, in dem sie u. a. aufgefordert wurden, österreichische Beamte in die Untersuchung des Attentats einzubeziehen. Zu Eingriffen in ihre staatliche Souveränität* waren die Serben nicht bereit. Österreich erklärte daraufhin Serbien den Krieg. Der deutsche Kaiser stellte sich hinter Österreich, Russland hinter Serbien – und damit war dessen Bündnispartner Frankreich nun Kriegsgegner Deutschlands. Das Attentat von Sarajewo war Anlass des Ersten Weltkriegs, der Funke, der die Explosion auslöste. Was war das „Pulverfass“, was die „Zündschnur“?

M2 Wilhelm II. verspricht Unterstützung

Graf von Szögyényi, 1892–1914 österreichisch-ungarischer Gesandter in Berlin, telegrafierte am 5. 7. 1914 an seinen Außenminister über eine Unterredung mit Wilhelm II.:

Als ich nochmals den Ernst der Situation mit großem Nachdruck betonte, ermächtigte mich Seine Majestät, unserem Allergnädigsten Herrn zu melden, dass wir … auf die volle Unterstützung Deutschlands rechnen können … Russlands Haltung werde jedenfalls feindselig sein, doch sei er hierauf schon seit Jahren vorbereitet und sollte es sogar zu einem Krieg zwischen Österreich-Ungarn und Russland kommen, so könnten wir davon überzeugt sein, dass Deutschland in gewohnter Bündnistreue an unserer Seite stehen werde. Russland sei übrigens … noch keineswegs kriegsbereit und werde sich noch sehr überlegen, an die Waffen zu appellieren. Doch werde es bei den anderen Mächten der Tripelentente[1] gegen uns hetzen … Er begreife sehr gut, dass es Seiner Majestät bei seiner bekannten Friedensliebe schwer fallen würde, in Serbien einzumarschieren; wenn wir aber die Notwendigkeit einer kriegerischen Aktion gegen Serbien erkannt hätten, so würde er es bedauern, wenn wir den jetzigen, für uns so günstigen Moment unbenützt ließen.

Zit. nach Asmut Brückmann, Die europäische Expansion, Stuttgart (Klett) 1993, S. 143.

1 Großbritannien und Frankreich

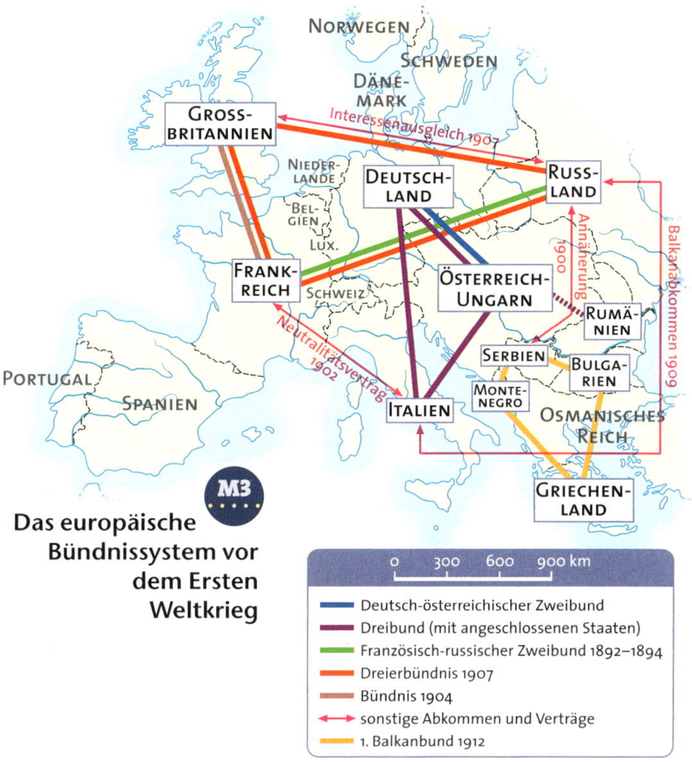

M3 Das europäische Bündnissystem vor dem Ersten Weltkrieg

M4 **„Balkan Troubles“**, Karikatur von 1908 aus der englischen Satire-Zeitschrift „Punch“

1. Benenne die Bündnispartner Deutschlands und Großbritanniens um 1914 nach M3 und weise sie den einzelnen Verträgen zu.
2. Erläutere, wie die erste Überschrift des Darstellungstextes die Situation in Europa wertet.
3. Erarbeite M1 und M4 mithilfe der Methode „Karikaturen entschlüsseln (siehe S. 33).
4. Beurteile die deutsche Einschätzung des „Gewichtsverhältnisses“ in Europa (M1).
5. Notiere aus M2 die Aussagen Wilhelms II. über sein weiteres Vorgehen und versuche Gründe und Ziele für das Verhalten bzw. die Einstellung des Kaisers zu finden.

M5 England soll seine Flottenmacht zeigen

Der britische Staatssekretär im Außenministerium, E. A. Crow, kommentierte im Juli 1914 ein Schreiben des britischen Botschafters in Sankt Petersburg:

Es ist klar, dass Frankreich und Russland entschlossen sind, den ihnen hingeworfenen Handschuh aufzuheben ... Worauf es ankommt ist, ob Deutschland zu diesem Krieg jetzt absolut entschlossen ist oder nicht ... Wenn Seiner Majestät Regierung in dem Augenblick, wo entweder Österreich oder Russland zu mobilisieren[1] beginnen, Befehl erteilt, unsere ganze Flotte unverzüglich auf Kriegsfuß zu setzen, so mag dies ... Deutschland die Augen über den Ernst der Gefahr öffnen, der es ausgesetzt wäre, wenn England am Kriege teilnähme ... Sollte der Krieg ausbrechen und England unbeteiligt bleiben, dann muss sich Folgendes ergeben:

a.) Entweder siegen Deutschland und Österreich, sie erdrücken Frankreich und demütigen Russland.

b.) Oder Frankreich und Russland siegen. Wie werden sie sich dann gegen England verhalten? Und wie wird's mit Indien und dem Mittelmeer stehen? In diesem Kampf, der nicht um den Besitz Serbiens geht, sondern bei dem es sich um das Ziel Deutschlands, seine politische Vorherrschaft in Europa zu errichten, und um den Wunsch der Mächte handelt, ihre individuelle Freiheit zu erhalten – in diesem Kampf sind unsere Interessen mit denen Frankreichs und Russlands verknüpft. Wenn wir dazu beitragen können, den Konflikt zu verhüten, indem wir unsere maritime Stärke zeigen, ... dann wäre es falsch, diesen Versuch nicht zu machen.

Zit. nach Asmut Brückmann, Die europäische Expansion, Stuttgart (Klett) 1993, S. 147.

1 zu den Waffen rufen

Erster Weltkrieg – eine Wandcollage

Wie ihr sicherlich festgestellt habt, ist die Vorgeschichte des Weltkriegs ein Geflecht aus langfristigen Entwicklungen und Ereignissen, aus Haltungen, Einstellungen und Wertvorstellungen, aus Einzelschicksalen und -entscheidungen, aus Staatsgründen und Größenwahn und vielem mehr. Um dieses Geflecht zu entwirren, bieten sich eine Analyse verschiedener Aspekte bzw. Teilthemen und die Visualisierung der Ergebnisse an.

Als Grundlage könnt ihr euer Arbeitsbuch (Kap. 5–7), eure Aufzeichnungen, aber auch weiteres Informationsmaterial benutzen.

Für die Wandzeitung verwendet ihr am besten mehrere Bogen Flip-Chart-, Pinnwand- oder Makulatur-Papier und hängt dieses an die Rückwand des Klassenzimmers. In die Mitte schreibt ihr das Thema: „Ursachen des Ersten Weltkriegs".

Zunächst sammelt ihr in Partnerarbeit mithilfe aller Materialien Ursachen des Ersten Weltkrieges. Dann bildet ihr Vierer oder Sechser-Gruppen und vergleicht die gefundenen Punkte. Doppelungen und Überschneidungen streicht ihr aus. Jetzt hat jede Gruppe ein ganzes Bündel von Ursachen. Dann schreibt ihr eure Ursachen auf getrennte Kärtchen und ordnet die Kärtchen im Klassengespräch auf einer Pinnwand folgenden Teilbereichen zu: nationalistische Motive, imperialistische Antriebskräfte, Industrialisierung/Kapitalanhäufung, innenpolitische Spannungen, soziale Probleme/soziale Frage.

Achtet darauf, dass ihr Kärtchen mit ähnlichen Formulierungen nebeneinander hängt.

Legt fest, wie groß der Raum ist, der den einzelnen Collage-Teilen zur Verfügung steht. Beachtet die Vorgaben der Methode „Präsentieren/Visualisieren" (siehe Methodenanhang).

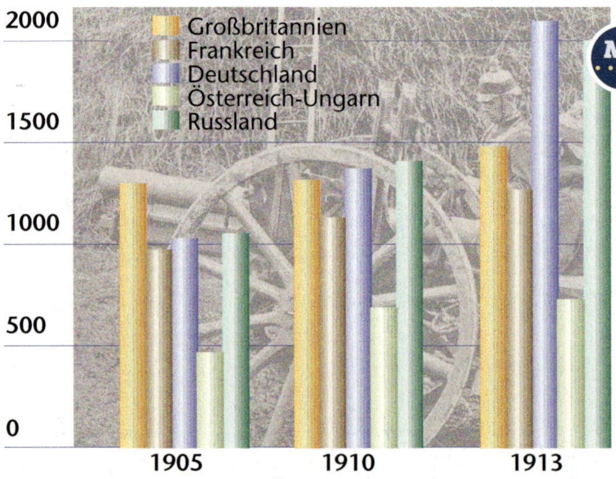

M6 Rüstungsausgaben der Großmächte 1905–1913 (in Millionen Mark).

6 Liste die Argumente und Vorschläge auf, mithilfe derer Crow in M5 zum Eingreifen in den Krieg riet.

7 Informiere dich über die Rüstungsausgaben der Großmächte (M6).

8 Formuliere eine Antwort auf die Frage am Schluss des Darstellungstextes S. 190.

Das „Augusterlebnis“ 1914

In nationaler Eintracht und Begeisterung für den Krieg?

Für viele Deutsche waren im Sommer 1914 die Tagesgeschäfte, der Urlaub, die Ernte wichtiger als die Krise auf dem Balkan. Das änderte sich, als Ende Juli Österreich Serbien den Krieg erklärte: Die serbische Regierung hatte ein Ultimatum Österreichs, dessen Bedingungen sie nicht erfüllen konnte, nicht angenommen. Für Deutschland, das dem Bündnispartner Österreich am 6. Juli bedingungslose Unterstützung zugesichert hatte, bedeutete das Krieg: gegen Russland, das sich hinter Serbien gestellt hatte, und gegen dessen Verbündeten Frankreich. Am 3. August marschierten deutsche Truppen in das neutrale Belgien ein; daraufhin erklärte England Deutschland den Krieg.

Als am 1. August Kaiser Wilhelm mit der Aussage zitiert wurde, er kenne keine Parteien mehr, er kenne nur noch Deutsche, löste das in Berlin eine Welle der Begeisterung aus: Nationale Lieder wurden gesungen, Hunderttausende Freiwilliger meldeten sich, um für Deutschland in den Krieg zu ziehen. Nationalflaggen schmückten die Straßen – sogar in den Arbeitervierteln. Am 4. August stimmte die SPD, die noch kurz zuvor in vielen Städten Anti-Kriegs-Demonstrationen organisiert hatte, im Reichstag fast geschlossen der Bewilligung von Kriegskrediten zu.

War Deutschland in jenen Augusttagen national geeint, als es am Beginn eines Krieges stand , der nach dem Plan des Generals Schlieffen innerhalb weniger Wochen erst gegen Frankreich und dann gegen Russland zum Sieg führen sollte?

Was war der „Geist von 1914“, der in den folgenden vier Jahren und auch nach dem verlorenen Weltkrieg immer wieder heraufbeschworen wurde?

M1 In Gedenken an den 4. August 1914

1917 fand im Reichstag eine Gedenkveranstaltung statt, bei der Reichskanzler Georg Michaelis eine Rede hielt:

Wir stehen unter dem Eindruck der Größe des Tages, an dem vor drei Jahren das Volk aufstand, um in begeisterter Einmütigkeit den Riesenkampf aufzunehmen, der uns aufgezwungen worden war. Der 4. August wird in der Geschichte des deutschen Volkes zu allen Zeiten sein der Tag höchster vaterländischer, todesmutiger und siegesgewisser, entschlussfreudiger Bereitwilligkeit gegenüber der größten Gefahr, die je auf ein Volk hereinbrach … Heute kommt es darauf an, die Leuchtfeuer hell auflodern zu lassen, ein Ziel, ein Wille, ein Vaterland! Und dieses Vaterland ist größer und wichtiger als unser Einzelleben! Je größer die Opfer, desto herrlicher der Lohn. Wir geloben dem Kaiser und dem Reiche die Treue und was uns das Herz frei macht, das rufen wir aus: Vaterland, Kaiser und Reich hurra, hurra, hurra!

Zit. nach Jeffrey Verhey, Der „Geist von 1914“, übers. von J. Bauer/E. Nerke, Hamburg (Hamburger Edition HIS) 2000, S. 287.

M2 Wir müssen siegen!, Propagandaflugblatt vom Dezember 1916. Der Ausschnitt zeigt Generalfeldmarschall von Hindenburg, Reichskanzler von Bismarck und zwischen ihnen den Berliner Reichstag.

M3 Schweigend in den Krieg

Tagebucheintrag einer Augenzeugin vom 6. August 1914 in Freiburg:

Es war nach sechs Uhr, ein feiner Regen rieselte herunter, hinter dem Münster stand ein fahles Morgenrot – war da wohl keiner in dem langen Zuge, der nicht gedacht hätte: „Morgenrot, Morgenrot, leuchtest mir zum frühen Tod?" Alle Soldaten waren mit Blumen geschmückt, aber sie zogen schweigend, ohne zu singen, dahin und die Offiziere ritten stumm und ernst vor ihnen her ... Dann war alles wie ein Traum verschwunden und schweren Herzens fragte sich wohl jeder ...: „Wer von diesen allen kommt einst wieder zurück?"

Charlotte Herder, Mein Kriegstagebuch, 1955, S. 8f. Zit. nach Christian Geinitz, Kriegsfurcht und Kampfbereitschaft, Essen (Klartext) S. 151.

M4 Jubelnde Kriegsfreiwillige in Berlin, Foto, 1914

M5 Pressemeldungen über die Stimmung zu Kriegsbeginn

Die Norddeutsche Allgemeine Zeitung, das „Sprachrohr" der Reichsregierung, schilderte die Vorgänge in der ersten Augustwoche 1914 folgendermaßen:

5A Was sich vom 30. Juli bis heute in Berlin abspielte, ist eine Offenbarung des starken nationalen Empfindens, das in unserm Volke lebt ... Man war brüderlich: der Arbeiter, der in der Bluse barhäuptig die Fahne trug, der Akademiker, der neben ihm schritt, Kaufleute, Wandervogelscharen[1], Studenten mit Verbindungsband auf der Brust, Soldaten, die, zum Teil schon in der grauen Felduniform, sich singend in die Reihen der Marschierenden eingegliedert hatten. Oft ging man Arm in Arm, in Reihen zu 30 und 40 Menschen.[2]

Zit. nach Jeffrey Verhey, Der „Geist von 1914", übers. von J. Bauer/E. Nerle, Hamburg (Hamburger Edition HIS) 2000, S. 121.

Der sozialdemokratische Volksfreund Braunschweig stellte am 3. August 1914 fest:

5B Ernste Stimmung trifft man überall nur in den Straßen, nichts von Fröhlichkeit, nichts von Abend-Bierbegeisterung der Halbstarken. Wer die Stimmung des Volkes kennen lernen will, der gehe dahin, wo das Volk sich bewegt. Wer die Szenen gestern Nachmittag auf dem kleinen Exerzierplatz[3], dem Sammelpunkt der Einberufenen, und vor der Kaserne wie auf dem Bahnhof beobachtet hat, dem krampfte sich das Herz zusammen vor Weh .

Zit. nach Wolfgang Kruse, Krieg und nationale Integration, Essen (Klartext) 1993, S. 58.

1 Um 1895 gegründete Jugendbewegung, deren Begeisterung für ein ursprüngliches, naturnahes Leben 1914 teilweise in Kriegsbegeisterung umschlug.
2 Anm. Verheys: Die Bemerkung, die Arbeiter seien am 1. 8. brüderlich mitmarschiert, findet sich nur in der Norddeutschen Allgemeinen Zeitung.
3 Truppenübungsplatz

1 Erkläre anhand von M1 und M2, welche Werte und Ziele dem „Geist von 1914" zugeschrieben wurden.
2 Erläutere die Bildaussage von M2. Warum wurden wohl gerade diese Bildelemente gewählt?
3 Beschreibe die verschiedenen Reaktionen der Menschen in Deutschland auf den Kriegsbeginn. Vergleiche M3, M5A und M5B und versuche Gründe für die unterschiedlichen Aussagen zu finden.
4 Das „Augusterlebnis" 1914 – welche Antworten ergeben sich aus M3, M4 und dem Darstellungstext auf die Frage der Überschrift? Diskutiert in der Klasse eure Ergebnisse.

Der Krieg des Industriezeitalters

Materialschlachten an der Front

„Ein merkwürdiger Krieg: von den Vogesen über Paris bis an den Kanal ein langer provisorischer Festungsgürtel von beiden Seiten, der nur mit schwersten Blutopfern zu stürmen wäre. Auf der anderen Seite eine mit hunderten von Millionen erbaute Festung in zwölf Tagen ohne sehr große Verluste genommen. Flieger, Autos spielen eine ungeahnte Rolle, wie überhaupt die Technik, Brücken und Tunnels, deren Bau sonst Jahre gedauert hat, werden in vierzehn Tagen hergestellt."

Diese Beobachtungen schrieb Großadmiral von Tirpitz am 11. Oktober 1914 in sein Tagebuch. Der „merkwürdige Krieg", der erst gut zwei Monate gedauert hatte, war offenbar ein ganz neuer, so nicht erwarteter Krieg. Im 19. Jahrhundert hatten nur selten Heere von mehr als 500 000 Mann gegeneinander gekämpft; nun waren es Armeen von mehreren Millionen. Erstmals standen sich hoch gerüstete Industriestaaten gegenüber. Neu entwickelte Massenvernichtungswaffen fanden Verwendung.

Vom Bewegungs- zum Stellungskrieg

Für die deutschen Soldaten schien die Erwartung, nach wenigen Monaten siegreich in die Heimat zurückzukehren, gut begründet, denn schnell und planmäßig war Belgien erobert worden, tief standen die Armeen in Frankreich. Aber die Front wurde mit dem weiteren Vormarsch immer länger. Unvorhergesehen mussten Truppen in Belgien bleiben, andere wurden nach Osten abgezogen, wo eine Niederlage gegen die russischen Truppen drohte. Dennoch: Anfang September war der französische Fluss Marne überschritten, Paris nur noch 50 Kilometer entfernt. Aber die angestrebte Umfassung der französischen Hauptstadt gelang nicht. Im Gegenteil, am 4. September setzte der Gegenangriff von Franzosen und Engländern ein. An der Marne stieß das englische Expeditionskorps tief zwischen die deutschen Truppen, die sich zurückziehen mussten. Für die Entente war das „Wunder an der Marne" geschehen, für die Mittelmächte war der Schlieffen-Plan gescheitert; der geplante blitzartige Krieg war zum Stehen gebracht worden. Dasselbe Bild bot sich seit 1915 auch an der Ostfront im Krieg gegen Russland.

M1 Mächtegruppen im Ersten Weltkrieg

1 Stelle mithilfe von M1 eine Liste zusammen, in die du einträgst, welche Staaten sich dem Bündnis der „Entente"-Mächte anschlossen und welche Staaten neutral blieben.

2 Trage ein, welche Staaten die „Mittelmächte" waren, d. h. Deutschlands Verbündete.

Die „Hölle von Verdun"

Mit modernen Waffen (Maschinengewehren, Hand- und Giftgasgranaten, Flammenwerfern, Minen, Panzern und Fugzeugen) setzte eine beispiellose Materialschlacht ein. Die Industrie machte sie mit ihrer schier ununterbrochenen Waffenproduktion möglich.

Die „Hölle von Verdun" wurde zum Inbegriff dieses Materialkrieges. Für diese französische Festung sollte nach den Plänen der deutschen Obersten Heeresleitung die Hauptmacht des französischen Heeres verbluten. Pausenlos jagten die Geschütze ihre Granaten auf die Stellungen der Gegner. Sie sollten so lange beschossen werden, bis jeder Widerstand endete. Im anschließenden Sturmlauf hoffte man dann, das Gelände so gut wie kampflos zu besetzen. Aber oft kamen nicht mehr als 50 oder 100 Meter Geländegewinn dabei heraus, oft gar nichts, bezahlt mit gewaltigen Opfern: 240 000 Deutsche und 275 000 Franzosen starben von Februar bis Juni 1916 vor Verdun, wurden verwundet oder vermisst, in der Schlacht an der Somme von Juli bis August desselben Jahres 273 000 deutsche Soldaten und nicht viel weniger auf alliierter Seite. Die pausenlosen Einschläge der Granaten und Minenexplosionen wühlten die Erde um und um. Eine Entscheidung wurde dadurch nicht herbeigeführt.

M2 Deutsche Soldaten in einem Schützengraben an der Westfront. Die Gasmasken sollen vor den erstmals eingesetzten Chlor- und Senfgasen schützen, Foto, 1915.

M3 Die Realität des Krieges

In dem Roman „Im Westen nichts Neues" schilderte der Schriftsteller und Kriegsfreiwillige Erich Maria Remarque 1929 die Situation in den Schützengräben:

Unsere Gesichter sind verkrustet, unser Denken ist verwüstet, wir sind todmüde; wenn der Angriff kommt, müssen manche mit den Fäusten geschlagen werden, damit sie erwachen und mitgehen; die Augen sind entzündet, die Hände zerrissen, die Knie bluten, die Ellbogen sind zerschlagen. Vergehen Wochen – Monate – Jahre? Es sind nur Tage …
Haie Westhus wird mit abgerissenem Rücken fortgeschleppt; bei jedem Atemzug pulst die Lunge durch die Wunde. Ich kann ihm noch die Hand drücken: „Is alle, Paul", stöhnt er und beißt sich vor Schmerz in die Arme. Wir sehen Menschen leben, denen der Schädel fehlt; wir sehen Soldaten laufen, denen beide Füße weggefetzt sind; sie stolpern auf den splitternden Stümpfen bis zum nächsten Loch.

Erich Maria Remarque, Im Westen nichts Neues, Berlin (Ullstein) 1972, S. 98 ff.

Film- und Lesetipp

Erich Maria Remarque, Im Westen nichts Neues, Köln (Kiepenheuer & Witsch) 1998.
Der Autor erzählt aus der Perspektive eines Soldaten, der mit seinen Klassenkameraden zunächst noch voller Kriegsbegeisterung von der Schule direkt aufs Schlachtfeld geschickt wurde, von der Wirklichkeit in den Schützengräben und der Brutalität der Massenschlachten. Der Antikriegsroman erschien 1929 und wurde 1930 von dem Amerikaner Lewis Milestone verfilmt. Er ist als DVD und als Videokassette erhältlich.

M4 Die Kriegsziele

Übersteigerter Nationalismus und die Unfähigkeit der Regierungen zum friedlichen Ausgleich standen am Beginn des Krieges. Bald ging es um mehr. Überall in Europa wurden von Regierungen und Verbänden weit reichende Kriegsziele formuliert:

4A *Im so genannten Septemberprogramm vom 9. September 1914 wurden die deutschen Kriegsziele festgehalten:*

Das allgemeine Ziel des Krieges: Sicherung des Deutschen Reiches nach West und Ost auf erdenkliche Zeit. Zu diesem Zweck muss Frankreich so geschwächt werden, dass es als Großmacht nicht neu erstehen kann, Russland von der deutschen Grenze nach Möglichkeit abgedrängt und seine Herrschaft über die nicht russischen Vasallenvölker gebrochen werden.

Die Ziele des Krieges im Einzelnen:

1. Frankreich: Von den militärischen Stellen zu beurteilen, ob die Abtretung von Belfort, des Westabhangs der Vogesen, die Schleifung der Festungen und die Abtretung des Küstenstrichs von Dünkirchen bis Boulogne zu fordern ist …

2. Belgien: Angliederung von Lüttich und Verviers an Preußen … Jedenfalls muss ganz Belgien, wenn es auch als Staat äußerlich bestehen bleibt, zu einem Vasallenstaat herabsinken, in etwa militärisch wichtigen Hafenplätzen ein Besatzungsrecht zugestehen, seine Küste militärisch zur Verfügung stellen, wirtschaftlich zu einer deutschen Provinz werden.

Zit. nach Werner Basler, Deutschlands Annexionspolitik in Polen und im Baltikum 1914–1918, Berlin (Rütten & Loening) 1962, S. 383f.

4B *Der französische Botschafter in St. Petersburg nannte am 12. September 1914 folgende Kriegsziele der Ententemächte:*

1. Das Hauptziel der drei Verbündeten würde sein, die Macht Deutschlands und seinen Anspruch auf militärische und politische Herrschaft zu brechen.

2. Die territorialen Veränderungen müssen durch den Grundsatz der Nationalitäten bestimmt werden.

3. Russland würde sich den Unterlauf des Njemen und den östlichen Teil Galiziens aneignen. Es würde dem Königreich Polen das östliche Posen, Schlesien … und den westlichen Teil Galiziens angliedern.

4. Frankreich würde Elsass-Lothringen wieder nehmen, wobei es ihm freisteht, einen Teil Rheinpreußens und der Pfalz hizuzufügen. Belgien würde … einen bedeutenden Gebietszuwachs erhalten.

12. England, Frankreich und Japan würden sich die deutschen Kolonien teilen.

13. Deutschland und Österreich würden eine Kriegskontribution[1] zahlen.

Asmut Brückmann, Die europäische Expansion, Stuttgart (Klett) 1993, S. 151.

1 Kriegssteuer, -entschädigung

M5 Kriegsinvaliden des Ersten Weltkriegs, Fotos, um 1918. Zur erschütternden Bilanz des Krieges gehören Millionen von Verwundeten und Kriegskrüppeln, deren Verletzungen meist durch Granatsplitter verursacht wurden.

3 Beschreibe die Stimmung der Soldaten zu Kriegsbeginn (S. 194 M4 und M5A).

4 Vergleiche die deutschen Kriegsziele (M4A) mit denen der Alliierten (M4B). Erläutere die möglichen Folgen dieser Ziele.

5 Untersuche, wie Remarque (M3) seine Kriegserlebnisse literarisch umsetzt.

6 Erläutere, in welcher Weise die Industrialisierung die Kriegführung im Ersten Weltkrieg gegenüber bisherigen Kriegen beeinflusste.

„Heimatfront" und Schützengraben: Alltag im Krieg

Grau war nicht nur die Uniform

Während noch die deutsche Regierung die nationale Kriegsbegeisterung schürte, war ihr längst klar, dass in einem langen Krieg die Ernährung der Bevölkerung nicht gesichert wäre. Als die deutschen Truppen nach ersten Siegen in Belgien und Frankreich von der französischen und englischen Armee gestoppt wurden und der Krieg in Schützengräben erstarrte, wurde das Versorgungsproblem Wirklichkeit. Selbst propagandistische Schlagwörter wie „Heimatfront" und „Hungerblockade" – gemeint war die englische Blockade der Nordsee –, die den Krieg mit all seinen Folgen als nationale Aufgabe darstellten, konnten nicht darüber hinwegtäuschen, dass die Zivilbevölkerung litt. Seit 1915 schränkte die Regierung immer mehr den freien Lebensmittelverkauf ein und regelte vor allem die Brot- und Getreideversorgung über Lebensmittelkarten. Da die Mengenzuweisungen nicht ausreichten, versuchten sich die Menschen selbst zu versorgen: So legten sich viele Städter Kleingärten oder „Fensterplantagen" zu, hielten (sogar in den Wohnungen!) Hühner, Kaninchen oder so genannte „Pensionsschweine". Dennoch: Die allgemeine Versorgungslage verschlechterte sich mit jedem weiteren Kriegsjahr.

Auch der Nachschub, die Versorgung der Truppen mit Waffen, bereitete zunehmend Schwierigkeiten, da in den Rüstungsbetrieben Arbeitskräfte fehlten. Um das Problem zu lösen, wurden diese Lücken immer mehr durch Arbeiterinnen gefüllt. Viele Frauen waren auf solche Verdienstmöglichkeiten angewiesen, denn zum einen gab es in „weiblichen Berufen" seit Kriegsbeginn kaum noch Beschäftigungsmöglichkeiten, zum anderen mussten sie, da ihre Männer an der Front kämpften, ihre Familien allein ernähren. Klagen über die Doppelbelastung von Beruf und Familie trafen auf wenig Verständnis: Für die Reichsregierung zählte nur der Rüstungsnachschub, für die Industriellen der finanzielle Gewinn. Auch die Frauenverbände orientierten ihr Engagement stärker am „Wohl des Vaterlandes" als an dem der einzelnen Frau. Es kam zwar immer wieder zu Protestaktionen, aber eine politische Wirkung hatten sie nicht, zumal Frauen noch kein Wahlrecht besaßen.

Mit nationalen Parolen zogen 1914 tausende kriegsbegeisterter Deutscher gegen den Feind. Behielt der „Geist von 1914" seine Antriebskraft oder ging er in den Kriegsjahren verloren – im Kampf ums Überleben an und hinter der Front?

M1 **Schlange stehen vor einer Rationierungsstelle,** Foto, um 1917

1. Überlege, welche gesellschaftlichen Gruppen unter den Auswirkungen des Krieges besonders schwer litten (Darstellungstext, M1, M4).
2. Erster Weltkrieg – „Schrittmacher der Frauenemanzipation"? Setze dich kritisch mit dieser These auseinander. Ziehe dafür M2 bis M5 heran.
3. Erkläre, weshalb die Heeresleitung verbot, Briefe wie M4 an den Adressaten weiterzuleiten.

M2 **Frauen müssen ihren Lebensunterhalt verdienen,** Postkarte, 1917

M3 Männerarbeit – Frauenarbeit

Nach dem „Notgesetz" vom August 1914 konnten z. B. Arbeitsschutzbestimmungen den jeweiligen Bedürfnissen der Kriegswirtschaft angepasst werden. Für die in Rüstungsbetrieben tätigen Frauen legte deshalb die Militärführung in Hannover im Dezember 1916 fest:

Durch übertriebene Vorsicht dürfen die dringenden Aufgaben der Kriegswirtschaft nicht gefährdet werden. Wo jeweils die richtige Grenze liegt zwischen den Bedürfnissen der Industrie einerseits und guter Sitte andererseits, ist im Einzelfall von der zuständigen Gewerbeaufsichtsbehörde zu prüfen ... In besonderen Notfällen kann die Frauenarbeit, deren Verwendung möglichst zu fördern ist – auch vor dem Dampfkessel, im Fuhrbetrieb, bei der Montage und Installation –, vorübergehend noch weiter [über 11 Stunden hinaus] ausgedehnt werden. Ausreichende Sitzgelegenheit ist für Frauen besonders wichtig. Arbeit in Arbeitshose ist zu gestatten.

Richtlinien des stellvertretenden Generalkommandos des X. Armeekorps, Hannover, für die Arbeit in Rüstungsbetrieben, Dezember 1916. Zit. nach Amrei Stupperich, „Arbeit in Arbeitshose ist zu gestatten". In: Praxis Geschichte, H. 3/1995, S. 40.

M4 „Jammerbrief" aus der Heimat

Obwohl Militär- und Zivilbehörden den „nationalen Geist" beschworen, konnten sie Briefe wie diesen, den eine Frau aus Sachsen am 5. 3. 1917 ihrem kriegsgefangenen Mann schickte, nicht verhindern:

Die Not wird immer schlimmer, weil es hier bei uns nichts mehr gibt ... Schlecht stehts mit uns, da wir nichts mehr zu Essen haben ... Seit 14 Tagen habe ich das Mittagessen von der Volksküche[1] und zwar 2 Portionen und da essen 5 Mann davon. Bei mir ist gerade wie wenn mir in Hals geschissen ist, so hungert mich den ganzen Tag. Sollte nun der Mist nicht bald ein Ende nehmen oder muss man selbst noch Waffe in der Hand nehmen, damit die Kinder wenigstens aus der Welt kommen, denn das Elend kann ich nicht mehr ertragen. Mich dauern blos die armen Kinder, die sehen mich nur egal an und kann ihnen nicht helfen.

Zit. nach Ute Daniel, Arbeiterfrauen in der Kriegsgesellschaft, Göttingen (Vandenhoeck & Ruprecht) 1989, S. 149 f.

1 zentrale Essenausgabe, unterstand der Gemeindeverwaltung

M5 Werden sie auch wie Männer entlohnt?

Die Übersicht vergleicht den Tageslohn (in Mark) von Arbeitern und Arbeiterinnen im Ersten Weltkrieg. Durchschnittstagesverdienst in den beiden letzen vollen Wochen des Monats:

	Arbeiter	Arbeiterinnen	Vergleich (Spalte 2 zu 1)
	in Mark	in Mark	in %
Sept. 1914	5,13	1,93	37,6
März 1915	5,86	2,24	38,2
März 1916	6,97	3,01	43,2
März 1917	9,03	4,05	44,9
März 1918	11,47	5,35	46,6
März 1919	14,52	6,00	44,4

Zusammengestellt nach Ute Daniel, Arbeiterfrauen in der Kriegsgesellschaft, Göttingen (Vandenhoeck & Ruprecht) 1989, S. 112.

M6 Feldpost – vom Freund oder Feind?

Neu war im Ersten Weltkrieg der Einsatz von Propagandamitteln. Die britische Frontpropaganda begann 1916 mit einer Serie ausgewählter Feldpost deutscher Kriegsgefangener an ihre Angehörigen. Die Briefe wurden vervielfältigt und über der deutschen Westfront aus Flugzeugen und Ballons abgeworfen. Der folgende handgeschriebene Brief lag in dem links abgebildeten Umschlag (M7):

Geschrieben Sonntag d. 8. 10. 16.

Geliebtes Paulchen!

Dein liebes Paket mit Inhalt habe ich erhalten, was ich im letzten Brief schon bemerkt habe, sehr gefreut habe ich mich über das Bild ich danke dir sehr für alles. Liebes Paulchen, ich werde dir nach dem Kriege alles wieder recht machen, nur wenn du etwas für mich schickst um Gotteswillen keine Lebensmittel denn hier habe ich mehr als du dort hast, ich wollte ich könnte dir die Hälfte abgeben, also behalte das Essbare nur für dich und die Kinder. Liebes Paulchen, wenn du solltest einmal einen englischen Gefangenen sehen dann hasse ihn nicht, denn es sind sehr nette Leute, ich habe von ihnen bis heute noch kein böses Wort gehört. Liebes Paulchen, ich bin gesund und munter und hoffe auch dasselbe von euch allen. In der Hoffnung, dass der Krieg bald ein Ende hat, verbleibe ich dein dich liebender August.

Es küsst dich und die Kinder dein August. Gruß an Mutter. Vielen Dank für die Zigaretten. Gruß an alle Bekannten.

Klaus Kirchner, Flugblatt-Propaganda im 1. Weltkrieg, Bd. 1: Flugblätter aus England 1914–1918, Erlangen (Verlag D+C) 1985, S. 22.

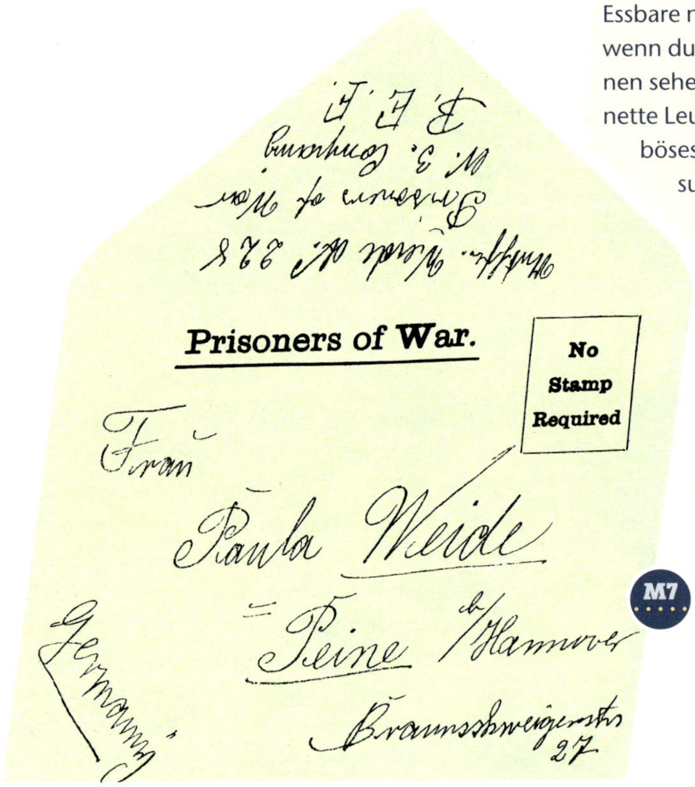

M7 Umschlag eines „Propagandabriefes" aus dem Jahr 1916

4 Erarbeite die Informationen, die M6 enthält. Überlege, welche propagandistische Absicht mit dem „Einsatz" des Briefes verbunden war.

5 Erarbeite, welche Kräfte dem „Geist von 1914" in den folgenden Kriegsjahren entgegenwirkten, und stelle Vermutungen über die Folgen für die Lage Deutschlands an.

Darstellungen auf Feldpostkarten untersuchen

Post im Krieg

Historiker schätzen, dass 28,7 Milliarden Postsendungen aller Art in den Jahren 1914 bis 1918 portofrei zwischen Front und Heimat befördert wurden, wobei die Zahl derer von der Heimat an die Front größer war als die in die andere Richtung. Die große Zahl beweist das Interesse an allem, was mit dem Kriegsgeschehen im Zusammenhang stand. Dessen waren sich Regierung und Oberste Heeresleitung bewusst. Zensur, Kontrolle (Postüberwachungsstellen) wurden – nicht immer erfolgreich – eingesetzt, um die Informationen über die Lage an der Front zu filtern. Auch Bilder (z. B. Fotos) auf Feldpostkarten wurden für die nationale Kriegspropaganda genutzt.

Arbeitsschritte **Darstellungen auf Feldpostkarten untersuchen**

1. Schritt: Einzelheiten erfassen
– Welche Personen, Gegenstände sind dargestellt? In welcher räumlichen Beziehung stehen sie zueinander?
– Was für ein Hintergrund wurde gewählt (Landschaft, Innenraum, „Kulisse" usw.)?
– Welche Bildelemente verweisen auf das Thema „Krieg"?
– Welche Aussagen werden schriftlich vermittelt?

2. Schritt: Bildelemente in einen Zusammenhang bringen
– Lassen sich die Einzelheiten in einen Sinnzusammenhang bringen?
– Welche Aussage – über das Bildmotiv und das Thema Krieg – ergibt sich vorläufig?
– Welche Fragen sind noch offen?

3. Schritt: Zusätzliche Informationen nutzen
– Welche Informationen enthält die Bildunterschrift?
– Gibt es Hinweise auf Adressat und Zielsetzung der Abbildung?

4. Schritt: Aussage und Absicht des Bildes erschließen und kritisch werten
– Führe die Ergebnisse der Arbeitsschritte zusammen und erläutere, welche Botschaften die Darstellung dem Betrachter vermitteln sollte. Achte auf Einzelheiten.
– Überlege, welche Absicht mit der Darstellung und dem Medium Feldpostkarte verbunden war.
– Meinst du, dass die Botschaft bei den Adressaten ankam? Begründe.

M1 **Artillerie in Beobachtung des Feindes,** Feldpostkarte, 1916

M2 **„Des Kriegers Herz wird hoch beglückt/ Vom Brief, den zarte Hand ihm schickt",** Feldpostkarte, 1915

1 Teilt die Klasse: Eine Hälfte untersucht – in Einzel- oder Partnerarbeit – M1, die andere Hälfte M2 mithilfe der Arbeitsschritte.

2 Stellt die Ergebnisse anschließend der Klasse vor.

3 Vergleicht: Wo gibt es zwischen M1 und M2 Übereinstimmungen, wo Unterschiede in Bezug auf Aussage und Absicht der Darstellungen?

Spurensuche – der „Schülerwettbewerb Deutsche Geschichte“

Forschen am Wohnort

Alle zwei Jahre schreibt die Körber-Stiftung in Hamburg einen Wettbewerb aus, der Schüler auffordert, zu einem vorgegebenen Thema in der Geschichte ihres Wohn- oder Schulortes möglichst selbstständig zu forschen. Die besten Arbeiten werden nicht nur mit attraktiven Preisen belohnt, sondern auch mit einem Empfang beim Bundespräsidenten, der Schirmherr des Wettbewerbs ist. Außerdem gibt es die Möglichkeit, am vielseitigen Veranstaltungsangebot der Körber-Stiftung (Seminare, Reisen usw.) teilzunehmen.

Tipps für die Teilnahme

1. Fordert Anfang September bei der Körber-Stiftung, 21027 Hamburg, das Heft SPUREN SUCHEN an, in dem das aktuelle Thema und die Teilnahmebedingungen erläutert werden, oder fragt in der Schule, ob dort die Ausschreibung vorliegt.
2. Sammelt in eurer Umgebung, z. B. in der Familie, in der Nachbarschaft, in Bibliotheken und Archiven Materialien zum Wettbewerbs-Thema.
3. Beschreibt anschaulich euer Beispiel.
4. Geht bei der Bearbeitung des Themas nach den Arbeitsschritten zur Methode „Historische Projektarbeit“ vor (siehe S. 124 f.).
5. Fertigt abschließend einen Arbeitsbericht an und schildert darin vor allem, was euch an eurem Thema besonderes interessiert hat, in welchen Schritten ihr vorgegangen seid und was euch beim Forschen besonders leicht oder besonders schwer gefallen ist.
6. Wichtig für die Wettbewerbsteilnahme: die Zeitplanung. Da die Ausschreibung im September erfolgt und der Beitrag spätestens Ende Februar eingeschickt werden muss, ist der Zeitrahmen für Recherche, Auswertung und Präsentation eng gesteckt. Hier gilt es, klug zu planen und Termine einzuhalten.

Übrigens: Wenn ihr euren Beitrag eingesandt habt, beginnt die Arbeit der Jury. Alle Arbeiten werden mindestens zweimal bewertet: in einer regionalen Jury und dann von der zentralen Jury, an der Experten aus der ganzen Bundesrepublik beteiligt sind. Erst nachdem beide ihre Urteile gefällt haben, erfahrt ihr das Ergebnis – meist Anfang Oktober.

Sollten während eurer Arbeit unerwartete Schwierigkeiten auftreten, könnt ihr euch beim Wettbewerbsteam der Körber-Stiftung Rat holen. Außerdem werden Workshops (zu Beginn des Wettbewerbs) angeboten, in denen ihr Anregungen und Tipps bekommt.

Internet-Tipp
Über das aktuelle Programm der Körber-Stiftung könnt ihr euch im Internet unter folgender Adresse informieren: http://www.geschichtswettbewerb.de

M1 **Schülerinnen vor dem Langemarck-Denkmal**, Foto, 1998

M2 Wie wir vorgingen – ein Arbeitsbericht

Im Rahmen des Wettbewerbs „Denkmal: Erinnerung – Mahnung – Ärgernis“ reichten drei Schülerinnen (Klasse 9) aus Rheine einen Beitrag ein über ein Denkmal, das 1934 vor ihrer Schule auf Initiative des damaligen Direktors errichtet worden war. Es sollte an die Schüler erinnern, die in der Schlacht von Langemarck im 1. Weltkrieg gefallen waren. In ihrem Arbeitsbericht, der hier auszugsweise vorgestellt wird, ist zu lesen:

Schon vor Wettbewerbsbeginn hatten wir [drei … Schülerinnen des Gymnasiums Dionysianum] uns überlegt, am Wettbewerb der Körber-Stiftung teilzunehmen. Als dann die Teilnahmebedingungen ins Haus flatterten, waren wir von dem Thema … angenehm überrascht. Uns allen kam spontan der Einfall, etwas über das Langemarck-Denkmal … zu schreiben. Wir kamen sofort auf die Idee, da wir die Diskussionen um das Langemarck-Denkmal … gut in Erinnerung hatten … Nachdem wir … das Thema festgelegt hatten, besorgten wir uns Literatur zu der Thematik. Dabei arbeiteten wir Bücher über die Schlacht von Langemarck, den 1. Weltkrieg im Allgemeinen und die Verbindung der Nationalsozialisten zum 1. Weltkrieg durch …

Nach einigen Überlegungen legten wir fest, folgendes Material zu besorgen:

1. Aus dem Schularchiv …
a.) die gesamte Langemarck-Akte …,
b.) alle Jahresberichte von 1933–90,
c.) die Protokolle der Lehrerkonferenzen von 1933/34,
d.) nach Genehmigung des Direktors Teile der Privatakte des Schulleiters …
2. Wir drei gingen mehrmals ins Stadtarchiv Rheine. Nach mehrmaligem Suchen fanden wir
a.) Artikel der Tageszeitung über die Einweihungsfeier,
b.) einige Fotos von der Einweihungsfeier,
c.) einige Fotos vom Langemarck-Denkmal.
3. Wir gingen zum Archiv unserer Ortszeitung …

Bei einem weiteren Treffen – etwa einen Monat später – überlegten wir uns, dass wir unsere Materialsuche durch die Befragung von Zeitzeugen abrunden wollten …

I Persönlich wollten wir über das Langemarck-Denkmal im Allgemeinen und besonders die Einweihungsfeier [folgende Personen] interviewen …
II Durch ein Interview per Brief befragten wir …
III Durch eine Meinungsumfrage unter den Schülern des Dionysianums wollten wir Wissen/Meinung über das Langemarck-Denkmal herausfinden. Bei der Auswertung der Meinungsumfrage half uns ein Freund mit seinem Computer aus …

Nachdem dann … alles Material gesammelt war, verteilten wir die einzelnen Kopien/Interviews etc. nach Themen geordnet auf kleine Stapel und verstauten alles in Mappen. Gemeinsam überlegten wir dann, in welchem Stil wir die Arbeit schreiben sollten … Hiernach erstellten wir unsere Gliederung. Dies war wohl der schwerste Teil unserer Arbeit … Nachdem wir alles ausgearbeitet hatten, überarbeiteten wir die Arbeit … Anschließend tippte jeder zu Hause für sich … die Arbeit ab, klebte die Fotos ein usw. …

[Wir] stießen … durch Zufall auf eine kleine Sensation … Wir konnten beweisen, dass eine jahrelang angenommene, recht gut ins Zeitbild … passende Tatsache, nämlich das angebliche Manipulieren bei der Auswahl der Namen der Gefallenen, schlichtweg falsch war. Bis wir das jedoch herausgefunden hatten, bedurfte es einer mühevollen Kleinarbeit …

Unser Arbeitsklima war durchweg positiv, natürlich hatte man mal mehr und mal weniger Lust zu forschen … Am meisten Spaß gemacht hat die Meinungsumfrage …, am wenigsten das Tippen.

Körber-Archiv SDG 931074, Karen Elking/ Veronika Huesmann/ Andrea Thörner, Das Langemarck-Denkmal im Spiegel der Zeiten, S. 8–13.

1 Überprüfe, ob M2 den Vorgaben der Ausschreibung entspricht.

2 Sind die Autorinnen den Arbeitsschritten der „Projektarbeit“ (S. 124) gefolgt?

Imperialismus und Erster Weltkrieg – ein Überblick

Was trieb den Imperialismus an?

Die Motive und Gründe, die herangezogen wurden, um Eroberung und Besitz von Kolonien zu propagieren oder zu rechtfertigen, fasst die Geschichtswissenschaft unter folgenden „Antriebskräften" zusammen:

– Die Industrialisierung bot in Europa die technischen und finanziellen Mittel, um große Gebiete als Kolonien in Besitz zu nehmen.

– Aus ihr ergab sich außerdem der wachsende Bedarf an Rohstoffen und Absatzmärkten.

– Die Kolonien boten Siedlungsraum für die in den Industrieländern schnell wachsende Bevölkerung.

– Wichtige Gründe waren das Machtinteresse und das Sicherheitsbedürfnis der Industriestaaten gegenüber anderen Großmächten.

– Der Imperialismus stellte auch den Versuch dar, innenpolitische Spannungen abzumildern: Zum einen wurde nationalistisches Bewusstsein gefördert, zum anderen den Menschen vermittelt, die Kultur Europas, die politischen und religiösen Ansichten seien allen anderen überlegen und sie selbst Teil dieser „hochwertigen" Gemeinschaft.

– Das Überlegenheitsgefühl wurde durch die Behauptung verstärkt, dass die „weiße Rasse" der „farbigen" überlegen sei.

– In dem Wunsch, „die armen Wilden" zu missionieren, finden sich als Antriebskräfte wieder: Den Einheimischen sollten christlicher Glaube und europäische Kultur vermittelt werden, aber z.B. über Schulbildung auch die Werte, die von dem jeweiligen Mutterland oder seiner Regierung für wichtig erachtet wurden.

Wie regierten die „neuen Herren"?

Die Grenzen der Kolonien wurden im Wesentlichen in Verhandlungen festgelegt, nicht mit den einheimischen Herrschern abgestimmt. Deshalb blieben angestammte Rechte und Besitzungen von Volksgruppen, Großfamilien oder Einzelnen genauso unberücksichtigt wie verwandtschaftliche und traditionelle kulturelle Bindungen. Aufstände, z.B. der Hereros, wurden mit militärischer Gewalt niedergeschlagen.

Die Kolonialregierungen bauten entweder einen Verwaltungsapparat mit europäischen Beamten auf oder sie setzten Einheimische, die Achtung und Ansehen genossen, ein. Wichtigstes Ziel der Kolonialregierung war die „effektive Nutzung" der Kolonien – das bezog sich sowohl auf das Land (z.B. Rohstoffe, landwirtschaftliche Erzeugnisse) wie auf Tier und Mensch (z.B. Arbeitskraft).

Die Folgen dieser massiven Eingriffe – in Gesellschaft, Kultur, Wirtschaft, Lebens- und Naturräume – waren so schwer wiegend, dass sie diese ehemaligen Kolonien noch heute prägen (z. B. Bürgerkriege, Militärdiktaturen, ökologische Probleme, Armut, Analphabetismus).

Wettkampf um Kolonien – um welchen Preis?

Die Rivalitäten der imperialistischen Staaten um Gebiete in Afrika und Asien verstärkten die Spannungen in Europa. Die Rüstungsausgaben stiegen; Großbritannien und das Deutsche Reich sahen sich als direkte Konkurrenten und unterstellten jeweils dem anderen Kriegsabsichten.

Unter solchen Belastungen brach das Bündnissystem zusammen, das Bismarck in Europa aufgebaut hatte. Die Politik Kaiser Wilhelms II. führte das Deutsche Reich immer mehr in die Isolation und die anderen Großmächte – in wechselnden Partnerschaften – enger zusammen. Die Lage in Europa verschärfte sich durch Nationalitätenkonflikte auf dem Balkan.

Als im Juni 1914 das österreichisch-ungarische Thronfolgerehepaar in Sarajewo einem Attentat zum Opfer fiel und Österreich Serbien am 28. Juli den Krieg erklärte, schloss sich sein Bündnispartner, das Deutsche Reich, an.

1881 Tunesien kommt unter die Herrschaft Frankreichs

1882 Ägypten wird britische Kolonie

1882 Gründung des Deutschen Kolonialvereins

1884/85 Deutsche Kolonien (Südwestafrika, Togo, Kamerun, Ostafrika)

189 Krieg China gegen Japa (Politik de „Offenen Tür

1880 1885 1890 18

E p o c h e d e s I m p e

Wir wiederholen zentrale Begriffe und Methoden

Der Erste Weltkrieg

Am 4. August 1914 begann der Erste Weltkrieg. Ein zunächst lokaler Konflikt auf dem Balkan wurde von allen Staaten Europas zum Anlass genommen, ihre Ziele notfalls auch mit militärischer Gewalt durchzusetzen. Alle europäischen Regierungen waren von einem schnellen Sieg ihrer Truppen überzeugt. Viele junge Männer meldeten sich freiwillig und zogen mit großer Begeisterung in den Krieg. Die Kriegsziele der deutschen Regierung sahen die Vorherrschaft in Europa vor.
Bald zeichnete sich ab, dass der Krieg zu einer langwierigen mörderischen Materialschlacht werden würde, die keiner gewinnen konnte. Auch die verlustreichen hoch technisierten Schlachten im Westen (1916 z. B. bei Verdun) brachten keine militärische Entscheidung.
An der „Heimatfront“ führten die katastrophale Versorgungslage und die unmittelbaren Kriegseinwirkungen zu großen Verlusten.

1 Erschließe M1 mithilfe der Arbeitsschritte auf S. 33. Ziehe deine Kenntnisse aus diesem Kapitel heran.

Begriffe und Daten

Epoche des Imperialismus 1880–1914	S. 163
Weltmacht	S. 183
Nationalismus	S. 182 f., 193
Imperialismus	S. 163
Sozialdarwinismus	S. 170
Erster Weltkrieg 1914–1918	S. 193 ff.

Methoden

Propaganda analysieren	S. 189
Feldpostkarten untersuchen	S. 201

M1 **Karikatur zum Imperialismus**, 1975

1898
Beginn des Wettrüstens zwischen dem Deutschen Reich und Großbritannien

1898
Faschoda-Krise

1904
„Entente cordiale“

1912/13
Europäische Großmächte rüsten auf

Juni 1914
Ermordung des österreichisch-ungarischen Thronfolgerehepaars in Sarajevo

1914
1. August
Beginn des Ersten Weltkriegs

1900 — 1905 — 1910 — 1915

lismus 1880–1914

Erster Weltkrieg 1914–1918

Der Krieg geht – die Mine bleibt

M1 **Minensucher im Ersten Weltkrieg,** Foto, 1918

M2 **Protestaktion gegen Anti-Personen-Minen in Paris,** Foto, 1997

Landminen – ein Erbe des Ersten Weltkriegs

Der Erste Weltkrieg war der erste Krieg, in dem die beteiligten Mächte Militärstrategien und Waffentechnologien nicht nur gegen Soldaten, sondern auch gegen die Zivilbevölkerung richteten. Sie setzten hochmoderne, in vielen Fällen speziell für diesen Krieg entwickelte Massenvernichtungswaffen ein, um auf den Schlachtfeldern, in den Schützengräben und „an der Heimatfront" zu töten, zu verletzen und zu zerstören (z. B. Granaten, Giftgas, Minen und Bomben). Fast zehn Millionen Tote und zwanzig Millionen Verletzte, von denen viele ihr Leben lang Invaliden blieben, waren das traurige Ergebnis dieses Krieges.

Das ganze 20. Jahrhundert gilt als das „Jahrhundert der Kriege". Diesen Titel verdankt es nicht nur der großen Zahl militärischer Auseinandersetzungen, sondern auch den langfristigen Folgen der Kriege und Gefahren, die deren Hinterlassenschaften darstellen. Seit dem Ersten Weltkrieg wurden in die Rüstungsforschung, die Entwicklung und Herstellung von Massenvernichtungswaffen jährlich riesige Summen investiert – in den reichen Industrieländern wie auch in den Staaten der so genannten Dritten Welt.

Durch Landminen, die im Ersten Weltkrieg erstmals in Massen produziert und eingesetzt wurden, werden bis heute jährlich 20 000 Menschen weltweit so schwer verletzt, dass sie auf Jahrzehnte hinaus auf Hilfe angewiesen sind.

Die Internationale Kampagne gegen Landminen

1993 40 Nicht-Regierungs-Organisationen (NRO) initiieren die „International Campaign to Ban Landmines (ICBL)

1995 Papst Johannes Paul II. fordert die Einstellung der Minenproduktion; die islamische Konferenz ruft zum Verbot von Landminen auf

1996 50 Staaten beschließen in Ottawa, auf ein Verbot von Anti-Personen-Minen hinzuarbeiten

Dezember 1997 die ICBL und ihre Koordinatorin Jody Williams erhalten den Friedensnobelpreis; mehr als 120 Staaten unterzeichnen den Vertrag zum Verbot von Anti-Personen-Minen, die USA zählen nicht dazu

März 1999 der Ottawa-Vertrag verbietet Produktion, Lagerung, Einsatz und Weitergabe von Anti-Personen-Minen, schreibt die Räumung minenverseuchter Gebiete und finanzielle Hilfe für Minenopfer vor

September 2002 die Konferenz der mittlerweile 145 Ottawa-Vertrag-Staaten endet ergebnislos; Minenproduzenten wie die USA, China und Russland schließen sich dem Minenverbot nicht an

M3 Die „Geschichte" der Landminen

Der Feuerwerker Jan Köbel, der Minen und andere Explosivkörper entschärft, informierte 2005 auf seiner Homepage über Minen:

Der Minenkrieg begann mit dem Untergraben stationärer militärischer Befestigungsanlagen, um ihren Einsturz herbeizuführen. Diese Zerstörungswirkung wurde durch die Integration des Schießpulvers verbessert ... Die technische Entwicklung veränderte die Minenkriegsführung vom Angriffsmittel gegen feste Ziele zum Mittel für das Aufhalten beweglicher Truppen und Fahrzeuge, besonders von Panzern. Zu diesem Zweck wurden Minen in breitem Umfang im 1. WK eingesetzt ...

Der Minenkrieg wurde [auch] in die Kampfhandlung des II. WK fest integriert ... Feldmarschall Erwin Rommel, Oberbefehlshaber des deutschen Afrikakorps, stützte sich hauptsächlich auf Minen, um die deutsche Unterlegenheit an Kräften und Waffen auszugleichen ... Mit einem geschätzten Mineneinsatz von 222 000 000 Stück übertraf Russland jede andere Nation in der Kriegsgeschichte bezüglich des Mineneinsatzes ...

[Im Koreakrieg wurden] Minen ... oft eingesetzt, um Straßenpässe und andere Marschwege zu sperren ... Während der Zeit aktiver Gefechtshandlungen zwischen Juli 1950 und Juli 1953 verursachten Landminen ... total 18 498 Tote und 72 343 Verwundete ...

In den afrikanischen Unabhängigkeitskriegen wie in Angola, Guinea, Mosambik und Sambia wurden Minen weit gehend ... eingesetzt, um Straßen zu unterbrechen und Hinterhalte anzulegen.

http:mitglied.lycos.de/JanKoelbel/index.html
(Stand: 19. 9. 2006).

Internettipp

Informationen und Aktionsmittel zum Verbot von Landminen findest du unter folgenden Adressen: www.landmine.de
www.handicap-international.de
www.medico.de

M4 Eine Initiative für das Landminen-Verbot

Thomas Küchenmeister, Leiter von „Aktionsbündnis Landmine.de", stellte 2005 seine Arbeit vor:

Das Aktionsbündnis Landmine.de ... ist ein Zusammenschluss von sechzehn kirchlichen und nichtkirchlichen Hilfswerken bzw. Nichtregierungsorganisationen, wurde im Jahre 1995 gegründet und ist Mitglied der Internationalen Kampagne für das Verbot von Landminen (ICBL) ... Die fünf grundlegenden Forderungen von Aktionsbündnis Landmine.de lauten:

– Verbot aller Landminen und minenähnlichen Waffen (Streubomben & Streumunition)
– Offenlegung aller Lagerbestände von Landminen und minenähnlichen Waffen
– Vernichtung aller existierenden Minen und minenähnlichen Waffen
– Umwidmung der Gelder für Landminen zu Gunsten der Opfer dieser Waffen
– Unterstützung der Räumung von Minen und anderen explosiven Hinterlassenschaften des Krieges und umfassende Hilfe für die Opfer.

Mittlerweile hat die Aktion ... über 825 000 Unterschriften gesammelt ...

Seit Februar 1996 organisiert das Aktionsbündnis Landmine.de Expertentreffen mit deutschen Parlamentariern und Vertretern der Regierung ...

Die Mobilisierung der Trägerorganisationen wie z. B. Misereor, Brot für die Welt und medico international hat ... Schulklassen und Landesschüler/-innenvertretungen in Hessen, Baden-Württemberg und Bayern für die Unterstützung von Aktionen gewinnen können.

Thomas Küchenmeister per E-mail an die Verfasserin, 21. 6. 2005.

1 Die Landminenopfer sind Zivilisten, vor allem Kinder. Besprecht mithilfe von M1 und M3 mögliche Gründe.

2 Landminen wurden z. B. in Bürgerkriegen oft eingesetzt, weil sie billig waren. Tatsächlich verursachten sie aber immense Kosten. Warum?

3 Das Aktionsbündnis Landmine.de beschreibt die Initiativen zum Verbot von Landminen als „eine Erfolgsgeschichte, die weitergehen muss". Prüft anhand des Faktenkastens und M4, ob ihr dieser Aussage zustimmt.

4 „Jeder von uns kann Opfer von Landminen werden." Diskutiert diese These. Nutzt dazu die Informationen, die ihr auf dieser Doppelseite und unter den genannten Internetadressen findet.

5. Die Russische Revolution

Als der Erste Weltkrieg zu Ende war, hatte er nicht nur Millionen Menschen entwurzelt, traumatisiert, verstümmelt oder gar das Leben gekostet, die Wirtschaft aller europäischen Kriegsparteien zerrüttet und weite Landstriche zerstört. Er öffnete zugleich die Tore für radikale gesellschaftliche und politische Umwälzungen. In Russland setzte die bolschewistische Revolution dem Zarismus ein Ende, in Deutschland musste der Kaiser abdanken, um den Weg für die „Weimarer Republik" freizumachen. Doch die Versuche, das Volk zum Träger politischer Entscheidungen zu machen, scheiterten. Innerhalb weniger Jahre, wenn nicht sogar Monate, setzten sich autoritäre Systeme durch, übten eine „totalitäre Herrschaft" aus, regierten diktatorisch. Am Beispiel von Russland bzw. der Sowjetunion, die im Dezember 1922 gegründet wurde, kannst du dich darüber informieren
– wie sich die Umwälzungen vollzogen,
– welche Ursachen ihnen zugeschrieben werden
– und welche Folgen die politischen, gesellschaftlichen und wirtschaftlichen Veränderungen hatten.

Der Russe Nikolaj Suchanow (1882–1940) erinnerte sich 1923 an die Worte Lew Trotzkis auf dem Zweiten Allrussischen Sowjetkongress (25./26. Oktober 1917) zum bewaffneten Aufstand in der Stadt:

Wir [die Bolschewiki] haben die revolutionäre Energie der Petersburger Arbeiter und Soldaten gestählt. Wir haben den Willen der Massen offen für einen Aufstand geschmiedet … Unser Aufstand hat gesiegt. Und nun schlägt man uns vor: Verzichtet auf euren Sieg, erklärt euch zu Zugeständnissen bereit, schließt eine Vereinbarung … Ich frage: Mit wem sollen wir eine Vereinbarung schließen? Mit jenen kläglichen Grüppchen, die diesen Saal verlassen haben oder diesen Vorschlag machen? … Denjenigen … müssen wir sagen: Ihr seid klägliche Einzelgänger, ihr seid Bankrotteure, eure Rolle ist ausgespielt, und jetzt schert euch dorthin, wo euer Platz von nun an ist: in den Müllkorb der Geschichte.

Großes Bild: **„Unter der Führung des großen Stalin vorwärts zum Kommunismus"**, Lithographie von Boris F. Berezovskij und Michail Solovjov, 1951
Kleines Bild: **„Arbeiter und Kolchosbäuerin".** Das von der Bildhauerin Vera Muchina für die Pariser Weltausstellung 1937 geschaffene Kunstwerk aus Stahl ist 25 Meter hoch und wiegt 75 Tonnen.

Am 28. Februar 1921 revoltierten die Kronstädter Matrosen, die wesentlich zum Sieg der Oktoberrevolution beigetragen hatten. In ihrem Programm vom 1. März erklärten sie die Gründe ihres Aufstands, der von den Bolschewiki blutig niedergeschlagen wurde:

Als die Arbeiterklasse die Oktoberrevolution machte, hoffte sie, ihre Befreiung zu erlangen. Das Resultat war aber eine noch größere Versklavung der menschlichen Persönlichkeit … Nach langen Jahren des Kampfes und der Leiden erhielten die Arbeiter Sowjetrusslands nur freche Befehle, Bajonettstiche und Kugeln der Tscheka-Kosaken … Es … wird jetzt offensichtlich, dass die Kommunistische Partei nicht, wie sie vorgab, die Werktätigen verteidigt. Die Interessen der Arbeiterklasse sind ihr fremd. Nachdem sie die Macht ergriffen hat, kennt sie nur eine Sorge: sie wieder zu verlieren.

Zit. nach Hans-Joachim Lieber/Karl-Heinz Ruffmann (Hg.), Der Sowjetkommunismus. Dokumente, Bd. 1, Köln (Kiepenheuer & Witsch) 1963, S. 160 ff.

1 Zeige, welche politischen Aussagen die beiden Abbildungen enthalten.

2 Untersuche die Wertungen der beiden Texte über die Bolschewiki und die Russische Revolution.

„Alle Macht den Räten!“ – Die Russische Revolution

Russland am Vorabend der Revolution

Im Jahr 1917, als Russland seit drei Jahren im Ersten Weltkrieg stand, erschütterten zwei Revolutionen das bis dahin von Zar Nikolaus II. (1894–1917) ohne Beteiligung der Bevölkerung regierte Land. Sie führten zum Ende der Monarchie und zur Errichtung einer Sowjetrepublik, in der die politischen Entscheidungen von Arbeiter-, Bauern- und Soldatenräten (Sowjets*) getroffen wurden.
Wie kam es zu Streiks, Demonstrationen und Gewalttätigkeiten in einer Zeit, als sich die Menschen im Zarenreich nichts sehnlicher wünschten als Frieden?
Für die Ereignisse des Jahres 1917 werden heute von der Geschichtswissenschaft vor allem folgende Ursachen angeführt: Unter den Bauern, die erst seit 1861 von der Leibeigenschaft befreit waren worden, hatte es oft Proteste gegen einzelne Grundherren gegeben. Politisch aktiv wurden sie allerdings erst, seitdem immer mehr von ihnen für den Krieg gegen Japan 1904/05 und für den Ersten Weltkrieg rekrutiert wurden. Auch durch ihre Arbeit in den neuen Industriezentren lernten die Bauern die Not der Arbeiter und deren Forderungen kennen.
Träger des revolutionären Protests war die Arbeiterschaft. Ihre Zahl stieg infolge der Industrialisierung, die seit den 1860er Jahren staatlich gefördert und überwiegend von ausländischen Investoren finanziert wurde. Schon früh zeichneten sich in den Industriezentren wie z. B. St. Petersburg (seit 1914: Petrograd, 1924–1991: Leningrad) Probleme ab: Zum einen dominierte die Schwerindustrie alle anderen Industriezweige; zum anderen führte der massenhafte Zuzug von Arbeitskräften zu Massenelend und zur „Sozialen Frage“ (siehe S. 88).

Die Entstehung einer politischen Opposition

Die Maßnahmen der Regierung zur Lösung der Probleme (z. B. die Verbesserung des Arbeitsschutzes und die Einführung von Kranken- und Unfallversicherung) konnten nicht verhindern, dass die meisten Arbeiter politische Veränderungen forderten. Doch der Zar erlaubte ihnen politische Mitsprache nicht: So hatte er zwar 1906 – nach Massenprotesten und blutigen Unruhen – einer Verfassung zugestimmt. Aber im Vergleich zu anderen Gruppen hatte die Arbeiterschaft in der Duma* (der Volksvertretung) relativ wenige Interessenvertreter. Außerdem löste der Zar die Duma nach wenigen Monaten auf und schloss 1907 durch eine Wahlrechtsänderung den größten Teil der Bevölkerung von der politischen Mitsprache wieder aus.
Davon betroffen war auch die geistige Elite Russlands: Studenten, Professoren, Künstler, Schriftsteller, Ärzte, Ingenieure, Juristen usw. Gerade Hochschulabsolventen hatten sich schon früh für westliche Kultur und politische Theorien, die dem Einzelnen das Recht auf politischen Mitbestimmung zusprachen, interessiert. Unter ihrem Einfluss entstanden 1898 und 1901/02 die ersten beiden Parteien Russlands: die Sozialdemokratische Arbeiterpartei (sie spaltete sich 1903 in Bolschewiki* und Menschewiki*) und die Partei der Sozialrevolutionäre, die sich für die Bauern einsetzte. Das Wahlgesetz von 1907 beraubte die Oppositionellen aber zunächst ihrer Kräfte. Ihre Führer, wie z. B. Wladimir Iljitsch Lenin, gingen ins Ausland und waren von dort aus politisch aktiv.

M1 **Beim Korbflechten,** Foto, um 1900. Die russische Landbevölkerung stellte zusätzlich zur Feldarbeit Waren her, die sie auf den örtlichen Märkten verkaufte. Das Foto wurde im Auftrag der Regierung aufgenommen.

Das Ende der Zarenherrschaft

Im Ersten Weltkrieg wuchsen die wirtschaftlichen Probleme Russlands. Zahlreiche kleine Unternehmen gingen Bankrott. Die Produktion in Landwirtschaft und Industrie brach schon in den ersten Kriegsjahren zusammen. 1916/17 konnten die Städte nicht mehr ausreichend versorgt werden. Die Preise stiegen, die Löhne sanken infolge der kriegsbedingten Geldentwertung.
Auch die politischen Spannungen verstärkten sich im Verlauf des Kriegs: Bereits 1915 forderten (gemäßigte) politische Gruppen mit Nachdruck, an der Regierung beteiligt zu werden. Zur gleichen Zeit protestierten Arbeiter gegen die katastrophalen Arbeits- und Lebensbedingungen – zunächst in der Hauptstadt Petrograd, dann auch in anderen Städten: Anfang 1917 demonstrierten Tausende; sie forderten Brot, höhere Löhne und Frieden.
Zwar wurden sie von der politischen Opposition nicht unterstützt, aber ihr Protest bewirkte die Abdankung von Nikolaus II. im Februar 1917: Die Truppen hatten seinen Befehl, auf die Demonstranten zu schießen, verweigert; die Massen hatten die Gefängnisse, Polizeistationen, Waffenarsenale und den Sitz der Geheimpolizei gestürmt. Dem Zaren war ein wesentlicher Teil seiner Machtbasis genommen.

M2 **Zar Nikolaus II. und Zarin Alexandra,** Foto, 1894

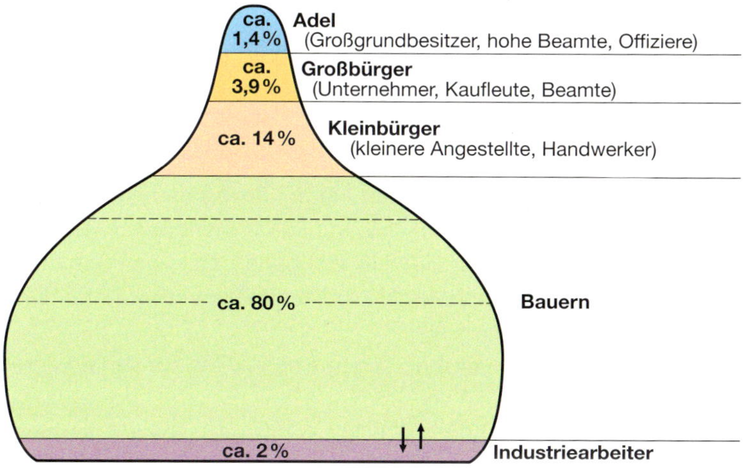

Besonderheit der russischen Gesellschaft: **Intelligenzija**
(Angehörige aller Schichten, bes. Studenten und Gebildete)

M3 **Die sozialen Schichten in Russland 1913**

1 Liste mithilfe der Informationen dieser Doppelseite in eigenen Worten die Ursachen auf, die zu den Unruhen im Februar 1917 führten.

Sowjets und Provisorische Regierung kämpfen um die Macht

Als der Zar abdankte, war die politische Zukunft des Landes unklar: Während der Februarunruhen hatten sich Arbeiter-, Bauern- und Soldatensowjets gebildet. Ihr Ziel war es, möglichst viele Menschen bzw. gesellschaftliche Gruppen an politischen Entscheidungen zu beteiligen.

Die Sowjets berieten und beschlossen neue Gesetze, darüber hinaus übernahmen sie Regierungsfunktionen. Neben ihnen gab es eine zweite – von der Duma eingesetzte – Regierungsmacht: die Provisorische Regierung. Ihr gehörten mit Ausnahme des Sozialrevolutionärs Alexander Kerenski (Justizminister, seit Juli 1917 Ministerpräsident) nur bürgerlich-liberale Politiker an. Die Provisorische Regierung lehnte das Rätesystem ab, da sie befürchtete, dass es Russland wirtschaftlich und militärisch schwächen würde. Die Februarrevolution hatte also zu einer Doppelherrschaft geführt.

Zwischen Bolschewiki, Menschewiki und der stärksten Partei, den Sozialrevolutionären, wurde über die politische Zukunft gestritten. Die Menschewiki und die Sozialrevolutionäre, die die Interessen der Bauern vertraten, stimmten für soziale Reformen. Sie verwiesen auf die Theorie von Karl Marx, dass ein rückständiges Land wie Russland zu einer sozialistischen Revolution nicht reif sei.

Dagegen bestanden die Bolschewiki auf der radikalen Umgestaltung. Unter der Führung Wladimir Iljitsch Lenins (1870–1924) und Lew Dawidowitsch Trotzkis (1897–1940, ermordet) gewannen sie eine immer größere Anhängerschaft bei den städtischen Arbeitern. So wuchs die Macht der Arbeiter- und Soldatenräte, während die Provisorische Regierung im Herbst 1917 angesichts der anhaltenden Wirtschaftskrise und militärischer Misserfolge im Ersten Weltkrieg alle Unterstützung verloren hatte. Im Laufe der gewaltsamen Ausschreitungen Ende Oktober wurde sie abgesetzt.

Eine der dringlichsten Aufgaben der neuen Regierung, die aus Bolschewiki und zunächst auch linken Sozialrevolutionären bestand, war es, den Krieg zu beenden. Lenin vereinbarte mit Deutschland und Österreich einen Waffenstillstand und zu Beginn des Jahres 1918 ein Friedensabkommen, das für Russland sehr verlustreich war (Frieden von Brest-Litowsk, 3. März 1918).

Das Revolutionsjahr 1917/18

23. Februar Beginn der Februarrevolution: Am Internationalen Frauentag legen Textilarbeiterinnen in Petrograd die Arbeit nieder und ziehen zur Duma*, der seit 1905 vom Zar gebilligten Volksvertretung, die aber mit wenig Rechten ausgestattet ist.

25. Februar Generalstreik der Arbeiter Petrograds.

27. Februar In Petrograd und Moskau entstehen Arbeiter- und Soldatenräte (Sowjets).

2. März Provisorische Regierung unter Ministerpräsident Fürst Lwow. Zar Nikolaus II. dankt ab.

10. März Amnestie aller politisch und religiös Verfolgten.

3./4. April Rückkehr des Sozialdemokraten Wladimir Iljitsch Lenin und anderer Emigranten aus der Schweiz; Aprilthesen Lenins.

21./22. April Demonstrationen von Arbeitern, Soldaten und Matrosen gegen die Fortsetzung der Kriegspolitik der Provisorischen Regierung.

3.–24. Juni Der Erste Allrussische Sowjetkongress der Arbeiter- und Soldatendeputierten tagt.

Juli Bewaffnete Massendemonstrationen unter dem Motto „Alle Macht den Sowjets!" Straßenschlachten mit den Truppen der Provisorischen Regierung.

24.–26. Oktober Beginn der Oktoberrevolution. Bewaffneter Aufstand von Soldaten, Matrosen und Arbeitern. Unter Leitung des Bolschewiken Lew Trotzki besetzen Militäreinheiten und Arbeiterbrigaden alle wichtigen Straßen, Plätze und Gebäude der Hauptstadt. Verhaftung der Provisorischen Regierung. Menschewiki und Sozialrevolutionäre verlassen aus Protest den Sowjetkongress. Der von Lenin und Trotzki beherrschte Rat der Volkskommissare* bildet die Regierung.

12. November Allgemeine Wahlen zur Verfassunggebenden Versammlung

5./6. Januar 1918 Die Verfassunggebende Versammlung wird einberufen und von den Bolschewiki gewaltsam aufgelöst.

(Die Daten sind nach dem 1917 in Russland gültigen julianischen Kalender angegeben. Sie liegen 13 Tage vor denen des im Westen gültigen gregorianischen Kalenders.)

M4 Aufruf an die Bewohner von Petrograd

Der Petrograder Arbeiterrat verkündete am 28. Februar/13. März 1917:

Das alte Regime hat das Land ruiniert und der Bevölkerung die Hungersnot gebracht. Es war unmöglich, sie länger zu ertragen … Der Kampf hat begonnen und muss bis zum Ende durchgekämpft werden. Das alte Regime muss vollständig beseitigt und der Weg für eine Volksregierung frei gemacht werden. Das ist die Rettung für Russland. Um in diesem Kampf um die Demokratie erfolgreich zu sein, muss das Volk sein eigenes Regierungsorgan wählen. Gestern … wurde in der Hauptstadt ein Sowjet der Arbeiter-Deputierten gebildet, der aus Vertretern der Fabriken, der Werkstätten, der meuternden Truppen und aus demokratischen und sozialistischen Parteien und Gruppen besteht. Der Sowjet, der einen Sitz in der Duma hat, hat sich selbst zur Aufgabe gemacht, die Volkskräfte zu organisieren und für die Sicherstellung der politischen Freiheit und eine Volksregierung zu kämpfen.

Manfred Hellmann (Hg.), Russische Revolution 1917, München (dtv) 1964, S. 128 f.

M6 Sitzung des Petrograder Arbeiter- und Soldatenrates, Foto, April 1917

Bolschewismus

(russ. bolsche = mehr) Auf dem Parteikongress von 1903 kam es bei der Frage der zukünftigen Organisation der Sozialdemokratischen Partei zur Spaltung. Eine knappe Minderheit (Menschewiki) trat für eine demokratisch organisierte Massenpartei ein und wollte verschiedene Formen der politischen Entwicklung zulassen. Die Mehrheit der Abgeordneten (Bolschewiki) entschied sich für den revolutionären Kurs Lenins. Danach musste eine revolutionäre Partei eine Kaderpartei sein, d. h. streng von oben nach unten gegliedert, mit dem Anspruch, dass ihre Mitglieder wichtige Posten in allen Massenorganisationen* innehaben, um die verschiedenen gesellschaftlichen Gruppen (Arbeiter, Bauern, Jugend, Frauen usw.) auf den Weg zum Sozialismus* zu führen. Innerhalb der russischen Arbeiterbewegung (Sozialrevolutionäre, Menschewiki, Bolschewiki u. a.) blieben die Vertreter des Bolschewismus allerdings in der Minderheit.

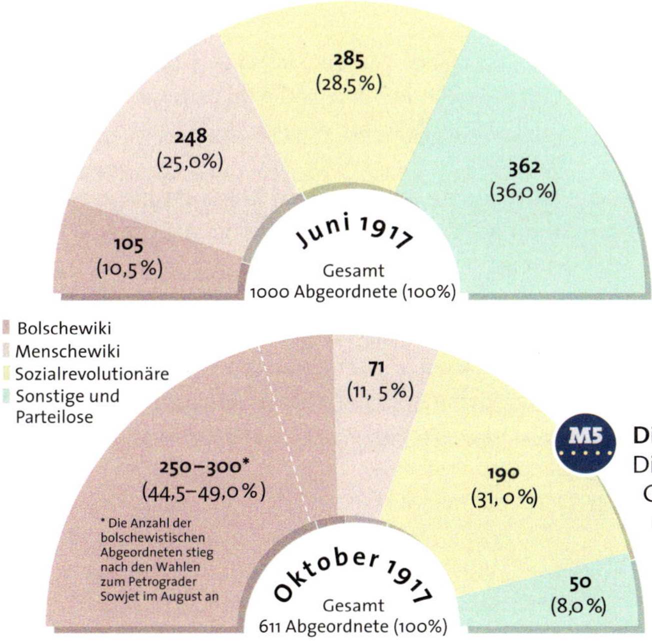

M5 Die Sitzverteilung im 1. und 2. Allrussischen Sowjetkongress. Die Deputierten wurden aus den Räten der Fabriken und Garnisonen entsandt. Die Bolschewiki erlangten im August und September die Mehrheit im Petrograder und im Moskauer Sowjet.

2 Untersuche an M4, wie der Petrograder Arbeiterrat die politische Situation und Zukunft beurteilt.

M7 Lenins Aprilthesen

Nach seiner Rückkehr aus dem Exil trug Wladimir I. Lenin (1870–1924) seinen Genossen zehn Thesen zur Politik der Bolschewiki vor. In den so genannten Aprilthesen vom April 1917 hieß es:

1. ... Einem ... Krieg, der die revolutionäre Vaterlandsverteidigung ... rechtfertigen würde, kann das ... Proletariat seine Zustimmung nur unter folgenden Bedingungen geben:
a.) Übergang der Macht in die Hände des Proletariats und der sich ihm anschließenden ärmsten Teile der Bauernschaft,
b.) Verzicht auf alle Annexionen ...,
c.) ... Bruch mit allen Interessen des Kapitals ...
3. Keinerlei Unterstützung der Provisorischen Regierung ...
4. Anerkennung der Tatsache, dass unsere Partei in den meisten Sowjets der Arbeiterdeputierten in der Minderheit ... ist gegenüber dem Block aller kleinbürgerlichen ... Elemente ...
5. Keine parlamentarische Republik ..., sondern eine Republik der Sowjets der Arbeiter-, Landarbeiter- und Bauerndeputierten im ganzen Lande, von unten bis oben.

Prawda vom 7. 4. 1917. Zit. nach Wladislaw Hedeler u. a. (Hg.), Die Russische Revolution 1917, Berlin (Dietz) 1996, S. 231 f.

M8 Der Sturm des Winterpalais

Arkadi Petrowitsch Stolypin, Sohn des 1911 ermordeten Ministers Stolypin, wohnte mit Mutter und Geschwistern im Winterpalais. Über das Geschehen, das er als 12-Jähriger erlebte, erinnert er sich als Erwachsener:

Es war kein Sturmangriff in dem Sinn notwendig, denn es gab keinen Widerstand ... Die paar Junker und Freiwilligen gingen bald auseinander, einige Truppen von Arbeitern und ein Teil der Garnison blieben neutral – so konnten die Truppen der Roten Garde in das Winterpalais eindringen und die Provisorische Regierung festnehmen. Wenn es wirklich eine organisierte Form des Widerstands gegeben hätte, wäre den Roten der Umsturz wahrscheinlich nicht gelungen. Aber allen war Kerenski schon zuwider ... Die Armee war aufgelöst, die Deutschen waren im Anmarsch, es herrschte keine Disziplin mehr, die Transporte waren desorganisiert, und niemand begriff, wer die Bolschewiken wirklich waren und was sie weiter tun würden.

Zit. nach Elisabeth Heresch (Hg.), Blutiger Schnee, Graz (Styria) 1987, S. 171.

M9 Szene aus dem sowjetischen Stummfilm „Oktober – Zehn Tage, die die Welt erschütterten“ von Sergej Eisenstein, 1927. Der Film- und Theaterregisseur Eisenstein drehte mehrere Filme über die revolutionären Ereignisse in Russland. Der Film „Oktober“ verarbeitet die Ereignisse im Oktober 1917. Das Drehbuch orientierte sich unter anderem an dem Augenzeugenbericht des britischen Journalisten John Reed.

3 Prüfe, ob Lenins Thesen (M7) die reale Situation in Russland im Frühjahr 1917 berücksichtigten. Nutze dafür die Informationen auf S. 210 bis 212.

4 Vergleiche die Aussagen von M8 und M9 zum Sturm auf das Winterpalais. Erkläre die Unterschiede.

5 Das Gemälde M10 zeigt nicht die historische Wirklichkeit. Diskutiert mögliche Gründe für die Art der Darstellung der Gruppen und Personen (Lenin, dahinter Stalin, Lenins Vertrauter Swerdlow und Dserschinskij, der spätere Chef der Geheimpolizei).

6 Die Bolschwewiki hatten Wahlen zu einer Verfassunggebenden Versammlung durchführen lassen. Wie begründet M11A nun die Auflösung der Versammlung? Welche Einstellung hat der Verfasser von M11B?

M10 **„W. I. Lenin ruft die Sowjetmacht aus“** (25. Oktober 1917. Zweiter Allrussischer Sowjetkongress), Gemälde von Wladimir Serow, 1947

M11 Die Auflösung der Verfassunggebenden Versammlung

Am 6. Januar 1918 wurde der Bevölkerung der von Lenin verfasste Erlass mitgeteilt:

11A Im Laufe der ganzen ersten Periode der russischen Revolution mehrten sich die Sowjets, sie wuchsen und erstarkten, … sie erkannten, dass die Formen des bürgerlich-demokratischen Parlamentarismus trügerisch sind, und zogen praktisch die Schlussfolgerung, dass die Befreiung der unterdrückten Klassen unmöglich ist ohne den Bruch mit diesen Formen und jedwedem Paktieren …
Jeder Verzicht auf die uneingeschränkte Macht der Sowjets, auf die vom Volk eroberte Sowjetrepublik zu Gunsten des bürgerlichen Parlamentarismus und der Konstituierenden Versammlung wäre jetzt ein Schritt rückwärts, würde den Zusammenbruch der ganzen Oktoberrevolution der Arbeiter und Bauern bedeuten.

Wladimir I. Lenin, Werken, Bd. 26, Berlin (Dietz) 1979, S. 434 f.

Der Frontsoldat A. Bubnow schickte am 14. Januar 1918 folgenden Brief an „Delo Naroda“, die Zeitung der Sozialrevolutionäre:

11B Wir haben keine Kraft mehr, in den feuchten Schützengräben zu sitzen. Wir verfluchen die Verräter der Revolution, die die Konstituierende Versammlung auseinander gejagt haben … Versteht ihr denn wirklich nicht, Genossen, wer unser Feind und wer für uns Genosse ist? … Genossen, unsere einzige Rettung ist die Konstituierende Versammlung. Herrin der russischen Erde! Und erst dann wird es für uns Land und Freiheit geben. Ja, Genossen, man macht uns Angst damit, dass allein die Bourgeoisie [1] in die Konstituierende Versammlung kommen könnte … Feind ist für uns der, der die Konstituierende Versammlung auseinander gejagt hat.

Istočnik, 1995, N. 1, S. 44. Zit. nach Wladislaw Hedeler u. a. (Hg.), Die Russische Revolution 1917, Berlin (Dietz) 1996, S. 418 f.

1 Bürgertum

Eine politische Rede untersuchen

Reden und überzeugen

Öffentliche, zumal politische Reden sind keine „Zufallsprodukte“, sondern sind immer vorbereitet und mit einer bestimmten Zielsetzung verbunden. Redner suchen Applaus, Unterstützung oder sogar Gefolgschaft des Publikums. Historische Reden liegen überwiegend schriftlich vor. Ihre Eigenart wird so nur zum Teil erfasst, denn Faktoren wie die Vortragsweise des Redners, sein Auftreten, die Atmosphäre des Raumes oder die Reaktion des Publikums können daraus nicht erschlossen werden.

Arbeitsschritte Redeanalyse

1. Schritt: Den Text untersuchen
Gehe nach dem Modell zur Quellenanalyse (siehe S. 43) vor.

2. Schritt: Die Argumentation herausfinden
Notiere die zentralen Aussagen, stichwortartig verkürzt, gemäß ihrer Reihenfolge untereinander. Skizziere dann in Worten oder als Zeichnung den Gedankengang des Textes.

3. Schritt: Die Wirkung der Rede ermitteln
Schreibe alle Begriffe und Passagen auf, die du für wichtig und für „ungewöhnlich“ hältst, z. B. Metaphern, Vergleiche, Wortwiederholungen, „unechte“ Fragen und Appelle. Lies sie halblaut vor dich hin. Welche Bilder oder Gefühle entstehen beim Zuhören?

4. Schritt: Die Absicht erschließen
Versuche anhand der bisherigen Ergebnisse herauszufinden, wozu der Redner bzw. die Rednerin die Zuhörer bewegen will.

M1 Eine Rede für den Frieden

Mitte Dezember 1917 hatte die deutsche Heeresleitung ihre Friedensbedingungen bekannt gegeben. Im Zentralkomitee der Bolschewiki stießen die Forderungen auf massiven Widerstand. Lenin dagegen, der für die Realisierung seiner politischen Ziele die Unterstützung der Bevölkerung brauchte, war bereit, den Frieden bedingungslos anzunehmen. Die Verhandlungen in Brest-Litowsk zogen sich hin. Anfang 1918 brach die russische Armee völlig zusammen, der Vormarsch der Mittelmächte (Deutschland, Österreich-Ungarn, Bulgarien) schien nicht mehr zu stoppen. Auf dem Parteitag hielt Lenin am 7. März 1918 die folgende Rede. Am 15. März 1918 wurde die Ratifizierung des Friedensvertrags beschlossen:

Eine Periode schwerster Niederlagen hat begonnen, die der bis an die Zähne bewaffnete Imperialismus* einem Lande beigebracht hat, das seine Armee demobilisierte, demobilisieren musste. Was ich vorausgesagt habe, ist restlos eingetroffen: Anstelle des Friedens von Brest-Litowsk haben wir einen viel demütigenderen Frieden bekommen durch die Schuld derjenigen, die den Frieden von Brest-Litowsk nicht angenommen haben …
Nach dieser Lehre werden wir die Spaltung und Krise bei uns überwinden, wie schwer auch diese Krankheit sein mag, denn uns wird ein unermesslich zuverlässigerer Verbündeter zu Hilfe kommen: die Weltrevolution. Wenn man mich fragt, ob man diesen … unerhörten Frieden ratifizieren soll, der erniedrigender, räuberischer als der von Brest-Litowsk ist, so antworte ich: ja, unbedingt! …
Wenn ich den Frieden in einem Augenblick annehme, wo die Armee flieht und fliehen muss, wenn sie nicht tausende Menschen verlieren will, so tue ich das, um Schlimmeres zu verhüten. Ist etwa der Vertrag eine Schande? Jeder ernste Bauer und Arbeiter wird mich rechtfertigen, denn er versteht, dass der Friede ein Mittel zur Sammlung der Kräfte ist …
Nutzt die Atempause, die ihr bekommen habt, wenn auch nur für eine Stunde, um den Kontakt mit dem fernen Hinterland herzustellen und dort neue Armeen zu schaffen. Fort mit den Illusionen, für die euch das Leben gestraft hat und noch mehr strafen wird. Wir sehen vor uns eine Epoche schwerster Niederlagen. Sie ist eine Tatsache. Mit ihr muss gerechnet werden. Wir müssen bereit sein zu hartnäckiger Arbeit unter … Verhältnissen ausgesprochener Versklavung durch die Deutschen … Wenn wir es verstehen, so zu handeln, werden wir trotz der Niederlagen mit absoluter Gewissheit sagen können, dass der Sieg unser sein wird.

Zit. nach Reden, die die Welt bewegten, 10. Aufl., Stuttgart (Mundus) 1989, S. 232 ff.

1 Erarbeite M1 mithilfe der Arbeitsschritte.

2 Tragt den Text M1 in der Klasse als Rede vor. Achtet vor allem auf Schlüsselbegriffe und wichtige Passagen, die ihr durch Redemittel hervorhebt (Tempo, Lautstärke und deren Dynamik, klare Aussprache, Pausen). Tauscht euch darüber aus, wie die einzelnen Vorträge auf euch gewirkt haben.

Die sozialistische Idee wird sowjetische Wirklichkeit

Nach der Revolution: Die ersten Maßnahmen der Bolschewiki

„Land, Brot und Frieden“ war die Losung der Bolschewiki vor der Oktoberrevolution. Sie galt es einzulösen, um die Unterstützung der Bauern und Arbeiter für die sozialistische Revolution zu gewinnen. Das „Dekret über Grund und Boden“ (26. 10.) war der Auftakt für umfangreiche Enteignungen: Land, Bodenschätze und Güter wurden in Staats- oder Gemeindebesitz überführt und sollten in regelmäßigen Abständen nach Bedarf neu zugeteilt werden. Im Frühjahr 1918 war die Bodenaufteilung weit gehend abgeschlossen. Mehr als 160 Millionen Hektar Land aus dem Besitz des Zaren, des Adels und der Kirche waren verteilt worden – 80 % davon an Einzelbauern. Eine Vielzahl kleiner Familienbetriebe entstand, was zwar den Bolschewiki politische Zustimmung einbrachte, aber deren eigener Zielsetzung, nämlich kollektiv geführte Großbetriebe zu schaffen, widersprach. Die zweite politische Kraft, die durch die Umwälzungen der Oktoberrevolution Vorteile erfahren sollte, war die Arbeiterschaft. Ihr wurden Bereiche geöffnet, die zuvor fast nur den Bürgern und Adligen vorbehalten waren: Politik, Bildung, Kunst und Kultur. Arbeiter sollten Zugang zu höherer Bildung haben und Chancen auf führende Positionen in Wirtschaft, Wissenschaft und Kultur.

Die Veränderungen richteten sich auch auf die gesellschaftliche Stellung der Frauen. Bereits im 19. Jahrhundert hatte es aus der bürgerlichen Mitte heraus Forderungen nach einer Emanzipation der Frauen gegeben. Nun wurden mit der Einrichtung von Kinderkrippen und Kantinen erstmals politische Schritte unternommen, die die Verantwortung der Gesellschaft für eine gerechte Verteilung von Hausarbeit und Kindererziehung verwirklichen sollten. Erreicht wurde dieses Ziel jedoch nicht und in den 1920er Jahren vor allem wegen wirtschaftlicher Probleme wieder aufgegeben.

M1 Energie der Zukunft

Lenin sagte am 22. Dezember 1920 vor dem VIII. Sowjetkongress, auf dem der erste langfristige Gesamtwirtschaftsplan vorgelegt wurde:

Kommunismus* – das ist Sowjetmacht plus Elektrifizierung des ganzen Landes. Sonst wird das Land ein kleinbäuerliches Land bleiben … Erst dann, wenn das Land elektrifiziert ist, wenn die Industrie, die Landwirtschaft und das Verkehrswesen eine moderne großindustrielle technische Grundlage erhalten, erst dann werden wir endgültig gesiegt haben … Man muss jedoch wissen und darf nicht vergessen, dass die Elektrifizierung nicht mit Analphabeten durchzuführen ist … Wir brauchen Menschen, die nicht nur des Lesens und Schreibens kundig sind, sondern kulturell hoch stehende, politisch bewusste, gebildete Werktätige …
Wenn Russland sich mit einem dichten Netz von elektrischen Kraftwerken und mächtigen technischen Anlagen bedeckt haben wird, dann wird unser kommunistischer Wirtschaftsaufbau zum Vorbild für das kommende sozialistische Europa und Asien werden.

Wladimir I. Lenin, Werke, Bd. 31, Berlin (Dietz) 1979, S. 513 ff.

M2 „Wissen sprengt die Ketten der Sklaverei“, Plakat von A. Radakow, um 1920

1 Vergleiche die in M1 und M2 dargestellten bzw. formulierten Ziele und Maßnahmen.

2 Besprecht, ob die Aussagen von M1 und M2 realistisch waren. Informiert euch über die Entwicklung 1918–1920 im Darstellungstext.

Bürgerkrieg und Kriegskommunismus

Die sozialistische Umgestaltung der Gesellschaft wurde von ihren „geistigen Vätern“ Karl Marx und Friedrich Engels im 19. Jahrhundert als eine Aufgabe gesehen, die nur durch eine internationale Revolution erfolgreich zu lösen war. Davon gingen auch die Bolschewiki aus: Nur wenn die wirtschaftlich weit entwickelten Staaten in sozialistische Gesellschaften umgewandelt würden, hätte ein rückständiges Land wie Russland eine Chance, als Arbeiterstaat zu existieren. In dieser Erwartung sahen sie sich allerdings ziemlich schnell getäuscht, denn die Gegenkräfte im eigenen Land – überwiegend „Geschädigte“ der politischen oder gesellschaftlichen Umwälzungen – erhielten Hilfe aus dem Ausland: von Verbündeten der im Juli 1918 ermordeten Zarenfamilie, von ausländischen Investoren oder Regenten, die ein Übergreifen der Revolution auf ihr Land befürchteten. Sie belieferten z. B. nicht russische Völker mit Waffen, die gegen die Sowjetmacht für ihre Unabhängigkeit kämpfen wollten, und finanzierten Truppen („die Weißen“), die unter der Leitung zaristischer Militärs gegen die von den Bolschewiki aufgebaute Rote Armee vorgingen.

Angesichts der bedrohlichen Situation – auf dem Höhepunkt des Bürgerkriegs musste die Rote Armee an sechs Fronten mit einer Länge von 8000 km kämpfen – verstaatlichte die Sowjetregierung alle Betriebe. Sie beschlagnahmte die gesamte Ernte der Bauern und richtete staatliche Stellen ein, um die knappen Lebensmittel und Brennstoffe zu verteilen. Die Folgen waren Millionen Hungertote, zahllose Opfer des Terrors – der „Weißen“ wie der „Roten“ – (z. B. durch Massenerschießungen) und Flüchtlinge.

1921 verließ Lenin den Kurs des so genannten Kriegskommunismus und führte die Neue Ökonomische Politik (russisch abgekürzt: NEP) ein. Zwar blieben Großindustrie, Banken, Verkehrswesen und Handel in der Hand des Staates, aber die Auflagen gegenüber Bauern und (Klein-)Unternehmern wurden reduziert.

Die NEP litt unter erheblichen Anlaufschwierigkeiten, zeigte dann aber Erfolg: Die Hungersnot wurde beendet und die wirtschaftliche Lage verbesserte sich.

Im Dezember 1922 wurde der Staat „Sowjetunion“ offiziell gegründet.

Bewaffnete Arbeiter M3 werden aufs Land geschickt, um die staatlich festgesetzten Getreidemengen einzuziehen, Foto, 1919.

M4 Wie sich Rotarmisten richtig verhalten

Lew Dawidowitsch Trotzki (1879–1940) baute die Rote Armee auf. In einem „Merkblatt für Rotarmisten" wies er sie 1924 an:

Sie sind Ihren Kameraden gleichgestellt ... Ihre Vorgesetzten sind Ihre erfahrenen und gebildeten Brüder. Sie müssen ihnen im Kampf, bei der Ausbildung, in der Kaserne oder bei der Arbeit gehorchen. Wenn Sie einmal die Kaserne verlassen haben, sind Sie absolut frei ... Wenn man Sie fragt, wie Sie kämpfen, antworten Sie: „Ich kämpfe mit dem Gewehr, dem Bajonett und dem Maschinengewehr. Aber ich kämpfe auch mit der Wahrheit. Ich richte das Wort der Wahrheit an die Soldaten des Feindes, die selbst Arbeiter und Bauern sind, damit sie wissen, dass ich in Wahrheit ihr Bruder, nicht ihr Feind bin.

Lew D. Trotzki, Rotes Merkblatt für die Krieger der Arbeiter- und Bauernarmee und der Roten Flotte über die wichtigsten Fragen des Kriegshandwerks, 1924. Zit. nach Daniel Behruzi, Die Sowjetunion 1917–1924, Köln (Neuer ISP Verlag) 2001, S. 99.

M5 Die Neue Ökonomische Politik

Im März 1921 verabschiedeten das Zentralexekutivkomitee der Sowjets und der Rat der Volksbeauftragten das Dekret „Über die Ersetzung der Ablieferungspflicht für Lebensmittel und Rohstoffe durch die Naturalsteuer" und leitete damit die Neue Ökonomische Politik ein:

1. Zur Gewährleistung einer richtigen und ausgeglichenen Wirtschaftsführung auf der Grundlage einer freieren Verfügung des Landwirts über die Produkte seiner Arbeit und über seine Wirtschaftsmittel, zur Stärkung der bäuerlichen Wirtschaft und Anhebung ihrer Produktivität ... wird die Ablieferungspflicht als Methode der staatlichen Erfassung von Nahrungsmitteln, Rohstoffen und Futtermitteln durch eine Naturalsteuer ersetzt.
2. Diese Steuer muss geringer sein als die bislang durch die Abgabepflicht auferlegte Besteuerung ...
7. Die Verantwortung für die Erfüllung trägt jede einzelne Wirtschaft selbst und die Organe der Sowjetmacht werden beauftragt, jeden mit Strafe zu belegen, der die Steuer nicht erfüllt ...
8. Alle Vorräte an Lebensmitteln, Rohstoffen und Futtermitteln, die den Landwirten nach Abgabe ihrer Steuer verbleiben, stehen ihnen voll zur Verfügung ... Der Austausch wird im Rahmen des lokalen Warenumsatzes zugelassen.

Direktiven der KPdSU und der Sowjetregierung zu Wirtschaftsfragen. Dokumente, Bd. 1, Moskau 1967, S. 255ff. Zit. nach Aufstieg und Zerfall einer Weltmacht, hg. von Martin Hoffmann/Florian Osburg/Horst Schützler, Bamberg (Buchner) 1994, S. 48f.

3 Gib in eigenen Worten wieder, welches Verhalten M4 von einem Soldaten fordert. Gibt es Anweisungen, die dich verwundern?

4 Stelle Vermutungen darüber an, warum Trotzki das Merkblatt M4 1924 schrieb. Lies dazu den Darstellungstext.

5 Nenne die Ziele der Neuen Ökonomischen Politik (M5). Diskutiert in der Klasse, inwiefern sie die Situation z. B. von Bauern und Privatunternehmern verbesserten. Nutzt dafür auch M6.

M6 Finanzinspektor bei einer Nepanka, Foto von Arkadi Schajchet, 1924. Unter der Neuen Ökonomischen Politik wurde streng kontrolliert, ob die zugelassenen Privatunternehmer (Nepanki) ihre Einnahmen korrekt angaben und ausreichend Steuern abführten.

Die Sowjetunion unter Stalin

Sozialismus durch Zwang?

Der Bürgerkrieg hinterließ ein wirtschaftlich ruiniertes Land, eine durch Gewaltaktionen der „Weißen" und „Roten" traumatisierte Bevölkerung. Wahlniederlagen der Kommunistischen Partei – so nannten sich die Bolschewiki seit 1918 –, Bauernaufstände und Arbeiterstreiks waren die Folge. Die Sowjetregierung ging rigoros gegen diejenigen vor, die ihre Politik kritisierten: Oppositionelle Gruppierungen wie die Menschewiki und die Sozialrevolutionäre wurden verboten, ihre Mitglieder verfolgt. Um eine innere Spaltung zu verhindern, wurde für die Kommunistische Partei selbst ein Fraktionsverbot erlassen.

Nach dem Tode Lenins (1924) baute Josef W. Stalin (1879–1953) systematisch seine Stellung als Generalsekretär der Partei zur Alleinherrschaft aus: Bis 1928/29 hatte er erreicht, dass in den Entscheidungsgremien von Partei, Wirtschaft und Staat nur Personen saßen, die ihm ergeben waren. Kritiker aus den eigenen Reihen wurden verfolgt, ebenso wie „alte" Bolschewiki, die nach der Revolution Führungspositionen bekleidet hatten. Auch Ingenieure, die für den Aufbau der Industrie verantwortlich waren, fielen so genannten Säuberungen zum Opfer. Diese Aktionen ließ Stalin seit Mitte der 1930er Jahre von der Geheimpolizei (Tscheka) durchführen: Millionen Menschen wurden in der Zeit des Stalinismus* verhaftet, mussten Zwangsarbeit leisten oder wurden ermordet. Soziale Gruppen wie die Kulaken (Mittel- und Großbauern), die in Stalins Aufbauprogramm „störten", wurden als „konterrevolutionäre Klassenfeinde"* angeprangert, viele nach Sibirien deportiert oder hingerichtet.

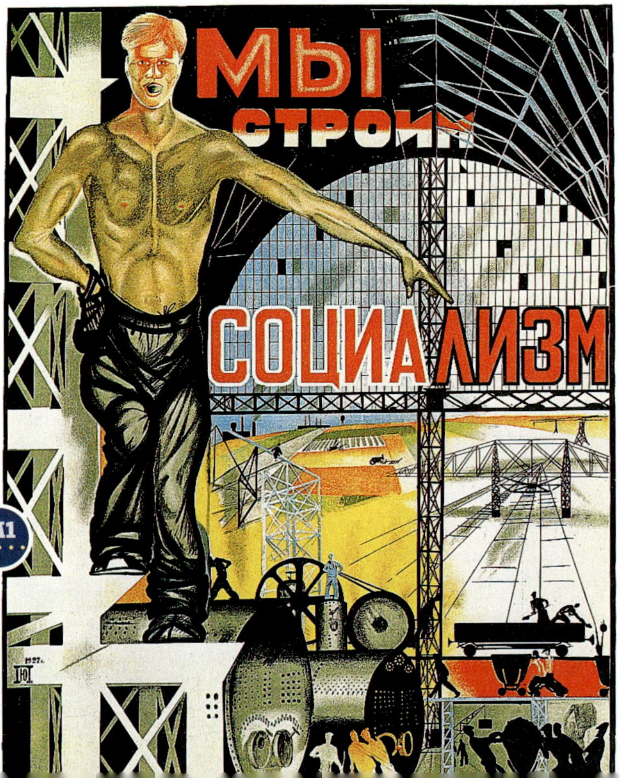

„Wir bauen den Sozialismus", Plakat von Jurij Pimenow, 1927 **M1**

Fortschritt durch zentrale Planung?

Um die wirtschaftliche Rückständigkeit des Landes zu beseitigen, beschloss die Kommunistische Partei der Sowjetunion (KPdSU) tief greifende Maßnahmen im Bereich der Landwirtschaft und der Industrie: Seit dem Parteitag von 1927 wurden selbstständige landwirtschaftliche Betriebe umworben und bei Widerstand (der die Regel war) gezwungen, den Besitz in landwirtschaftliche Kollektive zu überführen: entweder in große landwirtschaftliche Spezialbetriebe wie z. B. Getreidefabriken (Sowchosen*) oder in Kolchosen*, bei denen Boden, Vieh und Gerät Gemeineigentum waren und der einzelne Bauer nur ein kleines Stück Land und wenig Vieh zur eigenen Bewirtschaftung behielt.

In der Industrie wurde unter dem Motto „Maschinisierung, Motorisierung, Elektrifizierung" 1928 der erste Fünfjahresplan umgesetzt. Das ehrgeizige Ziel, die Industrieproduktion um ein Vielfaches innerhalb weniger Jahre zu steigern, erforderte vom Staat hohe Investitionskosten und von der Bevölkerung enorme Arbeitsleistungen. Um diese zu erreichen, wurde ein System von Gewalt (z. B. Zwangsarbeit von Gefangenen), Druck und Anreizen (Auszeichnungen wie z. B. „Held der Arbeit", Begünstigungen bei Übererfüllung des Plansolls) entwickelt und propagandistisch umgesetzt.

Die Mühen des Einzelnen wie auch die Entbehrungen, die er infolge des geringen Lebensstandards ertragen musste, wurden zum Opfer zu Gunsten der Gemeinschaft, der sowjetischen Heimat, verklärt. Doch trotz der enormen Entwicklung in einigen Wirtschaftsbereichen, trotz der Verbesserungen im Bereich des Bildungswesens, der medizinischen und der sozialen Versorgung der Bevölkerung blieb die wirtschaftliche Gesamtleistung der Sowjetunion bereits unter Stalin, vor allem aber in der zweiten Hälfte des 20. Jahrhunderts, hinter den Zielen und Vorgaben der Fünfjahrespläne weit zurück.

M2 Die Bedingungen der Industrialisierung

In einer Rede am 19. November 1928 äußerte sich Stalin zu den Bedingungen der Industrialisierung:

Wir sind in einem Lande zur Macht gelangt, dessen Technik furchtbar rückständig ist … Wir haben die fortgeschrittenen kapitalistischen Länder hinsichtlich der Errichtung einer neuen politischen Ordnung, der Sowjetordnung, eingeholt und überholt. Das ist gut. Aber das genügt nicht. Um den endgültigen Sieg des Sozialismus in unserem Lande zu erringen, müssen wir diese Länder auch in technisch-ökonomischer Hinsicht einholen und überholen. Entweder erreichen wir das oder wir werden zermalmt …
Es wäre töricht, wollten wir uns damit trösten, dass wir, da die Rückständigkeit des Landes nicht von uns erfunden ist, [wir] nicht für sie verantwortlich gemacht werden können … Da wir einmal zur Macht gelangt sind und die Aufgabe auf uns genommen haben, das Land auf der Grundlage des Sozialismus umzugestalten, tragen wir für alles die Verantwortung … Und gerade weil wir die Verantwortung tragen, müssen wir unsere technisch-ökonomische Rückständigkeit liquidieren … Vollbringen können dies nur wir, die Bolschewiki. Und gerade um diese Aufgabe zu bewältigen, müssen wir unsere Industrie systematisch in schnellem Tempo entwickeln.

Zit. nach Hans-Joachim Lieber/Karl-Heinz Ruffmann (Hg.), Der Sowjetkommunismus. Dokumente, Bd. 1, Köln (Kiepenheuer & Witsch) 1963, S. 259 ff.

M3 Die sowjetische Produktion – tatsächliche Produktion und Planziel 1932

	1913	1928	1932	1940	Planziel 1932
Elektroenergie (Mrd. kWh)	2,0	5,0	13,5	48,3	22,0
Stahl (Mio. t)	4,3	4,3	–		18,3
Erdöl (Mio. t)	10,3	11,6	21,4	31,1	22,0
Kohle (Mio. t)	29,2	35,5	64,4	166,0	75,0
Mineraldünger (Mio. t)	0,09	0,14		3,2	
Traktoren (1000 Stück)	–	1,3	48,9	–	53,0
Kraftfahrzeuge (1000 Stück)		0,8	23,9	–	100,0
Getreide (Mio. t)		73,3	69,9		105,8
Vieh (Pferde, Rinder, Schweine; Mio. Stück)		114,2	70,9		153,7
Produktionsmittel (Index 1913)	100	128	450	1554	
Konsumgüter (Index 1913)	100	102	196	497	

1 Untersuche anhand von M1 und M2, wie der Aufbau des Sozialismus erfolgen sollte und wie dies begründet wurde.

2 Erarbeite M3 mit Hilfe der Methode „Statistiken auswerten“ (siehe S. 64 f.).

3 Skizziere die Aussagen, die M4 zur Wirtschaftsentwicklung macht.

M4 Die Wirtschaftsentwicklung in der Sowjetunion

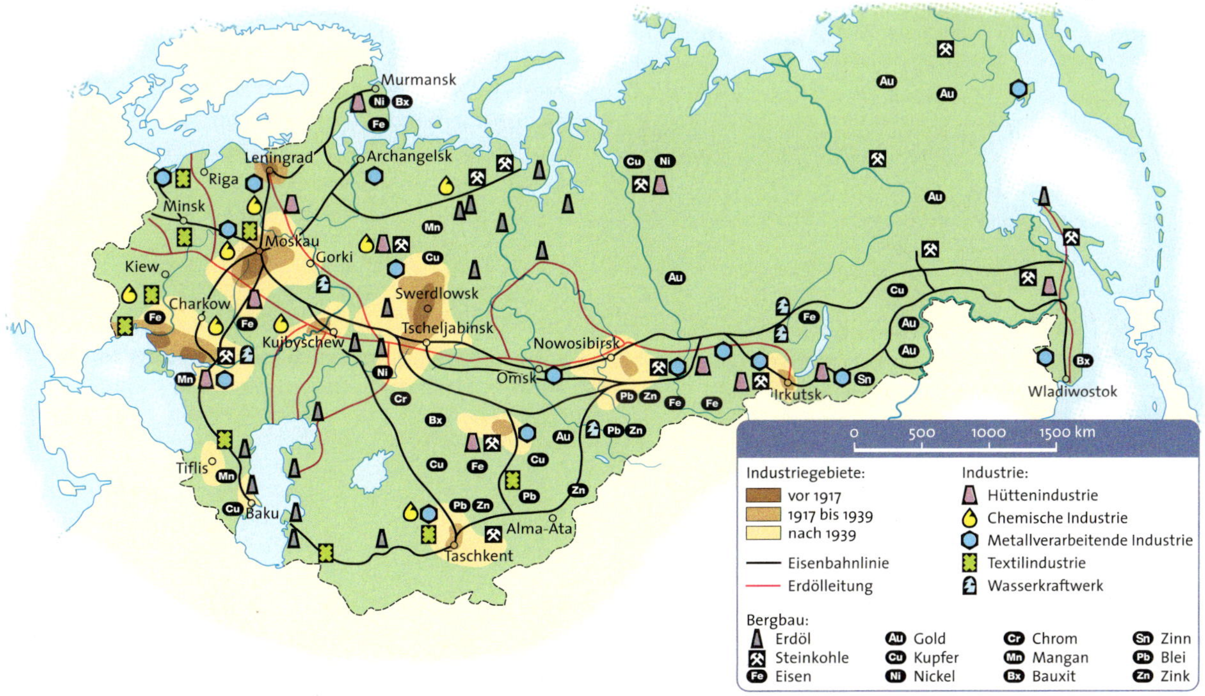

M5 Antriebskräfte der Industrialisierung

Der 1905 in der Ukraine geborene Wiktor A. Krawtschenko, der als hoher Parteifunktionär die Sowjetunion verließ und 1943 in den USA politisches Asyl erhielt, veröffentlichte 1947 seine Erinnerungen an die Phase der Industrialisierung:

Zu Beginn des Jahres 1929 gehörte ich auch zu diesen Mitspielern und jungen Enthusiasten, die von den hoch gespannten Gedanken und Plänen dieser Zeit begeistert waren … Die moderne Maschine, Symbol und Mittel der Industrialisierung, erlangte große Bedeutung in unserem Leben, die sich jeden Tag noch erhöhte …

Es gab viele Mängel und schwere Leiden, aber auch flammende Hoffnung und erhebende Gefühle. Wir setzten große Hoffnung auf die Zukunft unseres Landes und es war kein Zufall, dass ich gerade diesen Zeitpunkt wählte, um in die Partei einzutreten … Andere mochten die Revolution in stumpfer Missbilligung erdulden, so wie sie früher die große Hungersnot über sich ergehen ließen. Aber Menschen wie uns, besessen von der Idee und vom Glauben, bedeutete das Elend von heute nur eine unumgängliche Anleihe für die ruhmreiche Zukunft von Morgen, die dem Land und seinem Volke erblühen würde. Industrialisierung um jeden Preis und Befreiung des Volkes von seiner Rückständigkeit war unser würdigstes Ziel.

W. A. Krawtschenko, Ich wählte die Freiheit. Das private und politische Leben eines Sowjetbeamten, Zürich 1947. Zit. nach Martin Hoffmann/Florian Osburg/Horst Schützler (Hg.), Aufstieg und Zerfall einer Weltmacht, Bamberg (Buchner) 1994, S. 58f.

M6 Industrialisierung, Kollektivierung: Was haben sie bewirkt?

Michail Gorbatschow (geb. 1931) leitete als Generalsekretär der KPdSU Mitte der 1980er Jahre wirtschaftliche, politische und gesellschaftliche Reformen in der UdSSR ein. In seinem Buch „Perestroika" (Umgestaltung, Umbau) von 1987 blickt er auf die Geschichte der Sowjetunion zurück:

Unsere Geschichte war alles andere als ein beschaulicher Spaziergang … In der Tat mussten wir, ganz von vorn beginnend, eine Industrie erst aufbauen, insbesondere die Bereiche Schwerindustrie, Energieindustrie und Maschinenbau. Die Durchführbarkeit der Parteipläne, die von den Massen verstanden und akzeptiert wurden, und die Überzeugungskraft der Parolen und Projekte … schlugen sich in der Begeisterung nieder, mit der Millionen von Sowjetbürgern gemeinsam die schwierige Aufgabe anpackten, eine nationale Industrie zu errichten …

Die Kollektivierung* war … die wichtigste gesellschaftliche Veränderung seit 1917 … [Sie] schuf die soziale Voraussetzung, den landwirtschaftlichen Sektor auf den neuesten Stand zu bringen, und ermöglichte die Einführung moderner landwirtschaftlicher Methoden. Sie sicherte eine Steigerung der Produktivität und ein enormes Anwachsen der Erträge … Darüber hinaus setzte die Kollektivierung … Arbeitskräfte frei, die für die Entwicklung in anderen Bereichen unserer Gesellschaft, vor allem in der Industrie, gebraucht wurden

… Industrialisierung und Kollektivierung in der Landwirtschaft waren unverzichtbar. Ohne sie wäre das Land nicht auf die Beine gekommen. Aber … es kam zu Ausschreitungen, der administrative Druck nahm Überhand und das Volk litt.

Michail Gorbatschow, Perestroika, übers. v. Übersetzergruppe U. Mihr, München (Droemer) 1987, S. 44ff.

M7 „Die Frauen in den Kolchosen sind eine große Kraft/J. Stalin", Plakat von Leonid Golovanov, um 1935

M8 Repression von Familien

Das NKWD (Volkskommissariat für Innere Angelegenheiten) verhaftete und verurteilte im Rahmen der politischen „Säuberungen" Mitte der 1930er Jahre zahllose (angebliche) Regimegegner. Darunter waren viele deutsche Kommunisten, denen Kritik an der Kommunistischen Partei vorgeworfen wurde. Für deren Familien erließ das NKWD am 15. August 1935 die folgende Anordnung:

1. Jede zur Repressierung vorgesehene Familie wird sorgfältig überprüft, es werden zusätzliche Orientierungsdaten und kompromittierende Materialien gesammelt …

4. Es sind diejenigen Frauen zu verhaften, die zum Zeitpunkt der Verhaftung des Verurteilten mit ihm verheiratet waren …, bereits geschieden sind, die aber:

a) an der konterrevolutionären Tätigkeit des Verurteilten beteiligt waren;

b) den Verurteilten begünstigten;

c) von der konterrevolutionären Tätigkeit des Verurteilten wussten, entsprechende Machtorgane aber davon nicht in Kenntnis setzten …

11. Die Sonderberatung verhandelt die Fälle der Frauen verurteilter Landesverräter und ihrer Kinder im Alter von über 15 Jahren, die sozial gefährlich und zu antisowjetischen Haltungen fähig sind.

12. Die Frauen … müssen je nach dem Grad ihrer sozialen Gefährlichkeit für die Dauer von nicht unter 5–8 Jahren in Lagern inhaftiert werden.

13. Die … Kinder der Verurteilten sind je nach ihrem Alter, dem Grad ihrer Gefährlichkeit und den Möglichkeiten der Besserung in die Lager und Besserungskolonien des NKWDs einzusperren oder in Sonderkinderheimen der Volkskommissariate für Volksbildung unterzubringen.

Operativer Befehl des Volkskommissars für Innere Angelegenheiten Nr. 00486, veröff. Moskau 1993. Zit. nach Reinhard Müller, Menschenfalle Moskau, Hamburg (Hamburger Edition) 2001, S. 448 ff.

M9 **„Der Morgen unseres Landes"**, Gemälde von Fjodor Schurpin, 1946–1948

Totalitäre Herrschaft

Eine Partei übt allein die Herrschaft aus und versucht, auf alle gesellschaftlichen und persönlichen Bereiche einzuwirken, indem sie Politik, Wirtschaft und Kultur von zentraler Stelle aus im Sinne ihrer politischen Ideologie lenkt und kontrolliert, jegliche Opposition unterdrückt bzw. deren Vertreter durch die Geheimpolizei verfolgen lässt.

4 Nenne die „Antriebskräfte" der Industrialisierung, die M5 aufführt.

5 Vergleiche dies mit Gorbatschows Bewertung (M6): Inwiefern gibt es Übereinstimmungen?

6 Besprecht auf der Grundlage des Darstellungstexts und M8 die Folgen der so genannten Säuberungen für die Betroffenen.

7 Untersucht arbeitsteilig M7 und M9 mithilfe der Arbeitsschritte „Bildquellen entschlüsseln" (siehe Methodenanhang). Erläutert, welche Wertung jeweils zum Ausdruck kommt.

8 Der britische Sozialist John Rees behauptet 1997 in seinem Buch „Oktober 1917", dass Stalin die Oktoberrevolution verraten habe und sein Regime die Konterrevolution gewesen sei. Diskutiert diese Thesen anhand der Informationen des Kapitels.

Die Russische Revolution – ein Überblick

„Alle Macht den Räten!“ – Was blieb davon in der Sowjetunion?

Das Jahr 1917 bedeutet für Russland und seine Geschichte einen tiefen Einschnitt: In zwei Revolutionen wurden zunächst die jahrhundertelange autokratische Zarenherrschaft und dann die nur wenige Monate dauernde Doppelherrschaft aus Provisorischer Regierung und Sowjets beendet. Zu den wichtigsten Ursachen ihres jeweiligen Scheiterns gehörten die ungelöste Kriegsfrage, die gewaltigen Versorgungsprobleme und ungleichen Eigentumsverhältnisse im Land. Die Bolschewiki, an ihrer Spitze Lenin, machten sich dies zu Nutze: „Alle Macht den Räten!“, forderten sie und brachten mit ihrer Losung „Frieden, Land und Brot“ diejenigen hinter sich, die von der Februarrevolution das Ende von Krieg und Hunger erhofft hatten. Diese Versprechen sollten durch die ersten Maßnahmen des „Rats der Volkskommissare“ nach der Oktoberrevolution eingelöst werden (Friede von Brest-Litowsk, Dekret über Grund und Boden). Kritik und Widerstand gegen die sozialistische Umgestaltung des Staates und den Aufbau der Sowjetmacht ließen die Bolschewiki nicht zu: Davon zeugen nicht nur die Maßnahmen des Kriegskommunismus und die unzähligen Opfer während des Bürgerkriegs, sondern vor allem der Ausbau der Parteidiktatur bis hin zur Diktatur Stalins. Stalin forcierte die wirtschaftliche Entwicklung des Landes durch Kollektivierung der Landwirtschaft und zentral geplante Industrialisierung. Drastischer als Lenin ging er gegen Kritiker vor: Unzählige wurden in Arbeits- und Straflager geschickt, verbannt, hingerichtet oder ermordet. Millionen Menschen kamen durch die stalinistische Terrorpolitik zu Tode. Die genaue Zahl der Opfer ist bis heute umstritten.

M1 **Karikatur von Aleksej Tschervjakov,** Ohne Titel, 1990

März 1917
Februarrevolution in Russland

November 1917
Oktoberrevolution in Russland

1921
Lenin führt die NEP ein

Dezember 1922
Gründung der Sowjetunion

1929
Industrialisierung und Kollektivierung

1915 | 1920 | 1925 | 1930 | 19

1929–1953 Stalinis

Seit M

M2 Gewalt als politisches Instrument?

Auf dem XX. Parteitag der KPdSU in Moskau, 1956, leitete Nikita Chruschtschow, der aus dem Kampf um die Nachfolge Stalins als Sieger hervorgegangen war, mit der folgenden Rede die so genannte „Entstalinisierung" ein:

Zu Lenins Lebzeiten war das Zentralkomitee der Partei der echte Ausdruck der kollektiven Führung der Partei und der Nation. Als aktivistischer, revolutionärer Marxist, der in Prinzipienfragen allzeit unbeugsam blieb, drängte Lenin seinen Mitarbeitern doch niemals gewaltsam seine Ansichten auf. Er versuchte vielmehr sie zu überzeugen …

Stalin hielt sich nicht damit auf, die Menschen zu überzeugen, aufzuklären und geduldig mit ihnen zusammenzuarbeiten, sondern er zwang anderen seine Ansichten auf und verlangte absolute Unterwerfung unter seine Meinung … Er vertauschte die Methode des ideologischen Kampfes mit der der … Gewaltanwendung, der Massenunterdrückung und des Terrors. Er stützte sich bei seinen Aktionen in zunehmendem Maße und mit wachsendem Starrsinn auf die Straforgane und verletzte dabei häufig alle bestehenden Normen der Moral und des sowjetischen Rechts … Unsere Partei kämpfte für die Verwirklichung der Pläne Lenins, für den Aufbau des Sozialismus. Das war ein ideologischer Kampf … Außergewöhnliche Maßnahmen hätte man dann nur gegen jene ergriffen, die wirklich verbrecherische Handlungen gegen das Sowjetsystem begangen hatten … Stalin dagegen griff zu radikalen Methoden und zu Massenunterdrückung in einer Zeit, als die Revolution schon siegreich und der Sowjetstaat gefestigt war.

Zit. nach Reden, die die Welt bewegten, 10. Aufl., Stuttgart (Mundus) 1989, S. 510 ff.

1 Diskutiert die Wertungen der Materialien (M1, M2), ausgehend von euren Kenntnissen aus diesem Kapitel.

Wir wiederholen zentrale Begriffe und Methoden

Begriffe und Daten	
1917 Oktoberrevolution	S. 212
Sowjets	S. 212
Entstehung der Sowjetunion	S. 218

Methoden
Eine politische Rede untersuchen S. 216

1940

Diktatur

1945

930er-Jahre: Stalinistische „Säuberungen"

1950

Kapitel 1: Die Französische Revolution

M1 Das Urteil über Ludwig XVI.

Gotthold Friedrich Stäudlin (1758–1796), Tübinger Jurist und Publizist, dessen regierungskritische, mit den Ideen der Revolution sympathisierende Zeitschrift 1793 verboten wurde, schrieb am 29. Januar 1793:

Geschehen ist, was kein redlicher Freund Galliens ohne Empörung seines Innersten zu denken vermochte – Ludwig wurde ... zum Tode verurteilt. ... Eine Stimmenmehrheit von fünf Richtern, die vielleicht habsüchtige und blutdürstige – ja wohl gar bestochene Jakobiner, oder feige, furchtsame Memmen waren, entscheidet vielleicht das Schicksal von Europa. Leidenschaftliche Volksverräter verwickeln Frankreich in einen beinah allgemeinen Krieg mit den Großen der Erde, ... treten die Ehre der Nation mit Füßen und überliefern die Freiheit, welche sie emporzuheben wähnen, den fürchterlichsten Gefahren ... Ohne ihre Anklage rechtlich erwiesen, ohne seinen Verteidiger widerlegt zu haben, wollen sie rachеglühend sein Haupt unter der Guillotine fallen sehen ...
So ruhe dann von deinen namenlosen Leiden, unglücklichster aller Könige Galliens! ... Die schweren Leiden, in welche die Franken ... sich gestürzt haben, werden sie zu tugendhaften Republikanern bilden. Das stete Andenken an dein Leben und Sterben wird in den edlen Fürsten die schönsten Entschlüsse wirken; die Despoten aber werden, wenn sie in den Spiegel deiner Hinrichtung blicken, erblassen und – menschlicher werden!

Zit. nach Die Französische Revolution in Deutschland, hg. von Friedrich Eberle und Theo Stammen, Stuttgart (Reclam) 1989, S. 186f.

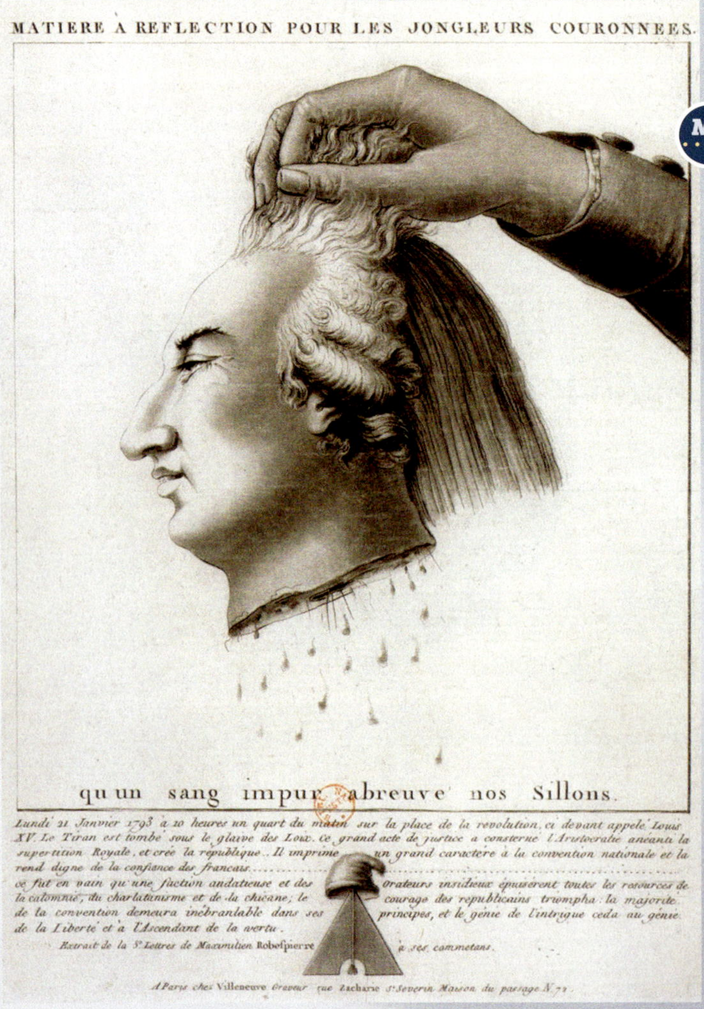

M2 „Zum Nachdenken für die, die mit der Krone spielen", Karikatur von Villeneuve, 1793

1. Ordne M2 in den historischen Zusammenhang ein und überlege, wer Adressat der Karikatur ist.
2. Untersuche M1 mit Hilfe der Methode „Eine Textquelle analysieren" (siehe S. 43).
3. Erläutere die Ursachen der Französischen Revolution. Welche Bedeutung hatte in diesem Zusammenhang die Einberufung der Generalstände 1789?
4. Skizziere den Verlauf der Französischen Revolution. Nutze dazu die Informationen des Kapitels.
5. „Die Revolution frisst ihre Kinder": Prüfe, ob dieser Satz für die Französische Revolution zutrifft, wenn man die Ereignisse zwischen 1789 und 1814 in den Blick nimmt.

Kapitel 2: Die Industrialisierung verändert die Gesellschaft

M1 Industrialisierung in Göppingen

Der Historiker Manfred Akermann skizzierte 1977 die Entwicklung in Göppingen folgendermaßen:

Unmittelbar nach dem Anschluss Göppingens an die württembergische Eisenbahnlinie ... verlegten im Jahr 1849 Josef Raff und Salomon Einstein ihren Betrieb nach Göppingen. Die übrigen Unternehmer folgten in kurzen Abständen ... Die Standortverlagerung der jüdischen Betriebe ließ Göppingen vor allem auf dem Gebiet der Baumwollverarbeitung und der Korsettherstellung an die Spitze der württembergischen Textilzentren treten ... [Die] ... Textilindustrie der Amtsstadt wurde ... zu einer wichtigen Keimzelle für andere Industriezweige entlang der Fils. Bei auftretenden Schäden der anfänglich empfindlichen ausländischen Maschinen mussten Schlosser oder Mechaniker zur Reparaturausführung herangezogen werden. Dabei erfanden die Handwerker selbst Verbesserungen und stellten eigene Maschinen her. Auf diese Weise entstand eine der großen Göppinger Maschinenfabriken ... Um den gesteigerten Bedarf der Göppinger Miederfabriken an Korsettschließen zu decken, ... [spezialisierten] sich eingesessene Flaschnermeister ... auf die Herstellung von Korsettverschlüssen. Den Niedergang eines dieser Betriebe nahm eine ganze Reihe erfahrener Mitarbeiter zum Anlass, eigene Fabriken zu eröffnen. Auf diese Weise gingen die ... Metallspielwarenfabrik Gebr. Märklin sowie ein ... Zweigwerk der Geislinger WMF – Württembergische Metallwarenfabrik – aus solchen Flaschnereien hervor ... Die Expansion der Industrie brachte einen enormen Zuwachs der Bevölkerung mit sich.

Manfred Akermann, Göppingen. In: Zur Geschichte der Industrialisierung in den südwestdeutschen Städten, hg. von E. Maschke und Jürgen Sydow, Sigmaringen (Thorbecke) 1977, S. 11 ff.

M2 Die Anzahl Beschäftigter in einzelnen Industriezweigen im Oberamt Göppingen 1875 und 1907

	Beschäftigte 1875	Beschäftigte 1907	Zunahme
1. Textilindustrie	3029 = 49,0 %	4908 = 33,0 %	1879 = 62 %
2. Maschinenindustrie	538 = 9,0 %	1598 = 10,6 %	1060 = 197 %
3. Holzindustrie	515 = 8,3 %	878 = 5,8 %	363 = 70 %
4. Metallverarbeitung	447 = 7,3 %	3130 = 20,8 %	2683 = 600 %
5. Baugewerbe	428 = 7 %	1583 = 10,5 %	1155 = 269 %
6. Papierindustrie (ohne Kartonageindustrie)	405 = 6,5 %	525 = 3,4 %	120 = 29 %
7. Korsettindustrie	374 = 6,0 %	610 = 4,0 %	236 = 63 %
8. Lederindustrie	148 = 2,4 %	250 = 1,6 %	102 = 68 %
9. Industrie der Steine und Erden	144 = 2,3 %	416 = 2,7 %	272 = 119 %
10. Chem. Industrie und die der Leuchtstoffe, Fette, Öle	103 = 1,6 %	771 = 5,1 %	668 = 648 %
11. Kartonageindustrie	40 = 0,6 %	363 = 2,4 %	323 = 807 %

Emil Hofmann, Die Industrialisierung des Oberamtsbezirkes Göppingen, Göppingen (A. Müller) 1910, S. 173.

1 Beurteile, ob das in M1 skizzierte Göppinger Beispiel „typisch" oder „untypisch" ist für einen regionalen Industrialisierungsprozess. Nutze dazu die Seiten 56–63.

2 Werte M2 aus und setze die Ergebnisse in Kreis- und Kurvendiagramme um (siehe S. 64 f.).

3 Die Deutsche Bahn AG wirbt heute mit dem Slogan „Unternehmen Zukunft". Erörtere, ob diese Kennzeichnung zutreffend wäre für die Rolle der Eisenbahn im Industrialisierungsprozess.

4 Das Motto des 1862 in Karlsruhe gegründeten Arbeiterbildungsverein war „Arbeit bringt Segen, Bildung macht frei". Erläutere davon ausgehend, was unter der Sozialen Frage verstanden wird und welche Initiativen es gab, um die damit verbundenen Probleme zu lösen.

Kapitel 3: Einigkeit, Recht und Freiheit? – Deutschland im 19. Jahrhundert

M1 **Fahne der Reutlinger Freischärler, 1848/49.** Auch in Reutlingen gab es viele entschiedene Anhänger der Revolution. Gemeinsam mit dem Tübinger Zug beabsichtigte man, sich den badischen Revolutionären anzuschließen. Aus diesem Anlass wurde die abgebildete Fahne angefertigt. Die Farben Schwarz, Rot und Gold sind die Farben der Revolution. Die andere Seite der Fahne zeigt zwei umgeschmiedete Sensen und den Text „Deutschland über alles".

M2 Über die deutschen Offiziere

Kaiser Wilhelm I. schrieb in der „Einleitung zur Verordnung über Ehrengerichte etc." über seine Erwartungen an Offiziere (2. Mai 1879):

Ich erwarte daher von dem gesamten Offizier-Korps Meines Heeres, dass ihm, wie bisher so auch in Zukunft, die Ehre das höchste Kleinod sein wird; dieselbe rein und fleckenlos zu erhalten, muss die heiligste Pflicht des ganzen Standes, wie des Einzelnen bleiben … Wahre Ehre kann ohne Treue bis in den Tod, ohne unerschütterlichen Mut, feste Entschlossenheit, selbstverleugnenden Gehorsam, lautere Wahrhaftigkeit, strenge Verschwiegenheit wie ohne aufopfernde Erfüllung selbst der anscheinend kleinsten Pflichten nicht bestehen. Sie verlangt, dass auch in dem äußeren Leben des Offiziers sich die Würde ausdrücke, die aus dem Bewusstsein hervorgeht, dem Stande anzugehören, dem die Verteidigung von Thron und Vaterland anvertraut ist. – Der Offizier soll bestrebt sein, nur diejenigen Kreise für seinen Umgang zu wählen, in denen gute Sitte herrschend ist, und darf am wenigsten an öffentlichen Orten aus dem Auge lassen, dass er nicht bloß als gebildeter Mann, sondern auch als Träger der Ehre und der gesteigerten Pflichten seines Standes auftritt.

Zit. nach Deutsche Sozialgeschichte. Dokumente und Skizzen, Bd. II. 1870–1914, hg. von Gerhard A. Ritter und Jürgen Kocka, 2. durchges. Aufl., München (Beck) 1977, S. 227.

1 Erläutere ausgehend von M1 die Ziele der Revolutionäre von 1848.

2 „Immerhin hatte die Revolution so viele Kräfte in Bewegung gebracht, dass selbst nach dem politischen Rückschlag vieles … nicht aufzuhalten war." Beurteile diese Einschätzung des Historikers Ernst Engelberg, indem du die weitere Entwicklung in Deutschland mit den Zielen von 1848/49 vergleichst.

3 Entwirf einen Dialog zwischen einem Österreicher, einem süddeutschen Katholiken und einem preußischen Offizier über die neue Verfassung des Deutschen Reiches von 1871.

4 Erläutere mithilfe von M2 die Stellung des Militärs im Kaiserreich.

Kapitel 4: Imperialismus und Erster Weltkrieg

M1 Karikatur auf Carl Peters, einen führenden deutschen Kolonialisten in Afrika und seit 1885 Reichskommissar für Deutsch-Ostafrika, 1889

M2 Deckengemälde für die Londoner Zentrale der Ostindischen Kompanie, 1778. Auf dem Felsen sitzt Britannia in Gestalt einer Frau, unter ihr ein Flussgott als Symbol für den Fluss Ganges, rechts der Gott Merkur, der Britannia die Länder des Ostens als Geschenk darbringt.

1 Beschreibe die Karikatur in M1 und versuche ihre Aussage zu ermitteln. – Vergleiche M1 mit den auf S. 167 genannten Zielen der deutschen Kolonialpolitik.

2 Analysiere das Bild nach den Arbeitsschritten „Symbole deuten" (siehe Methodenanhang). – Versuche die Länder zu ermitteln, die mit Britannia in Beziehung treten, und formuliere eine Gesamtaussage des Deckengemäldes.

3 Vergleiche das europäische Bündnissystem zur Zeit Bismarcks (S. 135 M3) und aus der Zeit vor dem Ersten Weltkrieg (S. 191 M3). – Was hat sich an der Stellung Deutschlands innerhalb Europas verändert?

4 Erläutere die verschiedenen Ursachen, die zum Ausbruch des Ersten Weltkrieges führten.

Kapitel 5: Die Russische Revolution

M1 Würdigung Lenins

Auf einer Festveranstaltung der Jenaer Universität im April 1970 zum 100. Geburtstag Lenins sagte der damalige Rektor:

Wir ehren in Lenin den Revolutionär, Parteiführer und Staatsmann der Arbeiterklasse und aller Werktätigen, ... den Gründer und Führer der KPdSU [Bolschewiki] und des Sowjetstaates. Lenin ist, wie die Teilnehmer der Internationalen Beratung der kommunistischen und Arbeiterparteien in Moskau im Juni 1969 bekundeten, „zum Symbol des Sieges des Großen Oktober geworden, zum Symbol der größten revolutionären Umwälzungen, die das soziale Gepräge der Welt von Grund auf verändert haben und von der Hinwendung der Menschheit zum Sozialismus und Kommunismus zeugen".

Zit. nach W. I. Lenin zum 100. Geburtstag, hg. von der Friedrich-Schiller-Universität Jena, Gera (Druckerei Volkswacht) 1970, S. 9.

M2 „W. I. Lenin ruft die Sowjetmacht aus" (25. Oktober 1917). Zweiter Allrussischer Sowjetkongress, Ausschnitt aus einem Gemälde von Wladimir Serow, 1962.

1. Bei M2 handelt es sich um eine neue Version des Bildes M10 auf S. 215. Notiere dir möglichst viele Einzelheiten aus M2 und vergleiche sie anschließend mit der Vorlage. Zeige, wie sich durch die Veränderungen die Gesamtaussage von M2 gegenüber M10 ändert.
2. Liste die in M1 genannten Würdigungen Lenins auf. Setze dich kritisch mit ihnen auseinander, indem du anhand des Kapitels überprüfst, ob sie historisch richtig sind.
3. Erkläre den Begriff „Sowjet".
4. Skizziere die Ereignisse und Maßnahmen zwischen 1918 und 1930, die die Entstehung der Sowjetunion maßgeblich beeinflussten und die „sozialistische Wirklichkeit" prägten.
5. Beurteile, ob der Begriff „totalitäre Herrschaft" auf die Sowjetunion unter Stalin zutrifft. Nutze dazu die Informationen von S. 220–223.

Vorbereitung auf eine Prüfung oder eine Vergleichsarbeit

Wenn du dich auf eine Prüfung oder eine Vergleichsarbeit vorbereitest, ist es wichtig, dass du dich mit den grundlegenden Entwicklungen einer Epoche, mit Begriffen und Daten auskennst.

Auf den folgenden Seiten findest du noch mal die Zusammenfassungstexte aus Band 2, die dir helfen, dein Wissen zu den Begriffen und Daten aus dem vorherigen Schuljahr aufzufrischen. In einer Tabellenübersicht (S. 240/241) findest du schließlich alle Daten und Begriffe aus diesem Schuljahr. Die Seitenzahl gibt dir an, an welcher Stelle des Buches du eine Erklärung findest.

Bauern und Adlige im Mittelalter

Leben in der Grundherrschaft

Im Mittelalter lebten fast alle Menschen auf dem Lande und die Landwirtschaft war die bestimmende Wirtschaftsweise. Zwischen dem 8. und dem 13. Jahrhundert gab es zahlreiche technische Neuerungen: zum Beispiel Räderpflug und Dreifelderwirtschaft (ab dem 8. Jahrhundert), Kummet (ab dem 9. Jahrhundert). Die verbesserten Arbeitsgeräte und Anbaumethoden ließen die Bevölkerungszahl zwischen dem 8. und dem 13. Jahrhundert wachsen. Im 14. Jahrhundert ging die Zahl der Menschen durch Krankheiten und Seuchen rapide zurück. Um 800 gab es noch viele freie Bauern – schon zweihundert Jahre später waren fast alle Bauern von einem Grundherrn abhängig, d. h., sie waren Hörige. Die Bauern mussten in der Grundherrschaft dem Grundherrn Abgaben und Dienste leisten. Erst nach der Gründung der Städte konnten sich Bauern durch Flucht in eine Stadt der Grundherrschaft entziehen.

Adel: eine Herrschaftsgruppe

Gegenüber der bäuerlichen Bevölkerung war der Adel eine kleine Gesellschaftsgruppe. Ihr höchster Vertreter war der König bzw. der Kaiser. Der Adel verfügte über Grund und Boden und herrschte über die bäuerliche Bevölkerung. Im Laufe des Mittelalters wurden aus adligen Verwandtengruppen Herrschaftsgruppen: Ämter und Posten wurden vorrangig mit eigenen Verwandten besetzt und Adlige versuchten, als Fürsten Einfluss auf die Reichspolitik zu nehmen – oft zugunsten der eigenen Macht bzw. des eigenen Herrschaftsgebiets.
Die Adligen trugen ihre Auseinandersetzungen häufig gewalttätig als Fehde aus. Da auch andere Bevölkerungsgruppen wie Geistliche, Kaufleute, Frauen und Bauern unter den Fehden litten, trat die Kirche für eine Einschränkung des Fehdewesens ein. 1495 wurde die Fehde durch den „Ewigen Landfrieden" verboten.
Seit dem 11. Jahrhundert vertrat die Kirche die Dreiständelehre. Danach teilte sich die Gesellschaft in drei Stände: die Betenden (Klerus), die Kämpfenden (Adel) und die Arbeitenden (Bauern).

Leben auf der Burg

Als Sitz ihrer Herrschaft ließen die Adligen Burgen bauen. Im süddeutschen Raum entstanden besonders viele Burgen im 12. und 13. Jahrhundert (z.B. in den Herrschaftsgebieten der Staufer und Zähringer). Die Burg veränderte zwischen dem 8. und 12. Jahrhundert ihre Funktion: Ursprünglich ein Verteidigungsbau, wurde sie im Hochmittelalter zunehmend Rechts- und Verwaltungssitz, aber auch Zentrum der höfischen Kultur. In literarischen Werken und Liedern, die Ritter- und Burgleben thematisierten, wurde die Wirklichkeit oft beschönigt oder auch verklärt. Dies gilt besonders für den europäischen Minnesang: Seine Darstellung von Rittern, ihren Heldentaten und ihrer Frauenverehrung stand zum Teil im krassen Widerspruch zum wirklichen Leben auf den Burgen.
Veränderungen in der Kriegstechnik wie auch in Wirtschaft und Gesellschaft führten im 14. Jahrhundert zum Bedeutungsverlust des Rittertums. Viele Ritter verarmten. Burgen wurden aufgegeben oder zerstört durch modern ausgerüstete Truppen oder aufständische Bauern.

Wer herrscht in Europa?

Europa wird christlich

Nachdem sich die christliche Religion im Römischen Reich durchgesetzt hatte, wurde die Botschaft Jesu Christi durch Mission in ganz Europa verbreitet. Mit dem endgültigen Zerfall des Römischen Reiches 395 n.Chr. und der Absetzung des letzten weströmischen Kaisers durch den germanischen Heerführer Odoaker im Jahr 476 verlor Rom seine Rolle als politisches Zentrum. Der Papst in Rom und die Bischöfe dagegen beanspruchten die höchste Entscheidungsgewalt in geistlichen Fragen. Aber auch in weltlichen Dingen wollten sie mitbestimmen. Sie sahen die Kirche über der Macht des Königs und Kaisers. Anders beurteilten das die weltlichen Herrscher: Sie wandten sich gegen den Alleinvertretungsanspruch des Papstes, legten aber auch Wert darauf, dass die Kirche ihre Herrschaft anerkannte, z.B. durch eine Kaiserkrönung wie bei Karl dem Großen. Diese unterschiedlichen Auffassungen über die Machtverteilung waren eine Ursache für den im Laufe des Mittelalters immer wieder aufflammenden Konflikt zwischen Kaiser und Papst.

Das christliche Frankenreich

Bei der Herrschaft der Merowinger bildeten die königliche Herkunft – und damit verbunden: göttliche Heilskraft – und militärische Leistung die Grundlagen für die Entwicklung eines riesigen Machtbereichs. Aus der Taufe König Chlodwigs I. entstand eine enge Beziehung zwischen den Frankenkönigen und der römischen Kirche, die von den Karolingern fortgeführt wurde, nachdem sie anstelle der Merowinger die Herrschaft übernommen hatten.
Aus Quellenberichten und Grabfunden können wir Informationen über die Stellung der Frauen im Frankenreich gewinnen: Viele adlige Frauen waren Christinnen; sie nahmen als Hüterinnen des Königsschatzes Einfluss auf die Politik und besaßen mit ihrem kostbaren Schmuck offenbar wichtige Statussymbole. Ihre persönlichen Rechte waren allerdings sehr eingeschränkt.

Das Kaisertum der Karolinger

Der letzte König der Merowinger wurde durch den Hausmeier Pippin abgesetzt. Pippin I. ließ sich mit dem Einverständnis des Papstes 751 vom fränkischen Adel zum König wählen und wurde im gleichen Jahr gesalbt.
Sein Sohn Karl der Große (768–814) gilt als der bedeutendste Herrscher des Frankenreichs. Seine Machtstellung als fränkischer König wurde im Jahr 800 durch die Krönung zum Kaiser durch Papst Leo III. erhöht. Kaiser Karl sah sich als oberster Schützer der römischen Kirche und zugleich als Herr über das christliche Europa. Die karolingischen Könige übten die Herrschaft über ihr Reich als „Reisekönige" aus. Der von Pfalz zu Pfalz reisende Königshof war das Herrschaftszentrum. Unter Karl dem Großen wurden Grafen und Königsboten eingesetzt, die die Herrschaft bei Abwesenheit des Königs durchsetzen sollten.

Herrschaft durch Belehnung

Seit dem 8. Jahrhundert entstand das Lehnswesen: Die karolingischen Herrscher banden mit der Belehnung von Land und Ämtern die Großen des Reiches persönlich an sich und übten so ihre Herrschaft aus. Lehnsherr und Vasall begaben sich in ein gegenseitiges Pflicht- und Treueverhältnis. Im Verlauf des Mittelalters entstand durch Unterbelehnungen ein abgestuftes System von rechtlichen Beziehungen. Historiker bezeichnen diese Form des staatlichen Aufbaus als Personenverbandsstaat. Der sächsische König Otto I. (936–973) wollte als Kaiser der Tradition Karls des Großen folgen. Er und seine Nachfolger im 10. und 11. Jahrhundert bauten ihre politische, ihre königliche Macht im Reich mithilfe der Reichskirche aus.

Begriffe und Daten

- Mittelalter
- Papst
- Kaiser
- Reisekönigtum
- Lehnswesen, Lehnspyramide
- Reichsinsignien
- 800 Kaiserkrönung Karls des Großen

Leben in der mittelalterlichen Stadt

Aus Siedlungen werden Städte

Die meisten Städte in West- und Mitteleuropa entstanden im Mittelalter. Könige, Herzöge und Bischöfe gründeten verstärkt seit dem 11.-Jahrhundert neue Städte, vor allem aus wirtschaftlichen Gründen. Eine Stadt erhielt das Markt-, Münz- und Zollrecht und wurde so zu einem Produktions- und Handelszentrum. Die städtischen Siedlungen zogen die bäuerliche Bevölkerung an, denn in der Stadt boten sich meist bessere Erwerbsmöglichkeiten und größere persönliche Freiheiten. Trotz ihrer Vielfalt in Europa war allen Städten eine bestimmte Struktur gemeinsam, mit der sie sich von der ländlichen Lebensform unterschieden.

Begriffe und Daten

Patrizier
Zunft
Hanse
12./13. Jahrhundert: In ganz Europa entstehen Städte

Die Stadtgesellschaft

Die Mitglieder der Stadtgesellschaft verfügten über persönliche Freiheit, denn sie waren nicht mehr an einen Grundherrn gebunden. Dennoch war die Stadtgesellschaft vor allem durch soziale und wirtschaftliche Ungleichheit gekennzeichnet. Bürger bzw. Bürgerin konnte nur werden, wer Grundbesitz hatte oder ein selbstständiges Handwerk oder Handelsgeschäft betrieb. Die übrigen Menschen waren Einwohner, z.B. die Handwerksgesellen, Mägde, Tagelöhner oder Bettler. Ebenso wie die Geistlichen konnten auch die jüdischen Einwohner nur selten das Bürgerrecht erwerben. Die städtische Oberschicht bildeten die Patrizier mit ihren Familien. Manchmal wurden städtische Minderheiten mit Gewalt ausgegrenzt, z.B. kam es während der Pestepidemie 1348/50 in vielen Städten Europas zu Pogromen gegen die jüdischen Gemeinden. Während Frauen im Handwerks- und Handelsbereich durchaus berufliche Chancen hatten, wurde ihnen eine akademische Ausbildung in den neu gegründeten Universitäten verwehrt. Als Alternative zu Ehe und Familie bildete sich um 1200 für Frauen die Lebensform der Beginen heraus.

Die Stadtwirtschaft

Durch den Markt bildete sich in der Stadt eine arbeitsteilige Gesellschaft, die sich von der bäuerlichen Selbstversorgungswirtschaft unterschied. Der zunehmende Warenaustausch förderte die Einführung des Geldes als Zahlungsmittel. Handel und Handwerk bestimmten das wirtschaftliche Leben in der Stadt. Die meisten Handwerkszweige waren in Zünften organisiert, die fast alle Belange der Handwerker regelten. Mit dem Aufblühen der Städte im 12. Jahrhundert nahm auch der Fernhandel zu. Neben den Städten in Oberitalien und Flandern erreichten die Hansestädte eine große wirtschaftliche Bedeutung. Die Hanse wurde im 14. und 15. Jahrhundert auch zu einer politischen Macht in Nord- und Mitteleuropa.
Der Reichtum der Städte fand seinen Ausdruck im Bau von Kathedralen. Denn viele Stadtbürger versuchten, durch Stiftungen für den Kirchenbau ihr „Seelenheil" zu sichern.

Die Stadtherrschaft

Die Patrizier übten die Herrschaft in der Stadt aus, nachdem sie sich im Hochmittelalter gegenüber dem Stadtherrn immer mehr Rechte erkämpft hatten. Seit dem 14. Jahrhundert kam es immer häufiger zu Aufständen der Zünfte gegen die Patrizier. In deren Folge wurden an vielen Orten die Handwerker an der Stadtregierung beteiligt. Der Kampf der Patrizier gegen die Stadtherren und die Zunftkämpfe der Handwerker gegen die Patrizier gelten als Wurzeln der städtischen Selbstverwaltung. Seit dem Mittelalter wandern immer mehr Menschen in die Städte. Ob diese Entwicklung anhält und wie die Städte der Zukunft aussehen werden, ist heute umstritten.

Für den Glauben leben

Schützt Glaube vor Not?

Für die Menschen des Mittelalters gehörten Krankheiten und Naturkatastrophen zu den Gefahren und Ereignissen, die sie nicht erklären und nicht verhindern konnten. Zum Beispiel galt die weit verbreitete Seuche Lepra (Aussatz) als Strafe Gottes. Viele Menschen suchten deshalb Schutz und Hilfe im christlichen Glauben (z.B. durch Pilgerreisen, Heiligen- und Reliquienverehrung). Die Kirche unterstützte und förderte dies: Krankenpflege galt als Dienst am Nächsten und sollte den Kranken in seinem Glauben stärken.

Kloster – Leben in Glauben und Gemeinschaft

Christliche Missionare der Spätantike und des Mittelalters verbreiteten den christlichen Glauben, indem sie „in die Welt hinausgingen“. Mönche und Nonnen zogen sich „aus der Welt“ in Klöster zurück, trugen aber in gleicher Weise dazu bei, dass der christliche Glaube im Mittelalter bestimmend war: Die Ordensregeln, die erstmals im 6. Jahrhundert von Benedikt von Nursia festgelegt wurden, schrieben ihnen ein Zusammenleben vor, das für die Welt außerhalb der Klostermauern als vorbildlich galt. Auch als „Bildungsinseln“ hatten die Klöster eine wichtige Funktion: Sie vermittelten das aus der Antike überlieferte Wissen und ergänzten es durch eigene Forschungen. Besonders für Frauen war das Leben im Kloster eine Möglichkeit, wissenschaftlich tätig zu werden.
Unterschiedliche Vorstellungen über die „richtige“, d.h. gottgefällige Lebensweise der Mönche führten zu Reformbewegungen und zur Gründung neuer Orden (Klosterreform von Cluny im 10. Jahrhundert, Gründung des Zisterzienserordens Ende des 11. Jahrhunderts).

Der „rechte“ Glaube: Wer entscheidet darüber?

Im 7./8. Jahrhundert entstand nach dem Judentum und dem Christentum die dritte große monotheistische Religionsgemeinschaft: der Islam. Der Islam breitete sich bis etwa 750 durch militärische Eroberungen der Kalifen über Arabien hinaus aus und innerhalb von nur 150 Jahren hatte sich ein islamisches Weltreich gebildet. Es zerfiel zwar bald wieder, aber die kulturellen „Schätze“, die die Araber in die eroberten Gebiete mitgebracht hatten, blieben erhalten. In al-Andalus, wo Muslime, Christen und Juden über mehrere Jahrhunderte hinweg unter arabischer Herrschaft zusammenlebten, führte der Zusammenfluss verschiedener Kulturtraditionen dazu, dass Bildung, Kultur und Wissenschaft ein viel höheres Niveau hatten als in anderen Gebieten Europas. Spannungsfrei war das Miteinander verschiedener Religionen allerdings nicht.

Begriffe und Daten
Kloster

Kämpfen im Namen des Glaubens: die Kreuzzüge

Die Kreuzzüge begannen mit einem Aufruf Papst Urbans II. 1095. Konstantinopel und das Heilige Land mit Jerusalem sollten gegen die Eroberung durch muslimische Völker verteidigt werden. Dabei lockte großer Gewinn: Wer als Kreuzfahrer kämpfte, sollte Vergebung für seine Sünden erhalten. Die Motive der beteiligten Gruppen waren allerdings so unterschiedlich wie ihre soziale und finanzielle Situation. 1099 eroberten die Kreuzfahrer Jerusalem und gründeten Kreuzfahrerstaaten im Nahen Osten. Die Kreuzritter organisierten sich zum Teil in Ritterorden. Sie sahen ihre Aufgaben im Kampf zum Ruhme Gottes. Nach dem Ende der Kreuzzüge widmeten sich viele der Krankenpflege und der Landwirtschaft.

Machtpolitik und Konflikte in Europa

Papst und Kaiser verlieren Macht an die Fürsten

Ausgehend von Cluny, begann im 10. Jahrhundert eine Klosterreform, die sich bald zu einer Reformbewegung der ganzen Kirche ausweitete. Wurde das Papsttum in seinen Reformbestrebungen anfänglich noch vom Kaiser unterstützt, so kam es unter Papst Gregor VII. und Kaiser Heinrich IV. zum Konflikt zwischen geistlicher und weltlicher Macht. Der „Gang nach Canossa" (1077) stellte den Höhepunkt im so genannten Investiturstreit dar.

Die deutschen Fürsten bauten seit dem 12. Jahrhundert ihre eigene Macht gegenüber dem Kaisertum und ihre Landesherrschaften immer weiter aus. Mit der Goldenen Bulle regelten die mächtigsten Fürsten 1356 die Wahl eines Königs für das Reich. Seit dem 14. Jahrhundert nahmen die Fürsten und Reichsstädte auf Hoftagen und schließlich auf dem Reichstag Einfluss auf die Entscheidungen des Kaisers.

England und Frankreich werden zu Nationalstaaten

Das englische Königreich besaß seit dem 12. Jahrhundert eine durch das Lehnswesen abgesicherte wirkungsvolle Staatsverwaltung und ein starkes Königtum. Nach dem Tod des Königs Richard Löwenherz 1199 kam es aber zu Konflikten zwischen seinem Nachfolger Johann Ohneland und den englischen Adligen. In der Magna Charta 1215 erreichten die englischen Fürsten durch die Einrichtung eines Parlaments wichtige Zustimmungsrechte.

Die Besitzungen Englands auf dem französischen Festland waren Lehen des französischen Königtums. Als im 14. Jahrhundert die französische Königsfamilie keinen Erben für das Königsamt hatte, entbrannte zwischen England und Frankreich ein Krieg um die Nachfolge. Der Hundertjährige Krieg (1339–1453) endete mit der Niederlage Englands, das alle seine Festlandbesitzungen in Frankreich verlor. Während des Krieges hatte sich unter der Bevölkerung beider Länder ein starkes Zusammengehörigkeitsgefühl gebildet. Es war die Grundlage für die Entstehung von Nationalstaaten.

Neues Denken, Neue Welt?

Humanismus und Renaissance verändern das Weltbild

Ein Künstler und Forscher wie Leonardo da Vinci steht stellvertretend für die Veränderungen um 1500: In der Renaissance wurde der einzelne Mensch als etwas Einmaliges betrachtet, der aufgefordert war, auf vielfältige Weise sich und seine Umgebung zu erforschen. Gelehrte wie Galilei oder Kopernikus gingen bei der Erforschung der Natur über bisherige von der Kirche verkündete Erklärungen hinaus. Bei der praktischen Umsetzung ihrer Naturbeobachtungen entwarfen einige von ihnen Maschinen, die uns heute noch sehr modern erscheinen. Ihre Forschungen waren wichtige Voraussetzungen für die Entdeckungsfahrten, z.B. die Amerikafahrt des Kolumbus.

Gewinner und Verlierer der wirtschaftlichen Veränderungen

Die Idee, seine eigenen Fähigkeiten und damit seine Grenzen zu testen, erfasste alle Lebensbereiche, vor allem auch die Wirtschaft: Geldverkehr, Fernhandel und die Nachfrage nach Luxuswaren führten dazu, dass Handel und Gewerbe in den Städten aufblühten. Große Handelsfirmen wie die der Fugger konnten nicht nur eine marktbeherrschende Stellung, sondern auch großen politischen Einfluss erringen. Zu den Verlierern in Europa gehörten die im Verlagssystem tätigen Weber, in den Kolonien war es die einheimische Bevölkerung, die von den Encomenderos ausgebeutet wurde. An den Entdeckungen wird deutlich, dass die Neuerungen für viele Menschen mit negativen Folgen verbunden waren.

Viele bleiben beim Alten

Der Übergang vom Mittelalter zur Neuzeit ist nicht auf ein einzelnes Ereignis festzulegen wie z.B. die Erfindung des Buchdrucks durch Johannes Gutenberg (1455) oder die Entdeckung Amerikas durch Christoph Kolumbus (1492). Diese Epoche muss vielmehr als ein Umbruchprozess vom 14. bis zum 16. Jahrhundert gesehen werden. Sie war nicht ohne Widersprüche: Während Gebildete in Europa versuchten, die Erscheinungen der Welt mit Vernunft zu erklären, lebten die meisten Menschen um 1500 überwiegend noch nach den alten Regeln.

In vielen Gegenden stieg die Zahl der Hexenprozesse gegen Frauen und Männer stark an. Warum es zu Beginn der Neuzeit zu einer Ausweitung der Hexenverfolgung kam, ist bis heute nicht eindeutig erwiesen.

Begriffe und Daten

- Florenz und die Medici
- Neuzeit
- Renaissance
- Neues Bild der Erde
- um 1450 Erfindung des Buchdrucks
- Fugger
- Entdeckungen und Eroberungen

Der Glaubensstreit in Europa

Die Reformation führt zur Glaubensspaltung

Im 15. Jahrhundert war es üblich geworden, begangene Sünden durch Stiftungen oder den Kauf von Ablassbriefen abzugelten. Kritik an dem päpstlichen Ablasshandel übte der Mönch Martin Luther (1483–1546) mit 95 Thesen, die er 1517 veröffentlichte. Luther wurde als Ketzer angeklagt und 1521 mit der Reichsacht belegt (Wormser Edikt). Viele Reichsfürsten und Reichsstädte jedoch traten zum lutherischen Glauben über. So wurde der Streit um die Erneuerung der Kirche (Reformation) zwischen Kaiser, Papst und Fürsten zu einem politischen Streit, der zur religiösen und politischen Spaltung des Reichs führte. Im Augsburger Religionsfrieden (1555) wurde schließlich vereinbart, dass das katholische und das lutherische Glaubensbekenntnis gleichgestellt waren. In den Territorien, in denen der Landesherr den lutherischen Glauben angenommen hatte, entstanden seit etwa 1530 evangelische Landeskirchen, die von den Landesherren geleitet wurden (Landesbischöfe).
Die katholische Kirche versuchte seit den Reformen des Konzils von Trient (1545–1563), Einfluss zurückzugewinnen, z.B. durch die Gründung katholischer Bildungseinrichtungen (Jesuitenschulen).

Die Bauern erheben sich

Bereits am Ende des 15. und in den ersten Jahrzehnten des 16. Jahrhunderts gab es vereinzelt Aufstände unzufriedener Bauern gegen ihre Herren (Bundschuh). Luthers Kritik an der Kirche und seine Freiheitsgedanken stießen daher bei der ländlichen Bevölkerung auf Zustimmung. Hier verband sich die Hoffnung auf die Erneuerung des Glaubens mit Hoffnungen auf die Lösung ihrer sozialen Probleme. 1524/25 kam es dann vor allem im Südwesten des Reiches zu einer gewaltsamen Erhebung der Bauern. Besonders klösterliche Grundherrschaften wurden überfallen und geplündert. Der lutherische Pfarrer Thomas Müntzer (1490–1525) unterstützte die Bauern, Luther dagegen lehnte den gewaltsamen Protest der Bauern ab und rief die Herrscher auf, unerbittlich gegen die Bauern vorzugehen. Die Bauernhaufen wurden 1525 von den landesherrlichen Truppen besiegt.

Begriffe und Daten
Ablasshandel
1517 Thesen Luthers
Reformation
1524/25 Der große Bauernkrieg
Glaubensspaltung
1555 Augsburger Religionsfrieden
1648 Westfälischer Frieden

30 Jahre Krieg verändern Europa

Aus der engen Verbindung von konfessionellen und politischen Spannungen entbrannte 1618 der Dreißigjährige Krieg. Auslöser war der „Prager Fenstersturz", eine Protestaktion evangelischer Adliger in Böhmen gegen die Beschränkung ihrer Religionsfreiheit. Viele europäische Länder beteiligten sich am Krieg, bei dem weite Gebiete des Reiches schwer verwüstet wurden und die Bevölkerung an vielen Stellen um die Hälfte zurückging. Anders als in den Schlachten des Mittelalters wurden in diesem Krieg alle Bevölkerungsgruppen für die Unterstützung der Armeen herangezogen: Männer als Söldner und deren Angehörige zur Versorgung der Truppen. Auch die geografische Ausdehnung des Krieges über ganz Mitteleuropa war für die Menschen eine neue Erfahrung.

Der Frieden schafft neue Machtverhältnisse

Nachdem der Dreißigjährige Krieg 1648 nach langen Verhandlungen durch den Westfälischen Friedensvertrag beendet worden war, blieben viele Teile der Bevölkerung noch lange Jahre in großer Armut. Auf politischer Ebene wurde deutlich, dass sich die Machtverhältnisse in Europa verändert hatten. Neue Staaten waren entstanden (Schweiz, Niederlande) und auch die Landesherren hatten gegenüber dem Reich endgültig ihre weit gehende Unabhängigkeit gewonnen. War der Westfälische Frieden ein neuer Anfang?

Absolutismus und Aufklärung

Modell Frankreich

In Frankreich bildete sich unter Ludwig XIV. ein Herrschaftsmodell aus, das sich von mittelalterlichen Regierungsformen deutlich unterschied: Der König hielt seine Macht für „absolut", also für über den Gesetzen stehend. Er nahm die gesamte staatliche Gewalt für sich in Anspruch und maßte sich das Recht an, in alle Bereiche des Lebens regelnd einzugreifen. Ludwig XIV. und seine Minister höhlten das Mitwirkungsrecht der Stände bei der Festsetzung von Steuern aus, scheiterten aber bei dem Versuch, es ganz zu beseitigen. Wichtige Neuerungen, die die Macht der absolutistischen Herrscher stützten, waren der Hof, der den Mittelpunkt des Staates bildete, und das stehende Heer. Der Adel erhielt Privilegien, verlor aber an politischem Einfluss. Das Heer unterstand direkt dem König.
Auch die Kirche gehörte zu den Säulen der königlichen Macht. Glaubenseinheit sah Ludwig XIV. als Voraussetzung für die Schaffung eines geschlossenen Staates an.
Das politische System, das in Frankreich entstand, war ein Vorbild für viele andere europäische Staaten.

Merkantilismus und Sozialpolitik

In der Epoche des Absolutismus dehnte der Staat seine Tätigkeit auf das wirtschaftliche und soziale Leben aus. Das plötzliche Interesse an diesen bisher kaum beachteten Bereichen erklärt sich durch den enorm gestiegenen Finanzbedarf des Staates. Um die Menge des in ihrem Land vorhandenen Geldes zu erhöhen, erschwerten die Regierungen in den meisten europäischen Staaten die Einfuhr von Fertigwaren und erleichterten deren Ausfuhr. Durch die Vergabe von Krediten und Monopolen an Verlage und Manufakturen sollte die Wirtschaft gestärkt werden. Die Herrscher handelten nach der Theorie des Merkantilismus, nach der die Macht eines Landes unmittelbar auf dessen Reichtum beruhte. Nutznießer dieser Maßnahmen war das Bürgertum, das wirtschaftlich erstarkte, aber politisch unmündig blieb.
Auch die staatliche Sozialpolitik diente der Belebung der Wirtschaft. Mit einer Fülle von Vorschriften sollte die Bevölkerung zu einem fleißigen und ordentlichen Lebenswandel gezwungen werden. Da die Regierungen nicht über genügend Ordnungshüter verfügten, standen viele Verordnungen und Gesetze aber nur auf dem Papier.

Auf dem Weg zu einem modernen Staat?

Der Absolutismus war ein wichtiger Schritt auf dem Weg zum zentralisierten Verwaltungsstaat, wie wir ihn heute kennen. Es bildete sich eine Staatsgewalt heraus, die das Staatsgebiet und das Staatsvolk zu einer Einheit zusammenfasste. Verkörpert wurde sie durch den Verwaltungsapparat mit dem Fürsten an der Spitze. Durch den Aufbau einer leistungsfähigen Verwaltung steigerte der Staat seine Einnahmen. Durch den Aufbau eines stehenden Heeres sicherte er sich das Gewaltmonopol im Inneren. Die Ständeordnung wurde allerdings nicht angetastet, sodass die erheblichen rechtlichen Unterschiede zwischen Adligen, Geistlichen, Bürgern und Bauern bestehen blieben.

Aufgeklärter Absolutismus?

Die Gelehrten und Schriftsteller der Aufklärung, wie z. B. Montesquieu, Rousseau, Voltaire oder Kant, erhoben die Vernunft zum Maßstab aller Dinge. In Wissenschaft und Technik gelangen ihnen zahlreiche Entdeckungen und Erfindungen. Auch den Staat wollten sie neu organisieren. Sie verwiesen auf die natürlichen Rechte der Menschen und übten Kritik am Machtanspruch der absolutistischen Herrscher. Ihre Ideen verbreiteten sich vor allem im gebildeten Bürgertum (Beamte, Professoren, Ärzte, Kaufleute) und in Teilen des Adels. In Lesegesellschaften wurden die Ideen der Aufklärung diskutiert. Allerdings ließen nur wenige Lesegesellschaften Frauen als Mitglieder zu, die deshalb darauf angewiesen waren, Gäste zu sich nach Hause einzuladen, wenn sie über Wissenschaft und Politik diskutieren wollten.
Die Aufklärung erreichte auch die Fürsten. Friedrich II. (1740–1786) war nur einer von vielen Herrschern seiner Zeit, die einzelne Ideen der Aufklärung aufgriffen. Er fühlte sich zu einer Politik verpflichtet, die dem Wohl des Staates und seiner Untertanen diente. Allerdings hielt er am Anspruch der Fürsten auf die höchste Macht im Staat fest. Ob er tatsächlich ein aufgeklärter Herrscher war, lässt sich nicht eindeutig entscheiden.

Begriffe und Daten
1661–1715 Regierungszeit Ludwigs XIV.
Sonnenkönig
Absolutismus
Merkantilismus

Die Französische Revolution

Französische Verfassung von 1791: S. 37
Entstehung des modernen Baden-Württemberg: S. 48 f.
Generalstände: S. 26
Erklärung der Menschen- und Bürgerrechte: S. 30 f.
Schreckensherrschaft der Jakobiner: S. 38 ff.

Industrialisierung

Industrielle Revolution: S. 56
Schlüsselerfindungen: S. 71
Schrittmacherindustrien: S. 70
Fabrikordnungen: S. 83 f.
Soziale Frage: S. 88 ff.

1780
Beginn der Industriellen Revolution in England

14. 7. 1789
Sturm auf die Bastille

1806
Ende des Römischen Reiches deutscher Nation

1830
Beginn der Industriellen Revolution in Deutschland

1835
Erste Eisenbahn in Deutschland

1848
Revolutio[n in] Deutschl[and]

1780 1800 1820 1840

Deutschland im 19. Jahrhundert

Restauration und liberale Opposition: S. 102 ff.
Märzereignisse: S. 112 f.
Nationalversammlung: S. 118
Reichsverfassungkampagne: S. 122
Militarismus: S. 144
Kulturkampf: S. 150 f.

Imperialismus und Erster Weltkrieg

Epoche des Imperialismus (1880–1914): S. 163
Nationalismus: S. 182 f.
Imperialismus: S. 163

Die Russische Revolution

Sowjets: S. 212
Entstehung der Sowjetunion: S. 218

April 1849 Ablehnung der Kaiserkrone durch Friedrich Wilhelm IV. von Preußen

1871 Reichsgründung

1878 Sozialistengesetz

1914–1918 Erster Weltkrieg

1917 Oktoberrevolution

1860 – 1880 – 1900 – 1920

Artikel 1

(1) Die Würde des Menschen ist unantastbar. Sie zu achten und zu schützen ist Verpflichtung aller staatlichen Gewalt.

(2) Das deutsche Volk bekennt sich darum zu unverletzlichen und unveräußerlichen Menschenrechten als Grundlage jeder menschlichen Gemeinschaft, des Friedens und der Gerechtigkeit in der Welt [...]

Artikel 2

(1) Jeder hat das Recht auf die freie Entfaltung seiner Persönlichkeit, soweit er nicht die Rechte anderer verletzt und gegen die verfassungsmäßige Ordnung oder das Sittengesetz verstößt.

(2) Jeder hat das Recht auf Leben und körperliche Unversehrtheit. Die Freiheit der Person ist unverletzlich. In diese Rechte darf nur aufgrund eines Gesetzes eingegriffen werden.

Artikel 3

(1) Alle Menschen sind vor dem Gesetz gleich.

(2) Männer und Frauen sind gleichberechtigt. Der Staat fördert die tatsächliche Durchsetzung der Gleichberechtigung von Frauen und Männern und wirkt auf die Beseitigung bestehender Nachteile hin.

(3) Niemand darf wegen seines Geschlechts, seiner Abstammung, seiner Rasse, seiner Sprache, seiner Heimat und Herkunft, seines Glaubens, seiner religiösen oder politischen Anschauungen benachteiligt oder bevorzugt werden. Niemand darf wegen seiner Behinderung benachteiligt werden.

Artikel 4

(1) Die Freiheit des Glaubens, des Gewissens und die Freiheit des religiösen und weltanschaulichen Bekenntnisses sind unverletzlich.

(3) Niemand darf gegen sein Gewissen zum Kriegsdienst mit der Waffe gezwungen werden [...]

Artikel 5

(1) Jeder hat das Recht seine Meinung in Wort, Schrift und Bild frei zu äußern und zu verbreiten und sich aus allgemein zugänglichen Quellen ungehindert zu unterrichten. Die Pressefreiheit und die Freiheit der Berichterstattung [...] werden gewährleistet. Eine Zensur findet nicht statt.

Artikel 8

(1) Alle Deutschen haben das Recht sich ohne Anmeldung oder Erlaubnis friedlich und ohne Waffen zu versammeln.

(2) Für Versammlungen unter freiem Himmel kann dieses Recht durch Gesetz [...] beschränkt werden.

Artikel 9

(1) Alle Deutschen haben das Recht Vereine und Gesellschaften zu bilden.

(2) Vereinigungen, deren Zweck oder deren Tätigkeit den Strafgesetzen zuwiderlaufen oder die sich gegen die verfassungsmäßige Ordnung oder gegen Gedanken der Völkerverständigung richten, sind verboten.

Artikel 10

(1) Das Briefgeheimnis sowie das Post- und Fernmeldegeheimnis sind unverletzlich.

(2) Beschränkungen dürfen nur aufgrund eines Gesetzes angeordnet werden.

Artikel 11

(1) Alle Deutschen genießen Freizügigkeit im ganzen Bundesgebiet.

Artikel 12

(1) Alle Deutschen haben das Recht Beruf, Arbeitsplatz und Ausbildungsstätte frei zu wählen. Die Berufsausübung kann durch Gesetz [...] geregelt werden.

(2) Zwangsarbeit ist nur bei einer gerichtlich angeordneten Freiheitsentziehung zulässig.

Artikel 12 a

(1) Männer können vom vollendeten achtzehnten Lebensjahr an zum Dienst in den Streitkräften, im Bundesgrenzschutz oder in einem Zivilschutzverband verpflichtet werden.

(2) Wer aus Gewissensgründen den Kriegsdienst mit der Waffe verweigert, kann zum Ersatzdienst verpflichtet werden.

Artikel 13

(1) Die Wohnung ist unverletzlich.

(2) Durchsuchungen dürfen nur durch den Richter, bei Gefahr im Verzuge auch durch die in den Gesetzen vorgesehenen anderen Organe angeordnet und nur in der dort beschriebenen Form durchgeführt werden [...]

Artikel 14

(1) Das Eigentum und das Erbrecht werden gewährleistet. Inhalt und Schranken werden durch die Gesetze bestimmt.

(2) Eigentum verpflichtet. Sein Gebrauch soll zugleich dem Wohl der Allgemeinheit dienen.

(3) Eine Enteignung ist nur zum Wohle der Allgemeinheit zulässig [...]

Artikel 15

Grund und Boden, Naturschätze und Produktionsmittel können zum Zweck der Vergesellschaftung durch ein Gesetz, das Art und Ausmaß der Entschädigung regelt, in Gemeineigentum [...] übergeführt werden [...]

Artikel 16

(1) Die deutsche Staatsangehörigkeit darf nicht entzogen werden [...]

(2) Kein Deutscher darf an das Ausland ausgeliefert werden.

Artikel 16 a

(1) Politisch Verfolgte genießen Asylrecht.

(2) Auf Absatz 1 kann sich nicht berufen, wer aus einem Mitgliedsstaat der Europäischen Gemeinschaften oder aus einem Drittstaat einreist, in dem die Anwendung des Abkommens über die Rechtsstellung der Flüchtlinge und der Konvention zum Schutze der Menschenrechte und Grundfreiheiten sichergestellt ist [...]

Artikel 17

Jedermann hat das Recht sich einzeln oder in Gemeinschaft mit anderen schriftlich mit Bitten oder Beschwerden an die zuständigen Stellen und an die Volksvertretung zu wenden.

Artikel 18

Wer die Freiheit der Meinungsäußerung, insbesondere die Pressefreiheit, die Lehrfreiheit, die Versammlungsfreiheit, die Vereinigungsreiheit, das Brief-, Post- und Fernmeldegeheimnis, das Eigentum oder das Asylrecht zum Kampfe gegen die freiheitliche demokratische Grundordnung, missbraucht, verwirkt diese Grundrechte. Die Verwirkung und ihr Ausmaß werden durch das Bundesverfassungsgericht ausgesprochen.

Artikel 19

[...] (2) In keinem Fall darf ein Grundrecht in seinem Wesensgehalt angetastet werden.

Artikel 20

(1) Die Bundesrepublik Deutschland ist ein demokratischer und sozialer Bundesstaat.

(2) Alle Staatsgewalt geht vom Volke auS. Sie wird vom Volk in Wahlen und Abstimmungen und durch besondere Organe der Gesetzgebung, der vollziehenden Gewalt und der Rechtsprechung ausgeübt [...]

(4) Gegen jeden, der es unternimmt, diese Ordnung zu beseitigen, haben alle Deutschen das Recht zum Widerstand, wenn andere Abhilfe nicht möglich ist.

Artikel 21

(1) Die Parteien wirken bei der politischen Willensbildung des Volkes mit [...]

Verfassung der Bundesrepublik Deutschland

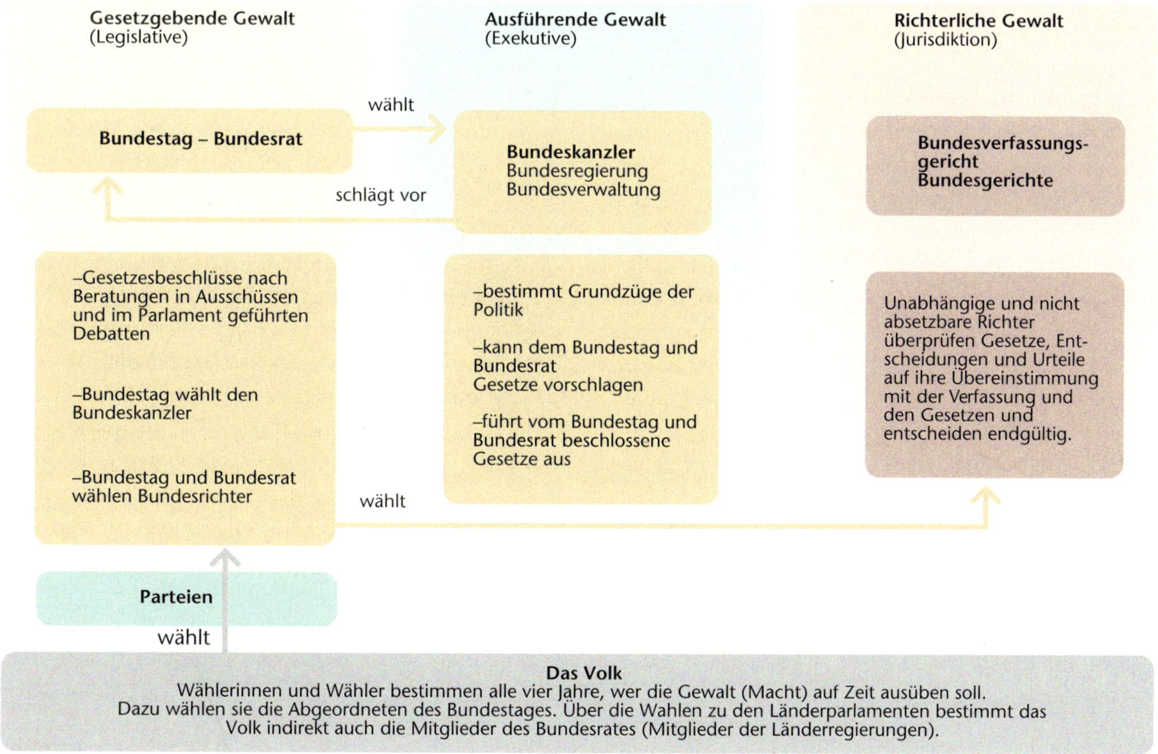

Im Lexikon werden Fremdwörter, historische Begriffe und Ereignisse erläutert, die in den Darstellungstexten dieses Buches vorkommen und mit einem * versehen sind. Die Begriffe, die auf den Themenseiten in Kästen erklärt sind, haben einen Verweis auf die jeweilige Seite.

Annexion Meist gewaltsame, widerrechtliche Eingliedrerung fremden Gebietes in einen Staat.

Antisemitismus: siehe S. 155

Bolschewismus, Bolschewiki: siehe S. 213

Bundesstaat Zusammenschluss von selbstständigen Einzelstaaten zu einem Gesamtstaat, wobei die Einzelstaaten einen Teil ihrer Rechte in der Gesetzgebung und Verwaltung an den Gesamtstaat übertragen, z. B. die Außen- und Finanzpolitik, einen anderen Teil aber weiter behalten, z. B. die Schul- und Kulturpolitik. Man bezeichnet dieses Gestaltungsprinzip von Staaten als Föderalismus.

Bürger(tum)/Bourgeousie Im Mittelalter und in der Frühen Neuzeit vor allem die freien und vollberechtigten Stadtbewohner; im Wesentlichen die städtischen Kaufleute und Handwerker; im 19. und 20. Jh. die Angehörigen einer durch Besitz, Bildung und Einstellungen gekennzeichneten Bevölkerungsschicht, die sich von Adel und Klerus, Bauern und Unterschichten (einschließlich der Arbeiter) unterscheidet. Zu ihr gehören Besitz- und Wirtschaftsbürger (= Bourgeoisie, also größere Kaufleute, Unternehmer, Bankiers, Manager), Bildungsbürger (Angehörige freier Berufe, höhere Beamte und Angestellte zumeist mit akademischer Bildung), am Rande auch die Kleinbürger (kleinere Handwerker, Kleinhändler, Wirte). Im Marxismus Bezeichnung für die im Kapitalismus herrschende Klasse, die über die Produktionsmittel und die Arbeitskraft der Proletarier verfügt. Der Begriff „Staatsbürger" dagegen meint alle Einwohner eines Staates ungeachtet ihrer sozialen Stellung, soweit sie gleiche „bürgerliche" Rechte und Pflichten haben (vor Gericht, in Wahlen, in der öffentlichen Meinung). Staatsbürger im vollen Sinn waren lange nur die Männer und nur die Angehörigen der besitzenden und gebildeten Schichten, im 19. Jh. allmähliche Ausweitung auf nichtbesitzende Schichten, im 20. Jh. auch auf Frauen.

Demokraten: siehe S. 115

Duma (russ. = Rat, Gedanke) Bezeichnung für beratende Versammlungen. Ursprünglich war damit der Rat des russischen Adels gemeint. Seit der ersten russischen Revolution von 1905 die Bezeichnung für das Parlament in Russland. Zunächst mit eingeschränkter, lediglich beratender Funktion, erhielt die Duma bald auch gesetzgebende Befugnisse. Das Wahlrecht unterlag ständiger Veränderung und wurde mehrfach eingeschränkt. Die Abgeordneten der Duma wurden für die Dauer von 5 Jahren gewählt. Eine vollständige Legislaturperiode erlebte die Duma zwischen den Jahren 1906–1917 jedoch nur einmal. Die vierte Duma von 1912–1917 amtierte bis zur Februarrevolution und war die Basis für die provisorische Regierung. Nach der Oktoberrevolution 1917 wurde sie von den Bolschewiki aufgelöst. Duma bzw. Staatsduma bezeichnet heute die erste Kammer (Volkskammer) des Parlaments der Russischen Förderation.

Entente cordiale Zu deutsch „Das herzliche Einvernehmen": Kolonialer Interessenausgleich zwischen Großbritannien und Frankreich schafft 1904 die Grundlagen für das Bündnis beider Länder gegen die Mittelmächte. 1907 entsprechender kolonialer Ausgleich zwischen Großbritannien und Russland, das damit der Entente beitritt.

Fabrik: siehe S. 57

Generalstände In Frankreich vor 1789 die ständige Vertretung des Königreichs durch Geistliche, Lehnsfürsten und Abgeordnete königlicher Städte. Die wichtigsten Aufgaben waren Steuerbewilligung und Vorlage von Beschwerden. Nach 1614 wurden sie erst wieder 1789 einberufen.

Gewaltenteilung Aufteilung der staatlichen Gewalt in eine gesetzgebende (legislative), gesetzesvollziehende (exekutive) und rechtsprechende (judikative) Gewalt. Sie geht auf die Aufklärung zurück und soll die Konzentration der staatlichen Gewalt in einer Hand verhindern. Als Verfassungsorgane haben sich aus dem Prinzip der Gewaltenteilung das Parlament, die Regierung und das selbstständige Gerichtswesen entwickelt.

Gewerkschaften Sie entstanden als Teil der Arbeiterbewegung mit dem Ziel, die soziale Lage der Arbeiterschaft zu verbessern. Dabei ging es vor allem um geringere Arbeitszeiten, höhere Löhne und bessere Bedingungen am Arbeitsplatz. Anders als im Obrigkeitsstaat des 19. Jahrhunderts sind die Gewerkschaften in der Bundesrepublik

Deutschland als Tarifpartner anerkannt, das heißt, sie können mit den Arbeitgebern Tarifverträge, z. B. über die Lohnhöhe, Arbeits- und Urlaubszeiten, abschließen (Tarifautonomie).

Heiliges Römisches Reich (Deutscher Nation) Mit der Annahme des Kaisertitels durch Otto I. (962) wurde die Tradition des Römerreiches der Franken fortgesetzt. Die Bezeichung „heilig" sollte zeigen, dass die weltliche wie auch die geistliche Herrschaft göttlichen Ursprungs seien. Der seit dem 15. Jh. verwendete Zusatz „Deutscher Nation" betonte den Anspruch der deutschen Könige auf den Titel des Kaisers. Verfassungsrechtlich bestand das Reich bis 1806, verlor jedoch machtpolitisch durch den Aufstieg der Territorialherrschaften immer mehr an Bedeutung.

Imperialismus: siehe S. 163
Industrielle Revolution: siehe S. 56

Kapital, Kapitalismus: siehe S. 59
Klasse, Klassenkampf (von lat. classis = Gruppe, Stand) Eine Gruppe von Menschen mit gleichen sozialen und wirtschaftlichen Merkmalen. Im 19. Jahrhundert wurde Klasse als Bezeichnung für die Industriearbeiterschaft („Arbeiterklasse") verwendet und zur Rechtfertigung des „Klassenkampfes" der Arbeiter gegen die Kapitalisten (Fabrikbesitzer) herangezogen.
Kolchos Durch Kollektivierung Zusammenschluss mehrerer Höfe oder Gemeinden zu gemeinsamer landwirtschaftlicher Bewirtschaftung unter vom Staat bestimmten Bedingungen in Bezug auf Arbeitsleistung, Produktion, Verwaltung.
Kollektivierung Überführung der privaten Produktionsmittel, insbesondere des landwirtschaftlich genutzten Bodens, in genossenschaftlich bewirtschaftetes Gemeineigentum, z. B. in der DDR.
Kolonien, Kolonialismus Die Einrichtung von Handelsstützpunkten und Siedlungskolonien in schwächeren Ländern (vor allem außerhalb Europas) sowie deren Inbesitznahme durch überlegene Staaten (vor allem Europas) seit dem Ende des 15. Jahrhunderts bezeichnet man als Kolonialismus. Die Kolonialstaaten verfolgen dabei vor allem wirtschaftliche und militärische Ziele.
Kommunismus Seit dem 19. Jh. Bezeichnung für eine politische Ideologie und Bewegung, die durch eine Revolution die bürgerliche Gesellschaft beseitigen und durch eine klassenlose Gesellschaft ohne Privatbesitz an Produktionsmitteln ersetzen wollen. Die Lehre des Kommunismus wurde vor allem von Karl Marx und Friedrich Engels begründet und stimmt in Teilen mit dem Sozialismus überein.
Kulturkampf Auseinandersetzung zwischen dem Deutschen Reich und der katholischen Kirche um die gegenseitigen Machtansprüche und die Abgrenzung kirchlicher und staatlicher Einflussbereiche. Reichskanzler Bismarck versuchte in den 1870er Jahren die Ansprüche des Staates durch eine Reihe von Gesetzen gegen die katholische Kirche durchzusetzen: z. B. Kanzelparagraf (Prediger, die Angelegenheiten des Staates erörterten, konnten strafrechtlich verfolgt werden), Verbot des Jesuitenordens, Einführung der Zivilehe. Die Kulturkampfgesetzgebung forderte den Widerstand des Katholizismus heraus. Bismarck musste daher schrittweise einen Teil der Maßnahmen zurücknehmen.

Liberalismus, Liberale: siehe S. 59, S. 115

Manufaktur Vorindustrieller Gewerbebetrieb mit Arbeitsteilung und vorwiegender Handarbeit (von lat. manu factum = mit der Hand gemacht). Eine Manufaktur produzierte zumeist hochwertige Güter für den Bedarf des Hofes (Kleider, Kutschen, Spiegel, Uhren, Porzellan) oder des Militärs (Uniformen, Waffen, Munition). Die größte Verbreitung in Europa hatten Manufakturen im 17. und 18. Jahrhundert.
Märzereignisse Der Begriff fasst die revoltionären Ereignisse in Deutschland im März des Jahres 1848 zusammen. Ausgelöst durch die Februarrevolution in Frankreich kam es in fast ganz Europa zu Aufständen nationaler und liberaler Bewegungen. In Berlin und anderen deutschen Städten lieferten sich die Aufständischen Gefechte mit dem Militär (Barrikadenkämpfe). Unter dem Druck der Bevölkerung machten einige Landesherren Zugeständnisse und erfüllten die wichtigsten Forderungen (Märzforderungen). Auch der preußische König Friedrich Wilhelm IV. gewährte nach den Erfolgen der Aufständischen in Wien Pressefreiheit, versprach, sich für die Idee der nationalen Einheit einzusetzen und berief eine preußische Nationalversammlung ein, die eine Verfassung ausarbeiten sollte.
Massenorganisationen Arbeiter-, Kultur-, Sport-, Frauen-, Jugendverbände etc., die, im Sinne einer Massenbewegung, alle Gruppeninteressen den gesellschaftspolitischen Tendenzen des Staates, der Staatspartei, unterordnen.
Menschen- und Bürgerrechte: siehe S. 30

Menschewiki: siehe S. 213

Merkantilismus (von lat. mercatus = Handel) Der Merkantilismus ist die vorherrschende Wirtschaftspolitik im Zeitalter des Absolutismus, die den Handel als entscheidend für die Stärkung der staatlichen Macht betrachtet. Die Überschüsse aus dem Handel mit anderen Staaten sollten dazu dienen, den Reichtum eines Staates zu vergrößern. Im Merkantilismus war man bestrebt, die Ausfuhr zu erhöhen und die Einfuhr zu beschränken. Später hielt man eine zahlreiche, gewerblich geschulte Bevölkerung, die für die Ausfuhr produzieren konnte, für wichtiger als Goldbesitz. Man versuchte deswegen, Menschen aus anderen Länder im eigenen Staat anzusiedeln und warb besonders qualifizierte Arbeitskräfte an.

Militarismus bedeutet die Durchdringung und das Vorherrschen militärischer Grundsätze und Wertvorstellungen im öffentlichen und privaten Leben.

Nation, Nationalstaat: siehe S. 132

Nationalismus wird meistens negativ als übersteigerte Form des Nationalgefühls und Überbewertung der eigenen Nation oder als aggressive nationale Interessenpolitik verstanden (frz.: Chauvinismus; engl. Jingoismus); oftmals wird Nationalismus zu einer Ideologie, die den Wert der eigenen Nation verabsolutiert und andere Völker abwertet.

Nationalversammlung bezeichnet in vielen Ländern das Parlament bzw. die zum Zwecke der Ausarbeitung einer Verfassung zuammengerufenen Volksvertreter (verfassunggebende Versammlung). Der Begriff geht zurück auf die Nationalversammlung (franz. Assemblée nationale) der Französischen Revoltion von 1789. In Deutschland trat eine gesamtdeutsche Nationalversammlung erstmals in Folge der Märzereignisse im Jahre 1848 in der Frankfurter Paulskirche („Paulskirchenparlament") zusammen. Aufgabe der Nationalversammlung war die Ausarbeitung einer Verfassung. Nach kontroversen Debatten wurde am 28. März 1849 eine Verfassung verabschiedet. Sie basierte auf den Prinzipien einer parlamentarischen Demokratie unter Beibehaltung der Monarchie. Ferner wurde in der Verfassung die Entscheidung für einen Ausschluss der deutschsprachigen Gebiete des Habsburgerreiches festgelegt (Kleindeutsche Lösung). Das Wiedererstarken der Fürsten und die Ablehnung der Kaiserkrone durch den preußischen König Friedrich Wilhelm IV. am 3. April 1849 führten jedoch dazu, dass die Verfassung nie in Kraft trat. Siehe auch Reichsverfassungskampagne.

Parlament In parlamentarischen Regierungssystemen ist das Parlament das oberste Staatsorgan. Es entscheidet mit Mehrheit über die Gesetze und den Haushalt und kontrolliert oder wählt die Regierung. Das Parlament kann aus einer oder zwei Kammern (Häusern) bestehen. Im Einkammersystem besteht das Parlament nur aus der Versammlung der vom Wahlvolk gewählten Abgeordneten (Abgeordnetenhaus). Im Zweikammersystem tritt dazu ein nach ständischen oder regionalen Gesichtspunkten gewähltes oder ernanntes Haus. Im demokratischen Parlamentarismus herrscht allgemeines und gleiches Wahlrecht. Im Deutschen Reich bestand seit 1871 ein Zweikammersystem : Reichstag und Bundesrat, heute Bundestag und Bundesrat.

Partei In der Politik der Zusammenschluss von Bürgern mit gemeinsamen politischen Vorstellungen und Zielen. Merkmale einer Partei sind: 1. dauerhafte Organisation; 2. Parteiprogramm, in dem die Ziele formuliert sind; 3. Wille zur Beeinflussung der Politik (z. B. über Wahlen) und Teilnahme an der Regierungsgewalt. Parteien in diesem Sinne setzen eine repräsentative Demokratie voraus. Die Parteien entstanden seit der Mitte des 19. Jh. aus Wahlvereinen. Vorläufer waren die politischen Klubs.

Pauperismus (von lat. pauper = arm). Bezeichnung für Massenarmut, insbesondere in der ersten Hälfte des 19. Jh. Der Pauperismus wurde hervorgerufen durch das schnelle Bevölkerungswachstum, dem eine zunächst nur langsam steigende Nahrungsmittelproduktion und ein Mangel an Arbeitsplätzen bzw. Verdienstmöglichkeiten gegenüberstanden. Er endete mit der Industriellen Revolution.

Privilegien: siehe S. 18

Proletariat: siehe S. 91

Propaganda Werbungs- und Beeinflussungsversuche für eine bestimmte Idee, Ideologie, aber auch für Konsumartikel. Propaganda bedient sich der Massenmedien (Presse, Rundfunk, Fernsehen) und will bestimmte politische Meinungen, Einstellungen, Verhaltensweisen oder soziale Leitbilder erzeugen. In modernen Diktaturen verfügt der Staat über die Gesamtheit der Propagandamittel und setzt sie zur Stabilisierung der Herrschaft ein.

Rassismus Pseudo-wissenschaftliche Anwendung der biologischen Unterscheidungen von menschlichen Gruppen gleicher erblicher Merkmale (z. B. der Hautfarbe) auf das gesellschaftlich-politische Leben, wobei die Höher- bzw. Minderwertigkeit verschiedener „Rassen" unterstellt wird. Meist mit Verherrlichung der eigenen und teilweise aggressiver Ablehnung anderer „Rassen" verbunden, mit einem Höhepunkt im nationalsozialistischen Rassenwahn (Antisemitismus).

Rat der Volkskommissare Die nach der Oktoberrevolution 1917 in Russland gebildete bolschewistische Regierung unter Führung Lenins (Vorsitzender). 1946 in Ministerrat (unter dem Ministerpräsidenten) umbenannt.

Reichsverfassungskampagne Der Begriff fasst die Aufstände in Deutschland zur Durchsetzung der am 28. März 1849 durch die Nationalversammlung (Paulskirchenparlament) verabschiedeten Verfassung zusammen. Die Aufstände fanden von Mai bis Juli in 1849 in Sachsen, Rheinland, Westfalen, Pfalz und Baden statt. Sie wurden von der preußischen Armee und Reichstruppen blutig niedergeschlagen.

Restauration Frühere Zustände – z. B. die Ordnung eines Staates – werden wiederhergestellt. Als Epochenbezeichnung für die Jahre 1815–1848 betont der Begriff, dass die staatliche Politik dieser Jahre einige wichtige vor der Französischen Revolution in der Politik geltende Grundsätze wieder zur Geltung bringen wollte.

Revolution: siehe S. 29

Säkularisierung Verweltlichung, d. h., dass die Religion für die Menschen an Bedeutung verliert. Dies ist besonders seit dem 18. Jh. zu beobachten. Säkularisierung bedeutet, aber auch der Übergang von Kirchengut in weltliche Hand, so z. B. während der Französischen Revolution.

Schlüsselerfindungen: siehe S. 71

Schrittmacherindustrien bezeichnet jene Industriezweige, die zur Zeit der Industrialisierung eine führende Rolle übernahmen und z. B. durch ihre erhöhte Nachfrage nach bestimmten Gütern die Entwicklung anderer Industrien förderten. In England wird die Textilindustie zu den Schrittmacherindustrien gezählt, in Deutschland insbesondere die Stahlindustie.

Sklave Ein rechtlich und wirtschaftlich völlig unfreier Mensch, der Eigentum eines anderen Menschen ist und wie eine Sache verkauft, verliehen und vermietet werden kann. Schon in der Antike weit verbreitet wurde die Sklaverei durch den Kolonialismus neu belebt. Sklaven aus Afrika wurden nach Amerika gebracht und dort als Arbeitskräfte, vor allem auf Plantagen, eingesetzt. Sklavenhandel und -wirtschaft wurden 1815 auf dem Wiener Kongress verboten. In den Südstaaten der USA wurden sie erst mit dem Bürgerkrieg 1861–1865 abgeschafft, in einigen südamerikanischen und arabischen Ländern noch später.

Souveränität Höchste Herrschaftsgewalt in einem Staat und rechtliche Unabhängigkeit eines Staates nach außen. Volkssouveränität ist ein Grundprinzip demokratischer Herrschaft. Alle Staatsgewalt geht vom Volke aus, das seinen Willen direkt oder indirekt durch gewählte Abgeordnete zur Geltung bringt. Die Idee der Volkssouveränität setzte sich zuerst in der Amerikanischen und Französischen Revolution durch. Sie wird nur durch die in der Verfassung festgelegten Menschenrechte beschränkt.

Sowchos Im Gegensatz zur kollektiven Bewirtschaftung einer Kolchose, stellen Sowchosen einen staatlichen Landwirtschaftsgroßbetrieb dar, der von angestellten Lohnarbeitern bewirtschaftet wird.

Sowjet, russ., Rat, urspr. spontan gewählte Arbeitervertretungen, deren Ausschüsse die gesetzgebende und vollziehende Gewalt ausübten. Erstmalig in der russischen Revolution von 1905. Arbeiter-, Soldaten- und Bauernräte bildeten den wichtigsten Faktor in den beiden russischen Revolutionen von 1917, sanken dann aber zu Instrumenten der kommunistischen Parteiführung herab. Die staatliche Gewalt auf höchster, d. h. Landesebene wurde in der Sowjetunion offiziell bis zu ihrer Auflösung von dem aus zwei Kammern bestehenden Obersten Sowjet ausgeübt.

Sozialdarwinismus: siehe S. 170

Soziale Frage bezeichnet die Notlage und die ungelösten Probleme vor allem der Industriearbeiter speziell in den frühen Phasen der Industrialisierung. Dazu gehörten: unsichere Arbeitsplätze und häufige Arbeitslosigkeit, niedrige Löhne bei langen Arbeitszeiten, Wohnungselend, fehlende Versorgung bei Krankheit, Invalidität und Tod. Verstärkt wurden die Probleme durch die Trennung von der alten Lebenswelt beim Zug in die Städte und die ungewohnte Fabrikarbeit. Lösungsversuche kamen von einzelnen Reformern und den Kirchen, besonders aber vom Staat (Sozialgesetzgebung) und von den Arbeitern selbst (Organisation und Selbsthilfe).

Sozialimperialismus Besondere Form des Imperialismus, der seine Triebkraft vor allem in dem Versuch herrschender Eliten von Adel, Bürokratie, Militär und Wirtschaft findet, ihre Machtpositionen im Staat zu behaupten und von inneren Auseinandersetzungen um diese Stellung abzulenken.

Sozialismus: siehe S. 90

Sozialpolitik: siehe S. 95

Sozialistengesetz Das Gesetz „wider die gemeingefährliche Bestrebung der Sozialdemokratie" galt nach mehrfacher Verlängerung von 1878 bis 1890. Kein Verbot der Sozialdemokratischen Partei, aber starke Einschränkung der politischen Arbeitsfähigkeit. Es stellte neben einer arbeitnehmerfreundlichen Gesetzgebung (Kranken-, Unfall-, Alters- und Invalidenversicherung) den Versuch dar, den Einfluss der Sozialdemokratie zu mindern. Als Anlass für das Gesetz nahm Reichskanzler Bismarck zwei auf den Kaiser verübte Attentate im Mai und im Juni des Jahres 1878 (an denen jedoch keine Sozialdemokraten beteiligt waren). Das Gesetz verfehlte seine Absicht: Von 1877–1890 verdreifachte sich die Zahl der sozialdemokratischen Wähler. 1890 wurde das Gesetz vom Reichstag nicht mehr verlängert.

Staatenbund Zusammenschluss von Staaten, wobei die einzelnen Staaten ihre eigenständige Staatsgewalt vollständig behalten. Es gibt aber gemeinsame Einrichtungen, in denen eine gemeinschaftliche Politik für alle Mitgliedsstaaten verbindlich festgelegt wird. Diese zentralen Einrichtungen sind aber eher schwach im Vergleich zur Macht der Einzelstaaten oder auch zu einem Bundesstaat. Beispiel für einen Staatenbund ist der Deutsche Bund 1815–1866.

Stalinismus Das von Stalin seit Lenins Tod 1924 geprägte Herrschaftssystem der Sowjetunion, eine Alleinherrschaft, gestützt auf den Partei-, Staats- und militärischen Apparat, abgesichert durch politische Säuberungen (politische Geheimpolizei), dogmatische Ideologie, Personenkult und Terror; auch auf andere sozialistische Staaten übertragen. Nach Stalins Tod 1953 setzte die Auseinandersetzung mit dem Stalinismus ein.

Totalitäre Herrschaft: siehe S. 223

Verfassung: siehe S. 34

Verlag, Verleger In der hier gebrauchten Bedeutung ein schon lange vor der Industrialisierung bestehender zunftfreier, großer, aber dezentralisierter Gewerbebetrieb (vor allem im Textilbereich), der von Verleger-Kaufleuten geleitet wurde und in dem Heimarbeiter, z. B. ländliche Weber, die unmittelbare Produktion erledigten.

Verwaltung Wahrnehmung der Aufgaben des Staates durch Amtsträger. Im Mittelalter gab es Ansätze einer solchen Verwaltung erstmals im Sizilien der normannischen und staufischen Könige. Sie verließen sich nicht mehr bloß auf ihre Vasallen, sondern bevorzugten Amtsträger, die sie einsetzen, besolden und abberufen konnten. In Deutschland zogen die Kaiser Ministeriale und Geistliche als Helfer heran. Eine Verwaltung im modernen Sinn entstand jedoch erst in den Fürstentümern des späten Mittelalters; vom Landesherrn abhängige, juristisch gebildete und oft aus dem Bürgertum stammende Räte verdrängten den Adel als Ratgeber der Fürsten.

Wahl, Wahlrecht Recht des Volkes, in regelmäßigen Abständen durch Wahl von Abgeordneten an der staatlichen Herrschaftsausübung teilzunehmen und diese zu kontrollieren. Unter passivem Wahlrecht versteht man das Recht, als Abgeordneter wählbar zu sein, unter aktivem Wahlrecht das Recht zu wählen. Beim direkten Wahlrecht bestimmt der Wähler unmittelbar den zu Wählenden, etwa den Abgeordneten des Wahlkreises, beim indirekten Wahlrecht werden Wahlmänner gewählt, die dann erst den zu Wählenden bestimmen, etwa bei der Wahl des amerikanischen Präsidenten. Der Kampf um die Ausweitung des Wahlrechts auf alle erwachsenen Bürger unabhängig von Geschlecht, Rasse oder Einkommen bestimmte das 19. Jahrhundert, da das Wahlrecht meistens an eine bestimmte Steuerleistung gebunden (Zensus) und auf die Männer beschränkt war. Das allgemeine und gleiche Wahlrecht für Männer und Frauen wurde in vielen Ländern erst nach 1918 eingeführt.

Weltmacht: siehe S. 183

Zensur/Zensor Historisch leitet sich der Begriff Zensur vom Amt des römischen Zensors ab. Der Zensor überprüfte im Auftrag des Staates oder der Kirche , ob eine Druckschrift den politischen oder moralischen Vorstellungen derer entsprach, die die Macht ausübten. Aufgrund der Zensur wurden missliebige Bücher verboten oder ihre Verbreitung eingeschränkt. Die Zensur steht im Gegensatz zur Pressefreiheit. Ihre Beseitigung war ein wichtiges Ziel der liberalen, demokratischen und sozialistischen Kräfte seit der Aufklärung.

Zensus: siehe Wahl, Wahlrecht

Inhalt der Methodenübersicht

Informationen beschaffen

Benutzung einer Bibliothek (Bd. 1)

1. Schritt: Besuch vorbereiten
Am besten vereinbart ihr mit der Bibliothek einen Termin. Viele Bibliotheken bieten an, im Rahmen einer Führung die Arbeit mit dem Katalog und das Verfahren der Bücher- bzw. Medienausleihe zu üben.

2. Schritt: Im Katalog suchen
Der Katalog ist ein Verzeichnis, in dem alle Bücher und anderen Medien der Bibliothek verzeichnet sind. Die meisten Bibliotheken haben einen virtuellen Katalog, in dem man am Computer suchen kann. Am Bildschirm kannst du zum Beispiel ein Stichwort, den Namen des Verfassers oder einen bestimmten Titel eingeben. Wenn du Bücher zu einem Thema suchst, gibst du ein passendes Stichwort ein, z. B. „Jungsteinzeit" und erhältst eine Liste von Büchern.
In manchen Büchereien gibt es noch Kataloge mit Karteikarten. Auch hier kannst du nach Themen („Schlagworten") oder Autoren suchen.

3. Schritt: Informationen festhalten
Bücher und andere Medien musst du nach einer bestimmten Zeit zurückgeben. Notizen, Fotokopien oder Skizzen aus den Büchern solltest du deshalb nach Stichwörtern ordnen und zum Beispiel in einem Hefter sammeln.

Eine Internet-Recherche durchführen (Bd 2)

1. Schritt: Suchziel festlegen
Für die Internet-Recherche solltest du dir Suchbegriffe überlegen und mehrere kombinieren. Auf diese Weise wird im Suchergebnis die Zahl der Adressen eingeschränkt.
Wenn du z. B. etwas über eine Burg im Breisgau wissen möchtest, solltest du die Kombination „Burgen Baden-Württemberg Breisgau" verwenden.
Erleichtert wird die Suche durch eine Suchmaschine.

2. Schritt: Suche durchführen
Gib die Suchbegriffe ein. Notiere dir die Adressen, die du bereits geprüft hast. Kläre, wie du die Informationen sichern willst (z. B. sofort ausdrucken, handschriftlich notieren).

3. Schritt: Ergebnisse prüfen
Nicht alle Adressen des Internets sind auf dem neuesten Stand und zuverlässig. Deshalb solltest du sie auf folgende Fragen hin prüfen:
- Wer ist der Autor bzw. die Autorin?
- Wie aktuell sind die Informationen?
- Wie zuverlässig sind die Quellen, von denen die Informationen stammen?
- Wie werden die Informationen vermittelt: verständlich, sachlich, detailliert, wertend usw.?

4. Schritt: Ergebnisse ordnen
Damit du den Überblick über die Informationen und ihre jeweilige „Herkunft" behältst, solltest du die Ergebnisse ordnen, z. B. mithilfe von Karteikärtchen: Notiere Informationen und Internetadresse. Nutze für jede Information ein eigenes Kärtchen. Lege dann die zusammen, die inhaltlich zueinander gehören.

5. Schritt: Ergebnisse bewerten und präsentieren
Vergleicht in der Klasse eure Ergebnisse: Was war ergiebig? Worin bestanden die Probleme?
Überlege dir, welche Form der Präsentation zu deinem Thema und

zum Ergebnis deiner Recherche passt: Dokumentation (Broschüre, Intranet), Wandzeitung, Referat.

Orte erkunden

Eine Exkursion durchführen (Bd. 1)

1. Schritt: Informationen besorgen
Beschafft euch zunächst Informationsmaterial bei der Verwaltung.
Z. B. beim Limesmuseum Aalen
St.-Johann-Str. 5 73430 Aalen
Tel.: 07361/961819
E-Mail:
Limesmuseum.Aalen@t-online.de
Homepage über: www.aalen.de
(Link: Limesmuseum)

2. Schritt: Organisation
Klärt, welcher Termin infrage kommt, und ermittelt Fahrzeiten und Fahrpreise der günstigsten Verkehrsmittel.
Stellt vor der endgültigen Entscheidung fest, was die Fahrt wohl insgesamt kosten wird.

3. Schritt: Themen in der Schule vorbereiten
Sichtet das Informationsmaterial, entscheidet euch, ob ihr ein vom Museum angebotenes Projekt durchführen oder eigene Schwerpunkte erarbeiten wollt. Teilt euch in Gruppen ein, die im Museum euren „Forschungsfragen" nachgehen werden. Diese Fragen solltet ihr vor dem Besuch bereits formulieren, ihr solltet euch aber auch offen halten für Themen oder Fragen, auf die ihr dort erst stoßt bzw. die ihr während des Besuchs als interessant erkennt.

4. Schritt: Orientierung und Entdeckungen im Park
Verschafft euch vor Ort gemeinsam bei einem Rundgang einen ersten Überblick. Die einzelnen Gruppen können als Experten schon Informationen geben.
Anschließend gehen die Gruppen an die Arbeit: Notizen, Skizzen, Fotos (Video?) anfertigen.

5. Schritt: Befunde auswerten und dokumentieren
Wertet eure Arbeitsergebnisse in der Schule aus. Jede Gruppe berichtet. Entscheidet, wie ihr eure Ergebnisse dokumentieren wollt.
Einige Anregungen:
- ein Exkursionsbuch anlegen,
- eine Wandzeitung erstellen,
- Spielszenen/Hörspiel produzieren,
- eine Reportage erstellen.

Einen Besuch im Museum vorbereiten (S. 86)

1. Schritt: Informationen besorgen
Informiert euch über die Dauerausstellung und das museumspädagogische Angebot (z. B. Internet).

2. Schritt: Den Museumsbesuch organisieren
Ihr müsst entscheiden, ob ihr ein Angebot der Museumspädagogik in Anspruch nehmen oder das Museum selbstständig erkunden wollt. Für Vorführungen und Führungen im Museum ist meistens eine Anmeldung von mehreren Wochen vor dem geplanten Besuchstermin notwendig.

3. Schritt: Themen in der Schule vorbereiten
In den meisten Museen ist viel mehr zu erleben als bei einem Besuch „zu schaffen" ist. Damit ihr euch in dem Angebot nicht „verliert", solltet ihr euch anhand der Informationen aus dem Internet Schwerpunkte für den Besuch setzen und die entsprechenden Themen vorbereiten. Formuliert Fragen, die bei der Vorbereitung aufgetaucht sind, und versucht, im Museum Antworten darauf zu finden – sei es mithilfe der Ausstellungsgegenstände, der Text- und Bildtafeln oder mithilfe der museumspädagogischen Fachkräfte.

Ein Denkmal erkunden (S. 148)

1. Schritt: Erkundung des Denkmals
- Woran erinnert das Denkmal?
- Was stellt das Denkmal dar?
- Wie sind die Figuren angeordnet?
- Wie ist ihre Körperhaltung, ihre Kleidung, ihr Ausdruck?
- Welche Symbole werden verwendet?
- Gibt es Inschriften?

2. Schritt: Fragen nach Sinn und Zweck des Denkmals
- Wer hat das Denkmal errichtet?
- Gibt es Quellen, die über die Einweihung oder Feierlichkeiten rund um das Denkmal berichten?
- Welche Botschaft sollte durch das Denkmal vermittelt werden?
- Wo steht das Denkmal? Was sollte durch die Wahl des Platzes zum Ausdruck kommen?
- Wer sollte durch die Botschaft des Denkmals angesprochen werden?

3. Schritt: Fragen zur Aktualität und Bewertung des Denkmals
- Wie wirkt das Denkmal auf dich?
- Gibt es Spuren von Veränderungen an dem Denkmal? Was bedeuten sie?
- Gibt es Dokumente über spätere Debatten über das Denkmal?
- Wie wird das Denkmal heute von der Bevölkerung wahrgenommen?

Interviews führen

Experten befragen (Bd 2)

1. Schritt: Fragen sammeln
- Notiert alle Fragen, die euch einfallen.

– Stellt sie zu einem Fragenkatalog zusammen. Überlegt dabei, welche sich einem gemeinsamen Thema zuordnen lassen (z. B. Motive für den Klostereintritt, Tagesablauf, Zusammenleben im Kloster usw.).

2. Schritt: Kontakt aufnehmen

– Besprecht, wen und wie viele Personen ihr einladen wollt (z. B. Mönch oder Nonne, junges Ordensmitglied oder Äbtissin).

– Nehmt telefonisch oder brieflich Kontakt auf und übergebt euren Fragenkatalog, damit die Experten sich vorbereiten können.

3. Schritt: Befragung vorbereiten

– Einigt euch mit den Experten auf Termin und zeitlichen Rahmen des Treffens (eine Befragung sollte nicht länger als zwei Stunden dauern!).

– Legt vorher fest, wer die Gesprächsführung übernimmt (Schüler/-in oder Lehrkraft).

– Bereitet den Raum vor (Stuhlkreis, Anordnung der Tische in U-Form)

4. Schritt: Befragung durchführen

– Die Gesprächsleitung begrüßt die Gäste und stellt sie vor. Jeder von euch stellt ein Namensschild vor sich oder nennt seinen Namen, wenn er sich zum ersten Mal meldet.

– Die Gesprächsleitung achtet darauf, dass der Fragenkatalog beantwortet wird. Wenn etwas unklar bleibt, könnt ihr nachfragen.

– Am Ende dankt ihr dem Experten (evtl. mit einem kleinen Geschenk).

– Wenn der Gast einverstanden ist, könnt ihr das Gespräch auf Tonband oder Video aufzeichnen. Für die Auswertung genügt es allerdings, wenn zwei von euch Protokoll führen.

5. Schritt: Antworten auswerten

Überprüft anhand des Fragenkatalogs, welche Antworten ihr erhalten habt. Sind Lücken geblieben? Warum? Diskutiert: Hat sich der Expertenbesuch gelohnt?

Gegenstände, Texte, Bilder, Karten, Kunstwerke untersuchen

Eine Sachquelle untersuchen (Bd. 2)

1. Schritt: Die Sachquelle beschreiben

– Aus welchen Teilen besteht die Sachquelle?

– Wie sind diese einander zugeordnet bzw. miteinander verbunden?

– Welche Materialien wurden zur Herstellung verwendet?

– Welche Ausmaße hat das Objekt?

– Wie wirkt es auf dich?

2. Schritt: Die Funktion der Sachquelle erkunden

– Wozu wurde das Objekt genutzt?

– Welche Hinweise ergeben sich aus ihm selbst?

– Welche liefert die Bildlegende (bzw. die Beschriftung im Museum)?

– Welche weiteren Informationen erhältst du (z. B. im Museum, aus Sachbüchern, Internet usw.)?

3. Schritt: Die historische Bedeutung der Sachquelle erschließen

– Handelt es sich bei dem Objekt um etwas, was in seiner Zeit einmalig bzw. selten war oder gab es diesen Gegenstand häufig?

– Inwiefern lässt die Sachquelle Rückschlüsse zu, z. B. auf Leben, Wohnen, Arbeiten in jener Zeit?

Schriftliche Quellen interpretieren (Bd. 2)

1. Schritt: Fragen zum Verfasser

– Wann und von wem wurde der Text verfasst?

– Hat der Verfasser das Geschehene selbst erlebt oder später aufgeschrieben? Zu welchem Zweck wurde der Text geschrieben?

– Lässt sich ein bestimmter Standpunkt des Verfassers vermuten?

2. Schritt: Fragen zum Text

– Wie ist der Text aufgebaut?

– Gibt es „Schlüsselbegriffe"?

– Was ist die Hauptaussage?

– Sind die Aussagen in sich widersprüchlich oder glaubwürdig?

– Ist in dem Text eine Wertung zu erkennen?

3. Schritt: Weitere Informationen heranziehen

– Wie vermitteln andere Quellen und Darstellungen, die du liest, das im Text Berichtete? Stimmen sie mit ihm überein, widersprechen sie ihm?

– Wie glaubwürdig, wie überzeugend erscheinen sie dir im Vergleich zum Quellentext selbst?

Textquellen vergleichen (Bd. 2)

1. Schritt: Jede Quelle einzeln erschließen

Siehe „Schriftliche Quellen interpretieren" (Arbeitsschritt 2).

2. Schritt: Glaubwürdigkeit der Texte überprüfen

Kläre folgende Fragen:

– Wann sind die Texte geschrieben worden? Wie groß ist der zeitliche Abstand zwischen Ereignis und Bericht? Waren die Autoren Augenzeugen? Wenn nicht: Wen geben sie als Informanten an?

– Ist eine Wertung (durch die Autoren oder deren Informanten) zu erkennen?

3. Schritt: Inhalte vergleichen

Stelle fest,

– welche Informationen übereinstimmen,

– ob es Einzelheiten gibt, die nicht in allen Texten erscheinen bzw.

unterschiedlich genau oder ausführlich wiedergegeben werden,
– ob das, was berichtet wird, logisch ist oder Unstimmigkeiten enthält.

4. Schritt: Weitere Informationen sammeln
Um die Aussagen der Texte zu überprüfen bzw. Fragen zu klären, musst du weitere Quellen und wissenschaftliche Informationen (z. B. Lexika, Sachbücher) heranziehen.

5. Schritt: Ergebnisse formulieren
Vergleiche die Notizen aus den einzelnen Arbeitsschritten miteinander. Ergänze dann die Ergebnisse durch Sachinformationen. Nenne die Widersprüche und Unklarheiten, die du bei der Textarbeit festgestellt hast und nicht beseitigen konntest. Prüfe, ob sie für die Wertung der Ergebnisse von Bedeutung sind.

Texte aus Jugendbüchern erarbeiten (Bd. 2)

1. Schritt: Den Text inhaltlich erschließen
– Wovon handelt der Text?
– Wer sind die Hauptpersonen? Vertreten sie bestimmte Berufs- oder Bevölkerungsgruppen oder gesellschaftlich wichtige Ämter?
– Handeln die Personen selbstständig oder führen sie Anweisungen aus?
– Wird das Geschehen aus Sicht der Hauptpersonen dargestellt oder kommen andere Sichtweisen dazu?

2. Schritt: Den historischen Hintergrund prüfen
– Wird die Handlung mit geschichtlichen Daten, Plätzen, Personen oder Ereignissen verbunden?
– Wird die Handlung in größere geschichtliche Zusammenhänge oder Entwicklungen eingebunden?

3. Schritt: Die Darstellungsweise kritisch hinterfragen
– Wird deutlich, welche Vorgeschichte ein Ereignis hat, aus welchen Motiven eine Person handelt, welche Ziele sie verfolgt?
– Wie werden Lebensformen erklärt und gewertet, die in jener Zeit ungewöhnlich waren?
– Sind die Erklärungen für andere Lebensformen überzeugend, können sie (von dir) überprüft werden?

4. Schritt: Die Nähe zu eigenen Erfahrungen messen
– Lassen sich Verbindungen herstellen zwischen den geschilderten Ereignissen und Situationen, die du selbst erlebt hast?
– Kannst du dich in die Personen hineinversetzen und überlegen, wie du in der entsprechenden Situation handeln würdest?
– Fordert der Text dich auf, dein eigenes Denken und Handeln kritisch zu überprüfen?
– Gibt der Text Anlass, sich mit aktuellen Themen auseinander zu setzen?

Eine Bildquelle entschlüsseln (Bd. 1)

1. Schritt: Die Einzelheiten des Bildes erfassen
Beschreibe die Einzelheiten des Bildes, indem du folgende Fragen beantwortest:
– Welche und wie viele Personen sind dargestellt?
– Wie sind sie gekleidet?
– Welche weiteren Gegenstände oder Tiere sind zu sehen?
– Wo befinden sich die Personen und Gegenstände (Zentrum, Rand)?

2. Schritt: Die Zusammenhänge erklären
Überlege, in welcher Beziehung die abgebildeten Personen, Tiere oder Gegenstände zueinander stehen. Findest du Merkmale, die auf bestimmte Eigenschaften, Beruf, gesellschaftliche Stellung der dargestellten Personen hinweisen?

3. Schritt: Zusätzliche Informationen über das Bild heranziehen
In der Bildlegende findest du wichtige Hinweise. Sie gibt dir Auskunft darüber, wer wann für wen warum ein Bild gemalt hat. Manchmal hat das Bild auch einen Titel.
Weitere Fragen lassen sich oft durch eine zusätzliche Textquelle klären.

Bilder vergleichen (Bd. 2)

1. Schritt: Einzelheiten der Bilder erfassen
Sieh dir jedes Bild genau an und erarbeite seine Einzelheiten nach den Arbeitsschritten 1 und 2 der Methode „Herrscherbilder erschließen". Beachte besonders
– die Darstellung von Personen, Gegenständen und Umgebung: Wirken sie „lebensecht"? Gibt es Merkmale, die den Charakter, bestimmte Eigenschaften, Beruf oder die Vermögensverhältnisse erschließen lassen?
– den Aufbau des Bildes: Wie wird der Blick des Betrachters auf das Bildzentrum gelenkt? Wie gestaltet der Künstler den Hintergrund des Bildes? Gibt es eine Verbindung zwischen Vorder- und Hintergrund, zwischen Mittelpunkt und Umgebung?

2. Schritt: Gemeinsamkeiten und Unterschiede erarbeiten
Notiere die Unterschiede, die du zwischen beiden Bildern gefunden hast (Tabelle).

3. Schritt: Die Aussage der Bilder erschließen
Um die unterschiedliche Aussage der Bilder zu verstehen, stellst du „Wer-, wann-, warum-, wozu-...?"-Fragen:

– Wer sind die Personen, die dargestellt sind? Waren sie z. B. arm, berühmt, mächtig oder reich?
– Wie zeigt sich die Einstellung des Künstlers zu den abgebildeten Personen?
– Lebten die abgebildeten Personen wirklich?
– Unter welchen Bedingungen sind die Bilder entstanden? Informationen über Künstler, Auftraggeber und Absicht findest du z. B. in der Bildlegende.

4. Schritt: Gesamtaussage vergleichen

Versuche, mithilfe des ersten und dritten Arbeitsschrittes jeweils die Aussage der beiden Bilder wiederzugeben. Mache deutlich, was der Künstler jeweils ausdrücken wollte. Weise insbesondere auf Unterschiede zwischen beiden Bildern hin und finde eine Erklärung.

Herrscherbilder erschließen (Bd. 2)

1. Schritt: Einzelne Bildelemente erfassen

– Welche Personen werden gezeigt? Wie sind sie dargestellt (im Profil, von vorn, als Porträt, Brustbild)? In welcher Haltung bzw. Bewegung werden sie gezeigt? Was „sagt" ihr Gesichtsausdruck? Wie sind sie ausgestattet (Kleidung, Farben, Schmuck, Rangabzeichen, Herrschaftszeichen usw.)?
– Welche Gegenstände sind abgebildet?
– Wo befinden sich die Personen und Gegenstände?
– Wie ist der Hintergrund gestaltet (Farben, Text usw.)?
– Welches Material wurde zur Herstellung verwendet?

2. Schritt: Bildelemente zusammenfügen

– Wie gehören die Bildelemente zusammen?
– Welche erste Deutung ergibt sich beim Zusammenfügen der Elemente?
– Welche Fragen bleiben offen?

3. Schritt: Zusätzliche Informationen heranziehen

– Welche weiteren Informationen gibt es, um die Bildaussage zu verstehen (z. B. Bildunterschrift, weitere Abbildungen, schriftliche Quellen, wissenschaftliche Darstellungen)?
– Wann ist das Bild hergestellt worden? Gab es einen konkreten Anlass für seine Anfertigung?
– Was lässt sich über den Auftraggeber, seine Beziehung zu den abgebildeten Personen und seine Absicht herausfinden?
– Wem und auf welche Weise wurde das Herrscherbild „vermittelt"?

4. Schritt: Gesamtdeutung des Herrscherbildes formulieren

– Formuliere mithilfe der Zusatzinformationen eine zusammenfassende Aussage.
– Bleiben Fragen in der Gesamtdeutung offen? Wenn ja, warum?
– Überlege, ob es für Zeitgenossen leichter als für uns heute war, die Botschaft des Bildes zu erschließen. Versuche, deine Antwort zu begründen.

Historiengemälde deuten (S. 128)

1. Schritt: Das Bild beschreiben

– Welches Ereignis ist dargestellt?
– An welchem Ort spielt sich das Geschehen ab?
– Welche Personen sind zu sehen? Welche stehen im Mittelpunkt?

2. Schritt: Die Entstehung des Bildes untersuchen

– Wer hat es gemalt?
– Wer hat es in Auftrag gegeben?
– Für welchen Zweck wurde es geschaffen?
– Welcher Zeitraum liegt zwischen dem Ereignis und der Entstehung des Bildes?
– Hat der Maler das Geschehen selbst miterlebt?

3. Schritt: Bild und Wirklichkeit vergleichen

– Suche nach Abbildungen (Fotos, Gemälde, Zeichnungen usw.), die das gleiche Ereignis zeigen.
– Ziehe gegebenenfalls schriftliche Informationen und Quellen heran.

4. Schritt: Die Aussage des Bildes erschließen

– Was wollte der Maler dem Betrachter zeigen? Berücksichtige, ob es Abweichungen zwischen Bild- und weiteren Quellenaussagen gibt.
– Welche Wirkung wollte der Künstler beim Publikum erreichen?
– Welche Informationen erhalten wir über das zentrale Thema des Bildes hinaus, die z. B. Aufschluss geben über politische, gesellschaftliche Verhältnisse oder über die Kultur (zur Zeit des dargestellten Ereignisses bzw. des Künstlers).

Fotos analysieren (S. 80)

1. Schritt: Fragen zum Fotografen klären

– Wer hat das Foto angefertigt?
– Lässt sich ein bestimmer Anlass, ein Motiv für die Aufnahme feststellen? – In wessen Auftrag wurde fotografiert?

2. Schritt: Fragen zum Foto

– Wann ist es entstanden?
– Was ist auf dem Bild dargestellt? Welche Details (Lupe!) könnten wichtig sein?
– Lässt sich ein bestimmtes „Thema" erkennen? Gibt die Bildunterschrift Hilfen?
– Welche Bildtechnik ist zu erkennen (Figuren, Gegenstände, Perspektive, Brennweite, Komposition, Entfernung, Ausschnitt)?

– Wurde das Bild bearbeitet (Montage, Beschnitt, Retusche)?
– Welche weiteren Informationen sind zur weiteren Analyse notwendig?

3. Schritt: Aussage und Deutung
– Wie ist der erste Eindruck?
– Welche Gesamtaussage (Deutung) lässt sich formulieren?
– Welche Fragen bleiben offen?

Darstellungen auf Feldpostkarten untersuchen (S. 201)

1. Schritt: Einzelheiten erfassen
– Welche Personen, Gegenstände sind dargestellt? In welcher räumlichen Beziehung stehen sie zueinander?
– Was für ein Hintergrund wurde gewählt (Landschaft, Innenraum, „Kulisse" usw.)?
– Welche Bildelemente verweisen auf das Thema „Krieg"?
– Welche Aussagen werden schriftlich vermittelt?

2. Schritt: Bildelemente in einen Zusammenhang bringen
– Lassen sich die Einzelheiten in einen Sinnzusammenhang bringen?
– Welche Aussage – über das Bildmotiv und das Thema Krieg – ergibt sich vorläufig?
– Welche Fragen sind noch offen?

3. Schritt: Zusätzliche Informationen nutzen
– Welche Informationen enthält die Bildunterschrift?
– Gibt es Hinweise auf Adressat und Zielsetzung der Abbildung?

4. Schritt: Aussage und Absicht des Bildes erschließen und kritisch werten
– Führe die Ergebnisse der Arbeitsschritte zusammen und erläutere, welche Botschaften die Darstellung dem Betrachter vermitteln sollte. Achte auf Einzelheiten.
– Überlege, welche Absicht mit der Darstellung und dem Medium Feldpostkarte verbunden war.
– Meinst du, dass die Botschaft bei den Adressaten ankam? Begründe.

Karikaturen entschlüsseln (S. 33)

1. Schritt: Inhalte, Details sammeln
– Beschreibe möglichst genau, was die Zeichnung zeigt bzw. was du erkennst.
– Ist ein Text vorhanden, gib diesen in eigenen Worten wieder.

2. Schritt: Die Bedeutung klären
– Überlege, welche Bedeutung die abgebildeten Personen, Gegenstände, Symbole usw. haben können oder worauf sie anspielen. Ein Symbol ist z. B. die Jakobinermütze für die Revolutionäre; als Personen werden oft verwendet: Michel mit der Zipfelmütze (für Deutschland), Marianne (für Frankreich)
– Ergibt sich aus der Darstellung eine Wertung (Personen, Handlungen)?
– Sprich mit Mitschülern über deine Vermutungen zur Bedeutung einzelner Bildelemente.
– Prüfe, ob der Text der Karikatur deine Vermutungen stützt.

3. Schritt: Die Aussage formulieren
– Informiere dich, auf welches Ereignis oder welchen Zusammenhang sich die Karikatur bezieht, an wen sie sich richtet (Adressaten).
– Fasse zusammen: Was ist Thema der Karikatur? Ergänzen Zeichnung und Text einander? Welche Einstellung zum Thema hatte der Zeichner? Welche Botschaft enthält die Karikatur?

Symbole und Gesten deuten (Bd. 2)

1. Schritt: Einzelne Elemente beschreiben
– Was ist dargestellt (Personen, Gegenstände)? In welchen Positionen (Haltungen), in welchen Bewegungen sind sie zu sehen?
– Wie lässt sich die Situation beschreiben?
– Was erscheint daran merkwürdig?

2. Schritt: Zusätzliche Informationen heranziehen
– Welche Hinweise gibt die Bildunterschrift?
– Welche Abbildungen gibt es, die Vergleichbares, Ähnliches zeigen? Welche Aussagen werden ihnen zugeschrieben?
– Welche Bedeutung würdest du der entsprechenden Geste, Gebärde, Handlung oder auch dem Gegenstand heute zuordnen?

3. Schritt: Bedeutung der Bildelemente entschlüsseln
– Welche Gegenstände oder Handlungen „sprechen für sich selbst", kannst du also ohne Probleme erschließen? Was „sagen" sie aus?
– Welche scheinen wichtig zu sein für die Aussage des Bildes? Woran erkennst du es?
– Inwiefern passen sie zu der Gesamtsituation oder wirken sie eher künstlich, aufgesetzt?

4. Schritt: eine Gesamtdeutung formulieren
– Welche Einzelaussagen ergeben sich aus den Symbolen und Gesten?
– Welche Gesamtaussage lässt sich formulieren? Gibt es mehrere Deutungen?

Eine Geschichtskarte lesen (Bd. 2)

1. Schritt: Grundelemente erkennen

Orientiere dich über den dargestellten Raum und das Thema der Karte. Beachte den Maßstab! Kläre mithilfe der Legende, welche Farben und Symbole verwendet werden und welche Bedeutung sie haben.

2. Schritt: Veränderungen untersuchen

Prüfe, welcher Zeitraum dargestellt und in welche Phasen er gegliedert ist. Werden Gründe für die Veränderung deutlich (z. B. Kriege, Katastrophen, Wanderungen, Stadtgründungen o. Ä.)?

3. Schritt: Glaubwürdigkeit prüfen

Wie Textquellen oder Bilder sind auch Karten mit einer bestimmten Absicht verfasst. Prüfe mithilfe ergänzender Informationen, ob die verwendeten Symbole, Farben, Ortsbezeichnungen oder Begriffe geeignet sind, die geschichtliche Entwicklung deutlich zu machen.

4. Schritt: Ergänzende Informationen beschaffen

Sammle Informationen über die abgebildete Region (Lexika, Schul- und Sachbücher, Internet). Du kannst dir auch eine moderne Karte von dem Gebiet beschaffen und z. B. Vermutungen anstellen, wie die Vergangenheit sich auf die Gegenwart auswirkt.

Historische Karten lesen und vergleichen (Bd. 2)

1. Schritt: Jede Karte einzeln erschließen

Untersuche jede Karte einzeln:
- Was ist das Thema der Karte (Inhalt, Raum und Zeit)?
- Welche Informationen gibt die Bildunterschrift?
- Ist die Karte genordet?
- Welches Gebiet ist dargestellt, wo ist z. B. Land oder Wasser?
- Welche Zeichen, Symbole, Farben sind zu erkennen? Was könnten sie bedeuten?
- Zu welchem Zweck könnte die Karte angefertigt worden sein; gab es z. B. Auftraggeber?
- Welche Gesamtaussage hat die Karte?
- Welche Fragen sind nur mithilfe weiterer Informationen zu beantworten?

2. Schritt: Gemeinsamkeiten und Unterschiede feststellen

Vergleiche die Einzelheiten der beiden Karten, z. B. die Datierung, die Art der Darstellung, das Land-Wasser-Verhältnis, die Küstenverläufe, die Lage von Inseln. Vergleiche dann die Gesamtaussage beider Karten.

3. Schritt: Ergebnisse auswerten
- Gibt es Veränderungen (z. B. im geografischen Kenntnisstand)?
- Was bedeuten die Veränderungen für das Weltbild in der damaligen Zeit?
- Welche Folgen hatte der veränderte Kenntnisstand (z. B. für die Politik, für die Seefahrt, für die Wirtschaft, die Wissenschaft)?
- Welche weiteren Informationen über die Karten hinaus sind noch vorhanden (z. B. in Begleittexten zu den Karten, in Sachbüchern)?

Kunstwerke entschlüsseln (Bd. 1)

1. Schritt: Künstlerische Auswertung

a) Was ist dargestellt? Aus welchem Material wurde es geschaffen?
b) Wie wirkt das Dargestellte auf mich? Warum gefällt es mir (nicht)? Was wirkt fremd, was kommt mir bekannt vor?
c) Wie bildet der Künstler die Natur ab? Achte auf Einzelheiten des menschlichen Körpers und der Gegenstände. Was wird betont?

2. Schritt: Historische Auswertung

d) Wann, wo und für welchen Zweck ist das Kunstwerk entstanden? Beachte die Bildlegende.
e) Welche Informationen vermittelt das Dargestellte über den Alltag, die Wirtschaft oder die Politik der damaligen Zeit? Beachte die Kleidung, Frisur, Einrichtungsgegenstände, Waffen, Tiere usw.
f) In welcher Beziehung stehen die dargestellten Personen zueinander?

Propaganda anhand von Gebrauchsgegenständen analysieren (S. 189)

1. Schritt: Den Gegenstand beschreiben und die Aussagen analysieren
- Wozu wurde der Gegenstand genutzt?
- Was ist das Thema der Bild- oder Textbotschaften? Ziehe dazu die Methodenseite (Methodenanhang) heran.

2. Schritt: Die Propagandastrategie ergründen
- Gibt es einen Bezug zwischen der „ursprünglichen" Funktion des Gegenstandes und der Botschaft?
- Suche nach Einzelheiten, die darauf abzielen, das (politische) Bewusstsein der Menschen zu beeinflussen.
- An welchen Adressatenkreis richtete sich die Propaganda?

3. Schritt: Weitere Informationen heranziehen
- Nutze Angaben aus der Bildunterschrift oder Informationen aus Lexika, um die ersten Ergebnisse zu überprüfen und zu ergänzen.

4. Schritt: Ziel und (vermutete) Wirkung der Propaganda kritisch werten
– Mache dir anhand deiner Ergebnisse nochmals klar, welchen Zweck die untersuchte Propaganda hatte.

Politische Aussagen untersuchen (S. 94)

Bei der Analyse und Interpretation solltest du deine Kenntnisse zur Quellen- und Bildanalyse (siehe S. 33, 42 f. und Methodenanhang) heranziehen.Eine politische Rede untersuchen (S. 216)

1. Schritt: Fragen zum Verfasser (Auftraggeber)
– Von wem und wann wurde die Quelle verfasst bzw. gezeichnet?
– Welche Perspektive nimmt der Autor bzw. Künstler ein?
– Welche Absicht ist zu erkennen?

2. Schritt: Fragen zum Material
– Welche Quellenart liegt vor?
– Welches sind die „Schlüsselbegriffe"?
– Worin besteht die Kernaussage?
– Wird sachlich oder einseitig dargestellt?
– Werden Argumente gebracht?

3. Schritt: Fragen zum Adressaten
– Wer soll erreicht werden (Privatperson, Öffentlichkeit, Nachwelt)?
– Welche Wirkung auf den Adressaten könnte erzielt werden?

4. Schritt: Ergebnisse beurteilen und reflektieren
– Wie können Interessen und Position zusammenfassend formuliert werden?
– Welche Bewertung der Position ist möglich?
– Welche Rolle spielt der eigene Standpunkt bei der Bewertung ?
– Sind weitere Informationen heranzuziehen?

Eine politische Rede untersuchen (S. 216)

1. Schritt: Den Text untersuchen
Gehe nach dem Modell zur Quellenanalyse (siehe S. 43) vor.

2. Schritt: Die Argumentation herausfinden
Notiere die zentralen Aussagen, stichwortartig verkürzt, gemäß ihrer Reihenfolge untereinander. Skizziere dann in Worten oder als Zeichnung den Gedankengang des Textes.

3. Schritt: Die Wirkung der Rede ermitteln
Schreibe alle Begriffe und Passagen auf, die du für wichtig und für „ungewöhnlich" hältst, z. B. Metaphern, Vergleiche, Wortwiederholungen, „unechte" Fragen und Appelle. Lies sie halblaut vor dich hin. Welche Bilder oder Gefühle entstehen beim Zuhören?

4. Schritt: Die Absicht erschließen
Versuche anhand der bisherigen Ergebnisse herauszufinden, wozu der Redner bzw. die Rednerin die Zuhörer bewegen will.

Politische Flugblätter analysieren (S. 116)

1. Schritt: Aussagen des Flugblattes klären
– Wann wurde das Flugblatt verfasst?
– Welche Inhalte werden in dem Flugblatt verbreitet?
– Wie lauten die Schlüsselbegriffe?
– Lässt sich eine Kernaussage formulieren?
– Zu welchem Zweck wurde das Flugblatt verfasst?

2. Schritt: Fragen zu Verfasser(n) und Adressaten
– Wer hat das Flugblatt verfasst?
– Welche Rolle spielt der Verfasser (spielen die Verfasser) in Bezug auf die beschriebenen Ereignisse?
– Welcher Standpunkt des Verfassers (der Verfasser) in Bezug auf die beschriebenen Ereignisse lässt sich feststellen?
– An wen richtet sich das Flugblatt?
– In welcher Beziehung stehen Verfasser und Adressaten?

3. Schritt: Stilmittel ergründen
– Die Stimmung der Botschaft ergründen: Wie werden die Adressaten angeredet?
– Welche Gefühle werden vermittelt bzw. im Adressaten geweckt? Enthält das Flugblatt Drohungen, Versprechungen, Appelle o. Ä.? Wie versucht der Verfasser darüber hinaus die Leser zu beeinflussen?

4. Schritt: Weitere Informationen heranziehen
– Informiere dich über die Situation, in der das Flugblatt entstanden ist.
– Suche nach Hinweisen bzw. Angaben über den oder die Verfasser. Recherchiere, ob das Flugblatt „Wirkung" hatte, ob es Reaktionen darauf gab.

5. Schritt: Bewertung
– Beurteile, ob die Zielsetzung des Flugblattes mit den angewandten Mitteln vermutlich erreicht wurde.

Informationen auswerten und darstellen

Informationen präsentieren (Bd. 2)

1. Schritt: Thema, Ziel und Form des Vortrags klären
–Welches Ziel soll der Vortrag/das Referat haben?
–Für wen wird präsentiert?

– Welche Informationen/Inhalte sollen dargestellt werden?
– Welche Medien können/sollen benutzt werden?
– Welche Zeitvorgabe muss beachtet werden?

2. Schritt: Informationen sammeln und ordnen
– Sammle Material zum Thema (Schul-/Sachbücher, Lexika, Internet).
– Wähle die Informationen aus, die die Vorgaben von Schritt 1 erfüllen.
– Ordne die Informationen so, dass die Zuhörer sie leicht nachvollziehen und eigene Überlegungen anschließen können.
– Bilde Themenblöcke mit Behauptungen oder Fragen als Überschriften.

3. Schritt: Vortrag strukturieren
Jedes Referat, jede Präsentation hat eine Einleitung, einen Hauptteil und einen Schluss. Gliedere deine Präsentation in Einleitung, Hauptteil, Schluss.

4. Schritt: Aussagen und Zusammenhänge visualisieren
– Notiere die wichtigsten Aussagen deines Vortrags.
– Überlege, welches Medium sich anbietet, um die Aussagen den Zuhörern zu verdeutlichen (z. B. Wandtafel, Plakat, OHP-Folie, Beamer).
– Gestalte die Visualisierung so, dass der Inhalt schnell erfasst wird.

5. Schritt: Entwurf überprüfen und Präsentation vorbereiten
Bevor du an die Öffentlichkeit trittst, solltest du die Präsentation üben.
– Schreibe für den freien Vortrag Stichwörter auf Merkzettel. Notiere auch, an welchen Stellen du etwas visualisieren möchtest.
– Überprüfe, ob Thema und Ziel deutlich werden, d. h. die Vorgaben von Schritt 3 und 4 beachtet sind.
– Suche dir eine andere Person, die deine Präsentation vorher ansieht und dir noch ein paar Tipps für die Durchführung gibt. Stoppe die Zeit.
– Plane genügend Zeit für Änderungen ein.
– Sorge dafür, dass alle Materialien und Geräte, die du für die Visualisierung brauchst, bereitstehen.

6. Schritt: Präsentation
– Prüfe, ob alle Medien und Materialien in der richtigen Ordnung sind.
– Trage deinen Vortrag möglichst ruhig vor und halte Blickkontakt mit den Zuhörern.
– Gib deinem Publikum nach dem Vortrag Zeit für Fragen oder für eine Diskussion.

Ein Verfassungsschema interpretieren (S. 37)

1. Schritt: Rechte und Pflichten benennen
– Erfasse anhand von z. B. Farben und Pfeilen, welche Personen(-gruppen) und Einrichtungen was tun müssen bzw. dürfen.
– Versuche herauszufinden, wer ihnen dazu den Auftrag gibt bzw. was sie dazu berechtigt.

2. Schritt: Aufbau der staatlichen Teilgewalten und ihre Stellung erkennen
Orientiere dich anhand der Farben und Pfeile:
– Welche Einrichtungen gehören zur jeweiligen „Gewalt"?
– Gibt es ein „Oben" und „Unten" oder sind sie gleichgestellt?
– Prüfe mithilfe der Pfeile, wie die einzelnen Gewalten bzw. ihre Einrichtungen in Beziehung zueinander stehen:
– Wie wirken sie aufeinander ein?
– Können sie unabhängig voneinander arbeiten oder sind sie aufeinander angewiesen?

3. Schritt: Die Aussagekraft des Schemas bewerten
– Erläutere die Gesamtaussage des Schemas.
– Benenne Fragen, Unklarheiten, die sich (für dich) aus dem Schema ergeben.
– Bewerte: Welche Informationen helfen dir, die „praktische Wirkung" der Verfassung zu erkennen und zu verstehen? Welche Zusatzinformationen benötigst du oder fändest du hilfreich?

Statistiken auswerten und grafisch umsetzen (S. 64)

1. Schritt: Formale Analyse
Zuerst muss nach der Echtheit des Zahlenmaterials und seiner korrekten „Überlieferung" gefragt werden. Im Unterricht wird – abgesehen von eigenen Archivarbeiten – meistens bereits „bearbeitetes" (ausgewähltes und gedrucktes) Material vorgelegt. Deshalb kann sich die Untersuchung darauf beschränken, Vollständigkeit und erstes Verständnis der Daten in der Darstellung zu überprüfen.

2. Schritt: Inhaltliche Analyse
– Was ist Thema der Statistik?
– Wie ist sie aufgebaut?
– Was ist im Einzelnen dargestellt?
– Welche Aussagen lassen sich formulieren?
– Sind sie untereinander stimmig? (Durch Rundungen können sich Differenzen ergeben).
– Lässt sich eine „Hauptaussage" finden?
– Bleiben Fragen offen?

3. Schritt: Historischer Zusammenhang
Ausgehend vom Thema der Statistik erfolgt eine Einordnung in den geschichtlichen Zusammenhang.
– Gibt es einen Bezug zu anderen Informationen (Materialien)?
– Ergänzen oder widersprechen sie sich?
– Welche weiteren Informationen werden benötigt?
4. Schritt: Bewertung der Aussagekraft
– Ist der Ausschnitt der statistischen Daten zu gering?
– Wird der Sachverhalt zu stark vereinfacht, verzerrt oder vielleicht verfälscht?
– Ist die grafische Darstellung angemessen?

Sich mit anderen auseinander setzen

Ein Rollenspiel organisieren (Bd. 1)

1. Schritt: Die Ausgangslage auf eine Situationskarte schreiben
Auf der Situationskarte wird festgehalten, welche Situation nachgespielt werden soll. Die Ausgangssituation wird kurz beschrieben. Welche Personen sind an dem Spiel beteiligt? Welche Probleme gibt es?
2. Schritt: Rollen verteilen
Auf den Rollenkarten werden die spielenden Personen beschrieben: Beruf, Eigenschaften, Verhalten und ihre Ziele. Diejenigen, die eine Rolle übernehmen, müssen sich an die Vorgaben ihrer Rollenkarten halten. Sie dürfen aber auch eigene Vorstellungen von der darzustellenden Person einbringen, sofern sie den Vorgaben nicht widersprechen.
3. Schritt: Spiel vorbereiten
Die Spielerinnen und Spieler hängen sich ein Schild mit ihrer Rollenkennzeichnung um. Sie besprechen die Situation (Situationskarte) und die Rollen (Rollenkarten) untereinander.
4. Schritt: Spiel beobachten und auswerten
Sinnvoll ist der Einsatz von Spielbeobachtern, die sich während des Spiels Notizen zu den einzelnen Rollen machen. Sie sollen das Spiel bewerten und ihre Meinung begründen. Wurden die Rollen glaubhaft gespielt? Welche Argumente wurden genannt? Passten sie in die Situation und die Zeit? Was war gut, was könnte verbessert werden?

Projektarbeit

Ein historisches Thema erforschen (S. 124 f.)

1. Schritt: Vorbereitung
– entsprechend dem thematischen Rahmen Ideen sammeln und vorstellen; Problem, Ziel und Zielgruppe benennen
– Themen auflisten, Kleingruppen bilden und den Themen zuordnen
2. Schritt: Durchführung
– die Themen auf Eignung prüfen: Ist das Thema zu bearbeiten? Gibt es Materialien (Quellen)? Wo sind Fundorte wie Bibliothek, Museum, Archiv (Stadt, Kirchenamt usw.)? Ist Lehrerhilfe erforderlich?
– das weitere Vorgehen planen: Zeit- und Arbeitsplan erstellen, Arbeit verteilen, Material beschaffen, ordnen
– Leitfragen überprüfen, eventuell anpassen
– vereinbaren: Arbeitsberichte schreiben oder ein Projekttagebuch führen
3. Schritt: Auswertung und Präsentation
– Materialien auswerten und Gliederung entwerfen
– den aktuellen Stand der „Forschung" vorstellen
– die Form der Ergebnisrepräsentation festlegen (Aufsatz, Wandzeitung, Referat, Videofilm usw.)
– Ergebnisse aufbereiten und vorstellen
– Projektergebnisse auf ihre Bedeutung hin überprüfen, für die Menschen in ihrer Zeit, für euch heute
4. Schritt: Projekterfahrungen erörtern und bewerten
– die Ergebnisse der einzelnen Arbeitsgruppen (z.B. mithilfe eines gemeinsam entwickelten Beurteilungsrasters) bewerten – eventuell auch mithilfe eures Lehrers oder eurer Lehrerin
– Abschließend sollte jeder Projektteilnehmer und jede Projektteilnehmerin sich über die eigenen Erfahrungen mit der Methode „Projektarbeit" äußern. Sprecht darüber, was gut geklappt hat, was nicht, und sucht nach Gründen dafür.

Die mit → Lex. versehenen Begriffe werden im Lexikon näher erklärt.

akg-images: S. 4, 9, 19, 21/M8, 35, 36/M3, M4, 39 (Erich Lessing), 41, 46/M1 (Erich Lessing), 53, 61/M16, 102, 105, 116, 136, 141 142/M1, 161 u., 191, 197/M5 r., 213, 226; Archiv der sozialen Demokratie der Friedrich-Ebert-Stiftung, Bonn: S. 94, 193; Archiv Westermann, Braunschweig: S. 210; Artothek: S. 46/M2; aus: Badische Geschichte: Vom Großherzogtum bis zur Gegenwart, Landeszentrale für politische Bildung, Stuttgart 1979: S. 123/M4; Badisches Landesmuseum Karlsruhe: S. 119; Baeck Institute, N. Y.: S. 155; BASF Unternehmensarchiv, Ludwigshafen a. Rh.: S. 84; Besitzer Berlin, Stadtmuseum Berlin, Fotografie: Hans-Joachim Bartsch, Berlin: Titelbild, 137/M3; Bibliothek für Zeitgeschichte in der Württembergischen Landesbibliothek, Stuttgart: S. 201/M2; Cliché Bibliothèque nationale de France, Paris: S. 16/17, 170; (c) Bildarchiv Preußischer Kulturbesitz: S. 20, 27, 53, 54/55, 58, 93, 112, 113, 127, 128, 129, 134, 137/M2, 140/M9, 152/M1, 157/M1, 176; Bridgeman Giraudon: S. 3, 21/M9, 23, 24, 26, 29, 31, 40, 53; British Library, London: S. 229/M2; aus: Asmut Brückmann, Die europäische Expansion, Klett, 1993: S. 183; CINETEXT Bild- und Text-Archiv: S. 214; Corel Library: S. 15; DaimlerChrysler Classic, Konzernarchiv: S. 77; aus: Das große Buch der Emailplakate, Orbis Verlag: S. 164; aus: Der Nil. Die Geschichte seiner Entdeckung und Eroberung, 1863, Karl Müller-Verlag: S. 177; Deutsches Historisches Museum, Berlin: S. 28, 57 (Hintergrund), 60/M11, 88, 123/M2, 150, 166, 167, 199; Deutsches Museum, München: S. 60/M10, 82; Deutsches Technikmuseum, Berlin: S. 139/M7; Deutsches Uhrenmuseum Furtwangen: S. 189/M1; Directmedia Publishing, Berlin: S. 48, 78, 97/M2; dpa: S. 130, 174; aus: Eduard Fuchs, Der Weltkrieg in der Karikatur, Bd. 1, 1916: S. 5, 187, 188; Fotosammlung Cornelia Julius: S. 139/M8; Frankenwaldmuseum, Kronach: S. 159; Generallandesarchiv Karlsruhe (GLA: G Technische Pläne II Eisenbahnen 1/2) - Rechte: Landesarchiv Baden-Württemberg: S. 70; Germanisches Nationalmuseum, Nürnberg: S. 101, 126; Greater London Council: S. 63; Gütermann AG: S. 83; Haitzinger/CCC,www.c5.net: S. 55 M.; Hauptstaatsarchiv Stuttgart (Sign. F201 624) – Rechte: Landesarchiv Baden-Württemberg: S. 90; Heinemann Education, Oxford: S. 61/M14; Historische Bibliothek des CHRISTIANEUMS, Hamburg: S. 144; Historisches Archiv Köln: S. 114; Historisches Museum, Frankfurt a. M.: S. 107, 120, 121; aus: Gudrun Honke, Als die Weißen kamen, Ruanda und die Deutschen, 1885–1919, Peter Hammer-Verlag, Wuppertal: S. 178; (c) Hulton – Deutsch Collection/CORBIS: S. 206/M1; Imperial War Museum London: S. 197/M5 l.; Interfoto, München: S. 196 r.; International Institut voor soziale Geschiedenes, Amsterdam: S. 153; Jürgens Ost- + Europa-Photo: S. 157/M2, 209 r.; aus: Karikaturen aus der Sowjetunion, Junior und Preßler, Kassel 1990: S. 224; Prof. Dr. Peter Kaupp: S. 104; K. Kirchner, Flugblattpropaganda im 1. Weltkrieg - Flugblätter aus England 1914–1918: S. 200; Körber-Stiftung, Geschichtswettbewerb, Hamburg: S. 124, 202/203; Kunstmuseum Düsseldorf: S. 106; Landesarchiv Baden-Württemberg – Generallandesarchiv Karlsruhe: S. 122; Landesbibliothek Collecta Badensia XXII: S. 117; Landesmuseum für Arbeit und Technik, Mannheim: S. 86, 87/M3, M3; Prof. Wolfgang Lauber, Überlingen/See: S. 181; Lenin-Bibliothek, Moskau: S. 220; (c) LMZ-BW/Andrea Rachele: S. 149; Mester/CCC,www.c5.net: S. 32/M5, 33, 99, 158/M1; Musée Carnavalet, Paris: S. 30; Museum für Gestaltung Zürich, Plakatsammlung: S. 208/209, 222; Muzeum Archiediecezjalne Sztuki Religijnej: S. 92; Northamptonshire County Council - Central Library: S. 62; Pahl-Rugenstein, Köln: S. 217; Foto: Uwe Pahnke, Berlin: S. 12; (c) Photothèque des Musées de la Ville de Paris - Patrick Prenain: S. 165; Pictor, Hamburg: S. 55 u.; picture-alliance/akg-images: S. 11, 118; picture-alliance/dpa - (c) dpa-Bildarchiv: S. 76, 85, 125; picture-alliance/dpa - (c) dpa-Fotoreport: S. 206/M2; Foto Frank Plate, Frankfurt a. M.: S. 140/M12; Primo Verlag, Stockach: S. 44 (Schütz, Engen - Privatbesitz); Privatarchiv: S. 201/M1; Reutlingen Heimatmuseum: S. 228; Rheinisches Bildarchiv, Köln: S. 151; Foto: RIA „Nowosti“: S. 215, 218, 230; (c) Wolfgang Rieger, Köln: S. 133/M4; Sammlung Udo Achten, Wuppertal: S. 95; aus: Schiffler/Winkeler, Tausend Jahre Schule, Belser Verlag: S. 142/M2; Schneider/CCC,www.c5.net: S. 17; Scholz & Friends Berlin: S. 72/M5; (c) Sean Sexton Collection/CORBIS: S. 68; Staatliche Museen zu Berlin – Preußischer Kulturbesitz – Kunstbibliothek: S. 25, 162; Staatsarchiv Bremen: S. 180/M5; Stadtarchiv Hannover, Bestand Leibnizschule, Nr. 430: S. 146; (c) Stadtarchiv Karlsruhe 2005: S. 71; Stadtarchiv Mannheim: S. 79, 81/M2, M3, 145; Stadt- und Universitätsbibliothek Frankfurt a. M., Foto: Frank Plate: S. 108; Stalling, Oldenburg, 1981: S. 219; Karl Stehle, München: S. 190; aus: Erwin Stein, Monographien Deutscher Städte, Band XXI. Ludwigshafen. Berlin: Deutscher Kommunal-Verlag, 1927: S. 98; Stiftung Weimarer Klassik, Weimar: S. 133/M3; Foto Brigitte Szirmai, Bernau: S. 72/M6; Tretjakow-Galerie, Moskau: S. 223; Wilhelm Busch-Gesellschaft, Hannover: S. 186; Wilhelm Stöckle, Filderstadt: S. 100/101, 154, 160/161, 182; SV-Bilderdienst: S. 171, 194, 196/M2, 211; Claudia Tatsch: S. 172/M1; The Granger Collection, N.Y.: S. 13; Foto: Ralf Thomann: S. 148; ullstein bild: S. 80, 111, 147, 180/M3, 198; Maurice Weiss/Ostkreuz: S. 172/M3; WMF AG, Geislingen: S. 74, 75; Württembergische Landesbibliothek: S. 73; Prof. Gert Wunderlich, Leipzig: S. 189/M2

Nicht in allen Fällen war es uns möglich, die Rechteinhaber der Abbildungen ausfindig zu machen. Für eventuell entstandene Fehler oder Auslassungen bitten wir um Verständnis. Berechtigte Ansprüche werden selbstverständlich im Rahmen der üblichen Vereinbarungen abgegolten.

Besitzungen und Kolonien 1914

S. 159

S. 117

Karlsruher Tagblatt.

Nro. 134. Donnerstag den 17. Mai 1849.

An die Bewohner von Karlsruhe

Mitbürger!

Seit wir nach der Flucht der frühern Regierung die Leitung der Staatsgeschäfte in bl
war es unser stetes Bestreben, die Ordnung aufrecht zu erhalten, und die Sicherheit de
Eigenthums zu schützen. Wir glauben behaupten zu dürfen, daß seit wir in hiesiger St
nicht die mindeste Störung, noch keine Beeinträchtigung des Eigenthums und der Freihei
Die vielen Zuzüge von Freiheitskämpfern, obschon es oft nicht möglich war, ihnen
der Reise die nöthige Verpflegung zu verschaffen, haben auf musterhafte Weise ihren Fre
Wir dürfen daher, Mitbürger! von Euch erwarten, daß Ihr uns und unsern bew
dem gehörigen Vertrauen entgegenkommt und namentlich in Handel und Verkehr kein
lasset, welche auf der einen Seite Mißtrauen zeigen, und auf der andern Seite Mißtrau
Mitbürger! Wir verlangen von Euch nichts als Vertrauen, wir dürfen aber auch
indem wir Euch versichern, daß wir auf jede an uns gelangende Beschwerde mit der dem Ernste
gemessenen Strenge unsern Grundsätzen Achtung verschaffen werden.

Karlsruhe, den 16. Mai 1849.

Die fleißigen Knaben und die Frommen
Werden nie in's **Carcer** kommen,
In's Carcer, in das finstre Loch,
Nur böse Buben steckt man noch.

S. 142

S. 182

Bei Eröffnung der Menschen und Vieh zu Grunde richtenden Eisenbahn, hat ein kluges Pferd, aus der neuen Pensions-Anstalt für verdiente Hengste, das sich für diesen Fall längst auf der benachbarten Bleiche umgesehen, glücklich — aber zum Schrecken der Eigenthümerin — das Hungertuch gefunden, an dem es nun gierig nagt.

S. 71